经济学探索

——改革与发展研究

李少宇 著

人民出版社

责任编辑:张连仲
装帧设计:徐　晖
版式设计:陈　岩

图书在版编目(CIP)数据

经济学探索——改革与发展研究/李少宇 著. -北京:人民出版社,2010.5
ISBN 978-7-01-008835-8

Ⅰ. 经… Ⅱ. 李… Ⅲ. 经济学-中国-文集 Ⅳ. F120.2-53

中国版本图书馆 CIP 数据核字(2010)第 060833 号

经济学探索
JINGJIXUE TANSUO
——改革与发展研究
——GAIGE YU FAZHAN YANJIU

李少宇　著

人民出版社 出版发行
(100706　北京朝阳门内大街 166 号)

北京市文林印务有限公司印刷　新华书店经销

2010 年 5 月第 1 版　2010 年 5 月北京第 1 次印刷
开本:710 毫米×1000 毫米 1/16　印张:30.25
字数:392 千字　印数:0,001-3,000 册

ISBN 978-7-01-008835-8　定价:55.00 元

邮购地址 100706　北京朝阳门内大街 166 号
人民东方图书销售中心　电话 (010)65250042　65289539

目　录

引　言

　　自从党的十一届三中全会以来,在 30 年的改革开放的宏伟历程中,我有幸参加了这场伟大的实践。从四川省的 100 个企业扩大经营自主权的实验、计划经济引入市场调节、利改税、搞活大中企业、生产资料所有权和经营权的分离、推行经营承包责任制、国家调控市场、计划与市场相结合、企业股份制试点、物价波动、通货膨胀、治理整顿,到西部大开发、城乡统筹等等,都历历在目。改革开放的大潮,围绕着一个主题:解放生产力,促进社会经济的发展。在大改革、大开放、大发展的洪流当中,我说不上是弄潮儿,但也不是一个观潮者。在改革开放的广阔土地上,自认为是一个勤奋的耕耘者;每当国家重大改革开放措施出台前后,我都进行了一些认真研究。我从不计较自己的辛劳和汗水的价值,而看到的是我们社会的伟大进步。当然,辛勤的劳动也生成了一些成果。这本《经济学探索》就是从我 200 多篇论文、调查报告、研究报告、评述、短论中精选出来的能反映自己当时观点的文章。现在看来,也还不失为学术界中的一家之言。

　　在中国,理论与实践的关系中,实践总是在理论概括之前,这是符合马克思主义认识论的。但它影响了理论研究的先导性,形成一种理论落后于实践的情况,致使实践中提出的问题,理论研究却不能科学地回答。

可见在改革发展的大潮中,加强理论研究的必要性、重要性和紧迫性。

世界银行行长 A. W. 克莱森说得好:开拓者——在任何领域——都是富有创造力的勇敢的人们。假如不是这样,他们就不可能甘冒风险,开创新的领域,寻求新的答案。一个学者最讨厌的就是在常规中故步自封,或在显见的理论面前无所创新。他们始终被一种经久不息的好奇心所激励,这种好奇心驱使学者们去潜心钻研,探索未知的奥秘。

一定的理论观点,产生于一定的社会经济条件。在这本书里我选择的26篇文章,其中有些是没有公开发表过的。这些文章中有的还带着浓厚的、当时条件的历史痕迹;一些理论上的问题,有的只是提出来了,或者在理论分析中有些偏颇,或者认识比较肤浅,还需要深入研究。著名经济学家林凌曾讲过:实践在不断深入、社会在不断发展,研究是无止境的,探索也是无止境的。理论工作者要与时俱进,不断创新。要把探索贯穿我们认识世界和改造世界的整个过程之中。我希望这本书的出版,作为引玉之砖,引起一些深入研究和讨论,以使本书中涉猎的理论和实践问题进一步深化、进一步完善。这就是我的初衷。

社会主义公有制形式的新探索

新中国成立 31 年来,我们都认为社会主义公有制只有全民所有制和集体所有制两种形式。经济的发展向人们提出了一个尖锐的问题:社会主义只有这两种公有制形式吗? 经济联合体的出现和企业自负盈亏的实践告诉人们,社会主义除了全民和集体两种所有制之外,还有另外两种公有制形式。本文就这个问题试做一些初步的探讨。

新实践提出的新问题

当前,处于调整中前进的国民经济经过两年多的初步改革,出现了两种新的发展趋势。

一种发展趋势是联合。经过扩大自主权以后,一些企业逐步按专业化协作原则改组了生产,从而使一些吃不饱的中小企业逐步向大企业靠拢,从加工走向联合经营。这种联合不是按照某种固定的模式,而是根据生产的需要,按照自愿互利的原则进行的。联合的形式是多种多样的:从地域上讲,有外省和本省企业的联合,省属企业与市(州)、县企业的联合,市(州)、县属企业与社、队企业的联合;从行业上讲,有工业企业与农村社、队企业的联合,工业、农业和商业企业的联合;从资金来源上讲,有大企业向小企业投资,也有小企业向大企业入股,企业投资和银行贷款相结合,职工私人集资,社会集资入股;从生产经营形式上讲,有来料加工,定点协作,联办工厂、车间,补偿贸易,等等。但是,从所有制方面来概括,无非是这么三种:一是全民所有制和全民所有制之间的联合;二是集体所有制和集体所有制之间的联合;三是全民所有制和集体所有制之间的联合。

全民所有制企业之间的联合和集体所有制企业之间的联合,都是同一性质的经济联合,本质上是同一经济形式的横向发展,是原有形式在外延上的扩大,其内涵仍是相同的。

至于不同所有制之间的联合所有制形式,我们既不能用全民所有制的模式去硬套,也不能用集体所有制的模式来概括,它是一种新的所有制形式,我们把它叫做"联合体所有制",简称"联合所有制"。这种所有制形式的内涵和外延都与全民所有制和集体所有制不同。这种"联合所有制"是几种不同所有制联合的产物。

另一种发展趋势是企业独立核算,自负盈亏。扩大自主权的全民所有制企业在处理国家和企业的关系时,实行利润留成办法。开始实行利润基数分成加增长分成,执行中企业在订计划时,常与上级部门"讨价还价",同时,企业又怕"水涨船高",怕当计划超额过多,下年上级会把计划基数提高,影响企业的经济利益。接着又改利润基数分成加增长分成为全额利润分成,这样克服了订计划"讨价还价"、怕"水涨船高"的弊病,但又产生了与上级争比例高低的问题;而且从权、责、利的结合来看,也是不彻底的。全额分成是以利润存在为前提的,有利润就可分成,无利润企业也不负什么大的经济责任,无非是不留成而已。于是在扩大企业自主权过程中,为了更好地调动企业和职工的积极性,上下出现实行独立核算,国家征税,自负盈亏的趋势。实行自负盈亏的企业,在生产资料的所有权上引起了一系列变化,这些变化集中表现在三点上:第一,实行自负盈亏的企业,在不断进行扩大再生产过程中,企业利润属于企业所有。它可用自己能够全权支配的利润作为生产发展基金,购置的机器设备,自然也就属于企业所有;第二,企业扩大再生产添置机器设备所需要的资金向银行贷款。当企业全部归还了银行贷款和利息后,新购进的这部分生产资料的所有权也应归企业所有;第三,国家的生产资料,实行固定资产占有收费。如果按照四川省现行自负盈亏企业新的固定资产折旧率15:6计算,只要6年多一点时间,这部分生产资料就折旧完毕,固定资产就停止付费,而这部分生产资料要么报废,要么就应当归企业所有。当然,目前这种关系还不明显,明显表现出来的是企业对国家的租佃关系。当在一定年限之后,企业用资金对生产资料进行全部更新改造之后,国家所有制对企业所表现出来的租佃关系就结束了。企业就脱离了部门所有制和地方所有制的束缚,真正地拥有独立的商品生产者的地位。在这种情况下,国家所有制也就进到了"企业自主所有制"(简称企业所有制)。这种所有制的形式,决不能用全民所有制去硬套,因为它不同于全民所有制;但这种所有制在内涵上也不同于集体所有制,它还有某些国家所有制的因素。

经济生活的这些新实践,突破了两种流行的经济学观点:一是突破了社会主义只能有两种公有制形式的流行观点。在社会主义经济运动过程中,出现了第三种、第四种公有制的形式,说明了社会主义是一种多种公有制形式的社会。二是突破了全民所有制和集体所有制之间的绝对界限,打破了两种公有制形式之间只能从集体所有制向全民所有制过渡的模式,使全民所有制和集体所有制经济走上了联合的道路。这是社会主义政治经济学的一个突破和发展。

两种新的公有制形式的特点和作用

两种新的公有制形式,除了同全民所有制和集体所有制一样,都是社会主义社会的公有制之外，它们以自己独有的特点，区别于全民和集体两种所有制。

先谈"联合所有制"的特点和作用。

"联合所有制"的第一个特点是联合。它是由两种以上所有制构成的新的经济联合体。这种联合不是几种所有制的简单相加，而是类似化学上的"化合"，哲学上的"融合"。各种所有制构成的经济联合体不像全民所有制那样，生产资料归代表全民的国家所有；也不像集体所有制那样，生产资料归某个集体所有。而是生产资料归各种经济形式共同占有，由各种经济形式组成的"联合委员会"经营和使用。

第二个特点，是各种经济成分共处于一个经济体内。"联合所有制"内，有国家经济、集体经济，也可以有个体经济和外国资本在内，各种经济成分的优点在联合体内集中起来，并得以发挥。而各种经济成分的弊病，如国营经济的过分集中、集体经济的本小利微、个体经济的过分分散等，都在联合体内被扬弃了。这同全民所有制和集体所有制是大大不同的。

第三个特点是"中间性"或"过渡性"。在"联合所有制"基础上的经济联合体，是全民所有制、集体所有制、个体所有制参差不齐的经济形式互相渗透、互相融合的经济体。恩格斯曾经说过：在事物发展过程中，"一切差异都在中间阶段融合，一切对立都经过中间环节而互相转移"。① "联合所有制"就是这样，它在社会主义公有制发展过程中，是从资本主义到成熟的共产主义之间的一个"中间环节"。它的存在表明了社会主义公有制还不成熟，还不完善。各种公有制形式转化为单一的社会主义公有制，必须通过这个"中介"，通过这种特殊的公有制形式。

"联合所有制"的这种社会主义公有制的共性和它的上述个性，决定了它在社会主义经济发展中的地位和作用。从目前经济联合体在社会主义经济中的地位和作用来看，"联合所有制"起码有这样几条作用：

---

① 《马克思恩格斯选集》第4卷，人民出版社1995年版，第318页。

第一，加速了国家经济建设的资金积累。企业扩大自主权后，都有了自己的企业基金，特别是那些新建的比较现代化的企业，所需维修费很少，扩大再生产的方向还没有看准。它们同其他轻纺、化学工业联合，就可以把全民所有制、集体所有制及个人的资金集聚起来，形成新的投资，从而把各家的死钱变成了活钱，为社会创造财富，为国家增加利税，为企业增加收入，个人投资也得到了好处。

第二，加速了生产的发展。建立在"联合所有制"基础上的经济联合体，在国家计划指导下，可以在内部统一规划，分工协作，按专业化协作原则组织生产，更有针对性地进行挖潜、革新、改造，实现联合体内的填平补齐，更好地在内部交流新技术、新工艺，生产新产品；减少不合理的运输、加工、配套费用，合理使用资金，节约行政管理费用，做到少花钱、多办事、见效快、利润高，提高各项投资的经济效果，促进生产的发展。

第三，有利于协调国民经济发展的比例关系。在"联合所有制"基础上的经济联合体，在投资方向上，一般都是短缺畅销产品，或是国民经济填平补齐的短缺产品。因此，只要加强领导，因势利导，联合经营可以迅速把经济搞活，有助于改变失调的比例关系。

第四，便于综合使用资源，解决联合各方扩大再生产的困难。经济联合体使参加联合的各方面都能发挥所长，而避其所短，使联合体内各生产单位在简单再生产和扩大再生产中的困难都得到解决，促进生产的发展。

再谈"企业所有制"的特点和作用。

"企业所有制"的第一个特点是生产资料"三权统一"。经过独立核算、国家征税、自负盈亏，企业在用自有资金对原国有的机器设备进行更新改造后，生产资料便由国家所有过渡到企业所有。这就使生产资料的所有权和占有使用权、经营管理权统一起来了，克服了全民所有制中实际上存在着的生产资料所有权和占有使用权、经营管理权的分离状态，使生产资料和劳动者在企业里更好地结合起来。

第二个特点是独立性。这是企业所有制的第一个特点派生出来的。

在社会主义的计划商品经济条件下,生产资料的"三权统一"必然要加强企业的独立性,加强企业的商品生产者的地位,使企业可以以"经济法人"的姿态参与各种经济活动,在国家计划指导下,独立地编制产、供、销、财务计划。这就使企业比较彻底地摆脱了部门和地方的行政控制,从部门所有制和地方所有制中解放出来。

第三个特点是公有化程度的中间性。"企业所有制"是从全民所有制脱胎而来的,生产资料的占有方式,不能不具有某些母体的痕迹。特别是在它开始形成的过程中,生产资料还是属于国家所有,就是在若干年后,企业用自己资金全部更新了原来国有机器设备后,国家仍然会保留相当一部分投资在这种企业里。因此,就其内涵而言,它比集体所有制的公有化程度要高些;就其外延来说,比集体所有制更大、更广泛。从它的来源、内涵、外延看,都与集体所有制不同,我们不能把两种不同的公有制形式混为一谈。

从目前少数企业试点情况来看,"企业所有制"可以起到下列一些特殊作用:

第一,能把国家、企业和个人利益紧密结合起来。这种新的所有制形式,克服了全民所有制企业扩大自主权实行利润留成后,职工基本工资和奖金的"旱涝保收"状态,使职工的基本工资和企业经营好坏直接挂钩。企业自己经营得好,在保证国家稳收、多收的条件下,企业多收,个人多得。如果经营不好,不但奖金没有,就连基本工资也难保证。这样,"增盈"的动力和"亏损"的压力,促使企业从实际出发,按照社会需要的方向进行挖潜、革新、改造,促使企业加强经营管理,实行全面经济核算,使产品成本下降,质量显著提高,产品品种增加,企业的商品生产得到更大的发展。

第二,有利于搞好企业的民主管理,发挥职工当家做主的作用,使企业真正成为工人自己的企业。在企业所有制基础上实行自负盈亏,广大职工不仅对企业各级领导提出了更高要求,而且要求由职工自己挑选和监督企业领导人,直接参与企业重大问题的决策。目前,试点企业正在建立具有实际内容的新的组织形式,实行民主管理,从而发挥职工的主人翁作用。

第三,有利于按照社会需要,推动联合经营和专业化协作。企业实行独立核算、国家征税、自负盈亏,改变所有制后,在"增盈"的动力和"亏损"的压力推动下,必然要选择最佳条件,按照社会主义经济规律扩大横向联系,打破地区、行业和所有制的界限,组织经济联合体,使劳动生产率不断提高。

第四,有利于改善上级管理部门同企业之间的关系。企业所有制是全民所有制企业扩大企业自主权的必然结果。企业所有制的建立,使主管部门的职责发生了根本变化。过去企业是全民所有制,主管部门代表国家行使管理的职能,利润全部上交。主管部门为了控制其财务,过多地干预企业的经济活动,使上下级之间关系十分紧张。企业所有制使国家财政收入有了可靠保证,大大减少了主管部门的日常事务,使它们有可能按照经济规律办事,把主要精力转移到服务、统筹、协调、监督方面来,有利于促进经济管理体制的改革。

新公有制形式出现的客观必然性

社会主义新的公有制形式的出现,是我国生产力发展的客观要求。目前,我国生产力还是多层次结构:一层次是拥有世界先进水平、高度自动化的大型现代化企业所拥有的生产力,这类企业在全国 38 万家企业中仅占少数;二层次是现代化设备较低的半自动化、机械化的中小企业和部分大型企业所拥有的生产力,这类企业是多数;三层次是半机械化和手工操作的工农业企业,这类企业中,工业占相当大的比重,农业则占绝大多数。这种多层次的、参差不齐的生产力发展状况,客观上要求生产关系,特别是生产资料所有制,以多种形式与之相适应。一家企业到底采取哪种所有制形式,不能凭主观意志,而是要看什么所有制形式能够促进生产力的发展,这是马克思主义的基本要求。我们决不能用社会主义的全民所有制和集体所有制的模式,去代替其他公有制的形式,硬套在不同发展状况的生产力上。如果不管生产力发展状况,只用两种公有制的形式去硬套,就会束缚生产力的发展,影响我国四个现代化的历史进程。因此,在社会主义经济发展过程中,只要联合所有制和企业所有制能促进生产力发展,我们就应大胆地选择这种新的公有制形式,决不能拘泥于传统的经济学观念,不去大胆实践。

（原载《江汉论坛》1981 年第 3 期,《新华文摘》1981 年第 5 期作了转载）

全民所有制改革的尝试

——成都无缝钢管厂考察报告

所有权和经营权的适当分离

成都无缝钢管厂在对生产资料的全民所有制进行改革过程中,遇到了两个理论和实践问题:一是把生产资料的所有权和经营权分开在理论上是否合乎马克思主义原理;二是把生产资料所有权和经营权分开有没有必要性。对于这两个难题,钢管厂的厂长殷国茂和党委书记张宗源提出,要以马克思主义解决理论认识问题,联系企业实际,解决改革的必要性问题。经过两个多月的学习和研究,两大难题都在思想认识上解决了。

在学习和研究过程中,大家认为,生产资料的所有权和经营权是两个既有区别,又有联系的不同经济范畴。所有权是从法权上回答企业的生产资料归谁所有的问题,它是生产资料所有制的关键,决定着企业的性质;经营权要回答的是企业由谁来经营管理的问题,它包括对生产资料的支配权和使用权,具体来说包括对企业的人、财、物、产、供、销的各种支配使用权力,它决定企业的经营形式,影响企业的经济效益。在生产资料的所有权和经营权的关系上,所有权是决定性的。一般来说,所有权的性质决定经营权的性质。而经营权的授予或分割,从根本上讲又有利于所有权的巩固和经济效益的提高,有利于生产资料的所有者。

马克思主义告诉我们,反映法权关系的所有权与反映经济活动的经营权是可以统一,也可以适当分开的。企业生产资料的所有者,既可以是企业的直接经营者,也可以不是企业的直接经营者,甚至一种所有权有各种不同的经营方式,就是说经营形式的多样化并不改变生产资料所有权的性质。当然,在现实的经济生活中,所有权和经营权是否分开,以及分开到什么程度,采用什么样的具体经营形式,这要由各个历史时期经济发展的水平和客观需要的条件所决定,主要还是看它是否对生产资料的所有者有利。

钢管厂的同志在学习和研究中还认识到,对所有权和经营权的统一,生产资料的所有者又是企业的直接经营者,这是几十年来的传统观念,大家是容易理解的。而对所有权和经营管理权的分离则往往不容易理解。其实,关于生产资料的所有权和经营权的分离,马克思早就有过精辟的论述。马克思说:"资本主义生产本身已经使那种完全同资本所有权分离的指挥劳动比比皆是。因此,这种指挥劳动就无须资本家亲自进行了。一个乐队指挥完全不必就是乐队的所有者"[①] 还说:"……股份企业,一般地说也有一种趋势,就是使这种管理劳动作为一种职能越来越同自有资本或借入资本的所有权相分离"[②] "……那些不能在任何名义下,既不能用借贷也不能用别的方式占有资本的单纯的经理,执行着一切应由执行职能的资本家自己担任的现实职能"[③] 在论述借贷资本时,马克思更明确指出:所有权留在贷款人手中,而对货币的支配则转到产业资本家手中。马克思在这里,虽然讲的是资本主义经济,但是,他却揭示了一个普遍原理,即生产资料的所有权和经营权是可以分开的。企业的所有者

---

①②③ 马克思:《资本论》第 3 卷,人民出版社 2004 年版,第 434、436 页。

并不一定必须是企业的直接经营者。

原始公社在解体过程中，就曾出现过如土地、牧场等生产资料为公社所有，但却由公社社员个人耕种、放牧、经营。到了奴隶社会，奴隶主和庄园主的产业很多都是由"管家"一类的代理人经营管理。在封建社会土地为地主所有，农民租种地主的土地，向地主缴纳地租，怎么经营，由农民决定。上述三种社会经济形态，生产资料所有权和经营权实际上是分开的。

在资本主义社会，资产阶级占有企业，生产资料属于资本家所有。其中，有的企业由资本家直接经营，也有的企业是由资本家雇佣一些有经营能力和才干的人做经理，专门从事经营管理。特别是现代化的一些大企业和跨国公司，基本上都是专门雇佣管理专家做经理人员负责经营和管理。因为现代化的大型公司包括许多厂矿企业和经营单位，规模庞大，技术先进，管理复杂，它要求从事经营管理的企业家具有各种各样的专门知识，如果由资本家直接经营，那是非常困难的，他们只好交给由各种专门人才组成的经理阶层来经营。在资本主义社会的股份公司里，生产资料的所有者即股票持有者是一部分人，而经理人员却是另一部分人。在资本主义农业中，土地的所有权属于大土地所有者，而土地的使用权和经营权却掌握在租地的农业资本家手中。

在社会主义社会，马克思揭示的生产资料所有权和经营权的分离，同样是存在的。党的十一届三中全会以后，在我国农村出现了各种各样的集体所有和家庭经营的联产承包责任制，就是生产资料所有权和经营权分开的一种具体形式。近几年，在一些国营农场中，在专业承包的基础上兴办的"家庭农场"，也是所有权与经营权分离的一种具体形式。前几年，在城市一些中小工商企业中，实行个人承包，租赁经营，同样也是一种所有权和经营权分开的具体形式。这一切都说明，所有权和经营权的分离在人类历史上不同的社会形态里都曾以不同形式存在过，它并不是一种偶然的经济现象，而是经济发展的客观必然性。

　　成都无缝钢管厂的同志们,不仅在理论上弄清楚了生产资料所有权和经营权分开的依据,而且还联系实际说明了所有权和经营权分开的可能性。长期以来,国家对企业管得过多过死,企业完全处于被动地位,缺乏应有的活力,成为国家行政机构的附属物,上面指一下,企业才能动一下。在党的十一届三中全会以前,钢管厂要修建一个厕所,要改造厂部大门,都要报经主管部门批准。原因就是没有弄清楚生产资料的全民所有制企业的所有权和经营权的关系,把全民所有与国家机构直接经营企业混为一谈了,误认为全民所有制企业的生产资料属于全民所有,企业理所当然就该由代表全民利益的国家直接经营。有的人甚至认为,生产资料所有权和经营权是不可分割的,如果企业的经营权和所有权分开了,所有权就会名存实亡,不复存在。在我国由于长期受这种理论支配,在实践上,全民所有制企业一直采取国家直接经营的形式,即人们熟悉的"国营",不承认企业是相对独立的商品生产者和经营者,不给企业作为相当独立的商品生产者和经营者应有的经营自主权,而由国家直接支配和使用企业生产资料,组织企业的产、供、销活动,企业的一切重大生产经营活动都由国家直接管理和决策。《中共中央关于经济体制改革的决定》指出:由于社会需求十分复杂,而且经常处于变动之中,企业条件千差万别,企业之间的经济联系错综复杂,任何国家机构都不可能完全了解和迅速适应这些情况。如果全民所有制的各种企业都由国家机构直接经营和管理,那就不可避免地会产生严重的主观主义和官僚主义,压抑企业的生机和活力。因此,成都无缝钢管厂的同志抛弃了所有权和经营权不能分开的传统观念。思想解放了,领导班子和各部门的认识都统一到生产资料所有权和经营权可以分开的这一马克思主义的原则上,从而把企业真正变成了一个相对独立的经济实体,变成了一个自主经营、自负盈亏的社会主义商品生产者。成都无缝钢管厂的同志把握了这一把搞活企业的钥匙,紧紧抓住这个搞活企业的突破口,采用灵活多样的形式把企业搞活了。

灵活选择企业的经营形式

成都无缝钢管厂在党的十一届三中全会以后的 1979 年就是进行全面改革的试点单位。在国家和企业的关系上,像成都无缝钢管厂这样的全民所有制企业,实际是全民所有,由他们厂长经营的。钢管厂逐步开始了对全民所有制企业的所有权和经营权分开的改革。

成都无缝钢管厂在 1980 年以后,省里给他们扩大了部分经营自主权,生产发展很快,职工生活提高也比较快。随着改革的深入,市场竞争越来越激烈,再加上原材料提价,职工工资水平的提高,使企业成本不断增加,在宏观经济的控制上,又用奖金税把奖金的增长做了控制,企业要发展,职工生活要进一步改善,是前进或是后退? 这是钢管厂面临的严重问题。钢管厂以殷国茂厂长为中心的领导集团,根据省委领导同志指示精神,把企业的改革推进到企业的核心层,即把改革渗透到生产资料所有制方面去,走一条生产资料的所有权与经营权分开的新路子。他们从实际出发,在坚持全民所有制的前提下,采用纵横承包,实行不同分厂、车间采用不同的具体经营形式,把企业经营管理的改革推向了一个新阶段,在理论和实践上给人们提供了深化企业改革的新鲜经验。

无缝钢管厂的同志认为,在实行生产资料的所有权和经营权分开的原则是,企业采取的经营形式,要看哪种经营形式最能促进生产力发展,经济效益最好,就大胆地采用哪种经营形式,切不可不顾企业面临的政治经济任务和技术经济条件去盲目地照搬别人的做法。一定要从自己企业的客观实际出发,只要有利于生产力的发展,有利于经济效益的提高,就要敢于创造一套适合自己的经营方式,不能千篇一律,一刀切。

成都无缝钢管厂在选择自己的经营形式的时候,根据各分厂、车间情况,采用不同的形式。比如,科室就建立承包性质的经济责任制;对供销公司就实行外销利润包干;对主要生产分厂和车间实行基数利润加增长利润分成;对一些辅助生产车间,公司实行工资总额与税利挂钩浮动;对建筑安装公司实行百元产值工资含量包干;对钢管研究所和设备研究所实行科研项目承包责任制;对公益公司则实行自创利润补差;对服务性的部门实行单项与多项内容承包。钢管厂对所属的 10 多个企业就采用 10 多种具体的经营形式。这种多样化的经营形式,促进了生产力的发展,把企业各方面的积极性都调动起来了,使企业出现了一个朝气蓬勃的局面。

企业内部所有制的多样化

全民所有制企业内部的改革,除了国家对企业实行生产资料所有权和经营权的分离和全民所有制企业内部所有权和经营权分离之外,在成都无缝钢管厂,还进行了企业内部多种所有制结构的改革。

1. 在全民所有制企业内部建立集体所有制企业。成都无缝钢管厂建立了经济技术开发公司和建筑安装工程公司。这两个公司的建立,首要任务是广开就业门路,解决企业内部待业青年就业问题;其次是一业为主、多种经营,集聚企业资金。经济技术开发公司是在原来劳动服务公司(集体企业)基础上充实了几百名总厂的全民所有制性质的职工,包括管理干部、工程技术人员和工人发展而成的。全公司共 1040 人,招收的待业青年占 60% 以上。这个公司自 1985 年宣告成立以来,积极向外开拓,实行了多角化、全方位经营战略,在技术咨询、工业、商业、畜牧业和旅游业等方面都开办了经济实体。

成都无缝钢管厂建筑安装工程公司是在原来厂里的建筑公司(大集体)基础上加上总厂原检修车间的力量,形成了一家既有土建施工,又有设备检修和安装能力的专业性公司。在分配上实行了百元产值工资含量包干,极大地调动了职工的积极性。这家公司近几年在钢管厂的技术改造中发挥了十分重要的作用,已经成为钢管厂技术改造的基本队伍。

由于经济技术开发公司和建筑安装工程公司都属厂办大集体企业,他们为解决职工子女的就业问题做出了积极贡献,同时在集聚企业资金上也发挥了一定作用。因此,总厂对这些大集体采取了"扶上马,送一程"的政策。在人员配备上,选派了一部分全民所有制的职工在其中工作,物质待遇比全民所有制的分厂、车间、部门要高一些。在生产设备配备方面,尽可能地为这些公司创造条件。但对于厂房、机器、施工机具、运输工具以及办公室设施等固定资产,一律按规定折价提供使用,然后由这些公司逐步偿还。不过在利息上是采取低息的办法予以扶持。这些公司虽然是集体所有制企业,但他们背靠钢管厂,有较大的经济实力做后盾。因此,在一业为主、多种经营的道路上,可以运用国家给予集体企业的政策,充分显现其自身的生命力和活力,同时也为钢管厂壮大了经济实力。这为人们展示了企业搞活的一种新的途径和经验。

2. 国家集体联合所有制性质的企业。比如,组建了成都无缝钢管厂美术装饰工程公司。钢管厂过去花在摄影、美术装饰、展览等方面的资金每年不下 10 万元,而且随着工厂的发展,这类开支将直线上升。为了充分发挥一部分爱好美术、摄影人员的才能和安置一部分待业青年,搞活经济,节省开支,提高效益,钢管厂于 1986 年 9 月组建了"成都无缝钢管厂美术装饰工程公司",并确定为国家集体所有制企业。这家公司的业务主要分两大类:一是维持原业务,实行指标包干,节余分成。公司按厂内经济责任制,承包原来承担的摄影、展览等七项业务。钢管厂为公司提供必要的设备、工作室以及定编人员的基本工资和奖金,费用核算仍由总厂负责,公司凭据报销。采取与过去同口径计算,每年 10 万元,指标包干,节余按 5:5 分成。二是开拓新业务,国家集体合营,利益共享。为充分发挥部分有美术专长人员的作用,该公司准备对内对外开展室内装饰业务,同时准备开设酒店、商店等业务。为此,公司向总厂低息贷款 25 万元,另外厂还向公司投资 25 万元,其经营利润按 5:5 分成。从上述情况分析,成都钢管厂美术装饰公司并不是单一的集体所有制性质,而是国家集体联合所有制的一种经济形式,它既不是全民所有制,也不是集体所有制经济成分。原因是:第一,这个公司的部分管理及工作人员仍属全民职工并由总厂发放工资和奖金;第二,公司拥有总厂提供的摄影及工作室等固定资产;第三,钢管厂向公司投资并参加利益分配。所以这家公司实际上是国家集体联合所有制的性质。这家公司的成立,是钢管厂在全民企业内部所有制改革方面的探索,尽管还有不完善的地方,但它可以在实践中不断地改进。总之,这家公司是一个高效率发挥个人才能的公司。它的成立,可使总厂在摄影、展览等方面节省不少资金,同时,可以减少对外委托美工业务和一些装饰工程。

3. 职工集资入股的股份制企业。比如,成立成都无缝钢管厂工艺冶金股份有限公司。这家公司是 1985 年元月成立的。公司的资金全靠本企业职工个人集资入股而成,每股 100 元,每人最多购 3 股,共发行股票近 500 万元。公司利用这笔资金向总厂购买了部分厂房、设备,成立了堆焊厂(堆焊轧辊和芯棒)、精密铸造厂和锻造厂,并招收了待业青年。公司的赢利在留足生产发展基金和其他基金后,以股息的形式分配给股东,按规定股息不超过 15%。钢管厂兴办该公司的目的,一是通过多种正常的渠道吸收社会闲置的资金,即生产劳动者的那部分暂不动用的资金;二是为了节约和利用各种边角余料,增加财富;三是为了促进企业的生产发展和经营的多样化,并为本企业的职工增加一定的收入。基于这样的目的和它所产生的背景,显然,它与市场经济条件下的股份公司有着本质的差别。因为,市场经济条件下的股份公司是追求剩余价值为目的的,而该公司成立的目的则为满足企业和人员的需要,为搞活企业服务的。同时,市场经济条件下的股份公司服从价值规律,生产什么,生产多少,都要由市场需求来决定,剩余价值的多寡起着决定性的作用。它采用的是雇佣劳动制,并在整个市场的无政府状态中盲目发展。而该公司则建立在全民所有制内部,它要受到国家计划的制约,受社会主义经济规律的支配,是社会主义全民所有制经济中的带集体所有制性质的经济形式,而且采用的是联合劳动制。股份公司的生产劳动者,包括招收的待业青年,享有其他公有制企业中的生产劳动者所享有的同样权利。由于工艺冶金股份有限公司是属于钢管厂内部的股份公司,从隶属关系和所有制上看,它又是社会主义经济的一种新形式,充满了生机与活力,这是全民企业内部所有制改革上的又一个突破。

4. 合资形式的联合所有制企业。成都无缝钢管厂近年来根据自身发展的需要,广泛开展了横向经济联合,他们不仅与国内厂家联合,也与外国公司联合,并且多数是以全民所有制形式联合的。这些联合体,有的是为了获得外汇,有的是为了引进技术,也有的是为了发挥自己的专利技术,如"顺兴软磁盘公司"、"华美工程公司"和"索达传动机械联合公司"。

"顺兴软磁盘公司"是全民所有制有限责任公司,由深圳爱华电子公司与钢管厂共同出资兴办。其产品主要是磁记录介质、计算机及外部设备、冶金设备、仪器仪表、家用电器及电子元器件。产品以外销为主,其投资按爱华与钢管厂6:4比例分配,钢管厂出资 208 万元,爱华出资 312 万元,按比例共享利润,同担风险。公司还特别对创汇的分配尽可能地考虑了钢管厂技术改造的需要。这就使钢管厂在自己的产品——无缝钢管外销受政策限制的情况下,另辟蹊径,有了创汇能力,这无疑对钢管厂的技术改造起了极大的推动作用。

"华美工程公司"由美国艾特纳斯坦达工程公司与成都无缝钢管厂、德阳二重和重庆钢铁设计院共同出资兴办。美方主要提供软件技术,由中方制造轧制无缝钢管的设备。其产品既销国内,也销国外。该公司的审批手续和生产执照已经办理完毕,即将开业。届时,该公司将成为国内专门生产制管设备的经济联合体,而且就销售市场的预测来看,前景比较乐观。目前已有几家企业来签订了购货合同。

"索达传动机械联合公司"是一个半紧密的经济联合体,由成都无缝钢管厂、马鞍山传动机械厂、东方轴承厂、重庆长江橡胶厂和成都三强实业公司等5家企业共同兴办。该公司主要生产重载橡胶弹性安全联轴器。系列产品主要打入国际市场,同时满足国内需要。钢管厂与马鞍山传动机械厂已签订了为期8年的专利使用许可证书,每年从索达公司的销售额中提取14%作为钢管厂的专利收益。这个联合体的成立,对于成都无缝钢管厂充分发挥CSL型联轴器这一专利技术,扩大社会经济效益具有十分重要的作用。

总之,不论是紧密联合,还是半紧密联合,这些合资企业对于无缝钢管厂来讲,在原所有制的基础上是一个大突破,使全民所有制企业注入了一些非全民所有制的因素。这些合资企业不仅跨越了行业、地区和国家的界限,而且对全民所有制企业自我封闭式的单一所有制是一个强有力的冲击,客观上也促进了作为全民所有制的成都钢管厂的大发展。

5. 企业所有,个人承包的子公司性质的企业。比如,成立深圳华茂工贸公司。成都无缝钢管厂为了在深圳开设窗口,销售产品,收集信息,在深圳建立了这家公司。华茂公司为总厂下属"独立核算、自计盈亏"的具有法人地位的公司。该公司在当地缴纳营业税,赢利留深圳华茂公司,使用权属总厂。钢管厂给该公司一次性投资100万元。该公司在深圳将钢管厂提供的钢管,再进一步深度加工后对内对外销售,争取为总厂创汇。同时也开展其他商业活动,以增强活力。它既是钢管厂的销售窗口,又是钢管厂的信息触角,积极地为钢管厂捕捉和收集信息,特别是涉及钢管生产销售各个环节的经济技术信息。这家公司的经理及财务总管等管理人员由钢管厂派遣,承包人以经理的身份行使经营管理职权。钢管厂还对承包人的经济利益作出了规定。从以上情况可以看出,华茂公司是一个隶属于钢管厂的一家企业,但是它由个人承包经营,所有权属于全民所有的成都无缝钢管厂,经营权则归承包人。在深圳这样的特殊环境下采取这种特殊的所有制方式有如下好处:一是"将在外,君命有所不受",事事请示,不如全权负责;二是使全民所有制企业也有了对盈亏负责的.

人,即承包人;三是公司地处深圳,让其具有法人资格,才能在经营活动中具有更大的弹性,更容易获得信誉。由此可见,华茂公司这种企业所有、个人经营的所有制形式是在特殊环境特殊情况下产生的,它对企业探索所有制改革提供了新的经验。

6. 全民所有制内部实行个人租赁承包的企业。近年来,无缝钢管厂在对分厂(车间)等基层单位实行各种经济承包责任制的同时,在某些项目上也试行了个人租赁承包制。如人力装卸和焙烧两个项目过去是钢管厂比较难于管理的工作,非正式职工比较多,职工素质差,问题比较多,特别是焙烧连年亏损。1984 年和 1985 年钢管厂先后对这两个项目试行了个人承包,收到了明显的成效。人力装卸个人租赁承包后,车辆装卸停时比规定时间缩短,装卸费用下降,装卸质量明显提高,不但保证了生产,而且全年为厂里交利润 6 万余元,使钢管厂在货物装卸增加的情况下,装卸费用反而相对下降。钢管厂焙烧工段由个人承包后,在厂各处室和废金属车间的支持和帮助下,石灰石、白云石、排渣量等主要生产指标均超额完成,为保证平炉炼钢生产创造了条件,亏损也大大减少。尽管焙烧个人承包还存在一些问题,但从个人租赁承包形式来看,还是成功的。

钢管厂试行的企业所有个人租赁承包,从所有制的角度来看似乎没有改变,仍然是全民所有制,承包人没有法人地位,而且承包方式基本上属于企业内部深化了的经济责任制的改革。但是,这种单项承包是由个人承包而不是由集体承包,承包者本人要对承包项目的盈亏负经济责任,这就明显地区别于一般的企业内部的集体承包制。所以,这种企业所有个人承包,实质上是企业内部所有权与经营权的再分离,而且是更深层次的分离。尽管这种分离还存在这样或那样的问题,但实践告诉我们,这种尝试对于调动全民企业内部职工的积极性是十分有益的。

几年来,成都无缝钢管厂在全民所有制企业内部进行的生产资料所有制的改革形式多样,什么形式能促进生产力发展,就采用什么形式,迈出了全民所有制企业所有制改革的重大步伐。成都钢管厂在放开经营权以后对各种所有制经营方式中严格而又灵活地实行宏观控制与管理。虽然充分放开了各种经济成分的经营自主权，各公司的发展方针自己决定，公司的发展道路自己闯，但全局性的决策、经营目标、改革的措施由总厂决定。这就从整体上保证了整个企业经济发展的统一性，又在各个局部上保证了各个生产经营单位经营的多样性、灵活性和进取性。因此，这几年来，许多分厂和公司为了灵活地开展各种经营活动，扩大自己的经济实力，陆陆续续又发展了下属的各种经济实体。比如，建筑安装工程公司不仅搞基建和设备的检修安装，而且还开饭馆、办商店、发展第三产业。又比如：工益冶金股份有限公司不仅在本地办企业，而且又搞横向经济联合，与深圳机电加工设备公司共同在深圳开办了"深蓉钢管加工厂"。还有经济技术开发公司，更是多角化、全方位经营。公司下设技术咨询服务公司，提供技术咨询和协作服务；在工业方面，开办了机械加工厂、化工厂、辅料加工厂、汽车修理厂和服装厂；第三产业方面，开办了百货商店、饭店，并兴建了养鸡场；开展了旅游服务业务，成立了皇冠旅行社，并与东城区文化馆共同在简阳三岔湖建立了月亮岛度假村，等等。这样，无缝钢管厂在所有制改革的尝试中显示出了多种色彩，不仅全民企业内部派生了子企业（公司），而且还派生出了"孙子"企业（公司），这是企业所有制形式的极大变化，更是全民所有制企业内容丰富充实和经营形式的发展。

当然，应当看到，这仅仅是所有制改革的开头，在所有制这样一个复杂问题的改革中的确还存在着许多问题，如企业的宏观管理还跟不上，分配关系上还有不少的问题，企业人员流动也是一个新的课题，等等。这些前进中的问题亟须调整，调整的结果必然是使各种所有制的经济实体在各方面更加完善，使企业的活力进一步增强，企业的整体效益将一步提高。

改革为企业注入了新的活力

成都无缝钢管厂在生产资料所有制方面的改革,与我国整个经济从产品经济向商品经济过渡的改革是同步的。

过去在很长时期内,社会主义国家在理论上不承认全民所有制企业的生产是商品生产,全民所有制企业之间的资金、物资的交换和产品的分配,也不是商品交换,商品流通靠国家机关的统一调拨。商品经济活动范围只限于全民企业与集体企业、集体企业与集体企业之间的产品交换上。党的十一届三中全会以来,全民所有制企业之间,乃至企业内部各生产单位之间存在着的商品货币关系代替了产品交换的观念,社会主义商品交换在农村、在城市都得到了很大的发展。在这种新的形势下,促进和推动各地在生产资料的所有权和经营权分离上进行的改革成功地解放了生产力,无缝钢管厂正是这种改革的典型代表。随着观念的变革和大量改革的实践,钢管厂不仅确立了真正意义上的商品生产者和经营者的地位,而且通过再投入、再产出,不断为企业增加了新鲜血液,也给企业注入了新的活力。

1. 解决了就业问题,起到了劳动力蓄水池的作用。几年来,各种性质的公司广开就业门路,先后招收了待业青年1000多人,为解决职工子女就业问题发挥了积极作用。同时,经济技术开发公司还起到了劳动力蓄水池的作用。经定员定编后,总厂的部分全民职工(目前已有312名)调整到了开发公司,既充实了该公司的力量,又发挥了这部分人的潜力,使总厂各项改革能够顺利进行。

2. 开辟了外汇来源,为搞活企业的技术改造创造了条件。如深圳的"顺兴"、"华茂"和"深蓉"等公司(厂)都具有创汇能力,随着生产经营业务的发展,必将取得更好的效果。

3. 各公司在辅助生产方面发挥了重要作用,集中了企业资金。如经济技术开发公司所属的化工厂为钢管厂制造了大量胶圈、尼龙制品等;辅料厂为炼钢生产辅料,等等;工益公司的堆焊厂、精密铸造厂和锻造厂等;都直接为总厂生产服务。

4. 把职工个人利益与企业利益通过股份制的形式更紧密地结合起来,调动了职工积极性,同时使职工增加了收入。如工益冶金股份有限公司对全厂每个入股的职工都按国家规定,定期发放股息。

5. 各种公司的成立推动了第三产业的发展。经济技术开发公司、建筑安装工程公司都先后开办了各类商店、饭店、腌卤店以及养鸡场;同时还开办了旅游点,以满足职工越来越多的消费需要。

总之,今天成都无缝钢管厂焕发的活力,应该归功于其所进行的一系列改革,特别是生产资料所有制方面的改革。这些改革不仅没有否定全民所有制,而且使全民所有制本身更加完善和丰富。这些改革使我们找到了经营全民所有制企业的具体形式,从而发挥全民所有制的优越性,促进了生产力的大发展。

（此篇文章是笔者在 1986 年 5 月在成都无缝钢管厂的考察报告,收入本书时标题做了改动。原标题是《成都无缝钢管厂考察报告》,曾收入李少宇、曾益成主编的《追求效益的管理》一书中。该书由四川科技出版社 1986 年出版）

增强大中型企业活力的正确选择*

——从成都无缝钢管厂看承包制

经营承包责任制是在国家计划的指导下,以提高社会经济效益为目的,实行责、权、利相结合的生产经营管理制度。在企业内部实行经济责任制,是国营企业内部实现多种经营形式的一项重要改革,也是实现企业对国家承担的经济责任的基础和保证。它要求把企业中各个部门、各个岗位、各个环节之间的经济活动有机地组织起来,形成企业内部多工种、多专业协调一致的劳动集体,使每个职工各司其职,各尽所能,共同承担对国家的经济责任,保证企业总的经济目标的实现。同时,推行企业内部的经济责任制,职工的经济责任与物质利益直接挂钩,多劳多得,少劳少得,打破了干好干坏一个样的平均主义。这就大大调动了职工的积极性、创造性,使企业和职工外有国家计划和市场需求关系变动的压力,内有生产经营管理的自主权利和物质利益的内在动力,从而增强企业的活力。

成都无缝钢管厂为了适应当前经济体制改革的需要,结合本厂的实

---

* 这是笔者在 1986 年 4 月 8 日给四川省原省长蒋民宽同志的一封信,经整理后,作为笔者与陈道熙主编的《追求活的管理艺术》一书的结语发表。

际情况,在厂内试行了多种形式的经营承包责任制,取得了显著的经济效益。在推行经营承包责任制的1982—1985年的4年中,实现利税达4.39亿元(扣除抵消涨价因素9.32万元)。实践证明,实行厂内经营承包责任制是不断增强企业活力的有效途径。

“包”与“保”的辩证关系

实行经营承包责任制是成都无缝钢管厂经营管理的一种基本形式。它围绕厂里生产经营的总目标,把企业对国家承担的经济责任,按照责、权、利结合的原则,经过“包”和“保”两个系列来完成的。全厂的经营目标经纵向和横向的分解,把大指标分解成小指标,层层包到每个分厂(车间)、班组、科室,从厂长、处长、分厂厂长、车间主任到工段长、班组长,从干部到工人,使企业的各个环节、各个岗位形成宝塔形的指标承包体系。在这个体系中,又以小指标保大指标的体系来实现,其具体形式是:岗位保班组,班组保车间,车间(分厂)保全厂,环环相扣,纵横交错,以保证企业在宏观指导下,调动每位职工的积极性,出色地完成生产任务。

所谓“包”,就是全面包到人。把全厂对国家承担的经济责任,包括各项经济技术指标和工作要求都落实到每一位职工。

所谓“保”,就是把单位之间、岗位之间互为条件、互为保证的具体协作要求,作为经济责任,一件一件落实到人。

“包”和“保”是一种辩证的关系。二者有一种不可分割的关系,再加上与利益挂钩,形成一种“包”和“保”的经济责任制度,可以使企业经营管理生动活泼,科学可靠。

具体来讲,这个厂的“包保经营责任制”,对主要分厂(车间)来说,是包质量、产量和利润,保品种、合同、消耗成本、资金占用、安全文明生产和设备完好率,并完成协作关系;辅助车间是包工作量、生产需要、降低费用,保服务质量、服务项目、完成协作关系;职能处室是包分管的技术经济指标、资金占用、降低费用及各项工作的进度,保基本指标的完成,并完成协作任务。各单位"包"的指标是主要经济责任,作为提奖的依据;"保"的指标和协作关系是保证全面完成计划的内容,是加奖、扣奖的条件。

几年来,该厂为了适应每年完成奋斗目标的需要,采用150—200个指标,组成全厂性的考核指标体系,根据这些指标体系及其作用,又把它区分为不同的类型并与奖惩挂钩。

1. 决定指标。质量、产量和利润计划完成指标,这是决定生产车间或机关处室和辅助车间能否提奖的三个指标。

每个生产车间当月只有同时完成这三个计划指标才能开始提奖。在此基础上,利润完成情况越好提奖越多,以激励生产车间完成利润奋斗目标。

机关处室和辅助车间当月只有在全厂同时完成这三个计划指标才能开始提奖,全厂利润完成情况越好提奖越多,以激发二、三线职工关心全厂生产,努力做好本职工作。

2. 影响指标。除了决定性指标外,还有一些经济技术指标要影响奖金的多少。这类指标的提奖比例占奖金总额的40%,全厂每个单位只有在完成决定性指标的前提下,同时完成这些影响指标,才能得到较高的奖金。

3. 重点指标。这是关系企业能否正常生产的重要指标,包括人身、设备方面的安全指标。为了使全厂职工重视安全生产,该厂制定了详细的考核细则,规定全厂发生重大恶性事故工伤死亡、设备、质量、火灾等,除重扣当事单位和主管部门的工资和奖金外(严重的还要给予行政处分和追究法律责任),其他处室也相应扣发当月奖金的15%。

这种包保经济责任制具有三个特点:一是通过指标的层层分解和落实,使全厂干部和群众,人人都有明确的奋斗目标,都知道自己局部的小指标是厂里生产经营目标的有机组成部分,任何局部或个人的指标完成得好坏,都与全厂的总体经济效益密切相关,这就有力地促进了全厂职工加强团结协作,共同为实现这个目标而努力。二是坚持了职责的全面性。全面包、全面保,不仅包括了各项经济技术指标的要求,还包括了对各项工作的数量、质量和时间的要求,把责任放在第一位,以责定利,充分体现了责、权、利的统一。三是贯彻了按劳分配的原则。由于这种方法对每个职工都有明确的考核尺度,职工的收入,既要取决于个人贡献的大小,还要取决于集体的劳动成果和企业对国家的贡献,只有为国家增加了收入,企业和劳动者个人才能多得。这样,企业和职工的积极性就被充分调动起来,从而大大增加了企业的活力。

计划目标管理与奖金分配的科学化

企业全年应完成的各项经济技术指标制定出来后,按照责、权、利相结合的原则,以经济责任制的形式,层层分解落实到各基层单位。如何具体地使责、权、利结合得更好呢?成都无缝钢管厂几年来不断改进企业内部经济责任制,在计划目标管理与奖金分配科学化方面做了有益的探索,有效地调动了职工的积极性,避免了奖金发放失控,使奖金真正起到激励作用。

1. 不同的奖励系数和奖金税起点。根据厂属各单位所承担经济责任的大小和计划目标的重要程度以及劳动条件的优劣等因素,以全厂15元/人·月(1985年)综合奖水平为基数,确定了12个奖励系数。一线(主要生产单位)大于1;二线(辅助生产单位)等于1;三线(机关处室)小于1。最大差距8.38元/人·月,这是指平均差距。如果基层单位进一步拉开差距,那么厂内职工之间的差距会更大。

成都无缝钢管厂根据国家要求企业缴纳奖金税的规定,对企业内部各基层单位相应规定了不同的纳税起点,以避免全厂奖金发放失控。规定炼钢、轧管等主要生产车间及设备设计研究所为 4.5 个月标准工资,钢研所及技术改造指挥部为 4 个月标准工资;其余单位为 3.6 个月标准工资。由于实行"上不封顶,下不保底"的政策,允许各单位超过上述限制,但超过者则按国家规定的税率向总厂缴纳奖金税。这一办法自 1985 年实行以来,既保证了计划目标的实现,又较好地控制了奖金的发放,同时做到了分配看贡献,差距看表现,对于经济效益的持续增长起到了促进作用。

2. "多退少补"的结算办法。钢管厂在经营责任制的考核上,实行了按月度计划考核,半年小结,年终结算的计奖办法,比较灵活地处理月计划目标与奖金的关系。具体做法是:奖金单价按完成全年指标测算,而月度计划根据当月原材料、能源等生产条件去确保完成全年指标的基础上灵活下达。因此,在一般情况下,月度计划很难与年度平均月计划一致,为此实行这种计奖办法既可使车间(分厂)不担心某些月份赶不上进度,拿不到奖金,又能在结算时追回因月度计划下得过低而车间多拿的奖金。这种在分配上"多退少补"的结算办法,无论在工作上,还是在心理上都有利于职工一心向奋斗目标努力,保证全厂计划目标的实现。

3. 科学地处理计划目标管理与奖金分配的关系。自 1982 年钢管厂实行经济责任制以来,该厂的综合奖都控制在国家规定的缴纳奖金税起点之下,而该厂实现利税每年都以 6% 以上的幅度增长,这不能不说该厂科学地处理计划目标管理与奖金分配的关系起到了重要作用。该厂每年都对利润、产量、质量确定计划、增产和奋斗三档目标。三个目标的概念分别是:计划保国家,增产保既得,奋斗目标保提高,即完成计划只是保证了国家所得,完成增产档计划只能保住职工上年的奖金水平,而完成了奋斗档计划才能使职工所得比上年增长。在奖金的具体分配上,为了鼓励全厂职工努力完成奋斗增产计划,钢管厂根据计划目标管理的三个档次,规定了三个加奖单价:计划到增产这一档次的加奖单价较低;增产到奋斗这一档次的加奖单价较高,奋斗目标以上的档次的加奖单价最高,一般比第一档高出 1 倍。以轧管二分厂为例,1985 年月销售利润计划一档为120.5 万元,增产为 165.4 万元,奋斗目标为 182 万元。奖金单价分别是:超过 120.5 万元后,每超 1% 加奖 450 元/分厂·月;超过 165.4 万元后,每超 1% 加奖 680 元/分厂·月;超过 182 万元后,每超 1% 加奖 880 元/分厂·月;如达不到 120.5 万元不起奖(详见附表及示意图)。从示意图可以看出,三个档次分别为 Ⅰ、Ⅱ、Ⅲ 三条直线,其斜率依次增大,说明销售利润越高,增长难度越大,相应的分配也越多。这种分配方式的选择激发职工努力向计划目标的最高档次奋斗。实践证明,1985 年轧管二分厂提前 51 天完成总厂下达的奋斗目标计划,全年实现销售利润 2912 万元,超过奋斗目标 34.82%,比 1984 年增长了 46.72%。

轧管二分厂(1985 年)月销售利润目标与分配关系表

序号	目标档次	月销售利润 (万元)	每增长率1%, 分配增长(元)	分配额 (万元)	用途
1	计划	>120.5	450	0 ~ 1.68	月奖金
2	增产	≥165.4	680	1.68 ~ 2.36	分厂基金
3	奋斗	≥182	880	2.36 以上	

注:分厂基金分为:生产基金 60%、福利基金 20%、奖励基金 20%。

处室专业经济责任制

职能处室按照一定的专业分工,担负着生产经营的管理业务,对生产起着指导和保证作用,是厂长同车间(分厂)之间的中间环节。在企业由单纯生产型向生产经营型转变的过程中,职能处室对增强企业活力的作用越来越明显。因此,实行职能处室的专业经济责任制,充分调动企业管理人员、工程技术人员的积极性、创造性,具有重要的现实意义。

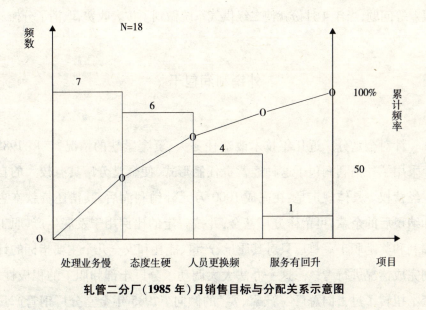

轧管二分厂（1985 年）月销售目标与分配关系示意图

成都无缝钢管厂从 1983 年四季度起,引进了首都钢铁公司的专业经营责任制。这是一种以提高企业管理水平为目的,责、权、利相结合,把企业管理业务落实到各级职能人员的经济责任制。它具有"内容全、指标高、时限清、协作明、考核严"的特点。该厂在 1984 年年底制定了 24 个专业经济责任制,并建立了上下左右的连环考核体系。

实践证明,职能处室专业经营责任制的推行,对于加强成都无缝钢管厂各项管理基础工作,理顺业务关系,促进组织机构合理调控以及提高专业职能人员的业务水平,都起了很好的作用。如燃气计量的输差问题,是该厂多年未解决的"老大难"问题。过去采用输差分摊办法,掩盖了矛盾,挫伤了节能先进单位的积极性。针对这种状况,该厂在计控专业经济责任制中规定:计控室要对完成输差的考核指标负责。1984 年 3 月固混合气输差超标,就扣发了计控室当月的部分奖金,并取消了室领导的奖励补贴;有关处室也按专业经济责任制的协作要求考核,扣发了部分奖金。在厂能源办公室、动力车间等单位的协助下,计控室全面检查、清洗、校验了全厂燃气计量点的孔板,连同处理查出的违章用气、偷气、漏气以及小流量误差等问题,当年4月份就使二级供气系统做到了按表收费,取消了分摊。

外销利润包干

　　针对金堂分厂近几年技术改造任务大、资金紧缺的情况,该厂1985年采用了外销利润包干这种经营责任制形式,使金堂分厂具有较大的自主经营权。具体规定是:在完成1000万元外销利润后,其偿还贷款本息和纳税后的余款,可留作分厂基金,并按一定的比例用于发展生产、职工福利和奖励职工。总厂只对其质量、产量、能耗和安全几个主要指标的计划完成情况进行考核。这一办法大大调动了分厂干部和职工的积极性,基本扭转了过去向总厂"等、靠、要"的倾向。1985年金堂分厂钢管产量达2.41万吨,比1984年增长33.38%,并顺利地完成了外销利润指标,从而增强了分厂的活力。

基数利润加增长利润分成

　　这是为了进行厂内体制改革试行的又一种经营责任制形式。车间是企业的二级机构,是直接的生产单位。把企业对国家承担的经济责任和提高经济效益的总目标,由厂部按成品、半成品分解到车间,试行基数利润加增长利润分成,然后按增利多少与职工奖金挂钩。这样,划小核算单位,强化了车间的经济地位。职工对经济利益看得见、摸得着,这就大大地调动了基层组织和生产第一线生产人员的积极性,从而增强了车间的活力,搞活企业也就有了坚实的基础。1985年4月该厂将管理基础工作较好的621生产车间变为轧管二分厂,开始划小核算单位的试验。并在过去给车间九条扩权的基础上,对生产经营和分配方面进一步给予了七条管理权限：

1. 生产计划权。在保证国家需要的前提下，分厂可参与编制年度计划与增产计划，编制月度生产计划。在计划编制中，以厂部下达的指标为主，品种规格以分厂为主决定，分厂也具有发运钢管计划权。

2. 产品和资源自销权。在确保年度计划，调产计划和国家需要的条件下，分厂可以自己办理订货，但应按国颁、部颁标准生产，对于超过总厂下达指导性计划的钢管资源，可由分厂与总厂对半分成，分厂可用来串换增产钢管所需的原材料。

3. 银行开户权。即分厂可以直接办理销售成品钢管的托收和部分辅助材料的采购承付业务。

4. 提成部分大修理基金使用权。即分厂掌握一定的维持简单再生产的财力，这样更有利于设备的正常运行。

5. 能源及原材料节约奖使用权。规定在能源、原材料的节约方面，分厂可提取50%的节约额作为自己内部的节约奖使用，从而改变过去车间节约能源、原材料，而全厂按人均计奖的平均主义分配办法。

6. 基数利润分成加增长利润分成办法。分厂根据实现利润的多少将利润分为高、中、低三档水平，并建立不同档次的分成比例，规定最高档的分成比例较最低档增长 3.5 倍。这种办法，保证了国家多收，分厂多留，职工多得，调动了分厂和职工群众的生产积极性。

7. 签订厂内合同和部分对外合同权。分厂有权签订厂内的合同和部分厂外的合同。这样就用法律手段保护了分厂正常的经济利益，为分厂生产经营活动的顺利进行创造了条件。

工资总额随上缴税利挂钩浮动

打破分配上的平均主义、"大锅饭"现象，使职工收入同企业经济效益相联系,体现各尽所能、按劳分配原则,是实行经济责任制的重要内容。职工工资总额随同企业经济效益挂钩浮动,就使每位职工的收入同企业对国家的贡献联系起来。因而就能够做到奖勤罚懒,多劳多得,少劳少得,调动广大职工的积极性,使他们努力降低成本,提高劳动生产率,搞好生产经营,从而使企业充满活力。成都无缝钢管厂1985年下半年在热扩车间实行了职工工资总额随上缴税利挂钩浮动的经营责任制以后,尽管试行时间还不长,办法也不完备,但已取得明显效果。1985年完成内部利润469.3万元,超计划16.03%。

百元产值工资含量包干

根据国家对建筑部门的特殊政策,1984年下半年该厂对建筑安装公司实行了百元产值工资含量包干责任制。公司内部又根据工作特点分别对所属土建、机装、电装等11个队实行了计件工资,其余实行综合奖分配办法,拉大了分配档次,调动了职工生产积极性。公司出现了主动找活干,关心工程进度和工程质量的新气象。同时管理工作有所加强,经济效益明显提高。如1985年一季度216车间步进炉改造性大修,现场指挥机构只有3人,采用"按时完成奖,提前完成重奖,延时完成重罚"的分成包干办法。4个月就完成了280万元的投资量,平均每月完成70万元投资量。而1981年同样是这座炉子的改造性大修,仅现场指挥机构人员就达30多人,工作7个月才完成350万元投资量,平均每月仅完成50万元投资量。实行百元产值工资含量包干责任制效果显著,该厂建筑安装公司1985年完成建安工作量1079.85万元,比1984年增长85.65%,创省市全优工程各一个,有力地保证了全厂"六五"计划投资7200万元重点技术改造工程的顺利进行。

科研项目承包责任制

为了充分发挥科技人员的积极性,成都无缝钢管厂对两个厂属科研所实行了承包责任制。规定两所实行独立核算,以收抵支,盈余分成办法,极大地调动了科研、工程人员的积极性。两所根据各自工作特点,分别在所内各室实行了科研项目承包、综合计奖考核、定额图纸考核等经济责任制,将厂里给的优惠分配办法比例较好地落实到科研和工程技术人员身上。

1985年两所开创了工作新局面:做出了一批技术水平较高、经济效益较好的设计,计算机的开发应用有了较大飞跃,开发出一批具有独创性的新设备。同时,在新产品试制、科研技术、创优认可等工作方面也取得可喜成绩,有效地从技术上保证了该厂生产建设的顺利进行和经济效益的提高。

自创利润补差

成都无缝钢管厂对生活服务公司和职工医院实行自创利润补差经济责任制,较好地发挥了两个单位为社会服务的优势,也相应增强了职工收入。该厂规定:厂里只负责按经济责任制考核条件发给这两个单位低于全厂人平均奖金,其余奖金差额由两单位自创利润补足,超额部分与总厂按一定比例分成。这个办法实行以来,两单位服务质量有明显提高。生活服务公司从1983年起,年年完成厂行政报告中要求为职工办的好事。1984年完成8件,1985年完成7件。这些生活问题直接关系到每一位职工和家属的切身利益,生活条件的改善大大解除了职工的后顾之忧。厂职工医院1985年实行费用包干、收益提成这种自创利润补差办法以来,上下劲头十足,拟订了医院内部医疗责任制。医务人员严格按医疗质量、工作效率考核计奖,后勤行政人员以责定利,较好地克服了分配上的平均主义,全院工作大有改观,基本扭转了脏乱差局面。1985年10月在全市工矿医院交叉检查中,以983分的优异成绩(满分1000分)获得全市同类型医院的第二名。

单项与多项承包

从1984年下半年开始,对于工作质量单纯、适宜个人承包的项目,该厂大胆进行了让职工个人承包某一单项业务的尝试。如运输部一位干部承包了运输部人力装卸业务,他组建了集体所有制的运输队伍,并与运输部签订承包合同。合同规定承包人在承包期停薪留职,个人收入自理,每年向厂里交6万元利润。承包以来,装卸质量明显提高,基本消灭了野蛮装卸,圆满地完成了利润上缴任务。

1985年4月该厂根据烧焙工段工作性质,同意由一名工人承包焙烧石灰、白云石,回收废钢和排渣的任务,并签订了以减亏为承包保证合同。在厂、车间支持下,取得明显成绩,堵住了废钢流失,完成了减亏任务。

为了推行上述多种形式的经营责任制的需要,钢管厂还有步骤地对组织机构进行了一些调整,对管理职能也重新做了一些划分;制定了《关于承包经济责任制的审批与执行管理暂行办法》,重新修订了部分主要生产消耗定额,在奖金分配上突出重点,仿照国家关于缴纳奖金税的办法,给全厂各单位制定了不同的奖金税缴纳起点,即生产车间与钢管研究所4个月标准工资的奖金,钢管设备研究所4.5个月标准工资的奖金,其余单位3.6个月标准工资的奖金,以上措施保证了经济责任制在全厂的健康发展。

　　针对实行经营责任制中的薄弱环节，该厂在 1986 年又作了新规定：厂长每个月对自己的工作进行自查，并对厂级干部的工作进行考核，再由各主管副厂长对分管部门层层考核。在执行新规定后，厂长殷国茂自查在 1986 年 2 月和 4 月份对个别部门工作督促不力，主动扣减了这两个月的奖金，在全厂引起震动。殷国茂同志不仅自己动硬，对副厂长的考核也十分认真。1986 年 2 月份，有 3 位副厂长由于分管的车间未完成月计划，基建超预算和未准时完成工期，被扣减了当月奖金。几位副厂长也严格考核自己所分管的部门，从当年 2 月份以来，已经有 6 名厂级干部和 15 名处级干部的奖金被扣减。

　　由于厂长带头，经营责任制奖罚兑现，改善了上下级关系，减少了工作中的扯皮现象，从而激发了全厂职工的生产积极性。电炉车间 1986 年 2 月份由于产量计划未完成被扣奖后，3 月份急起直追，各项指标均出色完成，获得当月全厂最高奖，1986 年 1—4 月与 1985 年同期相比，该厂产值增长 8.53%，钢和钢管产量分别增加 13.43% 和 8.7%。

　　几年来，成都无缝钢管厂推行以承包为中心的多种形式的经营责任制之所以取得如此明显的成绩，在于它把企业内部的一切部门、一切层次和一切人员都吸引到了为完成工厂奋斗目标的方向上来，真正使企业对国家承担的经济责任落实到全厂 1.6 万多名职工的身上，使搞活企业有了坚实的内在动力。目前，该厂正在进一步修改完善承包经营责任制，以调动内部一切积极因素，不断增强企业的活力！

　　(《追求活的管理艺术》一书结语，四川社会科学院出版社 1986 年版)

搞活大中企业的若干问题

笔者在两年的时间里,以成都无缝钢管厂为模式,集中力量研究和探索了怎样才能搞活大中型企业。在研究的过程中,笔者逐步形成了一些新的概念和观点,悟出了一些带规律性的认识。由于改革的实践在发展,认识还会深化,因此,笔者的这些新的概念和观点,对于搞活企业的一些带规律性的认识还没有完成,只能说是向真理性的认识目标跨进了一步。按照毛泽东提出的"实践——认识——再实践——再认识"的规律,下面笔者提出的一些新概念和新观点,还有待进一步搞活企业的实践来检验。

1. 落实中央规定的经营管理的自主权。

搞活大中企业是整个城市经济体制改革的中心环节。围绕这一中心环节,中央制定并颁布了不少对企业扩(放)权的暂行规定和条例。事实上,很多大中企业都没有得到相应的自主权,"扩权不落实,放权不彻底"的抱怨声时有所闻。因此,企业搞不活时常成为人们议论的热点。究其原因,主要有六条:

一是扩权不配套。近几年,国家对企业扩权确实做了大量工作,但往往是上面声势浩大,下面却风平浪静。症结在于上面先有改革条文而没有与之配套的实施细则,没有政策上和立法上的保证,像是拉直的弹簧,松开之后,就复归原位,形成扩权"虚张"现象。

二是扩权"屏障"过多。在现实的经济生活当中,经常出现国家扩权、放权,一些部门在截权和收权。某些部门和行政性的公司在国家扩(放)权中形成了一个中间"阻梗层",就是人们常说的"上面放,下面上,中间一根顶门杠"。这种妨碍扩权和放权的"阻梗层"就是扩(放)权的"屏障"。形成的原因大体有二:第一,"权力意识"不正确。一些部门和行政公司总是以为要把企业管住,才算有权,不然就叫大权旁落;第二,"权力分享机制"影响太深。由于在机构调整中原来的政府机构一下变成了公司,原来的政府机构没有调整掉,反而增加了一层公司。有庙宇,就要有菩萨。主管部门要有权,公司也要有权,权都被抓走、截走、抢走了,到了企业这里,自然也就没有权了。

三是扩权"回流"现象严重。在我国进行的企业管理体制改革是经济领域的一场革命。扩大企业经营自主权是经济体制改革的突破点和出发点。扩大企业经营自主权是中国式的社会主义事业的伟大创举,在它的自身发展过程中不可能不出一些这样或那样的问题。问题在于出了问题,用什么办法去解决,是以原来例行的行政手段来解决呢?或是用经济手段来解决?从四川扩大企业经营自主权的历史发展过程中,由于基本建设失控和消费基金失控,其实都不是扩大企业自主权造成的。而用"一刀切"的办法就使用过两次:一次是 1981 年,以基本建设失控,采用了收权、限权,弄得企业生产经营发生了严重困难;另一次是 1985 年,以消费基金失控,把本来正常的生产活动说成是"过热"行为,又一次收权、限权。这实际上是一种扩权"回流"现象。

四是"人治"对"法治"的干扰。企业实行"法治"受到"人治"的严重挑战和制约,使国家扩(放)给企业的权力不能落实。造成这种现象的原因是复杂的,但根本的有两条:第一,领导体制不完善。各种决策没有制度化,领导集团中的个人却拥有超集体的权力,往往是十个公章不如部长、局长画个圈;第二,立法和司法不健全。企业的经营自主权得不到法律的保证,政策上规定的权力往往被人为地收走。

五是出现了扩权"空当"。企业作为国家扩(放)权的载体,然而长时间以来,企业的法人地位、厂长(经理)在企业的中心地位,以及作为法人代表资格都没有得到应有的尊重,更未能强化,厂长作为经济组织的人格化没有实现。放到企业的权力就是没有被主管部门截留,没有被公司截留,也被企业的一些政治组织拿走,因而出现了扩(放)权的"空当"。

六是新旧体制的摩擦,抵消了扩(放)给企业的权力。现在,我国正处在新旧体制模式转换时期,新旧两种体制在经济生活中运行并发生作用,其作用力有同向和异向两种,其中异向作用力,就会妨碍扩(放)权的落实,甚至抵消扩(放)给企业的权力。

由于上述原因,企业扩(放)的权力并没有真正地完全落实。而要搞活大中企业,在确立企业相对独立的商品生产者地位的时候,企业自主经营的权力应该得到保证。为了使企业的自主经营权得到保证,笔者认为要做到以下几点:

一要简政。现在政府机构太多,形成企业"婆婆"多,一个企业有一个部门管理就行了。可以在调整机构中合并一些机构,撤销一些机构;可以搞一些民间的协会来协调企业的行为,不一定都要建立政府机构。

二要下决心解决行政性公司。可以先停止它们管理企业的权力,要求它们转到自己经营、服务上去,转不了就撤销,一则可以减少层次,二则可以解决中间"阻梗层"的截权。

三要全面推行厂长(经理)负责制。明确厂长(经理)在企业这种经济组织中的中心地位,是企业的法人代表,对企业全面负责,使国家扩(放)给企业的权力真正由厂长(经理)来行使。

四要加强经济立法。经济司法,强化企业的法人地位,充分肯定厂长(经理)的法人代表地位,使国家扩(放)的权力有一个真实的权力载体。

五要做好新旧体制转换过程中的协调工作,加强对经济体制改革方案的可行性研究和各项改革的综合配套工作。

六要国家对企业经营自主权的落实。进行一次大检查，就像财政部门组织财务大检查那样，哪里阻碍了企业权力的落实，就拆除哪里的"屏障"。

2. 把扩权让利转移到深化企业内部的经营机制上来。

搞活企业可以分为两个阶段：第一个阶段就是扩（放）自主经营权给企业，国家让一部分利益给企业。现在国家已经扩（放）了不少权利给企业，只要落实到企业，是可以把企业搞活的；第二阶段就是要深化企业内部的经营机制，这是城市经济体制改革的一个新阶段。

搞活企业的新阶段，应该包括这样一些内容：

一是加快企业内部领导体制的改革。从 1987 年开始应从实行厂长（经理）负责制试点，尽快全面推行厂长（经理）负责制。

第一，明确厂长（经理）、党委、职代会的职责。厂长（经理）是企业法人代表，对企业负有全面责任，处于中心地位，起中心作用；党委起监督、保证作用；职代会是民主管理的权力机构。只有理顺了三者之间的关系，企业才能克服三者的摩擦。

第二，在全面推行厂长（经理）负责制的同时，要实行厂长（经理）任期目标责任制，并切实保障经营者的利益。只要全面完成任期内年度责任目标的，厂长（经理）的个人收入，应该比职工平均收入要高些。这除了在理论上简单劳动和复杂劳动的差别之外，在实践上，还因厂长（经理）等经营责任和经营风险比工人要大得多，完不成年度责任目标，要扣减厂长（经理）的个人收入。经营者个人收入在完成任期内年度责任目标的，理所当然地要比职工平均收入高。

第三，要保证全面推行厂长（经理）负责制，就要让厂长（经理）集中精力组织生产经营活动，政府各部门和社会各种组织都要尽量减少对企业的检查、评比等活动，以免干扰企业生产经营活动的正常进行。

二是进一步增强企业自我改造、自我发展的能力。

第一，现在企业的税种和税负负担是既多又重，应该进一步减少和取消对大中企业的调节税,企业可以把这部分资金用于技术改造和其他开发性的事业。

第二,对于工业企业,可以根据不同类型,实行分类折旧,对技术密集型的新型企业,技术更新周期短,要保证这些企业在技术上的领先地位。可以学习日本的办法,搞加速折旧。过去由企业主管部门掌握的那部分资金,在投资主体由国家转到企业后可以免征,全部留给企业,甚至连能源交通基金都可以加以考虑。

第三,企业用自有资金进行生产性投资所获得的利润,应该在二三年内免征所得税。这样有利于鼓励企业把自有资金用于扩大再生产,促进企业自我改造和自我发展的能力。

第四,各级政府部门、机关、事业单位,都要协同一致,采取坚决措施,制止对企业的摊派或改变花样的摊派。为了制止摊派,一旦企业揭发有些部门、机关向企业摊派时,应当追究摊派单位主要领导人的责任。

三是实行生产资料的所有权和经营权的分离,推行多种形式的经营承包责任制。

第一,对于全民所有制小型企业可以积极租赁、承包经营,也可以搞一些拍卖。特别是一些小企业,国家经营亏损很大,租赁、承包和拍卖给集体或个人后,国家财政补贴可以大大减少。

第二,对于那些亏损和微利的中型企业,可以进行租赁和承包。因为一家中型企业,国家至少也有几百万、上千万的投资形成的固定资产,个人是没有资金购买的,就是集体购买也相当困难。同时,作为全民共同占有的生产资料卖给私人也实在可惜。因此,笔者主张,中型企业最好也进行一些租赁、承包的试点,再逐步推广到整个工业部门。

无论是小型企业或中型企业,在租赁、承包过程中,都要保证承租人和承包人在遵守国家有关规定的前提下,拥有充分的经营自主权,保护他们按照合同规定取得的合法利益。

第三,全民所有制的大中企业都应该实行多种形式的经营责任制,像成都无缝钢管厂那样,不同的情况,实行不同的经营责任制。

四是搞活企业内部分配。国家应该进一步完善两级分配的制度。国家对企业只管工资总额,并根据企业经营的好坏,上交利税的多少,增减工资总额。只要企业在国家规定的工资总额(包括增资指标)和政策范围内,对于企业内部职工工资、奖金分配的具体形式和办法,调资升级的时间、对象、多少都由企业自主决定,国家一般不应再去管企业内部分配。

五是企业在横向联合的基础上,以大型企业或名牌产品生产为龙头,根据自愿互利的原则,由企业自主建立企业集团,政府部门应该主动支持,不得阻止。

在这里,要防止一些地方把行政性公司更改为"企业集团"。政府部门可以当"红娘",促进企业间的联合,最好不要自上而下地组建企业集团,更不要去指派企业集团的经营负责人,而要按企业集团的章程,自己产生企业集团的负责人。

在同一行业内,为了强化市场机制,促进企业之间的竞争,一般不搞独家垄断的企业集团,以免妨害竞争,影响科学技术的进步和生产力的进一步发展。

3. 调整企业内部经济关系,提高自我积累、自我改造、自我发展的能力,实现企业的良性循环。

我国的企业要有自我改造、自我发展的能力,首先必须要有自我积累的能力。自我积累是企业能够实现自我改造、自我发展的源泉。根据成都无缝钢管厂等先进企业的经验,企业内部经营机制的良性循环大体上包括以下一些内容:

一是每年都要有积累,都要有新的投入,都要有扩大了的产出,再用扩大了的产出的一部分作为新的投入,又获得扩大的产出。这种投入产出循环往复,使企业的经济效益和技术水平年年都能得到提高,形成投入产出的良性循环。

二是制定长远的发展目标和技术改造规划。每年搞二三项技术改造,不停顿地改造,使企业的主要技术装备逐步现代化,形成技术装备的良性循环。

三是在企业内外有计划地组织原材料、能源、交通运输以及工序之间的衔接平衡,形成生产的良性循环。

四是不断有青壮年劳动力充实生产第一线,利用替代下来的劳动力开辟多种生产门路,形成劳动力的良性循环。

五是在集体福利和职工收入上,每年都有新的投入,每年都有新的住宅建成,职工的收入每年都随着生产的发展,经济效益的提高有所增长,形成生产与生活的良性循环。

笔者认为,我国的大中型企业,特别是大型企业都应当建立长远的发展目标和实现这个目标的良性循环模型。这个良性循环模型在经过国家批准后,然后通过企业在自我积累、自我改造、自我发展的道路上,一步一步地加以实现。这是永远保持企业活力的关键的一着。

4. 选拔有远见卓识和经营管理才能的人担任企业领导,造就出千百万社会主义企业家。

党的十一届三中全会以来,经济体制改革冲击了僵化的传统体制,把企业推上了市场舞台。企业虽还不能完全摆脱对行政部门的依附,但毕竟有追求利润的动力,开始感到市场竞争的压力。党的十二届三中全会又提出了有计划的商品经济,为深化我国经济体制改革指明了方向。产品经济开始转向商品经济,旧的经济体制开始转向新经济体制,政府作为经济运行的主体转向企业作为经济运行的主体,企业家逐步成为市场舞台的主角。经济发展与改革进程的大趋势呼唤着新一代企业家的生成。

在资本主义社会,自从出现了股份制公司,就发生了一个新的飞跃。这是股份制公司把细小分散的资本积聚成为庞大的资本,实现了资本主义所有权和经营权的分离,一些大资本家不再直接经营企业,把企业经营管理权交给有经营才干的经理。在资本主义国家,现代企业家是一批社会地位极高,社会作用很大的阶层。根据联合国经济合作与发展组织科技经济部前主任萨罗蒙教授的研究报告提供的资料,一项技术或一个产品从基础研究、应用研究、技术开发到投入市场四个环节,投资效用的比例大致是 1:10:100:1000,即成 10 倍递增。其中,科学研究靠科学家,技术开发靠工程师,把产品投入市场靠企业家。企业家在资本的利用中承担着 10 倍、100 倍的责任。要使科学技术成为巨大的社会生产力,真正成为满足社会需要的商品,就要靠从事经营管理的企业家了。在社会主义社会,企业家的功能在于开拓与创新,这就是新产品的创造,新技术的运用,新市场的开辟,新资源的开发,新产业的组建。我国经济的腾飞和技术的进步,在很大程度上取决于具有开拓精神和创新能力的企业家队伍的崛起。中国的经济体制改革需要企业家,搞活企业更需要企业家。企业家生活在改革的第一线,改革的政策要由企业家去落实,改革的压力要由企业家承担,改革的成效也要由企业家的活动和创造来体现。中国改革的成功和胜利,将有赖于一大批具有改革意识和坚韧毅力的企业家的奋斗和努力。

随着生产力的发展和经济体制改革的深入,企业家在经济发展中的作用越来越大。要使我国的骨干企业让企业家去经营,国家与企业家的关系就是签订的合同关系,使企业家有用武之地。在国家法律制度下,让企业家有充分的经营自主权,把经营权放开,这是我们逐步形成的一个新概念。

纵观世界,经济腾飞的国家,大都有高智能人才荟萃企业。我们以政府官员为主体,极少有人选择担任企业家作为自己的职业。大学毕业生、研究生选择职业,第一是进入党政领导机关,第二是进入科研机构,第三是留在大学任教,不得已才到企业。企业家要有出息,也要改入仕途。在我国,没有第一流的英才投身到企业大显身手,中国经济要起飞那只是一句空话。企业家是一种具有高度创造力的崇高职业。一个经济学家说得好,出色的企业家需要哲学家的思维、经济学家的头脑、政治家的气魄、外交家的风度、军事家的果断、战略家的眼光。我们应该理直气壮地宣传,赋予企业家以崇高的成就感和荣誉感,克服人们特别是知识分子进入企业家队伍的心理障碍,激励和鼓舞那些社会精英去从事创办和发展企业的创造性事业中去。

实行厂长(经理)负责制是搞活企业的关键,而选择好厂长(经理),则是搞活企业的关键之关键。我们一定要选拔那些有远见卓识和经营管理才干的人去担任企业的领导者,并采取有力措施,充分利用各种提高企业领导人员素质的协会、研究会和企业家俱乐部,造就千百万社会主义企业家。

5. 实行一业为主,多种经营。

社会主义商品生产要求企业有较大的适应性,同时,也为企业的多种经营提供了条件。我们的大中型企业都可以在不影响完成国家计划的条件下,实行一业为主、多种经营的方针。企业在选择主要产业时,要以国家定点产品为主,同时也可以利用本企业的设施和人员发展第三产业;可以利用富余资金开辟新的生产门路,也可以在技术、检验等方面,为社会服务。这种类似国外的多元化经营,可以调动企业的人力、物力和财力的积极性。

在实行一业为主、多种经营的方针时,要注意处理好这样几个关系:(1)在处理主业和兼业的关系时,要以主业为首,要求主业和兼业都要搞好。(2)无论主业和兼业都要实行独立核算、自负盈亏,主业和兼业之间的经济关系都要实行等价交换原则,各自在价值量相等的基础上建立起内部的交换关系,使主业和兼业都得到相互的发展。(3)实行指令性计划管理的企业,要把完成指令性计划任务放在首位,兼业的规模、范围、种类、品种都要以不影响国家计划为准。

6. 要有自立于国内国外著名企业之林的雄心壮志,冲破地区、行业、经营范围等的束缚,向广阔的经济技术领域进军。

在实行对外开放、对内搞活的基本国策之后,日本、美国、西德(两德统一后,现为德国)、英国、法国、意大利等国著名企业的名字越来越为人们所熟知。这些公司不仅在这些国家的经济发展中占有重要地位,而且许多是跨国大公司。他们实行世界性的专业化分工,哪里开发资源最有利,就在哪里开发;哪里发展技术最有效,就在哪里发展;哪里生产零部件最经济,就在哪里生产;哪里有市场,就在哪里装配。在国内,要加强东南沿海与西部地区的经济联系,西部地区经济不够发达,资金短缺,可以与东南沿海各开放城市联合经营,引进资金,开发西部地区经济。西部地区过去是我国军工建设基地,几十年来建立了很多大型企业,拥有雄厚的装备和技术力量,可以组织一些技术开发公司到沿海去,承担那里的开发任务,同时把沿海需要的装备吸引到西部地区来制造。这样,我国东部和西部的大中企业都可以搞活。

我国虽然是发展中大国,经济还不够发达,但是我们也有很多好企业,比如沈阳的第一重型机械厂,长春的第一汽车制造厂,北京的首都钢铁厂,上海的宝山钢铁厂,湖北的武汉钢铁联合公司,成都的无缝钢管厂等等,经济实力比较强,可以延伸到国外搞跨国公司。发展中国家的跨国公司在世界也不少,有的还很有名气。我们为什么不能出现一批跨国公司呢?完全可以。我们深信,经过几年的努力,我国一定会有一批大中型企业跻身世界著名企业之林。

计划调节和市场调节
结合的理论与实践

四川省经济改革的一项重要内容,就是实行计划调节和市场调节相结合。一年的实践告诉我们,坚持计划调节和市场调节相结合,使企业在生产领域和流通领域有了灵活性和主动性,初步改变了"以产定销"、"产销不见面"的被动局面,促使企业主动平衡产、供、销,逐步进入按社会需要生产的轨道,从而加快了经济调整的步伐,促进了生产的发展。本文试图从理论和实践两方面,对四川省经济改革中实行的计划调节和市场调节相结合的问题进行一些初步的探索。

理论与原则

我国社会主义经济形式是初级的计划经济和特殊的商品经济的统一,是一种有计划的商品经济,这是实行计划调节与市场调节相结合的理论依据。

社会主义经济是建立在生产资料公有制基础上的社会化的经济。生产资料公有制把国民经济各部门,各企业和各地区在根本利益一致的基础上联结成了一个整体,使劳动者和生产资料有机地结合起来,使社会的整个生产和经营活动都指向一个目标:满足社会和个人日益增长的物质文化生活的需要。因此,以公有制为基础的社会主义经济可以按照社会的需要,有计划按比例地向前发展。恩格斯在谈到社会主义经济形式的特征时指出,社会一旦占有生产资料,"社会的生产无政府状态就让位于按照社会总体和每个成员的需要对生产进行的社会的有计划的调节。"①这种在生产资料公有制基础上产生的"有计划的调节",客观上要求我们在建设社会主义经济的过程中,要有意识地用经济计划去协调各部门、各企业、各地区之间在生产、流通、分配、消费方面的比例关系。从这一意义上说,经济发展的计划性是社会主义经济形式的一个基本特征。

我国社会主义经济形式还有另一个基本特征,就是商品性。社会主义经济是从旧社会脱胎而来的。我国旧社会是一个半殖民地半封建社会,它除了保留着浓厚的自然经济和半自然经济的特点外,还是一个不发达的商品经济形态。在这样的国家里,无产阶级取得政权后,建立的乃是一种不发达的社会主义。因此,国家应当大力发展商品经济,以促进整个社会生产获得最大限度的发展。但是,我国在社会主义改造成功以后的一个相当长的时期内,社会主义经济建设的实践一直是在这样一种理论指导下进行的:无产阶级取得政权后,商品经济之所以存在,是因为两种所有制,即全民所有制和集体所有制存在。在全民所有制和集体所有制之间、各集体经济单位之间,以及劳动者个人和国家之间还是商品关系,而全民所有制内部的各个企业之间就不是商品关系了。简言之,就是生活资料是商品,生产资料不是商品。这种理论,在一些经济学教材和文章中都有比较充分的论述。但这一观点是有严重缺陷的。第一,商品是一种所有制关系,它反映了若干相互分离的生产者之间的物质利益关系。

---

① 《马克思恩格斯选集》第3卷,人民出版社1995年版,第630页。

这种关系在历史上随着社会分工的出现而产生,随着社会分工的发展而扩大和深化。当其生产力的发展还不能使劳动者与生产手段在社会范围内直接结合、产品极大丰富的情况下,社会就不可避免地要分成为不同的生产者和所有者,他们之间的关系就只能是商品生产者的物质利益关系,即商品关系。第二,全民所有制,按照它本来的含义,是劳动者和生产物质条件在整个社会范围内直接结合。我国现阶段还存在着两种所有制,这就说明我们的全民所有制还不是按其本来意义解释的全民所有制。实际上,现在不仅有大量集体农民和城镇集体企业工人,既不参加全民所有制的生产,也不参与全民所有制的分配;就是全民所有制的职工与生产物质条件,也不是在整个社会范围内直接结合,而总是在这个企业或那个企业里具体地结合的。第三,这种全民所有制在现阶段,实际上是一种社会主义国家所有制。这种所有制是以社会主义国家作为所有者、企业作为占有和使用者这样一种所有和占有的分离作前提的。国家作为所有者,掌握社会的生产资金,并把它分给各个生产单位(企业),由它们占有和使用。这样,各个企业实际上都是一个独立经营的主体,即独立的商品生产者,其产品无论是生产资料还是生活资料都是商品。那种认为生产资料不是商品,国营经济内部不存在商品关系的理论,否认国家所有和企业使用分离,把国家作为所有者与使用者的统一,并直接控制国有企业的全部经营活动,很容易造成经济组织对于政权机构的绝对依附,从而产生官工、官商、官僚主义等弊病。因此,我们要加快四个现代化的步伐,就要摈弃这种理论,肯定我国社会主义经济还是一种商品经济,把社会主义生产和流通纳入商品生产和商品流通的轨道。

还必须看到,我国目前实行的这种计划经济还是一种初级形态,加上自然经济和半自然经济的影响,我们还远远没有达到整个社会产品都计划化的阶段。因为,计划经济不可能建立在自然经济的基础上,只有打破自然经济,让商品经济充分发展,才能逐步实行高级的计划经济。当然,在不发达的社会主义阶段,商品经济也不是资本主义社会那种完整意义上的商品经济,而是一种特殊的商品经济,是建立在生产资料公有制基础上的商品经济。在这种商品经济中,劳动力已不是商品,参加商品流通的已经没有剥削别人的资本家,而是以劳动者或联合体为单位进入市场。在这种商品经济中,国家的经济计划起着主导作用。所以,在社会主义的不发达阶段里,初级形态的计划经济和特殊形态的商品经济,这两种自身不完整、不纯粹的经济形态,是融为一体的。正是这种融合构成了我国现阶段社会主义经济形式的本质特征。

我国社会主义经济形式的这两个基本特征的统一,决定了经济体制中计划调节和市场调节的结合。计划调节就是国民经济有计划按比例发展规律的调节,市场调节就是价值规律的调节。计划调节和市场调节相结合,就是国民经济有计划按比例发展规律与价值规律共同起作用的一种表述,就是要我们在建设社会主义经济时,既要按照国民经济有计划按比例发展规律办事,也要按照价值规律的要求办事。本来,市场调节是发达商品经济形态中的一个经济范畴,在商品经济高度发展的资本主义国家是常见的。由于我国过去没有经历过发达的商品经济的阶段,这个范畴在国内运用较少。现在我们在经济理论和建设实践中使用这一范畴,笔者认为市场调节有如下主要作用:(一)调节商品生产和流通的平衡,使供产销衔接起来;(二)利用市场机制校正企业和国家的计划,保证国家计划在最佳状况下实现;(三)通过市场压力和企业的物质利益相结合,促进企业之间的竞争,迫使它们去改进技术,改善经营管理,挖掘潜力,降低成本,提高生产率,而这就为企业全面完成计划创造了条件。

我们充分利用价值规律,发挥市场调节作用,并不等于取消计划调节,让市场去自发调节商品的生产和流通,使整个社会陷入无政府状态。反之,是把市场调节同计划调节结合起来。计划调节的主要作用:一是指导作为商品生产者的企业在市场上活动的方向,防止企业单纯依靠市场机制盲目乱撞。每个企业的经济活动都应该有严密的计划,而且企业计划应当反映整个国民经济计划发展的要求,服从国家的政治经济任务。

由于企业所处的地位，一般说来，它能够看到的大都是近期的狭窄的市场需要，不易看到长远的、大范围的市场需要。这样，企业带方向性的决策，就不得不仰赖于国家计划的指导，国家计划部门提出的计划期内的发展方针、目标和任务的建议，以及统计部门提供的前期计划执行情况。二是协调各企业在市场上的经济活动。国民经济是一个复杂的有机体，虽然各部门、各企业都有自己的计划，但各企业都是独立经营的，而且企业之间又存在着竞争。国家要有计划按比例地发展经济，就要使用计划调节把各部门、各企业的计划衔接起来。在计划拟定过程中，上下左右都要编制计划，经过国家综合平衡，经过市场检验，才能使整个社会的经济活动在国家计划指导下协调发展。三是调节市场的供求，保持市场稳定。在计划商品经济条件下，计划不可能包罗万象地调节一切，市场供求之间还会时常出现不平衡的现象，需要作及时调整。因此，国家对进入市场流通的生产资料、生活资料的总量、品种、价格、税收都要加以计划指导，要在全面分析资源和社会需要的基础上，采取一些措施，如调整生产计划和进出口计划，改变某些企业的生产方向和国家投资方向，调节购买力，发展非商品性服务，调整价格、税率，实行定量供应，等等，以调节市场的商品流通，达到市场供求平衡。

总之，计划调节和市场调节两种机制是相互制约、相互补充、相互渗透的。市场为制定计划提供依据，为实现计划提供必要的条件，是企业发展的一种推动力量，它保证计划的完成；而计划则决定企业经营方向，指导市场，制约市场，保证国民经济有计划按比例向前发展。

有的同志把计划调节和市场调节的结合，简单地概括为一种调节范围的结合，即在某些产品范围内搞计划调节，而在另一些产品范围内搞市场调节。这种板块似的形式上的结合，两种调节并没有融为一体，仍在不同范围内各起各的作用，名曰结合，实为分割，它没有反映出我们经济生活的本质。就拿坚持这种观点的同志讲的粮、棉、油实行计划调节来说，如果没有市场调节，价格太低，计划调节就实现不了；反之，中药材实行市场调节,如果没有计划调节加以指导,就会造成时而压库,时而脱销。因此,笔者认为在经济生活中,两种调节是融合在一起的,其作用是相互交织的。虽然在理论上,为了说明这两种调节的不同机制而加以区别是必要的,但当我们在研究它们的相互关系时,就要回到经济生活中去观察,而不能把两种调节人为地割裂开来。

一年的实践

四川省经济改革一年的实践,在历史的长河中不过是短暂的一瞬,但却给我们提供了许多宝贵的启示。

从四川扩大自主权的企业来看,它们通过实行计划调节和市场调节相结合,让有计划按比例发展规律同时发生作用,一般都能开始做到国家利益和企业利益相结合,长远利益和目前利益相结合,从而既保证了企业的社会主义方向,又活跃了社会经济生活,发展了社会生产。实践的情况如下:

第一,企业在制定生产计划方面,把国家计划下达的指标和市场上签订的合同结合起来,报经主管部门综合平衡后纳入国家计划。例如,重庆中南橡胶厂 1979 年国家下达的计划产值为 4200 万元,比 1978 年减少了 14%,其中有的产品只需要半年就可以完成任务。比如,传动带计划下达 30 万平方米,在生产正常情况下,只需 4 个月就可完成,棉线编织胶管下达 60 万时米,只需半年亦可完成。其他产品的下达计划也只能满足八九个月的生产。因此,这个厂就在保证完成国家计划的情况下,在省内外进行市场、用户调查,结果签订市场合同 324 万元,承接来料加工 2100 万元,加上国家计划,企业计划总产值为 6627 万元。这样,企业在制定计划上就把计划调节和市场调节有机地结合起来了。

第二,企业在进料方面,把国家计划分配的原材料和市场选购的原材料结合起来,纳入企业的投入(进料)计划。例如,重庆水轮机厂、长江机床厂1979年国家计划分配的钢材只能满足他们生产的80%。于是他们就到重庆钢铁公司去商购自己需要的钢材。重钢用国家计划外的增产钢材满足了他们的需要,而且因为运输、周转费用减少,价格上比国家从东北、武汉调进的钢材价格还低15%。这样,企业在进料方面就把计划调节和市场调节结合起来了。

第三,企业在产品销售方面,把国家收购计划同市场上的自销自售结合起来,纳入企业的产出(销售)计划。例如宁江机床厂1979年除了国家物资部门收购一部分产品外,增产产品的销路似乎就成了问题。因此,他们在《人民日报》上登了一则广告,国内外用户见报后纷纷直接向该厂订货,结果签订合同1100多台,其中与外商签订合同200多台,由销不了的产品变成了不够销。这样,企业在产品销售方面,也把计划调节和市场调节结合起来了。

第四,企业在招收职工方面把国家计划分配的指标同企业择优录用结合起来。1979年,一些企业在接到国家劳动部门的招工指标后,在指定的地区、范围内,采取了报名考试,择优录用的方式。

第五,企业在财力使用方面,把计划开支项目同发展生产的迫切需要结合起来。1979年,一些企业把固定资产折旧、大修经费和企业自有生产发展资金"捆起来",用于企业的挖潜、革新、改造上。例如重庆针织厂就用这三笔资金买了60台新型针织机,中南橡胶厂利用这三笔资金改造了一条胶管生产线,四川第一棉纺织印染厂利用这三笔资金改造了两条织印染自动线。当市场需求超过目前企业生产能力时,经主管部门批准,工厂还可向银行申请贷款,采取扩大生产能力的措施,贷款由扩大生产的收益偿还。此外,企业自有资金还可以与其他部门合股,建立子公司和有限股份公司。例如泸州天然气化工厂就将自有的企业资金530万元与宜宾地区联合投资到三个轻纺企业里,利润除上缴国家部分外,按股分成。

第六,企业在多余的设备和原材料处理方面把国家计划抽调和企业自己协商转让、市场出售、短期出租结合起来。四川有些扩大自主权的企业,其设备和原材料过剩,库房积压十分严重,实行固定资产征税前,纷纷要求处理。除国家计价调走一部分外,大部分由企业之间协商转让。有的企业还把多余的设备用于承接来料加工或短期出租。在物的使用上,他们也把计划调节和市场调节结合起来。

第七,企业在价格方面把国家规定的计划价格、浮动价格和自由议价结合起来。企业在规定的价格浮动幅度内,有权自行定价。但在价格向上超过浮动幅度时,企业必须向物价部门申请,获得批准后才能实行。

总之,扩大自主权的企业经常性的经营(包括产供销,人财物)决策,都是按照计划调节和市场调节相结合的途径来实现的。

一年来,四川扩大企业自主权的实践证明,企业经营实行计划调节和市场调节相结合,有以下三个明显的经济效果:

第一,企业进入市场,产销直接见面,比较好地解决了生产与需要的矛盾,有利于调整产品结构。例如四川第一棉纺织印染厂,在扩大自主权以前,按照国家计划生产,高密织物少,化纤少,花色品种少,而积压的 21 平布却相当于这个厂同一品种年产量的 2/3。对这种情况,过去企业并不感到有压力,因为按照企业职权,只能坐等上级解决,企业无责也无力调整产品结构,1979 年扩大自主权后,情况就不同了。在国家计划指导下,该厂果断地调整了产品结构,把市场畅销的 32 棉涤布生产由原来的 300 台扩大到 800 多台,把滞销的 21 平布的产量减少了一半多,在此基础上新增花色 108 种,还利用维纶短纤与长纤和棉花混纺生产 42 涤卡和涤平两种新产品。经过品种调整以后,这个厂的产品做到了适销对路。成都钢铁厂也是这样。它过去的主要产品是电炉优质钢,在四川销售困难,而螺纹钢是民用建筑急需物资,这个厂却不生产。1979 年,该厂运用企业自主权,及时调控产品结构,利用现有电炉,增添了一些专用设备,生产螺纹钢,同用户签订了 1 万多吨的合同。此外,他们还组织来料加工,自销物资部门不收购的产品,仅碳素工具钢一项,就自销了 700 吨,解决了哈尔滨市机械厂年需30吨碳素工具钢订不上货的困难。这样就把全厂的生产搞活了。

第二,企业进入市场,"找米下锅",比较好地解决了原材料的实际需要和计划供应之间的矛盾。扩大自主权以前,企业生产所需要的原材料全部按计划渠道供应,企业没有一点机动余地。扩大自主权后,原材料不足的企业可以通过市场买料、换材和来料加工,从而调剂了余缺,扭转了一些企业原材料不足的困难。例如重庆市中南橡胶厂过去由于橡胶缺乏,生产任务不足。1979年扩大自主权后,该厂一方面收购旧橡胶回炉,另一方面主动承接来料加工,在企业间实行原料串换、调剂。这样,既满足了用户的需要,又解决了自己原材料不足的困难。

第三,产品直接进入市场,接受市场检验,可以促进企业改进经营管理,加速现代化进程。扩大自主权以前,企业远离市场,既没有物质利益这个内在的经济动力,又没有市场竞争这个外在的经济压力,即使技术落后,管理混乱,经营作风松散,产品个别价值高于社会价值,企业也安之若素,无动于衷。扩大自主权后,企业的产品都在市场上与同类产品处于竞争之中,这就迫使有关企业千方百计地降低成本,使商品的个别价值降到社会价值以下。所以,扩大了自主权的那些企业,普遍地在不同程度上加快了技术改造的速度,提高了经营管理水平,形成了自觉讲节约、堵漏洞、精打细算的风气,建立健全了厂、车间的经济核算,从而增加了国家、企业、职工的收入,加快了企业现代化的步伐。

面对市场改善经营

实行计划调节和市场调节相结合,企业如何经营,这是社会主义企业遇到的新课题。我们过去的经济学著作和文章,虽然也提到要加强经营管理,但讲的大都是企业管理方面的内容,至于如何经营,怎样提高经营效果,则很少提到。在经济体制改革过程中,研究和搞好企业经营,直接关系企业职工的经济利益,关系企业用最少的活劳动和物化劳动去取得最大的经济效果,关系加快企业现代化的步伐。对这样的问题,我们决不能等闲视之。

企业面对市场,就要把单纯完成国家计划转移到同时为用户服务的轨道上来。在指导思想、经营作风、流通渠道、企业机构设置和经济、技术构成等方面都要进行根本性的改革,使每个企业都能最大限度地增产国家和人民需要的产品,以满足广大人民群众日益增长的物质文化的需要。这是社会主义基本经济规律的客观要求。

从四川扩大了自主权的企业一年多来实行计划调节和市场调节相结合的实践来看,面对市场,改善企业经营,必须解决以下几个方面的问题:

第一,在企业的指导思想上,要坚持按照社会需要进行计划和生产。只有这样,企业和国家计划才能符合实际情况,社会主义经济才能达到满足社会成员日益增长的物质文化生活需要的目的。

社会需要,从目前情况看,大体可分为两方面:一是国家和人民的基本需要。这是国家通过计划控制的一些基本生产资料和生活资料,企业必须按照国家计划完成。二是市场需要。这是通过市场提出的人民群众生活的一部分需要和作为劳动者联合体的企业生产上的一部分需要。国家需要和市场需要的结合就是企业的生产计划。企业按照这个计划生产,既可以满足国家需要,也可以满足市场需要。这就要求我们企业的负责人和职工要改变过去那种对计划的认识,改变只有国家计划,没有市场需要的传统观念,逐步形成一种一切为了"用户"、为"用户"服务的思想。主管部门在指导思想上要给企业留有余地,使他们能够按照市场需要最大限度地增产人民需要的产品。

第二,要改善经营作风。无论是企业或企业的主管部门,面对市场,都要改变过去那种官僚作风。企业要深入市场进行调查研究,摸清市场行情和供求关系,访问用户,服务上门,增加品种,降低成本,保证产品质量,提高商品信誉,以适应市场需要。主管部门不应过多地以行政手段干预企业的经营活动,而应把主要精力用于调查研究,不断给企业提供大范围的、长远的经济活动分析、市场行情变化、供求预测等经济、技术情报,为企业决策提供一些可靠的依据,提高它们的商品竞争能力。

第三,改变现有的单渠道流通体制,实行商品流通的多渠道体制。面对市场,企业要搞好经营,就要把国家购销的单渠道改变成多渠道流通。按目前情况,可以有四条流通渠道:一是国家物资部门和商业部门统购或选购,这是最主要的;二是企业与企业之间建立直接的供销关系,实行经济协作,互通有无;三是自办销售机构,如设立展销门市部、销售点出售增产商品和试制品;四是委托百货公司或商店设代销点等。渠道多一些,产销更易于直接见面。

第四,物价管理要灵活。面对市场,在调整部分不合理的商品固定价格的同时,实行优质优价,淡季、旺季不同价,浮动价和协议价。企业在规定的价格浮动幅度内,可以根据生产商品耗费的活劳动和物化劳动,参照市场供求情况决定价格,国家管涨不管降。企业要使商品价格向上浮动,物价部门可按市场供求行情和短线提价、长线降价的原则加以控制。

第五,要改变企业的组织机构。面对市场,原来企业的生产、政工、后勤三大部门的组织结构就不适应了。在四川扩大自主权的企业里,很多企业都做了调整,改为生产、技术、销售、财务的四位一体制,把企业产品的销售提高到与生产、技术、财务同样重要的地位。过去企业中属于后勤的供销机构只管进料,不管销售。现在则要把主要精力转移到市场调查、推销商品上来了。销售部门还要及时把市场需要报告生产部门、技术部门和财务部门,让他们据以改进商品,核算商品成本和利润,确定价格。这样,企业才有竞争能力。

第六,要改变企业产品结构和经济技术结构。面对市场,企业既要把单一产品结构改变成多种产品结构,并建立一些比较灵活的生产线,以便及时适应市场需要而调整生产的品种。还要改变企业的经济技术结构,把单一的生产单位变成生产、科研、市场相结合的经济有机体。使企业可以按照市场的需要，研制和生产新产品，加速商品换代。一个企业起码要有三套产品，即生产产品、试制产品和设计研制中的产品，才能做到市场需要什么，企业的研究所就研究什么，试制什么，车间就生产什么。只有企业的产品结构和经济技术结构经过这样的改革，企业才能由半自然经济状态转移到计划商品经济的轨道上来，加速自己技术改造和更新。

计划调节和市场调节相结合是社会主义企业经营的根本方向，也是一种新的经济体制。在结合的过程中，社会主义的基本经济规律，国民经济有计划按比例发展规律、价值规律的作用是贯彻始终的。特别是价值规律对商品生产和交换的调节作用得到了比较充分的发挥。毛泽东曾经说过，价值法则，等价交换，这是客观规律，客观法则，违反它要碰得头破血流。又说，这个法则是一个伟大的学校，只有利用它，才有可能教会我们几千万干部和几万万人民，才有可能建设社会主义和共产主义，否则一切都不可能。我们在社会主义经济运行中实行计划调节和市场调节相结合，就是要让我们企业的广大干部在价值规律这个伟大的学校里，努力钻研企业的经营管理，把自己培养成为社会主义企业的经营家和企业家，从而促进社会生产迅猛发展，加速我国社会主义现代化进程。

（原载《重庆师范学院学报》1980 年第 3 期）

市场机制与经济体制改革 *

市场机制的模式

　　市场机制作为市场特有的运动过程,在不同的市场上表现为不同的形式。市场机制在商品市场(包括消费品市场、生产资料市场)上表现为价格机制,在资金市场上表现为利率机制,在劳动市场上表现为工资机制。价格机制是真正商品的价格、供求、竞争等市场要素相互结合、相互影响的运动过程及其功能;利率机制是资金的利率、供求、竞争等市场要素相互结合、相互影响的运动过程及其功能;工资机制是劳动者的工资、供求、竞争等市场要素相互结合、相互影响的运动过程及其功能。在这三大机制中,价格机制是真正的市场价格运动,利率机制和工资机制则不是真正的市场价格运动。利率不是资金的真正价格,它的变动不是趋向于资金的价值;工资也不是劳动力价值的转化形式,它的变动也不是趋向于

　　* 这是一份关于苏联东欧的市场机制与经济体制改革的研究报告,1988 年 2 月在四川省广汉市召开的体制改革座谈会上进行交流。这是第一次公开发表。

劳动力价值。因此,从严格意义上说,市场机制包括价格机制、利率机制和工资机制,而不能简单地把市场机制等同于价格机制。

但是,在一般地分析市场机制时,为了避免麻烦和重复,可以把价格机制作为市场机制的一般表现形式。这是因为,首先,价格机制是市场机制的核心内容,利率机制和工资机制是服从于价格机制的。例如,在商品供求不平衡、价格背离价值的情况下,价格机制要调节供求关系,实现价格与价值一致,就必然要带动利率机制和工资机制做相应的运动。因为,价格机制调节供求关系是通过利率机制和工资机制调节资金和劳动力的流向和流量而实现的。可以说,没有利率机制和工资机制的配合,价格机制的运动就会中断。从这个意义上说,利率机制和工资机制又是包含在价格机制的运动过程之中的。其次,从价格机制和利率机制、工资机制的区别和联系来看,它们的区别表现在价格、利率、工资各自包含的内容不同,是质的规定性不同。但价格机制、利率机制、工资机制的运动过程及其运动形式却是相同的,而研究市场机制,又主要是侧重于研究市场的运动过程及其运动形式。因此,在理论研究过程中,只要记住价格机制与利率机制、工资机制的质的区别,就可以把价格机制作为市场机制的一般运动形式。这样,就可以按照价格机制的运动特征来划分市场机制的不同模型。根据这个标准,苏联、东欧的市场机制模型大致可以划分为以下几种:

第一,计划市场机制模型。这是传统的高度集中计划体制下的市场机制模型。它的机理是:由国家物价机关依据国家计划的需要,通过行政手段统一确定各部门产品的计划价格,其他机构和企业对价格的影响力甚弱。它排斥市场和价值规律的作用,这里实际上只保留了市场的形式——价格执行计量单位的职能,而且价格一定,多年保持不变。

长期以来,苏联一直采取有计划的市场机制模型。他们认为,社会主义商品生产是在公有制基础上按计划进行的直接社会联系的一种特殊形式,因而社会主义经济体制排除任何自发的市场机制,这就决定了社会主义市场机制只能是有计划的市场机制。鲁缅采夫认为："在社会主义制度下,市场不是物质资料的社会生产、分配和消费的自发调节者,市场在全国范围内得到有计划的调节。"①科涅克进一步指出："社会主义市场的发展,市场容量的扩大,购买需求和商品供给的数量和结构的变化,即市场状况的变化基本上是有计划地进行的。"②因而,主张市场供求和市场价格应由国家通过国民经济计划直接决定,即实行对价格进行集中管理的计划价格,以保证有计划地调节市场行情,消除市场对国民经济和劳动人民福利水平的自发影响。

苏联选择有计划的市场机制模型,也是同他们对"市场社会主义"理论的批判密切相关的。苏联在20世纪30年代对西方资产阶级学者提出"市场社会主义"概念时就开始了对"市场社会主义"的批判。20世纪50年代,一些东欧国家的经济学家开始批判传统体制,要求充分发挥市场作用。这时苏联就把批判矛头指向东欧国家。他们认为,南斯拉夫、波兰、匈牙利等国某些经济学家鼓吹市场机制的作用,是意味着放纵自发势力和对马列主义关于社会主义规律学说的修正。60年代中期,苏联实行经济改革时,利西奇金和列昂节夫等经济学家提出,在社会主义经济调节机制中,应当重视市场调节的作用。对此,苏联理论界大加批判,利西奇金也成了宣扬"市场社会主义"的代表人物。直到1984年,苏联理论界仍然在批判"市场社会主义"。苏联物价委员会主任格卢什科夫还指责"市场社会主义"这种论调同公有制性质和以集中计划为基础的社会主义经营管理形式背道而驰。它把私人利益和集团利益摆在首位而损害了全民利益,归根结底使社会主义国家的基础遭到破坏③。苏联对"市场社会主

---

① ［苏］鲁缅采夫主编:《政治经济学》(社会主义部分)下册,北京人民出版社1977年版,第208页。

② 荣敬本等编:《社会主义经济模式问题论著选辑》,人民出版社1983年版,第375页。

③ 参见［苏］格卢什科夫:《计划价格形式的理论和实践问题》,《经济问题》1984年第1期。

义"理论的批判,导致多数经济学家否定社会主义制度下存在真正的商品货币关系,或者低估社会主义商品货币关系,否定市场的直接调节作用,严重阻碍了苏联市场理论的发展。戈尔巴乔夫在1987年苏共中央一月全会上批评说:"苏联关于社会主义的理论概念在很大的程度上停留在20世纪30到40年代的水平上。"

苏共二十七大是苏联经济理论发展的一个转折点。苏共中央在二十七大的报告中指出:"要重新研究商品货币关系的作用,克服对商品货币关系所持的成见和在按计划领导经济的实践中对其评价不足的现象。这对于提高人们对事业的关心,提高经济效益,加强经济核算等具有重要意义。"1987年苏共中央一月全会又指出:"对商品货币关系和价值规律作用的偏见以及往往把它们当做某种异己的东西同社会主义直接对立起来的做法,导致了经济中的唯意志态度,导致了对经济核算制估计不足,以及在劳动报酬方面的平均主义,在价格形成中产生了主观主义原则,破坏货币流通,不重视调节供求问题。"

苏共二十七大以来,苏联理论界基本上停止了对"市场社会主义"的批判,明确提出商品货币关系是"社会主义所固有的,应学会更多地应用"。阿巴尔金说:商品生产在社会主义社会是客观存在的,根本不可能存在什么没有商品生产的社会主义,这是极其明显的。在对市场机制的作用认识上,他们也已经开始要求企业"对消费者的需求做出敏锐反应",提出不应害怕社会主义市场在提高产品数量和质量方面所起的重要作用。阿甘别吉扬指出:苏联将使价格的制定非集中化,使越来越多的商品按议价和自由价格出售。可见,苏共二十七大以后,苏联已开始偏离计划市场机制模型。

但是,由于苏联理论界对市场的认识刚刚发生转折,因而他们至今仍限于如何看待市场和要不要市场等较浅层次的认识上,还没有明确提出和肯定市场对企业生产经营活动的直接调节作用,没有明确阐述市场机制在社会主义经济管理体制中的应有地位,而且,苏联的市场化改革在理论上仍存在着分歧。利加乔夫说:让我们的经济转入西方市场经济的轨道,社会主义就会一无所有。在实践上,苏联还没有开始实行价格改革,因而苏联对市场机制模型还没有做出新的选择。目前,罗马尼亚和民主德国仍然采取有计划市场机制模型,没有提出改革的要求。

计划市场机制模型,片面强调市场的计划性,否定它的自动调节作用,实质上把计划视为社会主义经济运行的基本调节机制,而把市场机制看做是外在于社会主义经济的调节机制。市场机制只是计划调节的"检验器",利用市场机制只是为了补充和完善计划机制。计划市场机制模型靠少数管理人员集中为庞大的各种各样的产品定价,并根据供求变化加以调整,必然造成价格长期呆滞,对市场变动反应迟钝,准确性差,无法保证价格体系的合理性。

第二,有调节的市场机制模型。这种模型试图把市场机制的自由运动与国家自觉运用市场机制制定价格有机地结合起来,它的特征是实行混合价格结构。这种混合价格结构主要有三种价格形式:(1)自由价格,即由市场机制自由运动形成的价格;(2)浮动价格,即在国家规定的价格浮动范围内由市场机制自由运动形成的价格;(3)计划价格,即由国家根据市场供求关系和产品成本规定的价格。

有调节的市场机制模型以其内部结构的不同,又可以细分为三个子模型:以计划价格为主的模型,以浮动价格为主的模型,以自由价格为主的模型。布鲁斯和匈牙利选择了有调节的市场机制模型。但他们在子模型的选择上又是互相区别的。

1. 布鲁斯的市场机制模型。布鲁斯把社会主义市场机制区分为自由的市场机制和有调节的(有时称受控制的)市场机制两种模型。所谓自由的市场机制,是指国家权力机关并不干涉市场过程,价格根据实际的供求关系在市场上自由波动。但是,社会主义的自由市场机制与资本主义经济中的市场机制是根本不同的。因为,这里的一切活动,特别是用于消费的收入数量和分配方式都是在国家计划建立的总框架内决定的。有调节的市场机制是指"国家权力机关干预市场过程,企业行为规则,即企业有选择的自由,为使利润最大化而从事经营活动并没改变,但价格不再由企业根据市场情况的自发波动自行决定,而是由独立的国家机构来决定(或者直接决定,或者通过经济政策的特殊手段决定)。"①有调节的市场机制模型也包含着中央计划决策的市场机制发生作用所建立的框架和准则。

布鲁斯认为,在社会主义现代化大生产条件下,市场不可避免地会出现垄断。为了防止市场垄断倾向导致企业操纵价格,社会主义计划经济中应该引入有调节的市场机制,这对于调节价格以克服有时会使生产者发生迷误的、暂时的行情波动也是有帮助的。布鲁斯在考察东欧各国的经济体制改革时认为,南斯拉夫出现的高通货膨胀率,在很大程度上是由于它实行"市场社会主义"体制造成的。匈牙利改革时设想建立固定价格、浮动价格和自由价格相结合的混合价格结构,逐步缩小固定价格部分,扩大自由价格部分。实际上,这个设想未能实现,浮动价格都向最高限度浮动,并固定下来。虽然有自由价格,但自由价格的范围并未扩大。出现这种现象,是与匈牙利在开展竞争上遇到困难,企业具有寡头垄断或独占垄断的作用有关的。因此,社会主义的市场机制,至少要有两个重要特征:(1)市场的种种量,在对选择主体的关系上必须始终保持它的参数性质;(2)市场的种种量,必须或者按照社会的偏好程度由中央计划当局来决定,或者至少用间接方法使之受到有效的影响。②

布鲁斯的有调节的市场机制,并不意味着一切商品的价格都像传统体制下那样由国家直接规定。他认为,"某些领域的竞争条件本身将排除对价格的垄断影响的可能性,在那种情况下,就完全没有必要运用任何特殊的控制形式。与此同时,显然,在许多情况下,价格只是由国家直接

---

① [波]布鲁斯:《社会主义经济的运行问题》,中国社会科学出版社 1984 年版,第 135 页。

② [波]布鲁斯:《社会主义政治与经济》,中国社会科学出版社 1981 年版,第 10 页。

规定的,这就可以保证价格不受企业的控制,这尤其适用于基本消费品和生产性货物"①。在其他情况下,只要规定最高价格或最低价格、确定营业税率等等,也是很有效的。可见,布鲁斯的有调节的市场机制要求实行由计划价格、浮动价格或称国家指导价和自由价格组成的价格结构。在这个三种价格形式并存的结构中,布鲁斯倾向于以计划价格形式为主。

布鲁斯选择以计划价格为主的有调节市场机制模型的根本原因,在于他对社会主义条件下竞争和垄断的独特看法。布鲁斯认为,社会主义生产的特征是社会化大生产,这种"生产的高度集中和专业化以及生产能力的高度利用促进了垄断倾向的产生"②。而且布鲁斯不赞成用人为地促进竞争的方法,如使生产分散化来反对垄断,认为用这种方法来阻碍垄断倾向"会是极不合理的"。因此,在市场垄断条件下,为了防止企业利用垄断地位操纵价格,由国家干预市场价格的形成,是更为重要的。这样,既可以保持规模经济,提高生产效率,又可以避免市场垄断对市场机制的妨碍。此外,布鲁斯还认为,要使价格形成听任市场机制的自由作用,除了市场必须具有竞争市场的性质以外,还要满足以下条件:即没有特殊的社会偏好要求价格与价值相背离。如果要满足社会偏好,国家对价格形成的干预就是必不可少的。布鲁斯认为,由于社会主义经济的计划性,就存在着满足社会偏好的必要性。这样,国家就需要在某些特定的情况下控制价格形成,以实现社会偏好;如国家采取直接规定价格的办法,有意识地使价格背离价值,以达到刺激或抑制某种产品生产的社会偏好。

布鲁斯的有调节的市场机制与苏联的计划市场机制模型相比,具有两个明显的特点:(1)由于布鲁斯认为在市场具有竞争性质和不需要满足社会偏好的情况下,市场机制可以自由发生作用,这就是承认了市场机

---

①② [波]布鲁斯:《社会主义政治与经济》,中国社会科学出版社 1981 年版,第 188、50 页。

制的独立运动,从而把市场机制从绝对地服从和依附于计划的旧框框中解放了出来,成为一个具有独立运动的调节机制,这也就确认了市场机制对社会经济活动的直接调节作用。(2)扩大了市场机制的活动范围。布鲁斯把经济决策划分为中央一级决策、企业一级决策和家庭一级决策。他认为在分权模式中,企业一级决策和家庭一级决策都是分散化的,这就为市场机制充分发挥作用提供了广阔的领域。

2. 匈牙利的市场机制模型。匈牙利也选择了有调节的市场机制模型,不过,他们在《关于经济体制改革的指导原则》中称为"中央规定和管理的市场机制"模型。匈牙利著名经济学家、国家物资和物价局前局长奇科什—纳吉·贝拉对这一模型做了具有代表性的描述。他指出:价格形成有三种模型可供选择,一是自由价格模型。这种模型对匈牙利经济不适用,因为政府无法控制通货膨胀,消极作用大。二是所有商品都实行官定价格的模型。这种模型对匈牙利也不适用,它会扼杀企业发展生产的积极性,导致经济僵化。三是在社会主义经济中注意市场需求,把前两种价格模型结合起来的混合价格模型。这种模型也有缺点,但相对来说,在三种价格模型中,这一种积极因素比较多,因而匈牙利选择的是混合价格模型。他甚至说,匈牙利价格改革的长远目标是,到 20 世纪末还是实行混合价格模型。

可见,就混合价格模型的选择而言,匈牙利的市场机制模型与布鲁斯的市场机制模型是一致的,我们可将其统称为有调节的市场机制模型。但是,当我们从有调节的市场机制的子模型来考察时,匈牙利选择的有调节市场机制的子模型不同于布鲁斯的选择。如前所述,布鲁斯不赞成以自由价格为主的混合价格模型。相反,匈牙利则选择了以自由价格为主的混合价格模型。现在,匈牙利在工业生产品价格中,实行官定价格的大约占 20%,主要是煤炭、石油等能源产品,部分农用生产资料和砖、瓦、水泥、木材等建筑材料,运输、通讯部门也主要由国家定价,实行指导性价格或浮动价格的占 30%,其余 50% 实行自由价格,一般不受国家干预。在消费品价格中,现在实行官定价格的商品占 45%—48%,实行指导性价格的占 35%,其余的实行自由价格,一般不受国家干预。匈牙利的长远目标是,实行官定价格的商品要尽量减少,实行自由价格的商品要尽量增多。但在生产品价格中,官定价格的比重将保持目前的比重,主要减少消费品价格中的官定价格。匈牙利政府已于 1980 年 1 月宣布,于当年 3 月底放弃对大部分消费品的物价控制,要求"除了主要商品和一些公用事业以外,在所有领域实行自由价格"。

匈牙利对市场机制模型的独特选择,是与他们对社会主义制度下竞争和垄断的认识相联系的。他们认为,"新经济体制的重要特点是,允许社会主义企业的经济竞争,也就是促使它们在市场上竞争。这种竞争当然只能是有限度的。它受到生产力发展水平(生产和流通的集中和专业化)以及我们国民经济的社会主义性质和有计划的管理的限制。"[①]就是说,社会主义应该建立竞争和垄断的联合机制,那种幻想回到没有市场的垄断或回到没有垄断的市场的观点,会把改革引向歧途。这就要求建立新的垄断理论和竞争理论。他们认为,在个别领域保留垄断利大于弊。在某些工业部门中,生产的集中、专业化和大批量生产的优越性,要求建立一些大企业,而大企业就会成为垄断组织。在这种情况下,不应通过拆散企业来防止垄断,因为这会牺牲经济效率。国家应该通过形成买方市场和引入国际竞争等措施来反对垄断,促进竞争。此外,国家还应对处于垄断地位的企业给予更大的监督和干预,这包括国家对价格形成的干预。例如,在交通运输和通讯部门中,国家定价高达 90%。在大部分领域中,如一般的加工工业、农业、商业、服务行业等,中型甚至小型企业的活动比大型企业更有利,因而这一领域是竞争性领域,可以主要依靠市场机制进行调节。例如,在一般加工工业中,国家定价的产品只占 13%。可见,匈牙利市场机制模型与布鲁斯市场机制模型的差别,是来源于他们对社会

---

① 《匈牙利经济改革原则和管理体制》,中国财政经济出版社 1980 年版,第 21 页。

主义下竞争性领域理解的宽窄不同和采取的反垄断措施不同。

在实践中,匈牙利推行以上市场机制模型的做法不怎么成功。浮动价格没有真正浮动起来,都固定在最高浮动水平上,变成了固定价格,也没能按设想逐步扩大自由价格范围,减少国家定价。出现这种情况的主要原因,是匈牙利在开展竞争上遇到困难。匈牙利是个小国,国土面积只有9.3万平方公里,人口才有1000多万人左右,往往一家企业就能为全国而生产,容易形成寡头垄断或独占垄断,削弱竞争。而且匈牙利的产业组织集中度比较高,尽管匈牙利做了相反的许多努力,经济单位的数目还是不断减少。工业企业数从1962年的2375家减少到1983年的1338家。企业规模呈"倒金字塔"形分布。500人以上的企业为总数的37%,200—499人的企业为25%,100—199人的企业为22%,50—99人的企业为12%,20—49人的企业为3%,5—19人的企业为1%。这种企业规模结构于竞争非常不利。

第三,自由的市场机制模型。这种模型主张实行自由市场价格,即市场价格完全由市场机制自由形成。它的机理是:市场上每个交换者都是独立地行动,他们的购买和出售只占整个交换量的一小部分,他们的行动对整个市场没有什么明显的影响。这些出售者和购买者的共同行动,最终形成均衡市场价格。

锡克和南斯拉夫选择了自由市场机制模型,但他们又存在着一致的区别,从而构成自由市场机制模型的两个子模型。

1. 锡克的市场机制模型。锡克不赞成布鲁斯的有调节的市场机制模型。他认为,市场机制调节生产要求价格有高度的灵活性,这只有通过市场价格的自由形成才能达到。"社会主义制度下绝对的国家垄断和由国家垄断企业或(和)国家的价格机构所规定的价格,埋葬了市场机制"[1]。因而,他主张社会主义应该"全面实行自由的市场价格"。不过,

① 荣敬本等编:《社会主义经济模式问题论著选辑》,人民出版社1983年版,第252页。

锡克所说的自由市场机制,也不是像资本主义自由市场机制那样无控制的,而是有控制的。锡克认为,国家通过制定国民收入的宏观分配计划可以实现对自由的市场机制的有效控制,保证宏观经济的平衡与稳定。在这种情况下,市场机制就是在国家控制的宏观平衡的总框架内调节微观经济的不平衡,因而自由的市场机制不会扰乱宏观经济的平衡与稳定。按照布鲁斯划分市场机制模型的标准,锡克的市场机制模型显然符合布鲁斯所说的自由的市场机制模型。

锡克认为,匈牙利采取的混合价格模型只是一种过渡模型。他把全面实行自由市场价格的过程分为两个阶段:第一阶段是对旧的价格进行重新计算和调整。对价格重新计算的主要目的是为建立各部门基本上相等的利润率和为各企业取得相同赢利的可能性创造条件。这种价格调整是使现存的工业利润率在各部门中平等地分配,使各部门具有相等的利润率。调整价格的基础是马克思的生产价格概念。这就是说,确定的价格应该等于生产成本加上统一的平均利润率。在完成对价格的计算和调整以后,就进入第二阶段,即逐步向自由的市场价格过渡。开始过渡时采用三类价格,即由中央规定的价格、浮动价格和自由的市场价格。首先列入自由市场价格的,应是那些对人民生产影响不大的生产资料,如机器和奢侈消费品等。浮动价格主要是指季节性的产品,对人民生活影响很大的电力、煤气、交通等,需求大大超过供给的某些原材料和基本消费品,都应由国家规定价格。因此,在向自由的市场价格过渡时,必须分批进行。一般地说,"只有消除卖方市场,克服垄断的条件下,才能全面实行自由的市场价格。"①

可见,锡克主张自由的市场机制模型,是以必须消除垄断为前提的。就是说,社会主义之所以能够选择自由的市场机制,是因为社会主义可以

---

① 〔捷〕奥塔·锡克:《社会主义经济模式》,载《经济研究资料》1981 年 5 月 7 日,第 43 页。

建造完全的竞争市场,即克服了垄断的市场。因此,锡克认为,市场存在着垄断倾向并不必然要求国家干预价格,相反,国家应该采取各种措施来消除市场的垄断,以实行自由的市场价格。锡克提出的反垄断措施主要有:(1)要在每一个部门中消除垄断的供给者,至少在一个部门中要有2—3家企业,以便使消费者有选择的可能性。如果在某些部门中不可能建立起几家企业,这里就应通过外贸逐渐地引进竞争,对企业造成竞争压力,使其能够在世界市场上进行竞争。(2)克服卖方市场。只有造成供过于求的买方市场,使企业的处境困难,这时企业就会在外部压力下展开激烈的竞争。要克服卖方市场,必须制定出适当的工资增长计划,有意识地刹住工资的过度增长。(3)征收垄断税。通常经营不好的企业和经营好的企业所得的利润率是不同的,经营好的企业的利润率可以高于平均数,但如果利润继续上升,持续地超过上限,就应该看做是垄断利润。因为在没有垄断的完全竞争的条件下,在市场机制的作用下,利润高的部门由于其他部门资本的移入,其利润率很快会趋于下降。在这种情况下,国家不能建立起新的竞争企业来对付这些垄断企业,因为这样做会导致致命的竞争和使产品生产过多。这时,国家可以征收特殊的垄断利润税,使企业垄断利润逐渐下降,一直降到平均利润率的水平,以此来弥补竞争的不足。锡克认为,通过以上反垄断措施,就可以为实行自由的市场机制模型提供必要的完全竞争市场。

2. 南斯拉夫的市场机制模型。南斯拉夫理论界认为,价值规律是任何商品生产的最一般的、起支配作用的规律。因此,在社会自治制度下,制定产品和劳务价格时必须尊重社会主义商品生产中经济规律的作用。这就要求"坚决放弃用行政的办法调节价格关系和作用,确保实现联合劳动基层组织中工人确定自己产品的价格,在价格制度的基础上调节价格关系的权利"[1]。在南共《经济稳定长期纲领的基本原则》中也明确指

---

[1] 《南共联盟十三大决议》,1986年6月29日。

出:价格应由各联合劳动组织根据国内外市场条件做出,"如果由任何社会政治共同体确定价格或根据分工由联邦共和国、自治省和区(按产品类别或以百分比形式)来确定价格,就会违背这一方针。"只有在特殊情况下,才能通过行政确定价格的方式来干预价格的形成。在通常情况下,行政部门对价格形成的影响,主要是通过经济政策措施如金融政策、收入政策和投资政策,还包括动用物资储备来干预市场关系和对价格进行社会监督等来实现,并对各种垄断形式进行监督和加以制止等来施加影响。可见,南斯拉夫市场机制模型的基本准则是要求价格由市场自由形成。在这一点上,他们和锡克的市场机制模型是一致的,因而同属于自由市场机制模型。

但是,南斯拉夫模型又具有与锡克模型不同的特点。这主要表现在以下两个方面:(1)南斯拉夫理论界认为,"社会主义唯一可以接受的模型是自由竞争的模型"①,因而把自由竞争看成是社会主义商品经济的基本特征,轻视了社会主义商品经济条件下客观存在的垄断因素,这使他们在废除了国家垄断以后,没有采取有力措施消除企业垄断,从而把他们的自由竞争市场机制建立在垄断市场的基础上。对此,锡克指出,南斯拉夫犯了一个很大的错误,他们在存在着卖方市场和垄断企业的条件下,就立即从行政规定的价格过渡到市场价格,听任价格自由波动。这导致价格很快猛涨,出现了严重的通货膨胀。(2)南斯拉夫理论界主张商品、劳动和社会资金都按照市场机制自由运动,市场机制的作用不仅限于一般商品流通和价格,而且扩展到收入分配和投资等领域。这实际上就否定了锡克提出的通过制定国民收入分配计划为市场机制的自由运动建立框架和范围的主张。对此,布鲁斯指出,南斯拉夫理论界通常把社会主义经济简单地解释为商品经济,这种解释似乎完全消除了商品关系的限制、框架和范围问题。因此,南斯拉夫模型比锡克模型的自由度更大一些。

---

① 转引自周新城:《匈牙利经济体制研究》,福建科学技术出版社1985年版,第56页。

对以上各种市场机制模型要进行正确的评价和比较,首先就需要正确地选择评价的标准。把市场的竞争性作为评价市场机制模型的标准是可取的,因为选择的市场机制是否合理,取决于这种市场机制能否形成合理的价格,为市场机制调节社会生产提供正确的价格信号。但由于市场机制自由形成的价格是自由的市场价格,而完全充分的市场竞争则是形成合理的自由市场价格的客观基础。恩格斯指出:"只有通过竞争的波动从而通过商品价格的波动,商品生产的价值规律才能得到贯彻,社会必要劳动时间决定商品价值这一点才能成为现实。"①因此,市场竞争的程度和范围就决定了实行自由市场价格的程度和范围,从而就决定了所能选择的市场机制模型。我们对以上几种模型的优劣进行评价和比较,实质上就是要评价和比较他们对市场竞争的认识是否正确。

竞争是商品经济的特有经济现象,是价值规律发挥作用和实现的一种形式,因而商品经济是竞争存在的一般条件。但竞争所采取的具体形式是随着商品经济条件的变化而变化的。在社会主义商品经济条件下,竞争所采取的具体形式取决于生产力和生产关系两个方面。从生产力方面看,社会主义商品经济是建立在社会化生产基础上的社会化商品经济。在社会化生产条件下,规模经济所要求的生产集中化和专业化必然产生一些大企业,这就会形成企业垄断倾向,使市场不再成为完全竞争市场。这一点从世界经济的发展情况也可以看到。目前,在世界各国已找不到完全竞争体制的典型,都已进入不完全竞争体制。西方经济学家已经按照市场的竞争程度把市场分为四种类型:即完全竞争市场、垄断市场、垄断竞争市场和寡头市场。这四种市场在资本主义经济中都不同程度地存在着,但作为现代资本主义典型现象的是垄断竞争。不管他们对竞争的划分是否科学,但他们的划分却正确地表明了这一点,即在现代资本主义市场经济中,已不存在纯粹的完全竞争市场。美国学者认为,美国体制是

---

① 《马克思恩格斯全集》第21卷,人民出版社1965年版,第215页。

最接近于完全竞争体制的国家,但目前已进入不完全竞争体制。苏联、东欧国家的生产社会化水平虽然相对于发达国家来说还不高,但已远离自由竞争市场。他们的大企业在企业总数中的比重大大高于一些发展中国家。据世界银行报告,20 世纪 80 年代初 243 人以上的企业占企业总数的比重,南斯拉夫为 33.5%,匈牙利为 65.1%,而韩国只有 4.3%,印度为 4.4%。完全竞争市场的丧失,即市场垄断的存在,使生产者进出市场的自由受到限制,一些垄断企业就会垄断市场,操纵市场价格。这样,价格就无法根据价值和市场供求的变动而自由变动,不能成为产品和生产要素的相对稀缺性的理想信号。那么,是否可能通过锡克所说的拆散大企业等反垄断措施,重新建立完全竞争的市场呢? 显然是不可能的。因为这是和社会生产力的发展相冲突的。发达的商品经济国家中的产业组织有生产集中化的趋势,即生产要素越来越多地集中于专业化大型企业。世界统计数据表明:由于汽车工业规模经济效益显著,因此在一个国家内汽车(特别是小汽车)生产集中度很高。所谓集中度,它是表示一国最大的一家或几家工厂生产的汽车产量占全国汽车总产量的比重,一般一家工厂的集中度为 45%—50%,两家工厂为 75%—80%,三家工厂为 85%—90%。当然,这不是说不需要采取反垄断措施以保护竞争,而是说,即使采取反垄断措施,也不可能完全消除市场垄断。同样,从生产关系方面看,也不可能完全消除市场垄断。因为,社会主义商品经济又是有计划的商品经济,为了保证社会主义商品经济的计划性,国家就必须对商品生产进行必要的计划控制。这种计划控制包括国家作为社会整体利益的代表,不得不在某些经济领域和对某些资源或产品、劳务实行垄断性经营和管理。也就是说,在一定范围内和一定程度上具有国家垄断存在的必要性。因此,市场垄断因素的存在,就决定了自由市场机制模型的选择是不现实的。

社会主义经济作为一种商品经济,无论具有什么样的特征,都同时必须具有一切类型的商品经济所具有的共性。商品的价值和价值规律就是一切商品经济的共同属性。市场竞争作为形成合理价格和价格体系的客观基础,作为价值规律发生作用和实现的机制,是属于商品经济的范畴,是商品经济的一种特有经济现象。只要存在商品生产,就必然存在竞争,没有竞争的商品经济是不存在的。市场竞争的存在,在其他外部条件都满足的条件下,就意味着市场机制的自身运动能够在一定程度上和一定范围内形成合理的价格和价格体系,这也就意味着选择排斥市场机制自动作用的计划市场机制模型是不现实的。

因此,社会主义市场是垄断和竞争并存的混合结构。在这一个混合的市场结构中,实际上存在着三个竞争程度不同的领域,即完全竞争性领域、半竞争性领域和非竞争性领域。

完全竞争性领域,主要是指那些存在着大量中小企业的经营部门和领域,每个企业的产量只占生产总量的相当小的一部分,它只是市场价格的接受者,而不是制定者。在这一领域中,由于自由竞争能够形成合理的市场价格,价格形成适宜于采取自由价格形式。这样,产品定价权可以完全交给企业,国家不需要也没有必要直接干预价格的形成。

半竞争性领域,主要是指大企业领域。在这一领域中,大企业的存在不可避免地会促进垄断倾向的产生,其经济行为会影响价格的合理形成,降低价格质量。因此,为了保证价格形成质量,克服大企业对市场价格的操纵,就需要国家在一定程度上干预价格形成,如通过规定基准价和浮动幅度、最高限价和最低保护价等,指导企业制定产品价格。

非竞争性领域,就是垄断经营领域,价格完全由经营者操纵。这一领域的企业实行国家垄断经营,价格实际上是由国家规定的,国家依据产品成本、市场供求状况以及社会经济稳定发展的要求统一规定和调整价格。

因此,在竞争和垄断并存的混合市场结构基础上,选择有调节的市场机制模型是可行的。在有调节的市场机制模型的子模型中,选择以自由市场价格为主的模型是可行的。这是由竞争性领域在市场结构中居于主要地位所决定的,它表现在企业规模结构中,中小企业居大多数。这种企业规模结构同生产的社会化和专业化并不矛盾,相反,二者还是相互联系的。因为生产社会化的发展,使产品的零部件或工序和工艺实行专业化生产,促进了中小企业的发展。如在西方工业发达国家,500人以上的大企业在企业总数中的百分比,1963年美国为1.6,英国为2.8,1966年联邦德国为2.6,法国为0.2,日本为0.3,而且,中小企业在企业总数中所占的比例还有不断增长的趋势。美国加工工业中,20人以下的小企业占企业总数的比例,由1958年的31%增加到1972年的64%。日本300人以下的中小企业(不包括农、林、牧、渔),由1954年的328万家增加到1981年的581万家,占全国企业总数的99.6%。20世纪30年代以来,美国小企业的发展与以往不同的是,过去小企业是在大企业的保护下发展,如今越来越多的小企业是"通过离开大公司的窝发展的"。从苏联、东欧国家来看,由于长期受传统理论的影响,认为只有建立大企业才是社会主义的,盲目追求企业规模,同时为了便于中央领导和管理企业,匈牙利与其他东欧国家也都对企业进行整顿和合并,搞起了工业联合公司和大型复合企业,结果组织的集中程度比西欧甚至比美国的大企业还要高。这就在很大程度上阻碍了市场竞争的充分展开。科尔奈把这种过分集中看做是匈牙利建立竞争市场结构的最大问题,提出要通过把一个垄断整个生产部门的大企业分解成较小的互相独立的企业,鼓励合作企业、私人企业的发展等办法来解决匈牙利的市场垄断。就是说,目前匈牙利大企业比重过高的企业规模结构是不合理的,它不能成为选择市场机制目标模型的客观基础,因而必须加以改变。

此外,一个国家的具体国情也会影响市场机制模型的选择。如前所述,匈牙利人口只有1000多万人,国内市场狭小,一个企业即能为全国生产,很容易形成垄断而削弱竞争。中国则不同,国家大、人口多,国内市场广阔,只要能够形成统一的全国市场,一个大企业一般很难垄断全国生产,这就有利于削弱垄断而促进竞争。在这种情况下,我国就应比匈牙利在更广的范围内采取自由市场价格。这也表明,匈牙利目前实行这一模型的经验,由于国情不同,不能照搬到其他国家。

市场机制的机理

市场机制的功能是由市场机制本身的运动对社会生产所产生的各种积极作用,这里不包括市场机制的运动对社会生产所产生的各种消极作用,各种消极作用将作为市场机制的缺陷在以后还可以研究。

既然市场机制的功能是和市场机制的运动相联系的,那么,市场机制的不同运动,其功能也会不同。这具有两层含义:(1)市场机制首先可以区分为市场机制一般和市场机制特殊。市场机制一般是指存在商品经济的各种社会经济形态都存在的市场机制,它撇掉了特殊的社会属性;市场机制特殊是指存在商品经济的某个社会经济形态所具有的市场机制,它反映着特定的社会性质。与一般市场机制的运动相联系,会产生市场机制的一般功能,与特殊市场机制的运动相联系,则会产生市场机制的特殊功能。但特殊功能并不否定一般功能,而是把它包含在其中,使一般功能获得特殊的表现形式。苏联、东欧经济学家研究的重点是社会主义市场机制,他们所阐述的市场机制功能是市场机制的运动对社会主义社会经济活动所产生的积极作用,这就构成了我们对市场机制功能理论进行比较和分析的范围和限度。(2)社会主义市场机制也会有各种不同的模型,具有各种不同的运动机理,这也会形成不同的市场机制功能。苏联、东欧选择了多种社会主义市场机制模型,必然导致他们对市场机制的功能具有不同的理解和论述,这可以作为我们分析和比较市场机制功能理论的具体内容。

对市场机制功能的理解,直接关系到如何看待市场在社会主义经济中的地位和作用。对如何设计计划和市场的结合方式等重大理论问题,从苏联、东欧各国经济学家对市场机制功能总的分析看,大致可以归纳为以下几种机理。

1. 联系机理。这是指市场通过商品交换活动把各个商品生产者和生产者与消费者彼此联系起来。这里包括两个内容:(1)市场是各个商品生产者相互联系的纽带。在商品经济条件下,各个商品生产者由于社会分工而相互分离,市场则把他们彼此联系起来,形成社会生产的有机整体。随着生产社会化和专业化的发展,各个商品生产者之间的这种市场联系则越来越紧密。(2)市场是生产和消费的联系纽带。商品从生产者手中转到消费者手中,发挥使用价值的效用,是通过市场实现的,市场是"以供求之间某些比例关系的形式来显示生产和消费之间的联系"①。鲁缅采夫也认为,供求是生产者和消费者经济联系的形式。科尔奈则把市场对买者和卖者之间的联系细分为产品联系形式和信息联系形式。产品联系形式是指产品从卖者手中转到买者手中所发生的实际交易联系;信息联系形式是指卖者将其销售意愿通知给可能的买者,或者买者将其购买意愿通知给可能的卖者而发生的信息交流过程。科尔奈认为,在买方市场条件下,卖者努力寻找买者,他们通过大量广告把信息发送给可能的买者;而在卖方市场条件下,典型的现象常常是买者发布广告把他的需要告诉给潜在的卖者,如家庭主妇一次又一次去商店看她等候了很长时间的商品到没到货。

2. 产品的选择机理。在商品生产条件下,商品生产者是直接为市场而生产的,因而他生产的产品是否符合市场需要,即能否卖得出去,完成"惊险的跳跃",就取决于市场的选择。什梅廖夫指出:消费选择概念中根本就不存在社会和阶级的内涵,也丝毫没有意识形态的色彩。它"是各种经济体制存在的客观条件,缺少这一条件,经济体制就不可能有活力,或者至少不会有高效率。"②因此,在社会主义经济体制中,必须发挥

---

① [罗]康斯坦丁内斯库:《政治经济学》,人民出版社 1981 年版,第 576 页。
② 《经济学译丛》1988 年第 4 期,第 18 页。

市场的选择功能。但是,选择功能的发挥,还需要具备一定的市场条件。科尔奈认为,在不同的市场状态下,市场的选择过程是不同的。在买方市场条件下,市场选择实际上就是买者的选择。买者在信息不太灵通和偶然决策的情况下,选择是随机的。而在广泛搜集信息和重复决策的场合,他采用以下典型的选择标准:(1)买者可能偏向那些就当时来看质量、价格和服务等方面条件最有利的卖者;(2)他可能偏向那些在某个较长时期向他提供最有利条件的卖者;(3)他可能偏向那些他已最习惯了的卖者。这种选择直接影响了生产者的命运,使那些产品价格高、质量和服务差的企业走向停滞和衰落,而那些物美价廉、服务好的企业则可以得到扩张。在卖方市场条件下,市场选择实际上成了卖者的选择。他的一些典型的选择标准是:(1)随机选择;(2)上层机构可能按照他们的意志干预和分配供不应求的商品;(3)买者想办法贿赂卖者,或者贿赂官员;(4)卖者可能偏向于那些最不挑剔的和不管买到什么都会满意的买者。这种选择使那些缺乏活力、经营不善的企业也不担心生存问题,因而不能形成选择的有利刺激效应。这就是说,市场对产品的选择功能只包括在买方条件下的市场选择。而在卖方条件下的市场选择,则丧失了市场选择功能。因此,什梅廖夫认为,在国民经济中允许某种程度的不可避免地损失和淘汰一定数量的无销路的劣质产品,是无短缺经济的主要特征和必要的客观条件,这是保证消费者进行选择而必须付出的代价。

市场对产品的选择功能,是市场机制诸功能的基础功能,因为市场对企业生产的产品的选择,决定着企业的经济效益,而企业从事经济活动的直接目的就是为了获取企业的经济利益。企业正是在经济利益的诱导下,采取不同的市场经济行为的。

3. 分配价值的机理。市场参数的任何变动,如价格的变动、利率的变动、工资的变动等都会形成对企业收入的重新分配。锡克认为,价格是主要的分配因素,"没有价格,既不可能影响一般的、宏观经济的分配过程,也许可能实现其他的直接的分配过程。"①因而,价格会影响企业和一切劳动者的经济利益的发展。由于这一功能也和市场选择产品的功能一样,直接影响企业和劳动者的经济利益,因而它就同市场选择功能共同构成市场机制诸功能的基础功能。布鲁斯和锡克模式主张实行的国家通过各种经济参数如价格、利率等引导企业经济活动,实现计划目标等措施,都是以这一功能为前提的。正是在这个意义上,卡德尔认为,"取消通过市场分配收入,也就意味着取消了市场在我国社会中存在的基本原因。"②

科尔奈认为,在社会主义的传统模式中,市场机制的这一功能实际上发生了障碍。这是由于国家对企业的"软预算约束"造成的,即国家采用调整价格、补贴、免税、软信贷、无偿拨款等措施干扰了市场机制对企业收入的分配,造成企业主要依赖国家,而不是依赖市场,从而造成企业对市场的反应性差,妨碍了整个市场机制功能的充分发挥。因此,他主张必须变"软预算约束"为"硬预算约束"或"准硬预算约束",恢复市场分配收入的功能。

4. 传导信息的机理。市场是社会经济活动的晴雨表,它能够显示出社会经济运行中各种比例关系的协调或失调状态,从而向生产者发出各种市场信号,引导生产者的市场行为。市场之所以能够传导信息,是因为在商品经济条件下,生产的产品必须通过市场来出售,消费必须依赖市场的供应来解决,因而社会的生产和消费就表现为市场的供求,生产和消费的矛盾就表现为市场的供求矛盾,国民收入的分配和再分配,也要靠市场的供应来实现。如果国民收入超分配,市场就会供不应求。此外,对外贸易的状况,商品流通是否顺畅,也都会直接影响市场供求的变化。因此,

---

① [捷]奥塔·锡克:《社会主义的计划和市场》,中国社会科学出版社 1982 年版,第 207 页。

② [南斯拉夫]卡德尔:《公有制在当代社会主义实践中的矛盾》,《马克思主义研究参考资料》1980 年第 22 期,第 52 页。

国民经济各个方面的实际状况如何,存在什么矛盾,必然要通过市场反映出来。市场传导信息通常有两种渠道:一是纵向渠道,即向国家传输;一是横向渠道,即向直接生产者企业传输。兰格最早指出,排斥市场机制的传统集权模式必然造成信息传输障碍。因为,市场信息只能沿着漫长的纵向隶属关系的渠道传输,企业作为国家行政机关的附属物,没有根据市场信号安排生产的自主权,而国家又不可及时得到和处理必要的信息,并以此制定计划,这就必然造成信息不灵,生产和消费脱节。因此,兰格就提出用中央计划模拟市场机制规定生产资料的平衡价格,把它传导给企业以调节生产,通过建立消费品市场和劳动市场,把市场信号直接传导给企业和劳动者以调节他们的市场行为。

锡克坚持了兰格的观点,认为在信息传递上计划机制不能代替市场机制。他说:在现代的条件下,没有一个中央机构能够具体细致地安排一切产品种类的生产。即使能制定这样详细的计划,也需要花许多年的时间,等计划制定出来了,实际上也过时了,因而也主张建立市场通过横向渠道传导信息。但他认为兰格的解决办法是不充分的,必须真正发挥市场机制的作用。他说:"如果市场机制真正发生作用,那么,就根本不能设想消费结构和生产结构之间会发生这样重大的比例失调。"[1]这就是说,要让市场直接向企业发出信号,引导他们生产什么和生产多少。

布鲁斯也认为,市场机制能够为生产者及时提供准确的市场信息,使供给结构能灵活地适应需求结构。在这方面,市场机制比计划机制更具优越性。

康斯坦丁内斯库和米塔格则认为,社会主义市场具有计划性,因而,市场提供的信息内容是"预先在计划中确定的直接的社会劳动在多大程

---

① 荣敬本等编:《社会主义经济模式问题论著选辑》,人民出版社1983年版,第237页。

度上能在具体现实中被证实是直接的社会劳动"①。市场信息的接收者不是直接生产者企业,而是国家计划机关。"市场向计划机关提供有关它们的决策符合国民经济要求的情况,引导他们作出未来决定所必需的情报"。② 可见,他们仍然坚持市场通过纵向渠道传导信息,否认市场对企业的直接引导作用,把市场传导信息的功能理解得十分狭窄,这是同他们把市场机制仅仅看成是计划的"检验器"的思想相一致的。

其实,市场信息的横向传导,对于改善信息系统是必不可少的。因为,信息的横向传导就意味着每一家企业都作为一个自主经营、自负盈亏的商品生产者和经营者与市场直接建立起信息联系,企业直接根据市场的供求信息安排生产经营活动,并根据市场的反馈信息不断调整生产经营决策,就可以保证信息传输的时效性、准确性。又由于信息分散到各个企业分别处理,也就提高了信息系统的处理能力。当然,市场信息的纵向传导,仍是信息系统不可缺少的组成部分,因为国家对社会生产的宏观计划管理仍是必要的。但是,由于宏观计划管理降由直接控制为主转向间接控制为主,因而信息系统也就必然由信息的纵向传输为主转向横向传输为主,把大量的市场信息的搜集和处理交给企业完成,国家只集中精力搜集和处理那些在宏观控制中起决定作用的市场信息。

5. 合理配置生产要素的机理。社会主义必须使有限的资源得到最充分的利用,做到用最小的资源消耗获得最大的产出,或者说用同样的资源消耗获得尽量多的产品。兰格认为,用中央计划局模拟的市场机制来"规定组合生产要素和选择一个工厂的生产规模的准则,确定一个产业的产量的规则,分配资源的规则"③,就可以达到生产要素的合理配套。布鲁斯认为,应用真正的市场机制,可以使企业合理地利用生产要素,把

---

① [德]米塔格:《社会主义政治经济学及其在德意志民主共和国的应用》上册,中国社会科学出版社1982年版,第281页。
② [罗]康斯坦丁内斯库:《政治经济学》,人民出版社1981年版,第15页。
③ [波]奥斯卡·兰格:《社会主义经济论》,中国社会科学出版社1981年版,第15页。

消耗降到最低限度。因为在市场机制作用下,企业为了追求最大限度的利润,就会改进生产过程的内部组织、工艺过程等,以减少每个产品的活劳动和物化劳动的耗费,就会用合适的替代减少消耗,就会促使企业提高生产要素的使用效率,抑制企业掩饰储备的倾向,从而降低成本。布鲁斯还认为,市场机制可以使企业合理地分配它所支配的生产要素,把生产引向有效利用这些生产要素的合适方向。这就是说,企业依据市场提供的信号配置资源,安排生产,可以使供给适应需求,避免因产销脱节,使产品积压而造成的资源浪费。

锡克从社会主义存在利益矛盾出发,认为传统的中央集权计划体制由于借助于各种计划数量指标控制生产,必然造成在资源配置上企业集中力量去完成和超额完成年度产量计划任务,而不管产品是否符合实际需求,能否卖得出去,结果使产品大量积压,造成社会资源的巨大浪费。企业还会从自身利益出发,为了尽可能容易地完成和超额完成产量指标,获得更多的奖金和企业领导人职务的升迁,向上级打埋伏,虚报企业计划期的生产能力、成本等变化情况,同时向上级尽量多要投资、原材料、动力等资源。为了解决以上矛盾,就必须改革传统的计划体制,发挥市场机制的作用,使"生产者根据自身的经济利益(收入的提高或降低),注意持久地发展生产力,提高劳动生产率和发挥生产要素的效率,注意产品的更新换代和质量,注意灵活地改变生产结构"①,实现生产的最佳发展,最大限度地满足人民的物质和文化需要。

卡扎克维奇认为,由计划自上而下地统一配置生产资料,除特定时期如战争时期具有积极作用外,它还存在着许多消极面,如它会人为地加剧生产资料的短缺,不能合理分配真正短缺的生产资料等,因而他主张摒弃生产资料的统一计划分配,代之以批发贸易。

布鲁斯、锡克等经济学家虽然主张市场机制具有合理配置资源的功

---

① [捷]奥塔·锡克:《论市场经济》,《经济学译丛》1981 年第 11 期,第 20 页。

能,但他们并不认为由市场机制全面调节资源的配置。社会生产的一些主要比例关系,一些重要的投资决策等仍要由计划调节。锡克认为,"社会主义经济的巨大优越性,就是它统一地、有计划地控制整个主要投资活动的发展,从而能够在宏观结构中保证社会生产得到按比例地和最佳地发展。"①此外,由于锡克不赞成劳动市场,这使他不承认市场分配劳动力。

南斯拉夫经济学家马尔塞尼奇认为,市场配置生产要素是一切社会形式的商品经济所具有的一般功能。他说:"无论社会生产形式如何,作为体现经济的商品性质的市场都具有对生产要素进行分配的社会职能,以满足社会需要,即在整体上和结构上使物质财富和劳务适合社会需求。"②但他同时认为,市场对有限资源的利用和生产仍具有不合理性,它总是使一部分资源用于生产市场上得不到社会承认的产品,这就成为重新分配资源的基础。在自治经济制度下,就要求自觉的社会指导来纠正市场缺陷。

南斯拉夫的一些经济学家从自由选择职业和劳动岗位是民主权利出发,坚持由市场配置劳动力,以利息是合理利用社会生产资金的手段出发,坚持由市场配置社会资金。而且,还把市场机制扩大到积累和投资等领域。有的经济学家甚至认为,市场本身按照自己的某些规律可以合理分配资源。显然,这种观点是夸大了市场的作用,资本主义周期性的经济危机造成社会资源的巨大浪费就证明了这一点。巴卡里奇批评这种观点是对市场的崇拜。

许多经济学家在论述计划和市场在资源配置中的作用界限时认为,简单再生产由市场调节,扩大再生产由计划者调节,也就是说,现行生产由市场调节,投资由计划调节,布鲁斯接受了这条公式。科尔奈对此则持

---

① [捷]奥塔·锡克:《社会主义的计划和市场》,中国社会科学出版社 1982 年版,第 188 页。

② [南斯拉夫]马尔塞尼奇:《南斯拉夫经济制度》,人民出版社 1981 年版,第 102 页。

否定态度,他说:"事实上,这种划分是不可能的。一方面,行政机关不准备把它的活动仅限于投资;另一方面,如果企业的成长和技术的发展同企业的利润和财务状况无关,而仅仅依靠上级行政部门的意志的话,那么企业自主权和利润刺激也变成了一句空话。"①科尔奈的看法是正确的。如果企业没有投资权,企业也就不会对市场信号作出反应。就是说,当企业所生产的产品短缺,而价格又上涨时,企业就会因无投资权而无法扩张生产;相反,当企业生产的产品滞销时,企业也会因无投资权而无法改变生产方向。这就使企业无法成为自主经营、自负盈亏的商品生产者和经营者。当然,这并不意味着全部投资都要由企业来进行,国家仍要掌握一部分投资基金,但只应占较小的比重。如匈牙利由中央政府预算筹集的投资比重逐步缩小,1968—1970 年为 40%,1981—1984 年下降为 21%,由银行和生产者动用自己的储蓄所筹集的投资比重相应增加。

苏联、东欧有一些经济学家不赞成由市场配置生产要素。鲁缅采夫认为,社会主义没有资本市场和劳动市场来分配资金和劳动力。苏联有的经济学家仍坚持生产资料商品外壳论,主张生产资料仍由计划统一调拨,反对市场分配。南斯拉夫经济学家切兰科维奇认为,由市场分配劳动,就是实行劳动力的买卖制度,因而主张由计划分配代替市场分配。明兹则把生产要素的配置不再由市场机制调节看做是社会主义条件下市场机制的特殊内容。可见,这种观点是由他们未能正确地选择社会主义市场体系模型和市场机制模型所决定的。

6. 提高计划质量和效率的机理。匈牙利学者认为,市场机制对编制计划和监督计划的执行情况都具有积极的作用,因而社会主义必须"利用市场机制使社会主义计划经济增加灵活性,提高效能"②。布鲁斯也认

---

① 〔匈〕科尔奈:《理想与现实——匈牙利的改革过程》,中国经济出版社 1987 年版,第 67 页。

② 《匈牙利经济改革原则和管理体制》,中国财政经济出版社 1980 年版,第 10 页。

为,在社会主义经济体制中引入市场机制,可以使"中央计划更富于效率"①。这是因为:(1)应用市场机制,把经常性的或一般性的决策交给企业决定,就可以使计划从大量的琐碎的微观经济决策中解脱出来,集中精力分析和解决基本的宏观经济决策。这样,在技术条件相同的情况下,就可以大大增加计划调节所需要的信息量和提高信息处理能力,减少计划决策时的不确定性,提高计划调节的准确性、科学性和预见性。(2)应用市场机制,可以为计划系统提供必要的反馈机制。如果计划调节产生不良影响,市场的不均衡状态就会发出信号,计划者就可以根据这种信号调整计划决策。通过这种不断的检验和调整,使计划决策趋于合理。(3)应用市场机制,可以为计划的制定提供及时、准确的必要信息,减少计划的盲目性和随意性。因为,在市场机制的作用下,国家就可以直接借助市场这面镜子,无须经过漫长的行政管理的组织渠道,就可以把握国民经济各个方面的实际状况并作出决策,保证计划调节能够对经济波动迅速做出反应。同时,在充分市场竞争条件下,市场供应的变动是各个经济主体共同活动的结果,因而市场信号就是经济活动的客观反映,它不受某个经济主体的操纵,也不会因某个经济主体的特殊利益而被扭曲,这就可以保证信息传递的准确性,使计划调节更具有科学性。(4)市场机制还是计划调节的实现机制。在商品经济条件下,国家的宏观计划目标已不可能通过直接行政命令的方式来贯彻,而只能通过国家对市场的调节,把计划目标贯彻到市场运行过程中,并通过市场对企业的引导作用来实现国家的宏观计划目标。这也就是我们所说的间接控制机制。布鲁斯认为,"没有理论根据否认计划的目标可以用市场机制来达到"②。

7. 控制企业日常经营活动的机理。布鲁斯认为,在集权模式下,"随着经济的日益复杂化,中央计划者的'部分无知'所造成的后果加重了,

① 荣敬本等编:《社会科学经济模式问题论著选辑》,人民出版社1983年版,第66页。
② [波]布鲁斯:《社会主义经济的运行问题》,中国社会科学出版社1984年版,第141页。

而自行校正机制的缺乏则使得经济变得更加难以控制——不仅在效率方面,而且在简单的协调方面(所谓有计划的混乱)",①必须在计划经济中引入市场机制,运用市场机制控制企业的日常经济决策。如企业的投入与产出的总量和构成,在总的收入政策框架内的就业和工资,供给的来源和销售的方向等。布鲁斯把运用市场机制控制微观经济活动,称为在社会主义经济中开动了一个在某种程度上自动起作用的又快又好的机器。匈牙利学者也认为,"在生产力发展的一定阶段(其中包括计划和管理技术的水平),在广阔的范围内利用市场机制仍然是客观的必然,因为虽然它有缺点,但其经济效能仍高于靠中央的指示来调节经济过程的细节问题。"②因而,提出要合理划分中央计划和市场的调节范围,扩大企业自主权。

锡克认为,企业的活动基本上是在市场的驱使下发展的,企业的基本目标"是由客观的市场关系所决定的","凡是要想使自己的企业生存下去的领导人和关键人物都不能不遵守这一活动规律"③。锡克的观点揭示了一个重要的问题:由市场关系决定的企业运行目标必然同社会主义生产关系决定的社会主义生产目的即社会经济运行目标发生矛盾,而这一矛盾又是客观经济关系的反映,是不以人的意志为转移的。这就会出现企业为追求自身的经济目标而损害和背离社会经济运行目标。例如,企业不管其所生产的产品是否符合社会需要,只要有利就干,无利就不干,以及生产上的盲目建设,重复建设,乱铺新摊子等。就实现社会经济目标而言,这些企业行为,是不合理的。但是,如果从企业经济目标的角度看,这些企业行为的产生又是必然的。从一般意义上说,在企业经济目标同社会经济目标存在矛盾的条件下,企业的行为选择不会是自觉放弃企业经济目标而服从社会经济目标。既然这是客观经济关系

① 荣敬本等编:《社会主义经济模式问题论著选辑》,人民出版社 1983 年版,第 74 页。
② 《匈牙利经济改革原则和管理体制》,中国财政经济出版社 1980 年版,第 1 页。
③ [捷]奥塔·锡克:《第三条道路》,人民出版社 1982 年版,第 137 页。

的反映,那么我们也就没有理由和必要谴责企业不顾国家利益而追求自身的经济目标。社会经济目标的实现,只能通过国家采用各种经济手段来调节市场关系,把企业经济目标引导到社会经济目标的轨道上来。

既然市场控制企业活动会造成企业经济目标和社会经济目标的矛盾,为什么仍认为它是一种"功能"呢? 这是因为,由市场关系决定企业的经济目标,实质上就是承认企业是具有相对独立的经济利益的商品生产者和经营者。如果否定了企业的主体地位,就必然使企业失去内在动力,像传统体制下的企业那样没有活力。因此,企业追求自身的经济目标不会违背社会经济目标,只是市场控制企业活动,从而搞活企业。

8. 平衡机理。平衡分为总量平衡和结构平衡。一般地说,总量平衡是宏观平衡,主要指社会总供给和社会总需求的平衡。但由于总量是相对于个量而言的,因而它的具体涵义又是可变的。相对于每家企业而言,某个市场上的供给总量和需求总量的平衡,也就成为总量平衡,可这个市场相对于社会总供给和社会总需求而言,它就不是总量了。结构平衡包括宏观结构平衡和微观结构平衡。宏观结构主要指国民收入分为积累和消费的比例结构,两大部类之间的比例结构等,微观结构主要指商品的供给结构和需求结构。

在总量平衡方面,科尔奈认为,在传统体制下几乎所有社会主义国家都长期和普遍存在着短缺现象,他称之为"吸纳市场",这也就是人们常说的"卖方市场"。产生这种市场供求不平衡的直接原因,是企业的软预算约束。因为,预算约束软化使企业需求不会受到经济上的限制,导致企业部门的需求持续大大超过国民经济可能提供的生产资料供给;生产资料部门的短缺会传导到消费资料部门,引起整个经济中短缺的产生和不断再生。企业预算约束软化的根源则在于国家的"父爱主义",即国家把企业视为自己的"子女",对其既控制又保护。因此,长期的普遍短缺,是传统命令式体制的特征。要消除短缺经济,就必须改革传统体制,"朝着更多的市场与更少的行政控制的方向走下去"①,充分发挥市场机制的作用。这就必须扩大市场力量对价格体系的影响,使企业受到更严格的财政约束,从而使其主要依赖于市场求生存和发展。"我确信市场因素在经济决策中的影响越大,匈牙利的经济状况就越能得到改善"②,也就是能够实现市场平衡。

市场消除短缺的机制是:使企业依赖于市场,就可以割断国家与企业的"脐带",硬化预算约束,企业依据市场规律优胜劣汰。这样,企业就会把利润看做是至关重要的,努力避免亏损。同时,预算约束硬化造成的一系列结果都使"企业对投入的需求是有限的。这种需求与投入品的购买价格,与企业当前和预期的收入,以及企业的销售收入密切相关。"③企业预算约束硬化还减少了造成财政赤字和信贷膨胀的压力。这就是说,市场造就了企业的自我约束机制,可以抑制需求的过度增长。

由于总供给和总需求的平衡属于宏观经济问题,因而人们往往仅从宏观上考察总供给和总需求失衡的原因,并提出相应的对策,如实现财政收支平衡、信贷收支平衡和外汇收支平衡等,实际上这是不够的。因为,宏观经济必须以微观经济为基础,微观经济活动必然会对宏观经济产生多方面的影响,如企业的生产状况会影响商品供给总量,企业资金的筹集与运用会影响资金的供求状况等,因而消除总供给与需求的失衡,必须从宏观和微观两个层次上入手。(1)在微观层次上,对需求的微观控制,主要是指通过深化企业改革,完善企业的内部经营机制,强化企业在经营上的责任,使企业成为自主经营、自负盈亏的商品生产者和经营者,建立起企业的自我约束机制。(2)在微观层次上刺激总供给。这主要是促使企

---

① [匈]科尔奈:《匈牙利的改革——通往市场经济的途中》,《世界经济译丛》1986年第6期,第51、52页。

②③ [匈]科尔奈:《"硬性"预算约束和"软性"预算约束》,《经济研究资料》1986年第6期,第52页。

业的供给结构与市场需求结构相适应和提高企业经济效益。但是,在微观层次上实现对需求的控制和刺激供给,都离不开企业预算约束的硬化。因此,科尔奈把利用市场机制、硬化企业预算约束和宏观平衡联系起来,就显得十分有意义。

波兰经济学家哥穆尔卡在评论科尔奈的软预算约束和短缺理论时,认为软预算约束并不一定必然造成短缺。如在消费品市场上,"当居民确实有硬预算约束而企业有软预算约束的时候,足够高的消费品价格是能够消除任何消费品短缺的。"①这也就是承认市场有通过价格波动实现平衡的功能。这一功能实际上也包含两层意思:一是提高商品价格,可以减少实际需求,达到市场平衡。但这种平衡是以通货膨胀为代价的,实际上是一种消极的平衡途径。二是商品价格的提高,通过刺激供给,在不减少实际需求的情况下达到平衡。这可以说是一种积极平衡途径。科尔奈在对哥穆尔卡的质疑答辩时认为,哥穆尔卡忽略了第二层含义。实际上,提高价格,刺激供给,从而达到平衡,还要取决于企业对价格的反应。但"价格反应不是既定的,而是预算约束严格程度的函数。软预算约束部门对价格的反应要弱得多,所以,价格上涨不会无条件地导致短缺的减少,它还是要取决于预算约束的硬化。"②科尔奈的这一看法是正确的。在企业不对价格做出积极反应的情况下,再好的市场机制也不可能通过刺激供给来实现平衡。当然,这并不意味着只要硬化企业预算约束,就可以刺激供给,实现平衡。因为,供给的增加还取决于一些其他因素,如农副产品、基础工业产品的增加,要受到自然因素的严重制约,供给弹性非常小。因此,对这些产品来说,即使在硬化企业的预算约束的情况下,如果放开价格,价格的大幅度上涨不可能在短期内引起供给的大幅度增加,

---

① [匈]哥穆尔卡:《评科尔奈的软预算约束和缩缺理论》,《经济学译丛》1986 年第 12 期,第 9 页。

② [匈]科尔奈:《对哥穆尔卡关于软预算约束理论质疑的答辩》,《经济学译丛》1987 年第 2 期,第 24 页。

这就会导致严重的通货膨胀。对此,在价格改革进程中必须给予清醒的认识和足够的重视。

不过,哥穆尔卡在第一层次上说的价格提高,通过货币贬值,减少实际需求来达到市场平衡,应该看做是可以在一定条件下启用的市场平衡功能。长期以来,社会主义经济理论总是把通货膨胀看成是资本主义经济的特殊现象,认为社会主义不会产生通货膨胀。这一观点现在已经被社会主义的实践所否定。实际上,根据马克思的货币流通规律,只要出现流通中的货币供应量超过实际需要量,货币就会贬值,价格就会上升,出现通货膨胀。在社会主义制度下,由于体制和政策上的原因,会出现总需求的膨胀,通货膨胀也就成为一种必然现象,因而它并不具有特定的社会性质。在传统经济体制下,虽然实行固定价格,但如果流通中的货币供应量超过实际需要量,实际上也存在着通货膨胀,只不过是以隐蔽的形式而存在。这时,如果放开价格,隐蔽的通货膨胀就会变成公开的通货膨胀。其实,使通货膨胀公开化,要比控制价格不变实行隐蔽的通货膨胀更具有积极意义。首先,价格上涨不仅是供求失衡的被动反映,而且它还有刺激供给和抑制需求的积极作用,因而有利于克服需求膨胀。其次,搞隐蔽的通货膨胀势必掩饰总需求及其强度,无法为宏观控制提供真实的信息,容易导致宏观政策失误。其次,搞隐蔽的通货膨胀会造成黑市盛行,倒买倒卖,不正之风泛滥,严重干扰社会再生产的顺利进行。因此,这就意味着在社会主义制度下,完全可以通过公开的通货膨胀来实现市场平衡。但是,启用市场这一平衡功能,必须能够做到把通货膨胀控制在社会所能承受的范围内,否则,严重的通货膨胀会导致国民经济一系列重大比例的不平衡。

锡克把社会生产的不平衡区分为宏观不平衡和微观不平衡。宏观不平衡是指社会生产两大部类之间不协调而发生的不平衡,微观不平衡是指微观需求结构与生产结构之间不协调而发生的不平衡。锡克认为,依靠宏观分配计划克服宏观不平衡,但"只有借助市场机制,才可能排除微观的不平衡"，①而"用改进计划的方法是不能解决的，因为任何计划都无法预料供求之间的大量的短期的脱节现象"②。在社会生产过程中，当发生微观不平衡时，市场机制就会自动发生调节作用，通过市场价格的变化协调产品的供求平衡。如果生产过剩，价格下跌，利润减少，企业就会自动减产或转产，使生产下降；如果生产不足，价格就上涨，利润增加，企业就会自动扩大生产。可见，市场机制可以使生产结构非常灵活、快速地对需求结构做出反应，克服微观不平衡。

锡克正确地指出了市场对微观经济的平衡功能，但他却忽略了市场对宏观经济的平衡功能。这表现在：一方面他没能像科尔奈那样提出宏观平衡的微观基础；另一方面他没能指出国家对宏观经济的计划管理不可能离开市场的作用。如国家为了实现总供给与总需求的平衡而采取的财政政策和货币政策，就必须依赖于完善的资金市场。前者通过资金市场筹集资金可以弥补财政赤字，后者通过资金市场实现对货币供应量的有效控制。因此，计划对宏观经济的平衡是以市场的平衡功能为基础的。

南斯拉夫社会计划总局局长扎·帕皮奇在谈到南斯拉夫经济结构改革问题时指出：南斯拉夫的改革没有获得成功，是因为仅仅搞了体制改革，而没有改变经济结构。他认为，"只有市场可以成为改变经济结构的基本动力"，因而经济结构改革应以市场的全面功能为基础，应以商品、社会资金、货币、劳动和知识的市场为基础。因此，对进取精神、发展私有制和合作社所有制、有价证券等不应抱有成见。认为没有统一的南斯拉夫市场和对外开放就可以实现结构改革，那是一种幻想。匈牙利党中央书记内梅特也认为，匈牙利过去几年的经济表现出一个明显特点，即我们一直未能协调好生产与消费的关系，一直未能使消费结构和消费水平与已形成的供给结构和供给水平相一致。导致出现这一状况的一个重要原

---

① ［捷］奥塔·锡克：《论社会主义经济模式》，《经济研究资料》1985年1月7日，第12页。

② 荣敬本等编：《社会主义经济模式问题论著选辑》，人民出版社1983年版，第255页。

因在于加强竞争性、建立市场关系等方面做得甚少。

对经济结构的平衡与优化,毫无疑问,市场机制具有不可替代的功能,这是社会主义各国的实践所证明了的。但是,认为"只有市场可以成为改变经济结构的基本动力",却是值得讨论的。其实,市场对经济结构的调节也存在着缺陷,如在产业结构的平衡方面,市场调节就不利于公用事业部门的发展,不利于某些投资周期长、见效慢的部门的发展,而且产业结构的平衡表现为一个相当长的过程。在地区结构的平衡方面,市场调节也不利于落后地区的发展,因为向落后地区投资往往盈利率较低。因此,布鲁斯认为,南斯拉夫出现的地区性比例失调和发展的两极分化,不是如南斯拉夫社会计划总局局长扎·帕皮奇所说的市场利用不足造成的,而是市场利用过度造成的。他认为,南斯拉夫的投资是由企业自己负责的,而"积累基金往往是由比较好的企业、产业和地区来提供的,这样不能形成结构上的变化,即不能使资金从先进地区向落后地区转移。因此,发达的地区发展得比原来欠发达的地区还快,两者的差距在某些情况下不是缩小而是扩大了。"①这就说明,经济结构的平衡和优化,没有市场不行,但仅仅依靠市场也是不行的。

9. 刺激机理。由于价值规律的作用,商品的价值是由社会必要劳动时间决定的。这样,商品生产者耗费在商品中的劳动,如果低于社会必要劳动时间,他就会赢利,如果高于社会必要劳动时间,他就会亏本。因此,企业要想在市场竞争中取胜,就必须把耗费在商品中的劳动降低到社会必要劳动时间以下。苏联、东欧的一些经济学家认为,市场机制具有促进技术发展、注重产品质量、提高劳动生产率的刺激功能,是"推动整个经济进步的动力"。科尔奈认为,在一定的技术水平下,市场由各个企业以一定的形式分享。一般说来,只有采用新技术,使某种新产品突然打入市场时,才会打破原有的市场格局。这样的新产品能够在比较短的时间内

---

① 《布鲁斯教授谈经济体制改革》,《经济研究资料》1980 年第 17 期,第 42 页。

征服其他竞争者,占领市场并吸收相当大的购买力,因而市场会促进新产品的开发。但在卖方市场下,不存在这种有效刺激。什梅廖夫认为,产品质量的提高,需要实行产品质量国家验收制,但如果认为验收制是主要的、根本的、最终找到的急剧提高产品质量的方法,那将是一个严重的错误。验收制具有不可避免的局限性,它把最关心质量的用户这一层次给排斥在外了,把更多的希望寄托在验收人员的原则性、党性、对领导的惧怕以及道德品质等因素上。而事实上,验收人员又会同企业串通一气。因此,产品质量的提高,必须依赖于市场的刺激功能,只有形成买方市场,市场的刺激功能才会产生。

10. 利益协调机理。在社会主义条件下,存在着国家、企业和个人三者之间的利益关系,因而就存在如何协调三者利益关系的问题。锡克认为,传统体制不可能很好协调三者之间的利益关系,因为它是以不承认企业和个人的利益为前提的。他还认为,兰格的模拟市场机制也"不可能解决企业利益和社会利益之间、生产者和消费者之间的根本矛盾,最后必然合乎逻辑地导致某种行政的、非经济的体制。"①以上两种体制不能较好地解决社会主义利益矛盾的根本原因,在于它们抑制和低估了市场机制的作用。"社会主义市场关系的作用恰恰在于,可以利用这种关系使集体利益和全社会利益达到协调一致。"②

市场机制协调利益矛盾的机制是:市场机制发挥作用,本身就意味着承认各个企业特殊利益的存在和差别,承认各个企业对自身利益的追求。企业对自身利益的追求,并不必然背离社会利益。因为:(1)企业为了实现自身利益,努力加强管理、改进技术、降低成本、挖掘潜力、提高产品质量等,为社会提供了数量多、质量好、符合社会需要的产品,就使企业在获得自身利益的同时也实现了国家的整体利益。(2)前面已经分析到,社

---

①② [捷]奥塔·锡克:《社会主义的计划和市场》,中国社会科学出版社 1982 年版,第 230、354 页。

会主义市场机制不是放任自流和没有组织的,它具有计划性的特点,可以使市场机制的运行方向符合社会利益的要求,从而市场在引导企业追求自身利益的同时也会实现社会利益。当然,市场机制的运行方向并不总是符合社会利益的要求,否则,企业利益和社会利益的矛盾也就不存在了。我们所能选择的只是在最大程度上协调利益矛盾的运行机制。市场机制的运行方向能在多大程度上符合社会利益的要求,这要取决于社会用什么手段和方式调节市场的运行即为市场导向。这个问题需要专门详细分析。

综上所述,从总体上看,苏联、东欧的市场功能理论明显地表现出两个特点:

1. 苏联、东欧各国经济学家都认为,社会主义经济运行离不开市场的功能,计划机制不可能代替市场机制,市场具有了不可取代的地位。这就为在选择社会主义经济运行调节系统时,把计划和市场结合起来奠定了牢固的理论基础。

2. 苏联、东欧各国经济学家对市场功能强弱的理解又是不同的,尤其在市场配置资源功能上的分歧更大,而且各个经济学家对市场功能理解的侧重点也不同。例如,兰格、布鲁斯在批判传统体制时,认为它使信息传输受阻,因而强调市场的信息传输功能,锡克虽然也承认市场传导信息的功能,但他更强调市场协调利益的功能,并对此作了详细的分析。苏联由于反对市场直接调节,因而强调市场对优化计划的功能,对市场功能的理解比较弱。

苏联、东欧各国经济学家对市场功能强弱的理解不同,是由他们对市场体系模型和市场机制模型的不同选择所决定的。

市场机制的制约

市场机制在不同的经济条件下运动,发挥出的功能是不一样的。例如,在传统体制下,虽然存在着市场和商品货币形式,但由于市场自身的不健全,企业没有自主权,一切经济活动听命于上级的指令性计划,因而市场只是经济核算的工具,不具有调节社会生产的功能。在改革以后,由于缩小了指令性计划范围,引入了市场机制,扩大了企业自主权,市场开始发挥调节社会生产的功能。这说明,市场机制的运动要能产生出调节社会生产的功能,必须具备一系列的经济条件。因此,科尔奈说:"光是严肃地宣布加强市场力量的作用还不够,只有具备一定的条件,市场才能发挥有效的作用。"①

市场在发挥调节社会生产的功能时,是以调节者的身份出现的,它的调节对象是作为社会生产基本单位的企业。因此,就总体而言,市场功能的发挥取决于市场和企业两个方面。

在市场方面,主要是指市场作为调节者是否能够发出正确的指令。布鲁斯、锡克、科尔奈等经济学家称之为市场向企业提供正确的价格信号。价格信号是市场行情变动的晴雨表,是组织社会生产的导向标。企业是根据市场行情的变化来估计和预测社会需要,市场价格的高低就成了企业决定自己生产什么、生产多少的依据。如果价格扭曲变形,市场提供的价格信号失真,市场就不可能合理组织社会生产,市场机制的功能就无从谈起。锡克认为,在传统体制下,价格既不符合生产成本,又不符合市场的供求关系,它不能为企业的生产决策和投资决策提供可靠的信息。因此,要改革旧体制,"为市场机制发挥积极作用创造条件,首先必须实行价格改革,改变旧的价格结构。"②布鲁斯也认为,在改革旧体制的准备阶段,虽然不可能对价格制度进行全面改革,"但至少必须消除旧体制遗留下来的根本不正常现象,使价格大体上能够符合市场供求的真实情

---

① [匈]科尔奈:《短缺与改革——科尔奈经济论文选》,黑龙江人民出版社 1987 年版,第145 页。

② [捷]奥塔·锡克:《论社会主义经济模式》,《经济研究资料》,第39 页。

况。"①匈牙利学者也认为,在发挥市场机制积极作用的新体制中,"价格的基本职能是正确地引导和鼓励生产者与消费者作出经济决定"②。而要实现这一点,就必须建立适合新体制的价格制度,对旧价格制度实行全面改革。戈尔巴乔夫在 1987 年苏共中央六月全会上的报告中也强调:价格形成的根本改革是经济管理改革的一个极为重要的方面。没有这一点,就不可能彻底地向新的机制过渡。因此,苏联、东欧各国都把形成合理的价格作为向新体制过渡的前提。

苏联、东欧的经济学家认为,要使市场向企业提供正确的价格信号,需要合理选择市场机制模型。由于市场机制模型选择的基础或核心问题是竞争,一些经济学家如锡克、科尔奈就把竞争看做是形成合理价格,也就是市场机制发挥功能的前提条件。锡克说:"竞争条件和由此决定的价格形成"是市场机制作用的条件③。这里所说的"价格形成"就包含在市场机制中。因为,在市场机制运动过程中,价格既是市场机制运动的开始,又是市场机制运动的结果。我们说它是开始,是指市场价格(为了避免混乱,我们称之为价格 A)作为外生变量出现在买者和卖者面前时才引起市场机制的运动,即买者或卖者根据市场价格 A 的状况调整行为,彼此展开竞争,竞争的结果引起供求变化,而供求变化又反过来引起价格的变化,从而在新的供求基础上形成新的市场价格 B。市场价格 B 又可以作为下一个市场机制运动过程的开始。因此,从市场机制运动的结果来看,市场价格就是市场机制运动结束的标志。正是在这个意义上,我们说价格又是结果。既然价格是市场机制运动的结果,市场机制模型的选择对形成合理的价格就至关重要。

在制约市场机制发挥功能的企业方面,主要是指企业对市场的刺激反应。科尔奈把企业是否对价格作出反应视为一个更为基本的问题,认

---

① 《布鲁斯教授谈经济体制的改革》,《经济研究资料》1980 年第 17 期,第 55 页。
② 《匈牙利经济改革原则和管理体制》,中国财政经济出版社 1982 年版,第 44 页。
③ 荣敬本等编:《社会主义经济模式问题论著选辑》,人民出版社 1983 年版,第 284 页。

为"如果反应是弱的,那么即便是非常灵活的价格也不会引致有效的反应"①。就是说,没有企业的有效反应再健全完善的市场机制也是无济于事的。布鲁斯也认为,如果企业对市场信号不能作出反应,市场机制就必然丧失其功能。

苏联、东欧经济学家认为,要使企业能够对市场的变动甚至是细微的变动做出积极的反应,需要具备一些基本条件。如锡克说:"必须具备若干基本的条件,企业才会关心它的生产结构灵活地适应消费者不断变化的需要,尽可能经常地和迅速地使生产的微观结构同需求结构达到一致。同时,力求不断提高生产的效率,不断进行技术革新。"②这些基本条件也就是市场机制发挥功能所必需的基本条件,也是我们所要比较和分析的基本内容。

苏联、东欧的经济学家认为,要使市场机制有效地充分发挥其功能,需要具备以下一些基本条件:

第一,企业应成为经济主体。企业作为市场活动的主体,必须真正成为自主经营、自负盈亏的商品生产者和经营者。布鲁斯说:"就利用市场机制来说,它们应当是经济组织,而不是行政组织。"③因为,企业作为行政组织,只能是上级行政主管机构的附属物,一切依赖于上级机构。科尔奈称之为"垂直依赖",是一种纵向关系。企业只有成为经济组织,才能和其他企业发生横向关系,彼此处于同等的法律地位,不存在上下级关系。科尔奈称之为"水平依赖",也就是依赖于市场。企业只有依赖于市场,而不是依赖于上级行政机构,才能对市场刺激作出及时的积极反应。

要使企业成为经济主体,需要解决好以下几个问题:

(1)企业自主权,把企业应有的经营权全部交给企业。科尔奈认为,

---

① [匈]科尔奈:《对哥穆尔卡关于软预算约束理论质疑的答辩》,《经济学译丛》1987 年第 2 期,第 24 页。

② 荣敬本等编:《社会主义经济模式问题论著选辑》,人民出版社 1983 年版,第 243 页。

③ [波]布鲁斯:《社会主义经济的运行问题》,中国社会科学出版社 1984 年版,第 95 页。

"市场动力、创新精神的活跃和充分的责任感要有一个最低限度的稳定的自主权。"①这一点已被苏联、东欧各国所认识,并成为他们实行改革的主要内容。南斯拉夫最早进行分权,实行企业自治。通过改革,自治企业成了拥有生产、投资、贸易、分配、招工等方面都自由的独立的经济组织。匈牙利1968年实行全面改革,也把大部分经济决定权下放给企业。不过,科尔奈仍然认为,现在匈牙利企业的自主权虽然扩大了,但还处在间接行政控制阶段,即中央用间接的方法调节企业行为,因而还有必要进一步扩大企业自主权。近几年来,其他一些东欧国家也掀起了扩大企业自主权的浪潮。保加利亚在改革中推行"经济组织实行社会主义自治"的经济管理原则,使自治组织在经济和法律上具有独立性,扩大他们在经济活动中的自主权,并让各自治组织直接同市场挂钩。捷克政府总理什特劳加尔在1987年1月的一次讲话中说,全面提高企业的自主权和责任感,是经济机制改革的基本内容。企业应获得生产、供应、销售、资金、外贸等方面的广泛权利。在1987年6月,苏共中央要求大大扩大企业的自主权。在苏联的《国营企业法》中,明确规定企业有权占有、使用和支配它的财产等权利。在《根本改组经济管理的基本原则》中也明确提出:"为了保证每一个劳动者作为生产中的真正主人的地位,加强企业权利的保障,应过渡到劳动集体的自治。"可见,作为传统体制堡垒的苏联也认识到要发挥市场的作用,必须扩大企业自主权。企业拥有自主权,是企业能够对市场信号作出反应的前提和关键。

(2)转变国家控制企业的手段和方式。国家采用直接行政计划手段控制企业,必然否定企业的主体地位,阻碍企业对市场的依赖。因此,"要使市场关系能够对社会主义企业产生影响,并且使各企业有兴趣最充分地满足自己的受货者的需要,就必须克服对企业的行政的、片面的管

---

① [匈]科尔奈:《短缺与改革——科尔奈经济论文选》,黑龙江人民出版社1987年版,第163页。

理和限制。"①但社会主义又不能像资本主义市场经济那样允许企业放任自流,这就必须转变国家对企业的控制方式和手段。布鲁斯、锡克、科尔奈、安道尔等许多经济学家,主张把企业的活动置于市场基础上,即直接受市场协调,国家对企业的控制主要通过调节市场来实现。在这种控制方式下,一方面可以保证企业仍享有很大的自主权,迫使企业依赖于市场;另一方面,国家通过各种宏观经济政策,诸如财政政策、信贷政策、收入政策等综合性约束来调节市场运行,把国家的计划目标贯穿到市场运行中,最终把企业活动纳入到国家计划目标的轨道上。

(3)承认企业的特殊经济利益。经济利益关系是生产关系的具体表现,它是由生产资料所有制关系以及企业在生产中所占的地位所决定的。马克思在谈到资本主义社会中无产阶级和资产阶级间利益对立的原因时指出:"这种利益上的对立是由他们的资产阶级生活的经济条件产生的。"②他还指出:人们参与生产的方式就决定了人们参与分配的方式。企业以经济主体的身份参与生产,就必然要求相应的经济利益。反过来说,企业的特殊经济利益是企业经济主体地位的实现形式或表现形式。如果否认企业的特殊经济利益,企业的经济主体地位就成为一种没有实际经济意义的纯粹的法律关系。因此,苏联、东欧经济学家基本上都承认企业具有特殊的经济利益,而且许多经济学家在他们的著作中辟专章进行分析。1987年6月戈尔巴乔夫在苏共中央明确指出:企业现行的经营机制的主要缺点是自我发展的内部动力不足,就是说,企业的经济利益被抹杀了。因此,如何把计划指导同个人和集体利益相结合,是社会主义理论和实践最复杂的问题,也是今天苏联碰到的主要问题和矛盾的根源。

第二,企业以追求利润最大化为经营目标。企业作为经济主体,为了满足其生存和发展的需要,就必须谋求自己一定的物质利益。在社会主

---

① [捷]奥塔·锡克:《社会主义的计划和市场》,中国社会科学出版社1992年版,第308页。

② 《马克思恩格斯全集》第4卷,人民出版社1958年版,第155页。

义商品经济条件下,企业利益表现为满足企业生存和发展所必需的企业利润,企业利润最大化就成为企业生产经营的直接目的或活动动机。布鲁斯说:要利用市场机制,企业就应当是"以最大限度利润为目标的单位"①。匈牙利在《经济体制改革的指导原则》中也认为,在利用市场形式的情况下,就有必要把利润的状况作为社会主义国营企业经济活动的主要指南和准绳,使大量增加利润总额成为企业活动的目的。

锡克不赞成企业以追求利润最大化为经营目标,他认为,"必须使企业关心总收入,而不是利润"②。所谓总收入,包括工资基金和纯收入,纯收入中又包含给国家上缴的利税和企业纯利润。因此,追求总收入最大化,在内部分配比例一定的情况下,就可以达到工资基金、给国家的上缴利税和企业利润三者都达到最大化。锡克提出这一观点,主要意图是解决企业利益和社会利益的矛盾。因为企业往往为实现自身利益而牺牲社会利益,即使总收入中给国家的上缴利税达到最低额,以扩大工资基金和企业利润。实际上,锡克在这里把如何协调企业利益与社会利益的矛盾和企业经营目标这两个不同的问题混淆了。企业经营目标是由企业利益决定的,给国家的上缴利税并不属于企业利润(这点锡克也是承认的),因而它不构成企业经营目标的内容。企业利益与社会利益的协调,实际上是社会利益的实现问题。如果把它纳入企业经营目标,就会使企业的经营目标包含两个相互对立的方面,因而当社会利益和企业利益发生矛盾时,企业的生产经营活动就会无所适从。其实,企业只是企业利益主体,而不是社会利益主体,因而它的活动自然是追求自身的利益,社会利益只能由社会采取一系列调节措施,在不否定企业追求自身利益的前提下,引导企业活动实现社会利益,也就是说,社会利益不是由企业自觉地

---

① [波]布鲁斯:《社会主义经济的运行问题》,中国社会科学出版社 1984 年版,第 195 页。

② [捷]奥塔·锡克:《社会主义计划和市场》,中国社会科学出版社 1982 年版,第 202 页。

实现的,因而不能把它纳入企业的直接经营目标。

利润之所以可以作为企业经营目标,是因为"利润可以集中地反映企业的耗费和成果之间的关系,并且是通过市场进行社会评价和监督,也就是说,利润是企业活动的综合指标。"①它反映着企业的经济效益状况。企业利润还是企业提高集体福利水平和增加职工收入的源泉,是企业自我发展、自我改造的源泉,是企业争取社会赞扬,为企业树立良好形象的源泉。这就使企业在经济活动中会自然地把眼睛盯在利润目标上。当然,利润并不总是能够完全准确地反映企业生产经营活动的经济效益。例如,在价格发生扭曲的情况下,一些企业的利润就可能通过价格对利润的再分配作用而转移到其他企业中,如工农业商品剪刀差,就把一部分农业部门的利润转移到工业部门中了;一些企业利用其垄断地位,操纵市场价格,获取垄断利润等。因此,锡克说:"由于缺乏竞争和市场价格,某些企业利润的提高也可以并不是社会实际经济效果提高的表现。"②但这并不应成为否定把利润作为企业经营目标的理由,而应努力创造条件,使企业利润目标成为企业提高经济效益的指标。

苏联、东欧经济学家为什么把企业以追求利润最大化为经营目标作为市场机制有效发挥其功能的前提条件呢? 这是因为,市场对企业活动的调节是市场通过调节企业所追求的企业利润而实现的。因此,只有使企业以追求利润最大化为经营目标,市场才可能掌握左右企业活动的指挥棒,企业也才能对市场信号做出积极反应,否则,它就会遭受灭顶之灾。因为,企业利润是通过市场而实现的,它的产、供、销都和市场相联系,并对利润直接发生影响。从购买方面看,企业为使利润最大化,就必须降低成本,这就使它必须对市场上的投入品价格变动做出积极反应,使投入品组合达到成本最低。从生产方面看,企业也必须关心市场上产品的供给、

---

① 《匈牙利经济改革原则和管理体制》,中国财政经济出版社 1980 年版,第 16 页。
② 荣敬本等编:《社会主义经济模式问题论著选辑》,人民出版社 1983 年版,第 253 页。

需求、价格等信号,以确定生产什么和生产多少,以减少因决策失误而造成的产品积压或降价处理等损失。从销售方面看,这是完成从商品到货币的惊险跳跃,市场直接决定着企业利润能否实现和实现多少。因此,企业以追求利润最大化为经营目标,就会成为市场的奴仆,听从市场的指挥。

第三,硬化企业预算约束。预算约束的实质是资金运用不能超过资金的来源。预算约束不是一个事后的而是事前的范畴,是制约企业行为的规则。科尔奈认为,在传统的社会主义经济中,企业的预算约束是软性的。这主要是由以下原因产生的:(1)企业不是价格的接受者而是制订者;(2)企业可以获得减税或免税;(3)企业可以得到国家的无偿投资拨款和各种形式的补贴;(4)企业获得软信贷,可以推迟还贷。1985 年,科尔奈著文对《短缺经济学》中给软预算约束的以上定义作了新的解释。他认为,软预算约束"仅仅限制在这样的情形,决策单位(无论是企业还是组织)从某些大的家长式机构那里得到某种外部援助",不包括企业是价格的制定者而不是接受者。否则,"势必把一切定价垄断者和买方市场上许多其他不完全竞争的情况包括在软预算约束综合特征中。"①企业的软预算约束使企业的生存和发展得到保障,企业在经济活动中也无须承担风险。这样,企业的生存和发展不取决于价格和市场,企业在实际行为中自然对价格等市场信号不会做出积极反应,企业不会依赖市场。

因此,科尔奈认为,要使市场有效发挥功能,必须硬化企业预算约束。他在《短缺经济学》一书中指出:满足以下条件,就可以保证预算约束硬化(指纯粹情况)。(1)企业是价格的接受者而非制定者;(2)企业不能获得减税和免税的优惠;(3)企业不能获得无偿投资拨款和补贴;(4)没有信贷,所有投入的购买只能用现金支付;(5)没有外部投资,在硬性预

---

① [匈]科尔奈:《对哥穆尔卡关于软预算约束理论质疑的答辩》,《经济学译丛》1987 年第 2 期,第 22 页。

算约束下,企业必须承担经营风险,对亏损企业实行破产制。1985 年,科尔奈对硬预算约束概念做了修改。他在《对哥穆尔卡关于软预算约束理论质疑的答辩》一文中认为,"在硬预算约束的定义中,我把企业是价格的接受者这个条件包括在内,这肯定是错误的。"

苏联、东欧一些经济学家也赞成硬化企业预算约束。他们一般采用"独立核算"、"自负盈亏"等概念来表述。苏联经济学家主张实行完全的经济核算制,这是相对于不完全的经济核算制而言的。阿巴尔金说:"在完全经济核算下,它的特征以最发达的形式表现出来,没有任何局限。例如,在不发达(不完全)经济核算下,收支相抵只包括日常的经济活动,而在完全经济核算下,收支相抵则涉及扩大再生产和技术革新,采取自筹资金的形式。"保加利亚、捷克斯洛伐克经济学家也都提出实行经济核算、自负盈亏。

建立企业破产制度是硬化企业预算约束的一条根本措施。锡克指出:"没有这一点,市场机制就不能起积极的作用。"因此,南斯拉夫、波兰、匈牙利已先后制定和实施了企业破产法,以制裁那些经营不善、长期严重亏损的企业。苏联在 1988 年生效的《国营企业法》中也明确提出:对于那些长期亏损和没有支付能力,产品没有需求,而经过挽救没有产生效果的企业,应该破产关闭。根据这一法律决定,苏联于 1988 年 8 月已经宣告乌克兰一家缝纫厂破产。

企业预算约束的硬化,使企业的生存和发展丧失了外部保障,完全取决于自身的经营结果。"硬预算约束是一种经济的强制形式,销售收入和投入成本,对于企业来说是生死攸关的大问题。"[1]企业被强制推入市场,在市场中求生存,求发展,别无他途。"在这种情况下,价格就不仅仅是那种在控制其实际行为时,愿意就遵守、不愿意就不遵守的'信号'了。

---

① [匈]科尔奈:《短缺经济学》下卷,经济科学出版社 1986 年版,第 67 页。

企业必须遵守它,否则企业就不能扩大和发展,甚至还可能走向破产。"①
这就是硬化企业预算约束和市场有效发挥功能之间的内在联系。

在社会主义经济中,企业的预算约束究竟需要达到多大的力度才能为市场有效发挥功能创造必要的前提条件,科尔奈没有直接回答这一问题。但他在分析资本主义企业预算约束时认为,预算约束完全硬化的这种纯粹情况可能从来不曾有过,虽然资本主义制度在19世纪接近于这一状态。随着资本主义的发展,预算约束的硬度已移开纯粹状态,趋向于软化。表现在某些大企业具有了制定价格的力量,国家给某些濒临破产的企业以免税、补贴等解救措施,国家实行保护主义政策和赤字财政政策等。据美国的一份研究报告说,发达国家每年为农业补贴1470亿美元。资本主义市场经济中的企业预算约束尚且如此,自然也就不能要求社会主义经济中的企业预算达到完全的硬化。这里必须认识到:资本主义国家对企业活动的干预,并不是资本主义生产关系的内在要求,而是生产社会化发展的内在要求和必然结果。列宁指出:"资本主义已把劳动社会化推进得这样远,甚至连资产阶级的著作也大声喊叫必须'有计划地组织国民经济了'。"②社会主义经济也是建立在生产社会化基础上的,而且社会主义的公有制还客观地要求国家为了实现社会利益对企业活动实行必要的干预,这就包括对一些基础部门如铁路、航空、邮电等由国家直接经营,对一些大企业尤其是关系国计民生的大企业,当其濒临破产时,出于社会经济发展的稳定,实行必要的保护和扶持等。

因此,科尔奈提出了"准硬性预算约束"的概念,其含义是:约束虽然没有理论上假设的纯粹情况下那样硬化,但它是近似于硬性约束的。它满足以下条件:(1)企业在比较窄的范围内参与价格的确定;(2)企业不能获得免税和减少的优惠;(3)企业不能获得国家的无偿拨款;(4)信贷

---

① [匈]科尔奈:《短缺经济学》下卷,经济科学出版社1986年版,第67页。
② 《列宁全集》第1卷,人民出版社1984年版,第407页。

条件苛刻;(5)外部投资条件苛刻。准硬性预算约束也可以产生硬性预算约束所具有的一系列结果,但"它们不能得到像在纯粹理论状态下那样严格的保证"①。科尔奈在论述中虽然没有明确指出社会主义企业的预算约束应达到准硬性,但他实际上在论述中包含了这一观点。科尔奈在分析匈牙利改革的文章中,多次强调现在匈牙利并没有很好地解决企业软预算约束问题,尤其是国营大企业预算约束没有硬多少,还需要继续硬化。

笔者认为,对企业的预算约束硬度也不能搞"一刀切",要求不论什么企业统统达到硬性或准硬性是不实际的。企业不同,其规模大小不同,生产社会化的程度不同,在国民经济中所占的地位也不同。因此,应该根据不同企业的不同状况,分门别类地选择企业预算约束的硬度。如对一些小型企业就可以实行硬性预算约束,对一些大中型企业可以实行准硬性预算约束,而对个别关系国计民生的大企业,特别是铁路、航空、基础部门等,则可以实行近似于准硬性的预算约束。这就是说,我们可以在硬性和软性之间选择一些中介形式,建立合理的预算约束结构。

第四,形成买方市场。在传统体制下,市场的基本格局是卖方市场占主导地位。其特征是,市场需求大大超过供给,卖者在销售产品时不存在任何困难,卖者成了市场的主宰,他摆出一副"爱买不买,不买拉倒"的威武架势;买方在买东西时,则总是要乞求、迎合、讨好卖方。科尔奈认为,这种市场格局严重阻碍了市场功能的发挥,表现在它削弱了市场的选择功能。买主在市场上买不到自己需要的产品,就不得不实行强制替代,去购买价格高和质量差的产品,这就妨碍了生产资源的合理配置。市场供不应求,会诱发企业大量囤积资源,降低有限资源的使用效益;市场供不应求,会导致企业生产中断,一部分资源闲置,有限资源遭受浪费;市场供不应求,企业不得不强制替代,这一方面造成资源的不合理使用和浪费,

---

① [匈]科尔奈:《短缺经济学》下卷,经济科学出版社1986年版,第9页。

另一方面又会使产品质次价高。卖方市场还使市场丧失了刺激功能。在市场供不应求的情况下,企业可以毫不费力地卖掉其产品,而且买者还在为购买企业生产的老产品而排队等候,这就不存在对技术革新、推广新产品的积极性的市场有效刺激,企业没有必要去招惹技术革新、推广新产品所遇到的各种麻烦。同时,这也使企业不关心企业声誉和保证产品质量,从而削弱了对质量改进的刺激。布鲁斯也认为,"一切东西严重匮乏,不管是生产资料还是消费品按正常途径都得不到,那么原来设想市场机制要起很大作用的客观条件就不成熟。"这一点不只是社会主义经济所独有,即使是资本主义的市场经济,在第二次世界大战时或战后初期也搞配给制,市场机制不发生作用。锡克也同样指出:"生产者越容易销售他们的产品,他们就越不需要关心生产结构,改进产品质量,不断进行技术革新,真正降低成本等等。"①由于企业不关心生产结构与需求结构相适应,这就削弱了市场的平衡功能。

因此,要有效发挥市场机制的功能,就必须形成买方市场。买方市场是卖方市场的对称,指市场供给大于市场需求。在买方市场,买方成了市场的主宰,卖方必须服从买方,对买方赔笑脸、献殷勤。但是,形成买方市场并不是要求市场供给越大于市场需求越好。科尔奈在《反均衡》一书中认为,在买方市场情况下,资源和储备不能得到非常充分的利用。这个未被利用的部分——潜在的生产和实际生产之差——常常可能是相当大的,这意味着浪费和社会损失。所以,要把市场供给大于市场需求的部分限制在一个合理的范围内,不要使之过大。锡克也说,市场供给大于市场需求,"这种超前量不应该过大(不致引起销售困难),而应该在需求总量尽可能不断增长的条件下保持一个常数。"布鲁斯也认为,使市场供给和市场需求达到平衡,是计划的基本要素之一,是再生产过程和谐进行的条

① 荣敬本等编:《社会主义经济模式问题论著选辑》,人民出版社1983年版,第244—255页。

件,这就要求买方市场"从来不能和不应当达到资本主义制度下那样大的不一致"①。这是社会主义优越于资本主义的最重要因素之一。

苏联、东欧的经济学家们把社会主义经济运行所要求的买方市场与资本主义制度下的买方市场区别开来是有意义的。在资本主义制度下,资本家为了获取更多的剩余价值,不断增加积累,扩大生产规模,同时又加强对雇佣工人的剥削和随着资本积累而不断产生相对过剩人口,这就造成了资本主义生产能力盲目扩大的趋势和劳动群众有支付能力的需求相对缩小之间的矛盾,从而形成生产过剩即买方市场。而且,随着矛盾的不断激化,生产过剩也将不断扩大,最终爆发生产过剩的经济危机。在社会主义制度下,并不存在使生产过剩不断扩大直至爆发危机的机制。因为,社会主义的生产目的是最大限度地满足人民日益增长的物质和文化需要,因而劳动群众有支付能力的需求会随着生产的增长和劳动生产率的提高而不断增长。这样,社会主义就有可能通过各种措施控制需求的不合理增长,使有支付能力的需求的增长不超过生产和劳动生产率增长的限度,保证商品的供给比有效需求有一定的超前增长,并使这种超前增长保持在基本合理的限度内。

买方市场的存在为市场机制有效发挥功能提供了必要条件。科尔奈在《反均衡》一书中认为,在买方市场情况下,生产所需的原材料、零部件和半成品垂手可得,这促使生产要素发生有利的组合。在买方市场情况下,存在着对技术革新、推广新产品的有效刺激。因为,一般来说,只有当某种新产品突然打入市场时,才会打破原有的市场占有格局,新产品能够在比较短的时间内征服其他竞争者,占领市场并吸收相当大的购买力。在买方市场情况下,产品质量低劣,不仅会给每个买者造成损失,而且也会损害企业的信誉,影响它的市场机会,影响它和别的竞争者的相对地位,这就存在改进质量的有效刺激。在买方市场条件下,消费者成为市场

---

① 〔波〕布鲁斯:《社会主义经济运行问题》,中国社会科学出版社1984年版,第152页。

的主人,就会迫使生产者适应消费者的偏好,有效发挥市场的平衡功能。在买方市场情况下,卖者并不总是能够轻易地实现他的产品,这就使市场的选择功能发生作用。锡克、布鲁斯也都认为,买方市场可以保证市场机制功能的有效发挥。锡克甚至特别看重买方市场,认为买方市场的存在,是市场机制发挥功能的首要条件。

买方市场促使市场机制有效发挥功能的机制是:买方市场造成了卖者的销售渴望或销售期待与实际销售的差异,市场使一些卖者的实际销售量大大低于他们的期待。因此,每个卖者都为了努力实现自己的期待,避免市场把总销售期待与总实际销售量之间的差额分担到自己头上,必须把眼睛盯住市场,对市场信号做出积极反应。对此,科尔奈形象地比喻道:这正像水位落差驱动发电机、电位差使电流动而使电动机工作一样。

由于社会主义各国大都是在生产力比较落后的基础上建立起来的,因而都不同程度地存在着大力发展社会生产力、实现现代化的任务。这就会导致急切的追求经济增长,从而同形成买方市场的要求发生矛盾。科尔奈在《反均衡》一书中认为:"吸纳的再生归根结底与急切的追求经济增长,迫使增长率加速提高有关。"[①]这里的吸纳是指卖方市场。虽然后来他在《短缺经济学》一书中改变了这一看法,认为它不是造成短缺的主要原因,但仍认为它是第二位的原因。如何克服这一矛盾?布鲁斯认为,应控制过高的经济增长速度,以利于形成买方市场。如果增长计划过于雄心勃勃,指标太高,不留余地,就不能改革传统体制,引入市场机制。他举了两个例子:一个是民主德国 20 世纪 60 年代末的改革,由于计划过于庞大而失败了;另一个是波兰 20 世纪 70 年代中期的改革,也由于计划过于冒进而使改革的打算落空了。科尔奈也认为,"越是坚持过快的工业化的步伐,就越不可避免地要采取高度集中制。反过来,如果工业步伐

---

① [匈]科尔奈:《反均衡》(英文版),第 321 页。

比较稳健,就可能建立企业具有更大的独立性,企业之间的直接关系发挥较大作用的体制。"①但是,布鲁斯和科尔奈都认为,否定旧体制,建立发挥市场机制作用的新体制,并不是要求低速度,而是要保持适度的持续稳定的增长速度。他们认为,就长期而言,新体制更有利于促进经济发展,否则,经济改革也就失去了根本意义。

实际上,形成买方市场与实现赶超任务并不矛盾。相反,却是实现赶超的一个条件。因为,在追求高速增长的情况下,必然形成卖方市场,卖方市场刺激产品数量的增加,但却引起生产比例失调,阻碍技术进步和经济结构的优化和升级,即阻碍经济质量的提高。这就是有增长而无发展,这种增长是不能持久的。在坚持适度增长的情况下形成买方市场,这虽然在短期内会制约产品数量的增加,但却会刺激技术进步,有利于经济结构的调整、优化和升级,即有利于促进经济的质变、经济质量的提高,就可以保证持续、稳定的经济增长速度。这就是有发展必定有增长。实现赶超任务恰恰就是需要这种有发展的经济增长,这是许多发展中国家在长期经济建设中得出的经验。例如,我国在传统体制下,注重经济数量的增加,忽视经济质量的提高,产品几十年一贯制,技术发展缓慢,影响了经济结构的优化和升级,结果在许多领域都拉大了同世界水平的差距,走了一条速度高、效益低的发展道路。

苏联、东欧的经济学家认为,制约市场体制功能的以上各个因素不是孤立的,而是相互依赖、相互制约的,它们共同构成一个有机的整体,形成一种合力作用。这种合力作用表现在:从企业的主体地位看,这一条件为其他条件确立了活动主体。没有这一主体,也就不会有价格信号的接受者、企业的经营目标、企业的预算约束、企业的外在压力,即买方市场对企业的压力。反过来说,其他条件也制约着企业主体条件。科尔奈认为,孤力地加强企业的独立性,就可能导致冒险,产生有害于经济的后果。例

---

① [匈]科尔奈:《经济管理中的边际集中》(英文版),第189页。

如,在价格不合理的情况下,让企业自行安排生产,企业就会生产那些价高利大而不一定是社会需要的产品;在缺乏物质刺激,企业不以追求利润最大化为目标的情况下,即使扩权,企业也不会有动力,这正是要求责、权、利相结合的原因。在企业预算约束软化的情况下,如果单纯废除国家对工资支出的限制,工资就会大幅度提高,导致消费膨胀;在卖方市场情况下,给企业扩权,可能导致企业利用垄断地位损害社会利益和消费者利益。如下放定价权,企业就会操纵价格,获取垄断利润。因此,离开了其他条件,扩大企业自主权也难以发挥有效作用。

从利润刺激看,科尔奈认为,利润刺激也必须和灵活的价格结构、企业之间的竞争和企业预算约束硬化相配套,才能产生积极的作用。如果价格不合理,利润刺激就会鼓励企业生产价高利大但社会不需要的产品;如果缺乏竞争,利润刺激就会导致企业增加垄断利润;如果预算约束软化,就会使企业掌握财务变量、提高价格、追逐国家拨款等。锡克也认为,在卖方条件下,企业不担心竞争,这就会加剧企业追求其片面利益。科尔奈还认为,预算约束的硬化会使企业更加关心利润,即使经理自己的短期利润份额为零,他对利润也不会是漠不关心的——因为他已把自己与企业的生存和发展视为一体。企业只有关心利润,才能在竞争中求得生存和发展。

从硬化企业预算约束来看,它必须首先以企业能够自主经营为前提,企业只能对自己作出的决策承担风险。国家各级政府的决策失误所带来的损失不能由企业承担,否则,就会造成权利与风险的严重不对称。企业预算约束的硬化还必须以合理的价格和价格体系为前提。如果价格严重扭曲,企业的财政状况就不能真实反映企业的经营状况,在这种条件下,硬化企业预算约束会造成严重的苦乐不均。阿巴尔金明确指出:"实行完全经济核算制,要求协同一致地完善整个生产关系体系和整个经济机制,尤其是要求大刀阔斧地改革价格形式和财政信贷机制,发展生产资料批发贸易。因此,只有在彻底改革经济机制的进程中才能逐步向完全经济核算制过渡。"①

从买方市场看,科尔奈认为,买方市场的形成有赖于企业预算约束的硬化。他在分析短缺产生的原因时,就把由"父爱主义"导致的企业预算约束软化作为主要原因。因此,要消除短缺,形成买方市场,自然就要求硬化企业预算约束。有人希望仅仅通过放慢增长速度来完成由卖方市场向买方市场的转变,科尔奈认为这是难以如愿的。因为,没有硬性预算约束,就不可能对不可满足的需求形成有效限制和对增加供给形成强有力的刺激。

科尔奈认为,在卖方市场下会限制卖者之间竞争的形成,即使有的部门是分散的和原始化的生产,企业也可能作为"垄断者"实行统治,获取垄断利润。相反,买方市场的存在,则会形成卖者之间的竞争,即使在某些部门是独家经营,也会受到竞争的压力,这主要是直接替代形式的竞争和间接竞争等。如作为独家经营的航空部门,就会受到铁路、汽车等部门的竞争。锡克也认为,市场机制要能够发挥充分而完善的作用,就要有意识地反对垄断的发展。这就不能容忍卖方市场的存在。

可见,制约市场机制功能的各个因素是缺一不可的,只有以上诸条件都能得到满足,才能保证市场机制有效发挥功能。因此,在经济体制改革进程中,引入市场机制,发挥市场机理的作用,不能搞单项突进,而只能遵循配套改革、相互推进的原则。由此,对价格改革在经济体制改革中的地位需要做出恰当的估计。在苏联、东欧各国的经济体制改革中,都把价格改革摆在了突出的地位上。匈牙利 1968 年开始改革时,把价格改革放在包括价格、财政、税收、银行、工资等在内的各项调节制度改革的首位;南斯拉夫 1985 年开始新的一轮改革时,认为价格改革是"中心环节"。锡克甚至认为,价格改革应成为"经济体制改革的首要步骤"。在社会主义经济中引入市场机制,发挥市场机制的作用,不改革旧的价格体制是不行

---

① [匈]阿巴尔金:《经济理论和改革实践》,《经济学译丛》1987 年第 7 期,第 4 页。

的,这一关必须过。但是,把价格改革看做是经济体制改革的首要步骤,搞单兵突进,价格改革也是不会成功的。因为价格改革的实质是实现价格形成机制的根本转轨,即从过去单一的国家定价向主要由市场定价过渡。主要由市场定价并不仅仅意味着把绝大部分价格全部放开,还意味着通过放开价格,形成合理的价格和价格体系,因而放开价格只是手段,形成合理的价格和价格体系才是目的。如果离开了这一目的,手段也就失去了它的意义。因此,在判断价格改革能否成为经济体制改革的首要步骤时,不是去看价格能否放开,而要看通过放开价格,能否达到形成合理的价格和价格体系这一目的。根据前面的分析可以看出,在不具备完善的市场体系和市场机制以及企业不能对价格信号作出积极反应的条件下,放开价格只会导致价格体系的更加混乱。科尔奈一再强调,价格改革必须要和企业制度的改革相适应。他认为,如果企业不对价格做出反应,即使有最好的价格也是没有意义的。同时,价格改革也必须同市场发育相适应。可以说,市场发育不良和发育缓慢,都会严重制约价格改革的推进步伐。此外,价格改革还需要具备起码的经济环境,这就需要在形成买方市场上下功夫。总之,价格改革的推进速度要取决于其他条件的成熟程度。

开放:走向繁荣的历史选择

沿海地区实施外向型经济发展战略,开创了我国改革开放的新时期。沿海地区外向型经济发展战略既是改革开放这一基本国策的必然产物,又是几年来改革开放实践经验的战略概括。我国经济发展战略的这种新的思路,随着时间的推移,空间的扩大,将会进一步促进我国社会经济的大发展,使我国成为一个繁荣富强的国家步入世界强国之林。

马克思主义的战略选择

开放是针对封闭的。从历史上来看,封建社会是封闭的,基本上是一种自给自足的自然经济形态。打开世界市场是资产阶级的历史功绩。马克思、恩格斯在《共产党宣言》中指出:"资产阶级,由于开拓了世界市场,使一切国家的生产和消费都成为世界性的了……过去那种地方的民族的自给自足和闭关自守状态,被各民族的各方面的互相往来和各方面的互相依赖所代替了,物质的生产是如此,精神生产也是如此。"①因此,资本

---

① 《马克思恩格斯选集》第 1 卷,人民出版社 1995 年版,第 276 页。

主义国家本身就是开放型的国家。无产阶级是人类历史上最先进的阶级,它具有世界性。作为无产阶级世界观的马克思主义,其基本的特点之一就是国际主义。由于无产阶级需要吸收全人类一切已有的成就和长处,才能顺利地建设社会主义,并向共产主义迈进,因此就社会主义国家的阶级本质来讲,它应该是开放型的国家,而决不应闭关锁国。

马克思主义关于世界市场、国际分工、对外贸易、国际价值、资本输出等等理论贡献揭示了世界经济关系的内在的规律性的联系,至今仍然有指导意义。正是马克思、恩格斯的这些光辉思想奠定了我们实行对外开放的理论基础。

近一百多年来世界历史的发展,有力地证明了马克思、恩格斯所说的真理。特别是第二次世界大战以后,由于交通、电讯、电子信息等新技术的发展,大大缩短了地球上各个国家、地区之间在空间上、时间上的距离,国际经济、科技、文化的联系交流和合作越来越紧密,已经大大超过商品交换的范围,渗透到金融和科技、工农业生产协作等广泛的领域。任何国家的社会经济要想取得较快的发展,都要积极地善于利用国际联系,而决不能人为地割裂和阻碍他们之间的联系。历史告诉我们,现代世界上经济发达的国家中,包括苏联在内,找不到一个国家是闭关锁国的。不论是日本、德国等工业发达国家,还是新加坡、巴西、韩国、泰国等新兴发展中的国家,都是采取了对外开放的政策,积极发展外向型经济。发展对外经济,不仅是社会化大生产的客观要求,也是每个国家实现现代化,加速经济发展的普遍经验。

列宁、斯大林在苏联十月社会主义革命胜利后,曾多次就社会主义国家同资本主义国家建立经济关系的必要性和重要意义作过深刻的论述。列宁明确讲过,要加速苏维埃社会主义经济的发展,就要利用资产阶级的资本,必须在经济上积极利用、加紧利用和迅速利用资本主义经济的发展,否则,就不能建成社会主义大厦。社会主义实现得如何,取决于我们苏维埃政权和苏维埃管理机构同资本主义最新的进步的东西结合得好坏。在列宁和苏联共产党的领导下,年轻的苏维埃国家扩大了对外贸易,借用了相当数量的外国贷款(1931年就达到了4亿卢布),并同外国厂商举办了一批相当数量的合营企业,把200多个矿山、森林牧场租让给外国资本家开发经营,聘请了大批西方专家帮助建设,并担任大企业的经理、总工程师和顾问。列宁逝世后,斯大林曾从理论上批判托洛茨基的把社会主义经济当作绝对闭关自守,绝对不依赖世界各国的观点,说这是一种"愚蠢之至"的谬论。他利用西方世界经济危机,吸收大量的西方贷款和技术设备,建设了许多大型工业项目,奠定了苏联工业化基础。1944年斯大林说过,苏联建成的大项目之中,有2/3是利用美国的技术援助建成的,1/3是利用欧洲和日本的技术建成的。苏联在建国初期如果不放手大量利用西方资金、技术,要迅速实现工业化是很困难的。

经过党的十一届三中全会以后长时间的历史反思,在我国不但恢复了马克思列宁主义的基本原则,而且在新的实践中发展了马克思列宁主义。邓小平同志1984年指出:"马克思主义最注重发展生产力……社会主义阶段的最根本任务就是发展生产力,社会主义的优越性归根到底要体现在它的生产力比资本主义的生产力发展得更快一些、更高一些"。"现在的世界是开放的世界。中国在西方国家产业革命以后变得落后了,一个重要原因就是闭关自守。建国以后,人家封锁我们,在某种程度上我们也还是闭关自守,这给我们带来了一些困难。三十几年的经验教训告诉我们,关起门来搞建设是不行的,发展不起来。关起门有两种,一种是对国际;一种是对国内,就是一个地区对另外一个地区,一个部门对另外一个部门。我们提出要发展得快一点,太快不切合实际,要尽可能快一点,这就要求对内经济搞活,对外实行开放政策。"①

党的十一届三中全会所确定的对外开放政策,是经过郑重的、深思熟虑的重大国策。我国党和国家领导人曾多次指出,中国的对外开放政策

① 《邓小平文选》第3卷,人民出版社1993年版,第64—65页。

是一项基本国策,长期不变。这一政策并不只是主观的愿望,而是客观的必然。中国已经开放了的大门永远不会再关上,而是随着我国现代化的逐步实现,中国对外国的经济关系只会越来越向深度和广度发展。

实现对外开放的新思路同坚持社会主义方向是一致的。邓小平在回答那些把坚持开放政策和社会主义道路对立起来的同志时指出,我们的对外方针是服务于发展社会主义经济的。中国是社会主义国家,要坚持社会主义道路,发展社会主义经济。吸收外资、合资经营都不可能伤害我们的社会主义经济主体,只会有助于发展社会主义经济。中国发展30年,50年到70年,那个时候社会主义经济基础更加强大了,就不怕对外开放的冲击,不会影响我们的大局了。

邓小平同志提出的"一国两制"是大开放。这种大开放的政策构想是对马克思主义的一个创造。邓小平指出:这一设想不是随便提出来的,它的根据是中国实行对外开放政策以及中国要赶上发达国家水平的宏伟目标。一个国家可以同时并存两种制度,是因为中国的主体部分是有10亿人口的部分,实行的是社会主义,这个主体是个很大的部分。我们是在这个前提下允许一个小的地区存在资本主义的,因为这种做法有助于发展社会主义经济。我们实行对外开放政策也是因为它有利于发展我国的社会主义经济。

伟大实践的新概括

1979年9月,中央决定在广东深圳、珠海、汕头和福建厦门建立经济特区。这是实行开放政策中一项具有远见卓识的战略性的试验。国家在深圳等4个城市划出一定的地区作为经济特区,是利用这些地区毗邻港澳,华侨众多,对海外交通便利,历史上就有对外开放传统等有利条件。实行比内地及其他沿海地区更加开放、对外资更加优惠的政策,以便大量集中地吸收外资,引进先进技术和管理经验。在一定程度上,特区也可以成为在社会主义经济指导下,运用市场机制和价值规律进行若干试验,作为内地社会主义经济和国外资本主义之间的"过滤器",吸收其对我有益的部分,用其所长,补我之短,并对我国现行经济体制中束缚生产力发展的部分进行改革。通过实践检验,将其成功和有益的部分逐渐在全国其他地区推广,促进全国的经济体制改革。

从我国举办特区的目的可以看出,它和资本主义国家的"加工区"、"自由贸易区"虽然也有某些相似之处(如对吸收外资办企业实行优惠条件,给予外商资金及进出人员往来等自由和便利,鼓励进口,等等),但我们创办特区的目的,不仅是想增加劳动就业,换取外汇,繁荣当地经济,而且要求努力引进技术知识密集型的企业。特区就"特"在四方面:

(1)以社会主义经济为主导,实行多种经济成分并存,以中外合资、合作经营和外商独资企业为主的混合经济。

(2)在社会主义经济指导下,以市场经济为主,充分发挥市场机制的作用。

(3)国家给特区以较多的经济活动自主权,如建设项目的审批权等比省一级还大。

(4)特区的产业结构以出口主导型的外向型经济为主,以进口替代型为辅。对于技术先进和国内需要的产品,可以准许有一部分销往内地。

总之,要使特区成为中外之间的经济、技术、文化交流的窗口和桥梁。像深圳、厦门等特区,已经和正在发展成为以工业为主,农业、商业、旅游,科技、文化等综合性的城市,这和外国的自由贸易港和加工区的性质有很大的不同。

在经济特区取得初步成功的情况下,邓小平同志1984年1月到几个特区视察后指出:"深圳的发展和经验证明,我们建立经济特区政策是正确的。""我们建立特区,实行开放政策,有个指导思想要明确,就是不是收,而是放。"小平同志要求"把经济特区办得更好些,更快些",并提议:

"除现在的特区之外,可以考虑再开放几个点,增加几个港口城市,这些地方不叫特区,但可实行特区的某些政策。"国务院根据邓小平同志的建议,召开了沿海部分城市座谈会,决定进一步开放大连、秦皇岛、天津、烟台、青岛、连云港、南通、上海、宁波、温州、福州、广州、湛江、北海 14 个沿海港口城市和海南岛。在这些地方,将继续实行经济特区的某些政策,扩大它们的自主权。

从战略上讲,我国首先开放沿海 14 个城市,原因是我们在新的历史时期,对外开放有一个逐步发展的过程。这些城市都处于沿海经济发达地区,交通方便,工业基础好,科教文化事业也较发达,有对外开展经济贸易活动的主客观条件,又有同广大腹地进行经济联系协作的网络。这些港口城市和 4 个经济特区以及海南岛,从南到北,联成一线,形成了我国对外开放的前沿地带。开放后便于吸收外资,引进技术,加快这些地区的经济技术的发展,从而在吸收和推广先进技术、推广科学管理经验、传递经济信息、培养和输送人才等方面,支援和带动内地,促进全国的现代化建设。

14 个城市开放的基本标志是:

(1)对外商投资给予优惠待遇。凡是技术、知识密集型,或能源、交通、港口等基础设施等项目,可给予 15% 所得税率的优待。凡技术先进、国内缺乏的商品,允许按一定的比例内销,允许外商兴办独资企业。在本市区引进先进技术的项目,在 1990 年前免征关税和工商统一税,等等。

(2)放宽地方政府利用外资引进技术进行本地区企业改造和建设新厂的审批权限,并根据各地不同情况,分别将审批权的限制扩大到 500万—3000 万美元。

(3)在有条件的城市,可以划定一个区域举办新的经济技术开发区,集中举办若干中外合资企业、合作经营和全部外资的企业以及中外合作的科研机构。有的经济技术开发区还可以发展成为国际转口贸易的基地。

由于各个城市的主客观条件差别很大,所以在开放的程度和开发的步骤上,也要从实际出发,有先有后。特别是对建设新的经济技术开发区,必须提出具体的规划方案,报国务院审查批准。

1985 年,中央决定在长江三角洲、珠江三角洲和闽南(厦门、漳州、泉州)三角地区开辟沿海经济开放区,共包括 13 个市、46 个县和 2 个区,实行"贸工农导向",发展乡镇企业,扩大出口。

1987 年底,中央又决定扩大沿海开放区,把三个三角地区由"小三角"扩展为大三角,共新增 7 个市、65 个县,如长江三角洲,由苏、锡、常、嘉、湖扩大到宁、镇、扬、杭、绍兴等地区,沿海开放城市新辖县也划分为经济开放区,将辽东半岛、胶东半岛划为经济开放区,共 8 市、21 个县,将广西梧州市及其所辖县划为经济开放区。

经过 10 年来的努力,我国已初步形成了一个以经济特区为前沿,14个沿海港口城市为骨干,以几个沿海经济开放区和广东、福建、海南三省的广大地区为依托,直到广阔的内地,这样就形成一个多层次、有重点,从南到北、从东到西,逐步推移的对外开放的新格局。在这样一个对外开放的大格局中,作为对外开放前沿的沿海地区,人口达到 1.6 亿,面积达到32 万平方公里,含有 247 个县的规模。

这个举世瞩目的沿海开放地区九年来取得了巨大的成功和辉煌的成就。

(1)开创了利用外资、引进技术的新局面。到 1987 年年底,全国累计已批准外商投资企业近 1 万家,外商投资协议金额达 28 亿美元。而所有这些外商投资企业中,有 80% 分布在沿海地带。仅广东省实际利用外资就达 5.4 亿美元,占同期固定资产投资总额的 33%。四个经济特区累计利用外资 18.6 亿美元,还有 1300 多家企业开业。总的来看,利用外资、引进技术经济效益良好,不仅促进了沿海地区的发展,而且把全国经济也带动起来了,成为对外开放和发展外向型经济的重要内容。

(2)有力地扩大了进口贸易的发展。由于对外开放,经济搞活了,经济实力大大增强,因此进口贸易增长很快。1987 年,广东省工农业总产值突破 1000 亿元,为 1978 年的 2 倍多,国民生产总值增长 844 亿元,增长了 1.87 倍;财政收入增长 95.4 亿元,增长了 1.34 倍;出口额达到 55 亿美元,比 1978 年增长 2.9 倍;外贸收汇总值已占全省工农业总产值的 14.5%,实收外汇占国民收入的 23.15%。四个经济特区,1987 年工业总产值超过 100 亿元,净增长 8 倍;出口总额近 20 亿美元,产品进入 30 多个国家。目前,深圳市工业自产品有 53% 出口,四个特区达 40%,经济技术开发区也达到 30%。14 个沿海开放城市 1987 年出口比 1983 年增长了 78%。

(3)开阔了视野,更新了观念,锻炼出一大批人才。这是沿海地区开放九年来取得的一个十分重要的成果。广东人增强了创业的主动性和进取精神,更讲究时间、重效益、讲竞争的新的价值观念和新思想。福建人"想外向,议外向,干外向"的蓬勃劲头十分浓郁。沿海地区不断破除"左"的影响和产品经济模式的束缚,在经济体制改革方面进行了许多大胆的探索。可以说,九年来对外开放的进程,也是当代国际经济知识大普及、经济思想大更新的进程,同时又是造就和培养一大批新型人才的进程。

沿海地区改革开放的成功,为提出沿海地区发展的新的战略思想提供了物质基础和丰富的经验。

改革开放的新时期

在沿海地区开放成功的基础上,党中央提出了"沿海地区发展战略",其核心是发展外向型经济。

沿海地区经济发展战略新思路是建立在对国际经济发展态势和世界各国产业结构调整深刻分析的基础上的。这主要有两个基本点:第一,在世界范围内,开放、发展与和平的时代已经开始了。在新技术革命的推动下,参与国际竞争和国际交换,在激烈的国际经济竞争的同时又加强国际经济合作,已成为世界经济发展的潮流。我国要进行经济结构变革,加速现代化建设,就需要把我国的经济置于世界经济舞台之上来考虑,就需要制定一个适应世界经济发展大趋势的战略。而从我国实际情况看,由于地大、人多,经济发展很不平衡,更有条件适应国际经济发展大趋势的地区,无疑是在东部沿海地区。因此,这样一个战略观符合国际环境,也符合我国国情。第二,当前国际上出现了一种有利于我们经济发展的机遇。一些发达国家和地区,由于劳动费用(工资成本)增长很快,因此不断地调整产业结构,把一些劳动密集型产业和劳动耗费大的产业,转向劳动力费用低的国家和地区。这就给我国发展外向型经济提供了一个良好的机遇。而最能及时抓住这个机遇,最有条件利用这个机遇的无疑是东部沿海地区。因为,那里的经济基础好,科技教育事业发达,劳动力资源丰富,素质较高,交通方便,基础设施较好。因而,在国际经济结构调整中,有较强的吸引力,可以吸收一批外资,可以打出一批产品。正是从上述分析出发,我国政府提出了沿海地区发展战略的要点:

(1)充分利用沿海地区劳动力资源丰富、费用便宜、素质较好的优势,注重发展劳动密集型产业和劳动密集型与知识密集型相结合的产业,以及创汇农业,从而扩大出口,积极引进先进技术和设备。

(2)发展沿海地区加工业,要实行"两头在外"、"大进大出"的方针。即把发展加工业的原材料,以及产品销售,主要放到国际市场去,大量进口原材料,加工增值后,再大量出口。这样做,将会较好地解决长期存在的沿海和内地争原材料、争市场的矛盾。

(3)把利用外资的重点放到吸引外商直接来投资上。这是一个风险共担,利益均沾,对双方都有利的方针。因此,必须创造良好的条件和环境,大力发展"三资"企业,以及"三来一补"企业。从而把外商资金雄厚、技术设备先进、管理水平较高的优势,同我国劳动力便宜、资源比较丰富的优势结合起来,促进经济发展,形成一个良性循环。当然,也还要根据需要和偿还能力,通过多种渠道对外借贷,以补资金之不足。

沿海经济发展战略的提出具有重大的理论和实践意义。

(1)沿海经济发展战略的实施,必然带动全国经济的发展。它不仅是地区性战略,而且是全国性的全局战略。具体来说,就是通过实施这一战略,可以较好地解决在资金、原材料和市场上长期存在的矛盾,互相促进,协调发展,实现全国人民的共同富裕。

(2)可以把发展、改革和开放更好地结合起来。发展外向型经济,必须进行全面深刻的改革,必须更加开放。实施这一战略,就有可能使沿海地区成为加速发展、加快改革的开放试验区,推动全国改革开放的进程。

(3)从政治上讲,沿海地区的经济发展更快,水平更高,对于体现社会主义制度的优越性,对于实行"一国两制",港、澳到时恢复主权和台湾回归祖国,都将产生巨大的政治、社会和心理影响。

(4)我国经济的发展,特别是沿海地区经济的快速发展与国际社会经济的联系更加紧密,必然对世界经济的发展带来一定的影响,既有竞争,又有合作,中外国家和地区都可以得到发展。

沿海地区经济发展战略在世界各国和亚洲太平洋地区引起了巨大的反响。《美洲华侨日报》认为,沿海经济发展战略有四点特殊意义:第一,总结经验,扬长避短,中国对外开放确实给国民经济带来了活力和希望。沿海发展外向型经济战略,是采取"欲将取之,必先予之"战略,突出中国的人力优势,以此作为参与国际竞争的最主要资本。对外商投资政策放得更宽,使中外合作具有吸引力。第二,选择两个突破口,乡镇企业机制、灵活,是大陆最适宜发展商品生产的企业。近年来,在对外开放中的作用日益增大。大陆科研水平居世界前列,科研力量堪称雄厚。这二者的结合,将给大陆扩大对外经济合作创造更好的条件。第三,由点到面的开放。以沿海的开放市场为中心,由点扩展到面,集中投入财力、物力,将有利于提高开放层次。然后,再以沿海地区经济、技术、信息向内地扩散,带动整个大陆的经济发展。第四,步入世界商品生产行列,引进竞争机制。大陆经济改革主旨是引进竞争机制,提高效益。通过加速扶植外向型企业,引进国外先进管理技术和参与国际经济竞争,使沿海地区尽快实现产品商品化,不但可以引进国外的资金和技术,而且能使大陆经济纳入商品化生产的轨道。

英国《经济学家》杂志发表文章称,沿海地区经济发展战略,使改革之涛拍打着"黄金海岸","开放整个中国沿海地区的战略,可使更多的沿海地区变得像今天的香港那样繁荣。"

香港中文大学教授闵建蜀指出:沿海战略的实施,要进一步引进竞争机制,结合大规模集体企业,精英企业,互相取得竞争经验,才能在国际经济交换和竞争中立于不败之地。

台湾《中国时报》发表社论称,大陆发展沿海地区将影响两岸关系。大陆丰富的资源与廉价的而较能控制的劳力,都对台湾投资者具有极大的吸引力,何况还给特殊的优待。在国内外市场方面,大陆既有广大的国内市场,更有可大量扩展的海外市场,这更适合受市场狭小之苦的台湾投资者。

日本野村证券的板田次长还给日本政府建议:希望日本政府与世界银行合作,把沿海省的基础设施搞起来,那时,企业的投资就会源源而来。

几个争论的问题

实施"沿海地区经济发展战略"提出以后,在我国的中部、西部地区引起了极大的震荡,在世界各国引起了强烈的反响,国内外人士也提出了这样或那样的一些问题和想法。对此,笔者试图根据沿海经济发展战略一年多来的实践作一些回答。

1. 关于"大循环战略"和沿海地区经济发展战略的关系问题

　　"大循环战略"是国家计委研究中心副研究员王建首先提出来的。党和政府正是从我国经济发展的实际和需要出发,吸收了我国有关专家、学者的意见与建议,在集思广益的基础上制定了"沿海地区经济发展战略"。可以这样说,"大循环战略"构想为沿海地区经济发展战略的提出提供了重要的思想资料。但是,如果把"沿海地区经济发展战略"与王建提出的"国际大循环"构想完全等同起来,那么至少是一种误解。

　　(1)"国际大循环战略"侧重于经济的发展,用王建的话来说,"我们把发展中的矛盾过于归咎到体制,因而对发展自身中的问题研究较少","也没有形成一个统领发展和改革的东西",所以,"应把发展问题摆到更重要的地位"。① 而"沿海地区经济发展战略"则更注意发展、改革、开放的内在的统一性,强调沿海地区发展外向型经济,必须加快外资体制改革步伐,进一步搞活企业机制,让外国企业家能够按照国际惯例来中国开办企业,管理企业。

　　(2)"国际大循环战略"试图解决在我国经济结构调整和升级过程中过分重视农业向非农业(轻工业)转化并因而忽视农业,尤其是重工业的缺陷。第一,王建要求在"国际大循环"第一阶段(5—7年)"暂时牺牲工业自身的发展",大力推进农业发展,促进农产品出口,直接到第三阶段,也就是本世纪末才能起步,才"以换回的外汇重点支持附加价值高的重加工业发展,资金、技术密集型产品开始走向国际市场"这种构想,以重工业滞胀来换取国民经济的发展,将可能使我国在新技术革命的情势下更加落后。第二,王建要求"对农业本身的发展还需要采纳一些传统发展方式,即维持工农产品剪刀差,和对主要农产品实行征购派购制",这就必然在促使农业向非农业转化的同时,使日益萎缩的农业由于得不到先进的机械设备(因为重工业发展被暂时牺牲了),又得不到价格因素的

---

　　① 王建:《选择正确的长期发挥战略——关于"国际大循环"经济发展战略的构想》,《经济日报》1988年1月5日。以上几处所引王建提出的观点,均出于此。

刺激,难以提供整个经济发展所需要的粮食及其他农产品。因此,国家将在相当长的时期不得不进口大量的粮食,进而阻碍"国际大循环"的进行。

与此相反,"沿海地区经济发展战略"则在强调发展劳动密集型工业的同时,兼顾农业和手工业。它要求沿海地区的广大农村按照国际市场的要求,努力把创汇农业搞上去,经济特区、中心城市和有条件的地方提高技术和产品质量。它强调必须使科技转化为生产力,充分发挥我国科技力量强过大多数国家和地区的优势。

(3)"国际大循环战略"没有明确提出"以进养出",而"沿海地区经济发展战略"则把"大进大出"、"以进养出"置于战略方针的地位。后者不但没有看到我国缺乏资金的弱点,而且也没认识到我国总的说来人均资源不够富裕的问题。因而,在处理沿海和内地的关系时,前者只要求沿海向内地让出市场,后者则还要求沿海不去跟内地竞争资源。

(4)"国际大循环战略"否定"走借外债的道路",忽略了各种形式的外资利用,"沿海地区发展战略"则把利用外资作为必要条件之一。

(5)"国际大循环战略"的出发点和归宿是解决我国经济发展的资金问题。它固然也涉及其他问题,但均置于从属地位。"沿海地区经济发展战略"则将资金问题同其他一系列问题(比如体制、机制、政策、资源、科技等)结合起来考虑,视之为内在的相互依存、相互制约、相互影响的系统。

(6)"国际大循环战略"的时间和空间的界定是未来二三十年整个中国经济发展的战略构想,时间是未来二三十年,空间是整个中国。

"沿海地区经济发展战略"是从 1988 年 1 月开始实施,从空间来讲,尽管它不可能不涉及沿海与内地的关系,以及若干影响全局的问题,但主要是指沿海地区,是以沿海地区经济发展来带动中部、西部地区,进而带动整个全国经济的发展。

"沿海地区经济发展战略"与"国际大循环战略"在比较上的差异,充分说明沿海地区的经济发展战略更切合我国实际。它已不是理论上的构想,而是实施的蓝图,它将带动我国经济的发展。因此,将两种战略混为一谈是不对的。

2. 关于实施沿海地区经济发展战略的外部环境问题

国外有人提出,"沿海地区经济发展战略"是否可行,不但取决于它是否切合中国改革、开放和发展的内在需要,而且还取决于世界经济发展为之提供的外部环境。他们怀疑,世界市场能否容纳得下 1 亿—2 亿中国人发展外向型经济。他们断言,中国沿海推行外向型发展战略一开始便遇到了不利的外部环境。这些观点多失之于片面。

第一,所谓中国沿海 1 亿—2 亿人口(实际上只有 1.6 亿人口)的地区发展外向型经济,是地域性判断,并不意味着 1 亿—2 亿人口都在从事劳动密集型产品的制造和加工。何况这 1 亿—2 亿人口中,还有 57.3% 的老弱病残和儿童呢? 实际上哪有 1 亿—2 亿人口在发展外向型经济呢!

第二,根据世界银行预测,从 1986 年以全世界出口总额 20028 亿美元为基数,到本世纪末中国的出口总额预期数为 1500 亿美元,其比重为世界出口总额的 7%,低于美、日和联邦德国。何况十多年后世界贸易仍将增长,而中国的发展战略既要求大出,又要求大进,不仅要求占有世界市场的份额,而且还要以国内市场扩大世界市场范围。

第三,世界经济的繁荣有利于中国沿海地区经济发展战略的实施,这样"大进大出","以出养进",就进行得比较顺利一些。那么,关键是世界经济出现衰退,它会不会影响沿海地区发展战略的实施呢? 这确实是人们关注的问题。特别是 1987 年 10 月全球性股票市场大跌以后,有人预测可能会出现 20 世纪 30 年代那样的大危机。现在距离大跌市已经一年多了,尽管我们现在还不能对大跌市的影响做出完全的判断,但至少可以肯定,它对世界经济的影响不像悲观论者所预计的那样大。整个世界经济在 1988 年仍在增长。因为,从本世纪 70 年代以来,世界经济进入了一个重大结构性变革和调整时期,在技术、经济领域,发达国家由于新科技革命的推动而出现产业结构由资本密集型向知识密集型转化,科技转化为生产力的时间大大缩短了,科学发明的国际传播大大加快了。与此同时,在国际经济和政治关系领域,由于全球金融市场一体化和国际分工的深化,发达国家之间出现了国际经济政策协调和合作的趋向。这些不会使经济周期在表现形态上和震荡的深度上发生较大变化。目前,美国的巨额贸易逆差和巨额的财政赤字虽然改善缓慢,但毕竟正在趋于改善,以及主要资本主义国家货币汇率存在事实上的某种"目标"区的实际情况。由此可以推断,今后世界经济将可能出现两种前途:一是发生一次较轻微的衰退。二是可能依靠国际协调和科技革命,产生结构升级力量,经过一段低速增长后重新恢复中速增长。从 1988 年世界经济发展的态势看,后一种可能性很大,无论是轻微衰退也好,还是低速增长也好,都对我们实施沿海经济发展战略有利。第一,出现轻微衰退,世界市场不景气,原材料价格下降,有利于我们大进,解决我国现代化需要的多种资源,还可以缓解沿海和内地争原材料问题。同时,我们有广大的国内市场为后盾,世界市场不行,还有国内市场。第二,出现低速增长和中速增长,有利于我们大出,如果沿海地区的产品满足不了世界市场的需要,还可与内地联营,把内地产成品也牵动带入国际市场。因此,断言我国沿海地区经济发展战略一起始就遇到不利的外部环境的观点是失诸偏颇的。

3. 关于实施沿海地区经济发展战略的阻力问题

大家都承认实施沿海地区经济发展战略有阻力。笔者认为,这种阻力不是来自国外,而主要是来自国内,来自于传统的观念,来自于狭隘、保守的传统思想意识。

应该承认,虽然"文化大革命"将我国国民经济推入崩溃的边缘,极"左"路线已经遭到毁灭性的打击,但是,经过拨乱反正后,恢复到社会主义经济的传统模式,我国经济仍然可以维持下去,而且还可以求得一定的增长。但是,中国共产党人和社会各阶层的先进分子,根据我国生产力发展的要求,根据第二次世界大战后世界经济发展的全部经验和国际比较,不满足于那种传统模式的增长速度和社会生活的落后状况。在邓小平同志等的领导下,决定实行经济体制的全面改革。因为,当时在思想上、理论上、人才上准备不够充分,所以,改革开放每前进一步,尤其是改革越来越深入的情况下,必定会遇到传统观念的强大阻力。

我国传统观念的显著特点之一,是崇尚道德。从世界文明的总趋势来看,文明的进步就意味着道德的进步。然而,从某一个特定的阶段来讲,文明时代的全部发展都是经常在矛盾中进行的,尤其是在重大社会进步的转变阶段更是如此。我国的改革开放,可能使西方的生活方式、道德观念、腐朽的东西也随之进入中国。有人借此而否定整个改革开放,这就像孩子洗澡时,倒污水把孩子倒掉一样。从感情表现上看,似乎道德经常性地作为历史进步的东西而被偿付出去,这是"历史与道德的背反现象"。今天,在中国改革开放、实现向现代化发展的同时,一定程度上出现了这种现象,它往往激起传统观念对于改革开放的更猛烈的阻抗。因此,防止道德的沦落,改变传统观念,就成了推行沿海经济发展战略的重要保证。

有一种观点认为,沿海地区经济发展战略将使我国有"重新沦为殖民地的危险"。持这种观点的朋友同时怀疑该战略提出的目标是"一相情愿"。我国沿海地区经济发展战略规定的出口目标如果是"一相情愿",实现不了的话,那只能说明沿海地区参与国际经济交换与合作深度有限,试问何来"重沦殖民地的危险"!第二次世界大战以后的世界经历着深刻的变化。20世纪五六十年代非洲大陆最后一批殖民地已宣告独立,非殖民化已成为不可逆转的时代潮流。各国经济的相互依存、相互合作上升为世界经济形势的主导方面,殖民地时代已经一去不复返了。至于中国,它是世界各国都承认的大国之一,仅仅开放其人口和土地的一小部分,怎么可能演变为"殖民地"呢?何况,沿海地区不是单向某一国家开放,而是全方位开放;它不单是输入,而且还有输出。在当今世界上,人口、面积仅及中国 1/10，涉外经济占国民经济比重远远超过我国的那些发展中国家，都没有沦为殖民地，那么"殖民地"的帽子怎么能戴到中国的头上呢！

4. 沿海地区经济发展战略的风险问题

实施沿海地区经济发展战略是会有风险的。我们说实施沿海战略是具有外部条件的，并不是说外部世界对沿海地区经济发展没有冲击，没有负影响。过去，当我国经济处于封闭型状况的时候，世界市场的波动、世界经济的衰退，对我国经济不会产生多大影响，就如我们时常说的"风景这边独好"。但当我国经济与世界经济联成一体后，就不能不受世界经济动荡的牵连。然而，这是一种寻求我国经济迅速发展，赶上乃至超过发达国家水平的无可豁免的风险。总的来说，是期望值大于风险值，失小于得。冒这样一点风险是值得的，也是必需的。

诚然，一切尖锐的或者温和的批评，都包含值得我们思考的某些因素。实施这样一个宏大的战略，的确需要进行深入细致的斟酌和深思熟虑的思考。不过，我们可以满怀信心地说，实施沿海地区经济发展战略是我国改革开放的历史新选择，并将因为给我国经济和社会发展以巨大和深远的影响而被载入史册。

（载《沿海战略与四川对策》1990 年 1 月）

世界经济格局的变动与
经济结构的调整

　　实施沿海地区经济发展战略是涉及我国经济发展的总战略,它是建立在对国际经济发展的走势、经济格局和经济结构的新调整和世界政治、军事、科技发展大趋势的深刻分析基础上的。因此,我们要深刻理解党和国家提出的沿海地区经济发展战略,提高我们贯彻执行这一战略的自觉性,就必须研究世界经济格局、经济结构、政治、军事、科技发展的新趋势,弄清我们面临的国际环境。

世界经济发展的大趋势

　　在20世纪末和21世纪初,世界政治、军事形势将继续趋于缓和,整个世界可能出现一个较长的间歇性的和平发展时期。因为核战争的爆发有毁灭人类的危险,美苏之间进行核战争和世界大战的可能性越来越少,随着对话和妥协代替冷战,美苏之间的军备竞赛也逐渐弱化。第二次世界大战后,几十次大小战争的教训,特别是中东两伊战争双方损失惨重,最终被迫停火言和,这就深刻地告诉人们,战争已不可能再成为当代解决政治、经济矛盾的手段。谁发动战争,不但会遭到国内和全世界人民的反对,而且结果也是得不偿失的。因此,今后世界各国将集中力量发展经济和科技,致力于提高综合国力,在和平共处的基础上,进行和平竞赛和国际竞争。这将成为各国对外政策的主要目标。

在 20 世纪末和 21 世纪初,发达国家之间的发展不平衡仍将继续下去。美国、日本、西欧的力量对比将继续着新的变化。突出的是日本经济的崛起,正赶超美国,彼此在经济技术实力方面的差距缩小,矛盾也将更加尖锐。欧洲共同体 1992 年后的一体化统一市场在不同程度上实现,欧洲的国民生产总值就会超过美国;美国财政和外贸赤字近期内不可能有太大的好转,不能不靠输入巨额外国资金来弥补,其债务负担将越来越重,并将成为世界上超级债务国。

在 20 世纪末和 21 世纪初,东西方矛盾会缓和,南北之间的矛盾将更为突出。在世界政治经济发展的间歇和平发展时期内,工业发达国家和新兴国家的情况将比较好,而发展中国家的债务总额将不断增加。据世界银行提供的资料,其债务总额将从 1973 年的 1000 亿美元,迅速增加到 1987 年的 11900 亿美元,外债占国内生产总值的比重上升到了 30% 以上。这些国家的出口大都是初级产品,拉丁美洲国家约 80%,非洲国家 90% 的出口产品都是初级产品。由于初级产品供过于求,价格疲软,使它们的外贸陷于不等价交换的地位,国际收支恶化。偿债和贸易逆差,穷国流向富国的资金每年达 300 亿美元,这就更增加了这些国家的困难。不少非洲、南亚国家由于经常性的水旱虫灾的侵害,处于经济负增长的状态,南北之间的经济差距更加扩大,从而促使南北之间矛盾和摩擦更加突出。

在世界间歇性的和平发展时期内,国际贸易、生产、金融、科研、信息日益区域化、集团化,社会主义国家和资本主义国家间在经济和技术上交流合作关系日趋密切,将加强世界各国之间相互合作、相互依赖和相互竞争,促进各国经济的发展。

经济格局和经济结构的大变动

近年来,由于科学技术革命的深化,引起了世界经济一系列大变动,其中最引人注目的就是国际产业环境的大变动。国际产业环境的大变动迫使各国纷纷采取经济重组政策,推动产业结构调整,把国际分工体系由垂直型转向水平型,即由传统的原材料生产国与工业生产国的分工体系转向现行的产业分工与相互渗透的国际分工体系。这一过程是由工业发达国家发展新兴产业与发展中国家普遍实现工业化进程而共同完成的。

从西方发达国家来说,由于科学技术革命的深化,推动了产业结构高级化,进而使经济国际化、金融化。在发达国家,一批科学技术的尖端项目逐步发展成为一个产业,如宇航、海洋工程、电子计算(包括各种集成电路)都成了赢利以亿计数的大型产业。在发达国家产业结构高级化的同时,它们大规模实现产业更新,把一批批高消耗型和资金、劳动密集型的传统产业,如钢铁、化工、造船、机械、纺织等产业转移到国外。据世界银行的资料,在近三年内,欧洲、美国、日本已经把传统产业的 28% 以上转移到了发展中国家和新兴国家。这是由于科学技术进步和传统产业萎缩的结果。在发达工业化国家,由于新兴产业的利润高,吸收了大量投资,同时劳动力价格也上涨,引起了社会劳动转向新兴产业。而传统产业由于世界市场的萎缩,资本利润率下降,造成这些部门吸收员工的困难。如果用高价吸收劳动力,劳动成本就会上升,传统产业就面临破产的格局。这就迫使发达国家把传统产业转移到能源价格低、劳动成本小的发展中国家。近一二年来,发达国家又开始把一部分知识密集型产业中具有劳动密集型特点的电子元器件和机械产品的零部件生产或装配作业转移到劳动成本低廉、劳动力素质较好的发展中国家和地区,这进一步强化了发达国家本身的"产业空心化"趋势。发展中国家的部分新兴工业化国家和地区,像亚洲的韩国、新加坡和我国香港、台湾地区,已经或正在从劳动密集型向资金密集型和劳动技术密集型产业转化升级。这些国家和地区由于汇率上升,工业发展过快,引起劳动力缺乏,造成劳动成本上升。因此,它们在产业转化升级的同时,也在把自己的传统产业转移向南美、东南亚地区和我国的沿海地区。

很明显,世界范围内的产业结构的调整,以及随之而来的产业升级,会对世界经济产生多方面的影响。发达国家为夺取世界经济制高点,提高自身在世界经济格局中的实力和地位,将会在高知识、高技术领域展开激烈的竞争。产业升级的过程同时也为发展层次较低的国家提供了接受外来投资的机会。当然,在世界经济进一步发展的同时,又使发展中国家与发达国家之间在技术差距上进一步扩大。

世界经济结构(主要是产业结构)的调整,是通过投资活动的结构变革来实现的。欧洲共同体国家、美国、日本等,大都处在向高技术产业调整、发展、过渡阶段,它们在国内的企业设备投资增长速度缓慢,有时甚至出现负增长,从而导致资本大规模和高速度的输出,使国际金融交易和投资异常活跃。西方在1985年金融交易额达到3150万亿美元,而商品交易则为2万亿美元,仅占前者的4%;到1987年世界金融交易额已达75亿美元,比1985年增长50%,而商品交易则进一步缩小到前者的3%。其中,日本的金融经济的膨胀速度也极为惊人,仅从企业的票据交易来看,其交易额已从1973年的2万亿美元增到1985年的20.1万亿美元,12年扩大了10多倍。当前,这一国际投资热有增无减。美国和日本在通过对外投资,在海外购买企业和不动产,发展跨国公司,收购公债、证券等,获得了很大的利益。最典型的是美国利用美元贬值和日元升值的"金融技术",使美国的债务减半,日本利用"日元升值景气"中取得了高达2300亿美元的好处,从而使美国和日本都从金融动荡可能引起的经济衰退中解脱出来,跨入经济复苏的门槛。另一方面,发达国家对发展中国家的投资呈迅速增长的势头,加快了传统产业的转移过程。目前,国际金融市场有大约1400万亿美元的游资,这些过剩的资本向哪里转移,这是一个值得注意的问题。第二次世界大战后到70年代中期,由于发达国家经济增长比较迅速、市场容量大、投资效益高,发达国家相互投资增长速度超过了发达国家对发展中国家投资增长速度。最近10年,不少发展中国家债务危机严重,偿还债务困难日益增加,资信状况愈下,使发达国家的过剩资本大都不敢冒债务危机的风险,形成相当数量的过剩资本处于游离状态。近几年,一些率先进行调整的新兴工业化国家和地区,经济发展很快,引起了发达国家的投资兴趣。特别是亚洲太平洋地区成了发达国家投资的热点,尤其是日本对这一地区的投资迅速增加。截至1987年3月31日,日本在国外的直接投资总额为1060亿美元,其中亚洲太平洋沿岸国家和地区占20.6%,欧洲13.7%,大洋洲和非洲8.4%,拉丁美洲19.2%,中东2.8%。其中,在亚洲太平洋地区投资的大部分是投向位于太平洋西岸的东亚地区。这一地区已成为日本对外投资中仅次于美国(35%)的最大投资地区。

随着世界经济结构的调整,世界经济格局也发生了大的变动,逐步形成了一种新的格局。这种新的格局表现在以下几点:

(1)世界经济呈多元化趋势。第二次世界大战后美国作为世界经济的霸主,称雄了40多年。进入20世纪80年代后,由于美国国民生产总值在世界总值中占的比重由战后的56%下降到20%,从世界的最大债权国变成了世界最大债务国。而日本在世界经济中的地位则不断上升,从一个战败国发展成为世界上最大的债权国和金融大国,日本人均收入已赶过美国,成为世界上"最富裕"的经济大国。尤其值得注意的是,日本的经济活力超过美国,消费水平又远低于美国,其经济发展速度必然高于美国。在欧洲,以经济共同体为中心,逐步实现一体化,在世界上以一种经济联合体的形式而出现,其实力已经达到美国的水平。苏联、东欧社会主义国家在经过改革经济体制、调整经济关系后,生产力有很大的发展,在世界上已经作为一种不可忽视的方量在国际舞台上活动。这样,在世界经济领域里就明显地出现了以美国为中心的泛美洲经济圈,以日本为中心的北亚经济圈,以英、法、联邦德国为中心的欧洲经济圈;以苏联为中心的苏东经济圈,等等。

(2)地区集团化的趋势明显加强。与世界经济多元化相关联的是在各个地区出现了集团化的趋势。地区集团化趋势反映了各国在日益激烈的国际竞争中,为增强自身的抗衡力量,谋求在地区范围内实行经济联系与区域分工合作要求。首先,目前世界上最大的一体化地区集团欧洲共同体实现高层次的统一。到1992年,欧洲共同体内部将形成统一的大市场,成员国之间相互免除关税,商品将在这个大市场内部完全自由流通,资金、人才和劳务的流通也不受国别的限制。这样将使欧洲共同体成了可与美、日抗衡的有力经济实体。它将强化所在地区的区域性保护主义,使美、日和其他国家的商品难以进入欧洲共同体市场。值得注意的另一个迹象是,作为地区性集团的经互会集团,已开始与欧洲共同体接触对话,共同为谋求经济、科技等方面的合作努力。目前,匈牙利也正在积极申请加入欧洲共同体。

其次,在北美,美国和加拿大缔结了自由贸易协定,规定从1989年1月1日起10年内,美国和加拿大之间将逐步减免以至完全取消关税,形成美加自由贸易区。美国已和墨西哥接触,试图建立类似美加自由贸易区的美墨自由贸易区。南美的巴西、阿根廷1987年已缔结双边协定,将在此基础上推动建立"南美共同市场"。不能排除美洲有可能在未来通过双方和多边关系的积累,最后建立起包括北美和中、南美主要国家的"美洲自由贸易区"。

再次,面对欧洲和美洲的经济集团化趋势,在亚洲太平洋地区除了东南亚集团国家外,已经出现关于建立"太平洋共同体"、"东亚经济圈"和"华人经济圈"的议论,正在准备和着手组织亚洲太平洋国家和地区的区域性经济集团。

(3)经济国际化趋势增长。经济国际化已经有了近100年的历史,但直到第二次世界大战后才获得了迅速发展,加快了经济国际化的进程,扩大了经济国际化的范围。目前,经济国际化一方面表现为地区集团化,另一方面又同时呈现全球经济一种分工协作趋势。

社会主义国家的改革开放,打破了闭关锁国的状况,破除了不同经济体系之间的藩篱,为世界各国在和平共处五项原则基础上,为经济发展的分工与合作开辟了道路,出现了各国之间在经济上互相参与、互相竞争和互相合作的局面。在一些国家出现了"世界工厂",它的生产和销售系统遍布全世界。同时,也出现了"全球产品",这些产品以世界市场作为自己的市场,成为各国都欢迎的商品。在进入 80 年代以后,随着世界经济结构的调整,"世界工厂"、"全球产品"得到了极大的发展。近 10 年来,一些新兴工业化国家和地区也都开始把传统工业大量转移到发展中国家和地区,使"世界工厂"和"全球产品"进一步在第三世界发展起来。

商品市场的国际化是 20 世纪 80 年代世界经济的重要特点。这个特点表现为:第一,世界各国,特别是西方工业化国家的出口贸易日益分散化。比如,欧洲已不再是美国最重要的贸易伙伴,西太平洋地区对美国的重要性不断增加,日本的出口市场也不再那么多地依赖美国和东南亚,而欧洲成了日本的主要市场。第二,社会主义国家的改革开放增加了社会主义国家和资本主义国家之间的双向贸易,使这两类国家的市场都扩大到全球范围。第三,由上述两种变化,使商品市场的竞争国际化。西方工业国家、社会主义国家、不同层次的发展中国家都逐鹿于世界市场上,使世界市场的竞争日益尖锐化。

金融市场的国际化是 20 世纪 80 年代世界经济的另一个重要特点。80 年代以来,西方主要国家进行了一系列的金融改革,放松了对金融市场的限制,开放了新的金融市场。继 1981 年 12 月美国开放国际银行信贷(离岸金融)业务以后,日本也于 1986 年 12 月在东京建立了离岸金融市场。这样,就使欧洲货币和资本市场成为环球市场,可以在 24 小时内不停地进行交易,加快了金融市场上资金的流通。

亚太地区正在成为世界经济发展的中心

亚洲太平洋地区指太平洋的亚洲海岸国家,包括东北亚和东南亚。东北亚地区包括我国、朝鲜、日本、韩国、苏联远东地区和我国台湾、香港地区;东南亚主要是越南、柬埔寨、泰国、马来西亚、印度尼西亚、新加坡等。从广义上讲,也有的人把南太平洋的澳大利亚、新西兰等国也纳入这一地区的范围内。但我们讲的是狭义的亚太地区。

亚太地区经济近年来出现了迅速增长的势头。亚洲唯一的工业化国家日本,已经摆脱了 1985 年以来日元大幅度升值对日本经济的不利影响,出现了"日元升值景气"。日元升值大大推动了日本经济结构的调整,一方面将部分成本高的生产向海外转移,另一方面大力发展高新技术,加快实现产业结构高级化。日本固定资产投资增长幅度连续三年超过 20%,出现了经济持续增长的新趋势。1988 年日本企业固定资产投资增长 20.5%,失业率仅为 2.5%,消费品物价上涨 0.4%,全年经济增长率为 5%,比 1987 年增长了 0.1 个百分点。日本由于长期以来形成在国际收支结构方面拥有的巨额经营项目顺差和长期资本项目逆差,到了 20 世纪 80 年代中期,日本又成为世界最大债权国,资本输出规模不断扩大。1984 年,日本对外投资 100 亿美元,到 1986 年 200 亿美元,1987 年突破 300 亿美元,1988 年达到 400 亿美元。日本资本输出已经成了缓解日元升值的压力和外贸摩擦的重要途径。日本的资金和技术输出完全代替了商品资本的输出,日本正在向金融大国发展。日本资本输出的特点是向东亚和东南亚倾斜。1986 年美国对新加坡、中国香港等投资增加了 1 倍的同时,日本对该地区投资增加了 73.8%。

亚洲"四小龙"近年来连续保持经济发展领先地位。韩国、中国台湾、中国香港、新加坡在 1987 年"超高速发展"的基础上,1988 年又获得新发展,特别是新加坡经济的外向化有了新的进展,制造业生机蓬勃,制成品出口势头很好。1988 年经济增长率为 11.4%,比 1987 年增长了 3.6 个百分点。韩国、中国台湾、中国香港虽然经济增长率都比 1987 年下降了,但都维持在 7.5% 以上。韩国在货币升值,即对美元汇率提高 18% 的情况下,出口增长率仍然达到了 20% 以上。1988 年国际收支余额达 100 亿美元。中国台湾 1987 年经济增长率为 11.2%,1988 年下降到 8%,但 1988 年外汇储备仍在 700 亿美元以上。中国香港 1987 年经济增长率为 13.6%,1988 年下降到 7.5%,但从 1989 年上半年来看,香港经济回升幅度较大,这是因为转口贸易保持了强劲的势头。仅头 8 个月就已高达 1670 亿港元,比上年同期增长 48%。其次,私人消费需求旺盛,税率下降,工资增长,加上低利率使香港人的消费能力大大增强。1988 年的人均国民生产总值达到 9370 美元,私人消费增长 7.4%。

东盟国家经济 1988 年与上年相比,处于加速增长状态。泰国 1988 年的经济增长率在 8.5%—9% 之间,已恢复和达到以往年代的最高水平,主要原因是投资增长 9.3%,外资流入 23 亿美元,出口额达到 152 亿美元,进口额达 180 亿美元,分别比 1988 年增长 28.5% 与 31.5%。马来西亚 1988 年取得了 7%—8% 的经济发展速度,原因是外向型的工业品出口增长,尤其是电子产品出口取代石油出口,1988 年贸易出口总额为 510 亿马元,顺差 146 亿马元;国内私人投资增加 15%,外来投资大幅度增加,仅 1988 年上半年就获得外资 7.5 亿马元,比上年同期增加 5 亿马元,从而扩大了电子产品、纺织品、食品和塑料制品的生产和出口。不少专家推测泰国、马来西亚按这样的势头发展下去必将成为"五小龙"、"六小龙"。值得注意的是菲律宾,过去因政局不稳,经济恶化,投资吸引力不大。近两年却发生了很大变化,投资意向提高,出口增加,货币趋于稳定,通货膨胀率从 1984 年的 50% 下降为 8%。1988 年,菲律宾经济增长率达到了 7.3%。印度尼西亚长期实行军人统治,经济发展缓慢,现在印尼总统苏哈托已经决定组织文官政府,推行开放政策,恢复和发展各友邻国家的友好往来,虽然前几年增长率都没有达到4%,但1989年上半年印尼经济发展出现了回升现象。

在东北亚,除了日本组织了三个雁形梯队的就业分工体系,主张成立东北亚经济圈外,在就业转移、投资、贷款、开放进口等方面给予优先照顾。最近苏联作为观察员参加了17国组成的"太平洋经济合作会议"。在开发西伯利亚的资源中,要求与日本、中国和韩国的合作。苏联为了引进韩国较为廉价的技术商品和资金,正积极和韩国建立商务关系。韩国在奥运会前后积极开展对华、对苏、对东欧的经济外交。看来,在苏联的西伯利亚可能成为东北亚的新经济技术开发区。

上述情况说明,亚洲太平洋地区各国和地区在谋求自身发展中,却想在下一世纪亚太地区中提高自己的地位。我们党和政府在正确地分析了世界经济格局和经济结构大变动的态势,洞察了亚太地区在下一世纪的经济发展中可能成为世界经济的中心。因此,早就决定在我国沿海地区的14个城市实现开放政策,抓住有利的时机,在坚持四项基本原则的前提下,大力推行改革开放政策,进而又提出了沿海经济发展新战略。我们可以预料,按照现行的路线、方针走下去,社会主义的中国在一个不太长的时期内,一定会成为繁荣富强的大国而屹立在世界的东方。

国外模式与我国中西部
省区战略的调整

外向型经济的模式

在发展外向型经济的过程中,世界各国特别是新兴工业化国家和地区,从本国、本地区的实际出发,创造性地选择了自己独特的发展模式,从不同的角度参加了国际经济的大循环。根据美国霍尔归纳法,我们可以把它们归纳为六种模式。

(1)农业导向的外向型经济模式。比如,澳大利亚根据本国地广人稀、畜牧业优势突出的特点,大力发展养羊业,形成了羊毛生产优势,使羊毛产量占了世界总产量的1/4以上。但他们不搞羊毛加工,因为澳大利亚国内劳动力短缺,劳务价格昂贵,加工羊毛劳动成本极高,所以,出口羊毛比出口羊毛加工制品所获利益高得多。这是公认的世界上一个扬长避短,搞出口产品的生产典型。

(2)加工工业导向的外向型经济发展模式。日本自明治维新以来,确立了以工贸兴国的战略。大量购进国外的原材料和半成品进行深度加工，或在国外投资，采用跨国公司的形式，利用当地的原材料进行生产装配，使加工工业发展规模和出口都达到了世界第一流水平。

（3）第三产业导向的外向型经济发展模式。如我国香港、新加坡等，利用各自经济地理位置的特殊性，发展转口贸易、旅游业等，从而带动整个经济进入国际经济大循环。香港、新加坡都是旅游业导向带动加工工业的发展，进而促进金融业的开拓，使香港、新加坡成了世界在亚洲太平洋地区的金融中心，进入了世界先进工业地区的行列，并同韩国、中国台湾一起被人们称之为亚洲"四小龙"。

（4）重要资源导向的外向型经济发展模式。如中东的阿拉伯联合酋长国、科威特、沙特阿拉伯、叙利亚和伊朗等国利用自己丰富的石油矿藏发展采油业和石化工业，同时注意利用石油资源，采用合资、联合经营、补偿贸易、技术引进等方式，促进本国、本地区经济发展，积极参加国际经济的大循环。

（5）技术导向的外向型经济发展模式。当今世界，新兴技术和超高技术的发展，带动了技术贸易在国际的发展，如美国、联邦德国等，他们利用电子、计算机、航天、无机化学等方面的领先和优势地位，以技术贸易在国际经济循环中换取了大量外汇和资源，从而保住了自己在世界上的强国地位。

（6）贸工农为导向的外向型经济发展模式。如加拿大、印度等国家，以贸易、工业加工和农业作为综合性导向，强化自身的发展，使自己的经济发展走向国际经济大循环之中。

世界上一些国家和地区选择外向型经济发展的模式推进了世界经济结构和格局的变化，也给中国经济的发展予以重要启示。我国有几千公里的海岸线，沿海有大中城市 28 个（其中已开放 14 个城市），如果把这些城市与世界经济的发展联结起来，搞加工区，两头在外，大进大出，虽然国际市场风险大，但可以肯定，把沿海地区推向世界市场，会大大促进我国东部地区经济的发展。1987 年底到 1988 年初，党中央和国务院适时提出了沿海地区外向型经济发展新战略,沿海地区企业向外发展,把原材料和产品市场都纳入国际市场,搞加工区、合资企业、补偿贸易。1988 年,我国开始实施沿海地区经济发展新战略以后,沿海地区各省市相继调整了战略,在我国中部和西部地区也引起了巨大震动。中部、西部省区在沿海地区进行战略调整以后,都面临一个怎样办的问题。几乎中部、西部各省区都在研究和调整自己的战略,从实际出发,提出发展本省、本地区经济的思路和对策,以适应新的需要。

中部省区引起的共振

沿海新战略目标是实现外向型经济,这对中部地区来说,一方面可能牵动它走向经济高涨,另一方面也可能给中部地区经济发展带来困难。从地理环境上讲,中部地区不如沿海地区优越,在政策上又得不到如西部某些省区那样的照顾。因此,在我国中部经济带上的省区怎样从实际出发,选择和调整战略,直接关系到能否振兴中部经济的问题。为了促进中部经济的发展,中部地区经济学界和省市领导、专家、学者曾先后提出一些对策和建议。

1. 山西省提出改变煤城功能,实行城乡一体化,促进煤城经济腾飞的战略思想。

(1)要优化产业结构,增强煤城吸引力。从发展趋势看,煤城经济要改变单一的生产结构,形成多层次的优化产业结构群体。

(2)要改变城市功能,增强煤城的凝聚力。初步构想是:第一,在指导思想上,要从资源的实际出发,变单一的煤炭产业为多种产业;在生产上,变单一的原煤生产为煤炭多层次、多品种深度加工,促进煤化产品的系列开发;在经营上,由原煤的调拨向商品交换发展;在城市结构上,变单一煤城为多成分结构的现代化工业城市;在城市发展上,实行生产、生活、生态同步前进的方针,扭转信息闭塞、教育和科技落后、人才匮乏的情况;在调配功能上,争取技术产品下乡,零件扩散,充分发挥城市的生产、消费、服务等多种功能的作用。在此基础上,以城市带动农村,实现城乡一体化,增强山西煤城的辐射力。

(3)调整政策,增强城市经济活力。一是更新思想观念,改变重生产轻市场、重产值轻效益、重生产轻消费、重建设轻管理、重自守轻开放,由产品经济转向计划的商品经济。二是改善管理体制,扩大煤炭城市自主权。三是进一步开放城市,引进资金、技术人才,在煤炭深加工和经济技术等级上形成新的优势。四是调整政策,建议国家对煤城实行一些优惠政策,优先考虑基础设施建设的投资,放宽银行还贷款年限,实行低利率等优惠政策。

(4)山西不能只当"二传手",应尽快在国内外形成我中有你、你中有我的开放性市场经济,各靠各的优势,自主地进行国际经济的交换和自由竞争。

(5)加入"环渤海湾经济区"。以能源、电力和铝资源为依托,向东发展;围绕京、津、唐工业区,与山东、河北、辽宁一起加入"环渤海湾经济区"。同时,搞一些像日本"综合商社"那样的银、贸、工相结合的共同体,以解决横向联合所需的资金问题,并把对外贸易的权力直接下放到企业和地、市、县级。

(6)山西对外贸易的近中期设想应该是:更新观念,扬长避短,实行大外贸,跳出小圈子,走向大世界,实施"东西南北"战略,在国际经济大循环中求发展。

2. 内蒙古自治区提出了在我国沿海地区参加国际经济大循环,直接进入国际经济交换和竞争的态势下,当好"二传手"的战略。

内蒙古的同志认为,在一个大国和广大的地区,经济发展不可能都是整齐划一的。内蒙古远离海岸线,经济发展比较落后,不可能在沿海地区参加国际市场交换的竞争中当"主攻手"的角色,但当"二传手"是可能的。把内蒙古的资源进行加工后,经沿海地区的口岸出口,又从沿海地区接受他们的先进技术和管理经验,使内蒙古的经济进入国内的东西良性循环圈。但是,在内蒙古当"二传手"时,也要处理好作为"二传手"和"主攻手"的关系。内蒙古从实际出发,在总体上是"二传手",然而并不排除在条件具备的方面去积极主动地争当"主攻手"。内蒙古与蒙古、苏联有8000公里边界线,还有二连浩特、满洲里两个内陆口岸,产品和部分产业还可以向北推进,积极主动地去占领苏联和蒙古的市场。内蒙古将充分利用这些有利条件,积极发展出口产品生产和对外贸易,积极争当"主攻手"。现在当"二传手",正是为将来当"主攻手"积累力量,准备条件,这就是内蒙古自治区调整战略的指导思想。具体来说:

(1)通过减税让利,向区外投资者、合作者提供价格优惠的原材料,半成品和初级商品,使他们得到较高的利润,以此吸引国内外的客户来内蒙古开矿办厂,开发资源。

(2)搞好各项服务工作,为区外投资者和合作者到内蒙古开发资源提供方便。凡到内蒙古开发资源,独资、合资办厂开矿,建设能源、原材料和交通运输项目的,可以不带基建指标,投资规模由自治区政府审批。

(3)对于帮助内蒙古引进资金、技术的单位和个人给予鼓励。凡是对内蒙古进行对口援助,技术咨询和服务,帮助开发新产品,提高产品质量、技术水平和管理水平的,凡是为内蒙古牵搭线桥、引进资金技术的,凡是提供重要经济技术信息,使企业获得显著经济效益的,都将根据不同情况,给予报酬和奖励。通过这些经济技术政策来加强内蒙古的实力,促进其向外发展。

3. 吉林省提出以国际大循环推动省内外小循环。

中共吉林省委书记高狄提出,根据吉林省的实际情况,要搞好三个循环:一是国际循环;二是国内循环;三是省内循环;并以国际循环推动和促进国内和省内的小循环。

国际循环,是要把更多的农副产品打出去,同时,乡镇企业也要多搞出口创汇产品，一句话，要想尽办法赚外国人的钱。国内循环，要抓住沿海地区两头在外，大进大出的机会，发展国内市场需要的产品。吉林省有资源优势，许多产品不用进口原材料，就可以组织出口，关键是把深加工搞好，产品适销对路，物美价廉。比如，肉食鸡就应该而且可以占领国内市场，因为粮食多，饲料比较好解决。

省内循环，要把菜、蛋、鱼等鲜活产品的主要销路放在省内，当然，要特别注意解决价格问题。其有效办法是：一是发展生产，二是产销直接见面。如猪肉供应，可采取一个县就近供应城市一个区的办法，生猪直接进城，不经商业部门，取消中间环节。最好能做到暗补不补，明补也不补。农民能赚钱，市民能吃到便宜的鲜肉和鱼。

国际经济循环必然带动国内、省内的经济循环。沿海经济发展战略不仅关系到沿海，也关系到全国，关系到内地，会带来经济结构的重大变化。这是大战略，要抓住时机，当机立断，使吉林经济来一个战略转变。

4. 黑龙江省提出缩小本省与沿海先进地区的差距，除了特区的特殊政策以外，其他都可以学，南联北开，外引内联，发展边疆经济。

(1)黑龙江省和沿海地市比，差距始终存在，关键是如何缩小这个差距。黑龙江省经委主任李全林说，除特区的一些特殊政策没有条件实行外，其他的都可以学。黑龙江省工业基础比沿海城市强，又有丰富的资源。我们与他们的差距，在解放思想、观念更新、开拓前进这上面是很大的。

(2)南联北开，可大做文章。黑龙江省向北开放，潜力很大。现在，都由省国际贸易中心独家经营，要多几条渠道，使南方来客经营方便，同时又有利于向北开放，打开大门，发展对苏贸易。

(3)开展边境贸易，振兴黑龙江流域。黑龙江省有3000公里的边境线，随着中苏关系的调整，要把政策调整到兴边富民上，要尽量做到边疆政策放宽，口岸开放，对苏贸易大发展，这样才能使黑龙江省的经济实现战略转移。

（4）发挥资源优势,狠抓拳头产品,发展横向经济联合,"外引内联",积累开发资金。不能"靠和要",要争取主动,增强自身的"造血"机制。

（5）在中苏边境开办"自由贸易试验区"。现在,黑河经济开发区正在试办之中,应在充分肯定成绩的基础上,总结经验教训,然后还可以再办一二个经济开发试验区。

5. 安徽省提出以沿海开放地区为载体,发展外向型经济。

（1）安徽省副省长吴昌期主张,把沿海开放地区作为安徽省发展外向型经济的"载体",利用其优越的地理位置和中央给予的优惠政策,使工农业产品更多更快地挤进国际市场,壮大经济实力。但目前安徽的经济实力有限,每年工业项目的资金投入只有江苏的1/5,要保证经济稳定增长,不能只靠调整生产力的增量,更要重视生产要素的优化组合,包括发展企业集团,调整生产力的存量。

（2）面对沿海实行特殊政策所出现的新情况,安徽采取了一条重要对策,就是要利用经济特区及开放城市信息灵、销路广、价格活、政策优惠等条件,把本省的产品打入国际市场,并引导企业在沿海开放地区开窗口,办企业,开辟新的出口渠道,引进急需的设备、技术、物资。

（3）安徽省还制定了改革开放的10条优惠政策。第一,允许外商和外省投资者承包、租赁、购买安徽国营集体企业,投资建设和续建的技改项目,由外商按国际惯例管理;第二,对从事低利行业开发和在重点贫困县开办中外合资、合营企业,头5年减免所得税,期满后10年继续减征30%;对从事开发和经营能源、交通、运输及基础设施的合资、合作企业,头5年免征所得税,期满后延长或半减征所得税;第三,对外商投资企业,一律免征地方所得税;第四,外商投资兴办企业,使用的未开发的土地,免征土地占用税,使用其他土地的比照特区标准减半收费;第五,外商投资企业所用物资等,属计划供应的,纳入计划优先供应;第六,外商投资企业生产国内需要进口产品的,可扩大内销比例直至全部内销,并可用外汇结算;第七,外商和外省投资者来安徽兴办合资或独资企业,固定资产投资指标由安徽解决贷款指标优先安排；第八，外省投资者来安徽从事能源、交通等基础设施建设和紧缺原材料生产的企业，如纳税困难，可减免产品税、增值税；第九，帮助安徽引进资金，兴办生产性企业的，按列账资金，内部可提取 1%—3%，外资可提取 3%—5%，凡介绍客商或信息促进外贸出口，按实际成交额的 3% 给予奖励；第十，成立省引进项目联合审批办公室，简化审批手续。

6. 江西省提出打破封闭，力促省际横向联合，鼓励外商外资来赣投资，建立省内经济实验区，以放对放，以活对活。

(1)进一步解放思想，贯彻深化改革开放方针。江西省毫无保留地支持沿海经济发展新战略，把沿海经济发展的冲击波变为推动江西经济发展的强大动力。

(2)实行优惠政策，广招外商、外省客户来赣投资。江西省省长吴官正宣布了发展横向经济联合、鼓励外商投资和外资开发农业资源的 35 条优惠政策，公布了 22 个矿产资源和 28 个农业资源开发项目，公开向国内外招标。

(3)敞开"南大门"，试办改革试验区。省政府把赣州地区划为经济体制改革试验区，从 10 个方面扩大经济管理权限，并赋予它省一级的经济管理权限，促成这个地区面向闽粤市场，相对独立地发展经济。

(4)打开"黄金水道"，确定九江市为开放城市，给予比综合试点城市更加优惠的政策，加快重点项目和基础设施的建设，提高港口吞吐能力，使之成为一个全面开放的经济中心。

(5)"以放对放，以活对活"，推动江西省的改革和开放。对沿海地区发展外向型经济，采取"支持、跟进、接替"的方针，实行放开南北两头，搞活中间地带，由外向内，有步骤、分层次地形成全面开放的格局；抓住国际国内市场、产业转换的有利时机，大力加快江西省产业结构的调整，不断提高应变能力。

7. 河南省提出利用优势，努力做到两个打出去，两个引进来，两个一起上。

（1）积极参加国际、国内两个循环,利用自己的优势,努力做到两个打出去(把名优产品打入国际、国内两个市场),两个引进来(从国外和沿海先进地区引进先进技术和管理经验),两个一起上(加快出口创汇,加快老企业改造),不失时机地大力发展河南经济。

（2）要像广东省那样,用好、用活、用足中央政策,在外贸体制、科技体制、搞活企业三个方面加速改革,以取得最佳效益。

（3）创造一个符合河南实际的生产力要素组合机制,以及符合商品经济发展规律的企业机制,克服整个经济发展的短期行为。

（4）"多向跳棋",全方位、大跨度、走跳结合、借梯搭桥、借船出海,挤进两个循环之中。

（5）以乡镇集体经济发展为生长点,特别要注意发展乡镇企业。

8. 湖北省提出正视紧迫形势,立足本省实际,进一步解放思想,迎接严峻挑战。

（1）正视紧迫形势,迎接严峻挑战。紧迫感来自两个方面:一是在对外贸易、资金引进和技术引进、出口产品质量和结构等方面,与先进省市都有较大的差距;二是沿海地区发展外向型经济战略实施,使湖北省面临形势更加严峻。

（2）立足本省实际,确立内外结合、双向循环的战略思想。湖北省从地处我国中部的角度考虑,在参与国际循环的时候,应更加注意建立自己的小循环系统与之配套。一只眼睛盯住国外市场,一只眼睛盯住国内市场。外贸既要立足于初级产品出口,又要抓紧深加工产品的出口。加快引进外贸和技术的步伐,不能只重视出口而忽视"进口"。

（3）进一步解放思想,更新观念,为加速开放创造良好的软环境。湖北省在资源、科技、工业基础、交通等方面都具有较大优势,参加国际经济大循环的硬环境是比较有利的。现在关键的问题是要积极创造一个适宜的软环境,特别是进一步解放思想,更新观念,增强进取和开拓精神,改变因循守旧的思想和亦步亦趋的工作作风。一是尊重人才,二是才尽其用,并加快外贸经济人才的培养。这样才能促进湖北省经济的外向发展。

9. 湖南省提出借助沿海的拉力,以开放促开放。

(1)抓住实施沿海经济发展战略的机遇,增强加速湖南开放开发的紧迫感。要进一步确立"大战略"的思想观念,充分认识加快沿海经济发展战略实施步骤,不只是地区性的战略,而且是全国性的战略。

(2)借助沿海地区经济发展的拉力,以开放促开发,推动湖南经济的发展。

(3)开放紧邻广东的湖南地区,以类似广东的优惠政策,建设改革开放的"弹性地带",放开部分商品物资,激励紧缺商品和出口商品生产。

(4)多层次发展与沿海地带的经济技术协作,加快资源开发。

(5)全面推行外贸体制改革,借助沿海"跳板"扩大出口。总之,要眼睛盯着沿海,内外使劲。

西部省区决策的调整

1. 甘肃省根据能源资源富集、矿产资源丰富、开发基础雄厚、开发环境优越、农业条件好等五大优势,提出了开发黄河上游经济区的战略。其指导思想是:

(1)以资源开发为支撑的原材料工业产品,通过沿海转换增值后走向国际市场,在国际市场上换回资金,推动甘肃的进一步开发,形成甘肃——沿海——国际市场"三点一线"的单程循环,以便把甘肃经济同沿海经济联合起来,把甘肃的资源优势同沿海的综合优势结合起来,参加国际经济的交换和竞争。

(2)按照以西资东,以东支西,东西合作,东西联合的构想,在等价交换的基础上,建立新的东部西部关系,形成"国际市场——沿海——甘肃"又一个"三点一线",并同上述的单程循环一起,构成一个完整的循环圈,使国际经济的大循环与国内经济的循环衔接起来,做到双向循环,双轨联动,多层次推进,多元化发展。

(3)从资源入手,发展以能源、原材料为主导产业的重工业,并以此为依托,向两头延伸,一头发展高技术产业,一头发展加工工业的轻纺工作,进而带动包括农业在内的整个经济发展,走逆向发展道路,形成省内经济的良性循环。

根据这一指导思想,建立"一岸"、"两翼"、"五小区"的总体开发格局。"一岸",就是黄河上游干流沿岸地区及其周围的辐射带。以兰州、白银、临夏"两市一州"为中心,以沿岸能源、原材料为依托,城镇和商品集散为支点,建成黄河上游综合经济带。

"两翼",一是以金昌市为轴心,东连"银武威",中穿"金张掖",西达"玉泉酒",连接嘉峪关,重点开发有色金属工业、钢铁工业、石油化工、有色金属化工、核能工业、农用化工、食品工业、建材工业、建成河西走廊开发工业区。二是以厂坝铅锌带为轴心,北到天水,南达成都,东接宝鸡,包容徽成盆地和白龙江"金三角",建成天水、陇南资源综合开发区。

"五小区",一是连海经济开发试验小区,二是白银西区经济开发试验小区,三是金昌东区开发试验小区,四是西成铅锌矿带经济开发试验小区,五是宁卧庄新技术实业开发区。这五个开发试验小区代表了甘肃不同层次的生产发展水平和不同类型的经济发展方式。把五个开发试验小区建设好,甘肃就有了继续前进的依托和可靠基础,滚动开发的实力和后劲就可以大大增强。

甘肃省还提出了实现这一战略调整的五项措施:

(1)加快能源开发,相应发展载能体工业,以能源开发带动资源开发,以资源开发转化为能源优势。

(2)把资源开发同产业调整结合起来,并列开发,两头延伸,以大带小,以重带轻,以工带农,以农保工,逆向式发展推进。

（3）科技面向经济，经济依靠科技，走生产科研联合开发的路子，促进科技成果向生产力转化，促进高技术产业的发展，促进生产规模的扩大和生产水平的提高，促进科研生产联合体的成长。

（4）大中小并举，内外并举，集体、个体、私营、合营一起上，多层次、多成分开发建设。一切都从实际出发，因地制宜，什么来得快就上什么，哪种方式上得快就采用哪种方式，哪种经济成分灵活就让哪种经济成分上。凡是有利于发挥优势，有利于加快建设步伐，只要看准了，就放手去干。

（5）以西资东，以东支西，互惠互利，加速开发。要以最优惠的条件吸引外省、外国人来开发，以自己的优势来吸引对方的优势，以自己的肥水引流对方的肥水，不要怕吃亏；不管别人赚多少钱，只要我们能赚，就积极创造条件去干。还可以划出一定的区域，成片出租承包，让外省和外国人独立开发。①

2. 宁夏回族自治区战略调整。

宁夏回族自治区主席白立忱发表谈话，提出要抓住沿海实施外向型经济发展战略的机会，以主动进攻的姿态占领国内市场。他还提出要发展农业和资源两大优势，逐步建立大优势产业。第一，煤、电高耗能的产业（有色金属工业）及其深度加工。第二，农业及农副产品深加工。第三，促进轻纺工业发展。在此基础上逐步建立起有色金属的冶炼、农副产品的深度加工、轻纺工业的三大支柱产业，支持沿海地区外向型发展。

3. 青海战略与对策的调整。

青海的总体战略指导思想是：以优势资源为依托，借助沿海地区经济外向型发展战略的推力，运用改革开放的杠杆，逐步建立起能源、资源、商品一体化的国民经济体系。

---

① 关于甘肃省调整经济发展战略的概括，主要依据甘肃省原省长贾志杰的《关于建设甘肃黄河上游经济开发试验小区的若干问题》的研究报告，载《中国西部开发报》1988 年 10 月 26 日。

（1）对由于资金、技术和人才的原因未能充分利用的优势资源，如水电、湖盐等，要加快开发，逐步地在优势资源和市场上架起横向经济联合的桥梁。

（2）根据利益均沾、风险共担、平等互惠、共同开发的经济合作原则，扩大"东西交流"和加强"东西合作"。

（3）引进资金、技术人才，开发黄河上游水电"富矿"，发展盐化工和钾、锰、镁、硼等化工产品，用紧缺原料和初级产品支持沿海的外向型经济，尽快把青海潜在的资源优势变为现实的商品优势。

（4）省内拥有资源又有一定加工能力的毛纺、制革、民族用品等产品，目前产量少，质量较差，经济效益不理想，要借助省外资金、技术和管理经验，增加产量，提高质量、品种档次，扩大市场，形成规模经济效益。

青海为了实现上述战略决策，决定从三个方面着手准备：一是加强地质勘探，进一步搞清矿藏情况，列出优先开发项目，做好前期准备工作。二是努力提高企业的经济效益，积累资金，培训人才，准备接受沿海地区扩散转让的技术和管理经验。三是改善交通运输条件，增强基础设施，提高办事效率，改进作风，不断改善投资环境，以这些条件吸引外部的资金和人才。

4. 新疆发展战略的调整和创新。

新疆远离东南沿海地区，又位于西部开放的前沿地带。在东南沿海的主战场上，新疆可以在资源、劳务上支持沿海地区，但不可能充当"主攻手"的角色。但是，如果把视线转向西部环形边境线，新疆在整个西部战场上，完全可当一个"主攻手"的角色。从西部开发的角度讲，新疆具有四大优势：

（1）资源优势。新疆有丰富的地上、地下资源，有宝贵的旅游资源，有比较发达的农牧业和以农牧产品为原料的轻纺工业，有储量可观的石油、煤炭、有色金属等矿产资源，拥有发展现代工业和现代农业的资源保证和能源基础。

（2）区位优势。新疆地处西部开放地带的前沿,工业布局沿欧亚大陆桥展开,欧亚大铁路的修通,将使新疆成为我国直通欧洲最近的地区。欧洲共同体市场一体化的扩大和加速推进,苏联、东欧改革步伐的明显加快,阿富汗问题的政治解决,海湾国家的实力增强,加上中央给新疆的九条优惠政策,新疆的这种区位优势必将越来越显示出其重大意义。

（3）生产结构互补优势。与新疆相近的国家和地区,重工业都比较发达,而农业和轻工业相对落后,而新疆的农牧业和轻纺工业相对发达,重工业相对落后,这恰好形成互补的优势。

（4）成本优势。西亚各国劳动力短缺,劳动力成本高,新疆与印度、巴基斯坦等国家比较,为1:2,与苏联、东西欧比较为1:12,因而,在西部国际市场上,新疆具有明显的成本优势。

新疆面临的是国际、国内和区内三大循环,他们主张国际大循环带动区内大循环,区内大循环又带动区际大循环。反梯度发展就是:国际发达国家→新疆和西部不发达地区→中部欠发达地区。国际、区内、区际三大循环梯度发展战略的实现,就可以缩短新疆和沿海的梯度链,最终实现新疆经济的良性循环和高速发展。

新疆的专家学者主张制定灵活的政策,大力推进国际贸易和区际交换,可采取四大对策。

（1）记账贸易,"大进大出"。新疆和苏联、东欧国家的贸易历来采取记账贸易形式。新疆应大批进口苏联、东欧各国的钢材、木材、采矿设备、纺织机械等,大批出口新疆的轻纺、食品、土特产品、轻工产品等,同时吸引内地产品从新疆大出。记账贸易对交换双方都有利,既可稳定市场,又可保证外汇平衡。

（2）补偿贸易,"两头在外"。新疆应利用国外或者区外的先进技术和装备,武装新疆的优势产业,生产适销对路的竞争产品,远销国际市场和区外市场。"两头在外"就是产品的市场和技术装备市场在国外或区外,自然资源在区内。补偿贸易既可解决资金不足,又可解决贸易平衡,既可开发新疆巨大自然资源,又可解决新疆的市场容量有限的问题。

(3)边境贸易,"陡进陡出"。新疆应在边境线上开辟若干边境贸易区,实行自由贸易政策,以促进边境地区的经济发展。在贸易区内搞"三来一补"加工业务,并制定优惠政策,吸引内地加工企业为边境贸易区投资办厂,生产出口产品。

(4)建立经济开发区。为了扩大新疆的商品交换规模,新疆应打破行政区划的封闭界线,按照经济合理的原则,根据经济区位效应,划分五个小区,一是喀什——塔什干——喀布尔——伊斯兰堡循环圈;二是伊宁——阿拉木图循环圈;三是塔城——阿亚古斯循环圈;四是阿勒泰——吉尔格朗图——乌斯季卡缅诺哥尔斯克循环圈;五是哈密——玉门——酒泉循环圈,并在喀什、伊宁、塔城、阿勒泰等地区设立经济开发区,实行有关经济开发区的特殊政策,向国外辐射。

若干边境贸易区,五个经济小循环圈,四个经济开发区,国际、区内、区际三重循环将构成具有新疆特色的全方位、多层次的开放格局。

5. 云南战略的调整。

云南地处西南边陲,过去,云南产品的国际市场主要在香港、日本,分别占出口总额的25.4%、14.8%。但由于我国中西部省区出口产品的趋同性,各省、自治区、直辖市都以港澳、日本为主要市场,出现出口企业相互竞争的局面,因此要提高云南经济外向发展的深度和广度,就要在沿海实施外向型经济发展战略的大背景下适当调整对策。

(1)实行南下北上,挤进东南沿海的战略方针。根据近几年云南省国际市场的转向,即从香港、日本转到苏联、东欧。因为,云南的茶叶、丝绸、有色金属在苏联、东欧比香港、日本价格高,比较利益较多,所以把出口产品转向苏联、东欧,但也不放弃香港、日本市场。同时,迅速以沿海口岸向美国和西欧进军,并逐渐渗透到北美、西欧各国,进行市场探索,开拓新的销售领域。

(2)重点开拓东南亚市场。由于地理、政治、经济、文化发展等原因,我国和东南亚各国历史上就曾有着极为密切的关系,目前散居在东南亚10多个国家的云南各族人民就有十多万人。东南亚国家有十多个少数民族与云南省各民族是跨境而居,云南又是我国侨乡最多的省份之一,因此开拓东南亚市场应该成为云南外向发展的战略重点。

(3)推进边境贸易。云南与国外临界的县有27个,与老挝、缅甸、越南的陆地边境长达3207公里。中老、中越边境贸易由于受政治气候的影响,发展不大,但中缅边境贸易近年来却有相当大的发展,仅德宏州与缅甸的边境小额贸易总额就达10亿元以上。云南的产品很多经缅甸转口到泰国、新加坡、印度等国家和地区。因此,发展边境贸易也是云南外向发展的一个支撑点。

(4)建立边境经济开放区。在中缅边境地区试办自由贸易区,希望中央给一些优惠政策,以吸引外国资金来云南投资办厂或来料、来图加工。云南将在允许的范围内给试验区予优惠和扶持。

(5)调整产业结构,采用优势产业倾斜政策发展烟草工业和磷化工业。烟草工业是云南的支柱产业,云烟是云南省在国内市场享有盛誉的产品,其税收约占云南财政收入的40%。发展这类优势产业,就可以增强云南的经济实力。

6. 贵州省的震荡和对策的调整。

贵州省理论界的同志根据省委的要求,系统研究了沿海地区实施新战略后贵州战略调整的问题。他们提出,采取多层次、多形式、全方位开放的战略,使具备条件的行业和产品成为外向型经济的前哨和尖兵。三大军工基地应该充分利用窗口作用,引进信息、技术和资金,逐渐成为贵州机电产品出口基地。要抓住时机挤占沿海地区"让出"的部分国内市场,发展优势产业,适应沿海发展劳动密集型产业的需要,大力组织劳务输出。还可以结合沿海调整产业结构和对能源的需求,扩大与沿海联营,引进沿海以至国外资金和技术,加快贵州经济发展。

在战略选择上,宜采用梯度和跳跃相结合的战略。贵州经济在国内经济循环中,层次较低,沿海地区外向发展"让出"来的部分贵州市场,还可能会被经济实力强大的邻近省份的产品填补。贵州经济的发展首先要立足本省,向中部渗透,然后进军沿海地区,参与国际市场的交换和竞争。具体说,就是:

(1)参与两个循环,发展双向外向型经济。一方面贵州要面向国内市场,参加全国经济循环,另一方面要面向国际市场,参与世界经济大循环。贵州省可以采用一头在内、一头在外的模式:一头在内,就是通过双方循环,引进国内国外的人才、资金、技术,合理开发利用省内各种自然资源,增加物质财富,提高经济实力。一头在外,就是通过双方循环,面向国内外广阔的市场,不断开拓产品销路,满足人民日益增长的物质文化需要,提高出口创汇能力。根本出发点和归宿是逐步实现工业化和生产商品化、社会化、现代化,摆脱落后状况,兴黔富民。

(2)实行三种分工和三级循环。一要扩大国际分工,参与国际经济大循环,充分利用丰富的劳动力资源和现有的技术设备,大力开发和加工相对丰富的矿产资源和部分农林牧资源产品,使之进入国际市场,换回外汇。同时,利用引进技术设备和现有的军工设备,生产原来不能生产而需要进口的工业制造品,以此循环反复,促进产业结构的调整。二要发展社会分工,参与国内循环,以国内市场的烟、酒等优势产品为"龙头",带动优势产品群,参与国内市场的交换和竞争,通过发展横向联合,引进国内发达地区的资金和技术,加快矿产品开发,为沿海地区提供燃料和原材料,带动贵州省经济发展。

(3)外向型和内向型相结合,建立一个能把省内、国内和国际循环联结在一起,运转自如,富有生机,敢于争夺经济发展契机的新体系。从实际出发,以国际国内双重市场导向,多轮联动,多层次发展,多角度开放,全方位出口的发展战略,不能把眼界仅仅局限于贵州省自然资源的开发和加工上面。

为此,贵州提出了九条对策:

(1)进一步更新观念,强化开放意识。沿海地区实施外向型经济发展战略,必然影响到贵州。对于这个趋势,广大干部应该有一个超前的认识和观念的更新。全省上下都要有紧迫感和危机感,抓住时机,迎接挑战。

(2)彻底破除"重全民,轻集体,限个体"的传统观念,政府部门要转变职能,加强服务,给予指导,发展乡镇企业,要突破"三就地"的老框框,因地制宜,扬长避短,广开门路。

(3)制定优惠政策,鼓励省内企业与沿海地区发展各种形式的经济联合,组建跨省市的企业集团,实行"借鸡下蛋"、"借米下锅","借梯登楼"、"借船出海"。

(4)及时选准并大力发展替代产业和替代产品。要通过调查研究,搞清原材料和市场状况,要通过加快改革开放来解决资金技术问题。

(5)强化与海南省的经济联系。海南省最缺煤、电、水泥,而煤、电、水泥又都是贵州的优势产品,应尽快加强联系,制定政策,把产品打进去。

(6)加快科技改革,动员广大科技人员领办、承包企业,从事第二职业,并保障其正当收益,特别要鼓励技术人员支援乡镇企业和城镇企业,个人收入不封顶,到边远山区的人员可以留职停薪。

(7)加快外贸改革,要贯彻自负盈亏,放开经营,工贸结合,推行代理制的方针;要根据市场需要生产适销对路的产品,不断提高产品质量,降低换汇成本;要积极创造条件,让重点企业、重点行业直接参与国际市场竞争,有选择地下放部分产品的出口权。

(8)加快金融改革,进一步搞活金融。在三个方面要有新突破:一是建立有贵州特色的外汇调节中心;二是要开放以国库券为主要证券的转让市场;三是开放城市信用社经营,多渠道搞活资金市场。

7. 广西提出单向型发展战略调整为双向型循环战略。

(1)广西要走双向循环线路。双向循环(国际、国内两个方向的循环)、双向开放(向国外和兄弟省这两个层次的开放),两进两出(先进技术和先进管理经验要做到两个都要引进,拳头产品和高技术产品两种产品都要扩大出口),两头并重(国际国内两个市场、国际国内两种资源,物质产品和旅游)。在外向发展中要注意克服片面性。

(2)建立北海经济技术开放区。利用北海的地理优势,把北海建设成为西南地区向南海的出口基地。

(3)鼓励国际国内来广西投资建厂,并实施优惠政策。第一,到广西联合办企业,减半征收所得税5年;到广西联合或独资生产紧缺原材料和顶替出口的产品,纳税有困难的,按税收管理权限报批后,给予减免产品税、增值税。第二,到广西投资建厂办店,土地征用费按国家价格减40%,到48个贫困县的减60%并免征建筑税。第三,到广西投资建厂、开矿,独资经营的产品和利润全部按规定的比例分成。第四,到广西投资兴建企业或对企业进行技术改造,列入自治区计划,在建材、劳务、土地征拨方面给予优先安排,其固定资产规模投资指标,由自治区解决。第五,凡派技术和管理人员帮助企业提高技术和管理水平,一般可以从一年内新增的税收利润中提取10%—30%作为奖金。第六,到北海、防城港区联合兴建项目,除执行上述各项优惠政策外,还可享受经济开发区更优惠的政策。

沿海地区实施外向型经济发展战略以来,在我国中部和西部引起了极大的反响,这对我们研究沿海地区实施新战略后对四川经济发展的振荡和对策的调整具有重大的理论和实践意义,它将给我们以新的启迪、新的思路来研究四川经济的发展。

沿海战略的实施与四川的对策 *

1. 党的十一届三中全会以来,我国对外开放不断扩大,沿海地区外向经济迅速发展。到 1988 年,党和政府分析了世界经济总格局,尤其是亚太地区发展趋势,结合我国国情,明确提出了我国沿海地区经济发展的新战略。沿海地区必须有领导、有计划、有步骤地走向国际市场,进一步参加国际交换和国际竞争,大力发展外向型经济。这个沿海战略提出后,经过一年多的实践,促进了沿海地区经济的新发展,取得了显著的成效。根据 1988 年年末统计,上海、福建、浙江、广东的经济发展比 1987 年增长20%—30%,福建厦门平均每天都有 1 家独资企业登记注册。这个从全局出发考虑的沿海战略实施后,其意义和影响决不仅限于我国沿海地区,同时也给中西部各省区带来了机遇和挑战。

世界经济结构和格局的调整

2. 当前,随着世界经济,特别是高科技产业的迅速发展,牵动了主要

---

* 此文是四川社会科学院招标研究的课题总报告,由笔者执笔,参加讨论的有唐泽江、吴金钟、冯乔云、文立人、钟勉、蒲永富、张理智、李骏、何三果同志。

工业发达国家在产业结构上的新变化。

（1）传统产业大规模转移到国外。欧洲、美国、日本的传统产业有25%都转移到了发展中国家。

（2）对国外的投资迅速增加。日本从1980年以来,每年都以20%以上的速度扩大对外投资,1986年达到223.2亿美元,比上年增加82.7%;1987年超过300亿美元。联邦德国1987年上半年对外直接投资71亿马克,比上年同期增加37亿马克,增长1倍以上。由于国际分工的深化和比较利益原则的普及,世界经济正朝着区域化、集团化的趋势发展。国与国之间在经济方面的相互合作、相互依赖和相互竞争日益增强。在和平与发展的新时代里,任何一个国家和民族要关起门来搞建设都是不行的。近年来,美国种植业的农作物约有1/3要靠出口取得收入,新制造业有80%以上都同国际贸易有关;联邦德国也有1/3的国民生产总值同国际贸易有联系。日本更是一个以贸易立国的国家。

世界经济结构的重新组合和经济格局的调整给不发达国家带来了新的发展机会,谁抓住了这一机会,谁就能高速度地发展经济。

3. 亚太地区可能在下世纪成为世界经济发展的中心。亚洲太平洋地区,更确切些说,就是日本、亚洲新兴工业国家和地区（NIG）、东南亚环状地带和我国沿海地区。这一地区在世界经济中日益成为迅速发展的中心。

从投资来看,目前主要还在日本、西欧、美国,因为在这些国家投资利润高,政局上比较稳定,安全系数大。但是,亚太地区的投资比重在迅速增加。

从加工区域的拓展来看,已经开始从北亚的日本、韩国、我国台湾、香港地区、新加坡推向泰国、马来西亚及我国沿海地区。

从比较成本和比较利益来看,韩国、我国台湾地区由于货币升值,劳务费用增加,劳动成本在不断上升,竞争的优势逐步在削弱。我国香港地区、新加坡由于土地狭窄,劳动力不足,职工稳定率低,职工的劳动熟练程度得不到应有提高。特别是他们自身的资本过剩,大量资本在寻找投资出路,据专家估计,台湾已有760亿美元、新加坡有30亿美元、香港有25亿美元过剩资本,都在世界各地寻求投资场所。他们再要像过去那样,大规模地接受工业发达国家的产业转移和大量投资,就会引起投资爆炸,经济滞胀。

在亚太地区,菲律宾因政局不稳定,印度尼西亚因军人统治,被视为投资不安全国家。故此,能够大规模地接受工业发达国家传统产业转移和大量投资的就只有泰国、马来西亚了。泰国的软、硬环境都比较好,被各国的企业家和金融家视为投资的理想地方,近三年已接受外资280亿美元。但因过去经济技术落后,消化不良,除房地产、旅游投资效益较高外,工业投资效益大都不够理想。马来西亚也有类似情况。

4. 我国沿海地区正在成为亚太地区投资的理想地带。我国沿海地区有丰富的素质良好的劳动力资源,劳务费用极低,据专家估计,我国沿海地区劳动成本还不及香港的1/8;交通方便,基础设施比较好,科技开发能力比较强,接受工业发达国家的投资份额少。据1986年日本企划厅统计,我国沿海地区日本的投资还不到它总投资的2%。日中经济协调会最近在日本对企业进行的调查,充分表明了企业的投资意向:过去日本企业投资目标在北美和台湾等地区,今后计划投资首先考虑的将是泰国、中国沿海地区、北美。日本企业对我国沿海地区的投资意向明显地提高了。

5. 随着世界经济发展的中心转向亚太地区,苏联经济开发重心东移,苏联远东地区将逐步成为新技术开发区。苏联远东经济技术开发区在北亚的形成,对我国有二重作用。

第一,将会形成一个向我国提供紧缺原材料(如钢材、木材、水泥等)和技术装备的供应市场;第二,将会形成一个吸纳我国轻工业产品、生活资料和劳务输出的广大销售市场。目前,我国许多日用工业品已经出现了市场饱和,甚至过剩的状况。向发达的工业国输出,又遇到了贸易保护主义和消费特点、消费层次不同的两大障碍,发展是相当困难的。但是,这些产品在苏联、蒙古、东欧市场却有很大的吸引力。

虽然世界经济发展的中心正在向亚洲太平洋地区转移,但是并不意味着我们对外开放是单向的,而是面对世界的全方位开放,直接参与国际交换和竞争,以沿海的经济繁荣带动我国整个国民经济的发展。

沿海地区发展战略的确立

6. 沿海地区经济发展战略是建立在对世界产业结构的变动、经济格局新态势的深刻分析基础上的。

党的十一届三中全会以来,在沿海地区经济上就实行了对外开放政策。从对外开放到沿海地区外向型经济发展战略的形成,大体上经历了三个阶段。

第一阶段:开放沿海地带。中央决定在广东、福建兴办经济特区,并开放沿海 14 个城市,引进外资,举办"三资"企业并在部分城市搞出口加工区。

第二阶段:一头在外,一头在内。沿海地区开放后,资金、原料遇到了一定的困难。因此,只好把市场放在外,把原材料放在内,搞一条龙战略,龙头在沿海,龙尾在内地,内地的原材料和初级产品,经沿海加工后出口。这就带来了一系列问题:

(1)利益上发生冲突。在实行地方财政包干的情况下,由于原材料价格低,半成品价格低,沿海地区的高速发展和较易富裕,包含了内地原材料和半成品的转移价值。内地利益受到损害后,强化了矛盾和摩擦。

(2)原材料供应发生矛盾。一般说来,沿海地区生产技术好,管理水平高,产品质量好,成本低,利润高,内地企业则大为逊色,但内地距原材料产地近,又有行政手段为后盾。原材料大战迭起,出现了"生丝"、"棉花"、"烟叶"大战,使原材料价格轮番上涨,内地一些企业望而却步。因原材料缺乏而陷入很大困难,沿海企业生产成本也因此而大幅度上升,其优势明显下降。

(3)市场竞争激烈。沿海城市的消费品,质量好,花色新,这是一个优势,内地企业是赶不上的。因此,在内地市场上,内地产品的市场占有率下降,沿海产品的市场占有率上升。区域性贸易保护主义抬头,在内地已经出现了联合行动抵制上海、广州货的倾向。一方面迫使沿海地区不得不加速开拓国外市场,寻求新的出路;另一方面也促使内地企业致力于增强产品的竞争力,提高其市场占有率,以求得生存和发展。1987年前后,沿海地区对外开放开始进入了一个新阶段。

第三阶段:两头在外,大进大出。前述两个阶段的实践证明,沿海地区发展外向型经济,必须进一步参加国际交换和竞争,使沿海地区发展战略新思路日臻完善和成熟。这一战略新思路主要包括以下四个方面的内容:

(1)利用沿海劳动力多,素质好,费用低的优势,着重发展劳动密集型产业。在此基础上发展劳动密集型与知识密集型相结合的产业,大力发展以产品为载体的劳务出口,促进"来料加工"、"进料加工"。农村的重点,要根据国际市场的需要,把外向型企业和创汇农业搞上去。

(2)把生产经营过程的两头,即原材料供应和产品销售放到国际市场上去。随着沿海地区加工工业的增长和内地经济的发展,对原材料的需求增加。如果按原来的老路子,只靠国内的原材料,在原料、资金、利益上,沿海和内地的矛盾必然还会尖锐起来。因此,促使沿海地区到国际市场上去进口原材料,加工增值后,再把产品销往国际市场,逐步地做到大进大出。

(3)在发展外向型经济中,沿海工业城市和经济特区要走在前头,发挥国营大中企业的骨干作用,大力发展沿海和内地横向经济联合,积极向内地转让技术、管理经验和输送人才,带动中部和西部地区经济的发展,推动全国对外开放。

(4)实行大进大出后,利用外资的重点是吸引外商直接投资,大力发展"三资"企业,即外商独办企业、中外合资企业、合作经营企业。

7. 随着沿海地区新战略的实施,我国直接参加国际交换和竞争的沿海各省市先后调整了自己的决策,选择了新的开放政策。

(1)海南战略的选择。海南地理位置的特殊优势,决定了它全面对外开放,必须实行内外企业的全面融合与向外开拓的总战略。为此,海南提出了 10 条重大决策:①境外人员出入自由,手续简化。港澳人员凭身份证,台湾同胞凭回乡证,外国人员凭护照和通行证进出岛内。②岛内出口产品不受国内配额限制,岛外产品在海南加工增值 20% 以后视同岛内产品。③中央同意对各种原材料和其他商品进出口免征关税。④放宽外汇管理,外汇全部留成。⑤改革金融体制,各专业银行可以进行交叉业务,资金可以互相融通;成立地方银行,自行发放债券,允许国外银行设立办事机构。⑥全岛实行财政包干,定额补贴。⑦土地使用权可以有偿转让、抵押、出租,允许外资、独资企业成片承包开发,使用权 50 年不变。⑧凡在海南岛地城内的企业,都由海南省统一管理。⑨中央给海南省重大基本建设的审批权。⑩对外资、港澳资本及国内投资给予相当大的优惠。

海南省对内地省市也制定了一系列的优惠政策:①对从事热带作物、水产养殖、畜牧业及其他加工工业的内联企业,投资在 10 万元以上,经营期限 3 年以上的,免征产品税、增值税、特产税 3 年,从第 4 年起至第 8 年减半征收。所得税(税率为 15%)免征 3 年,免征期满后实行税前分利。对于投资超过 30 万元以上兴建旅游、交通、能源基础设施,占投资 30%以上的岛外投资者,在征税前分利,产品税等方面都享有上述优惠待遇。②对从事纺织、机械、食品、建材和矿产品加工业的内联企业,岛外客户投资在 50 万元以上,经营期在 5 年以上者,从获利年度起,免征所得税 3年,从第 4 年起至第 10 年减按 7.5% 征收,其余从投产之日起免征所得税和增值税;非出口新产品,从投产之日起免征产品税 2 年。③提供人才、技术、信息和管理经验与海南省联营新办企业或改造老企业者,均实行分利。④内联企业因生产建设需要进口的各种工农业生产资料和机器设备,享受岛内自营企业同等优惠待遇。用进口原料生产的产品在岛内销售的免征进口关税。占用广东省出口商品许可证的计划商品,其创汇的60%留给企业,不占用的留80%。内联企业留成外汇可用于进口本企业生产需要的设备和原材料,也可以报经海南省外汇管理部门同意后调剂使用。客户分成所得外汇,可汇出岛外,也可以在海南申请进口设备和原材料,也可以经批准后调回内地。内联企业产品出口免税,享受岛内自营企业同等的优惠待遇。

(2)上海市提出要把上海建成亚洲太平洋地区的中心。上海市九届一次人大会议作出决定,要用好外资7.2亿美元,改善投资环境,实行全方位的开放,加速走向世界的战略。

(3)江苏省提出落实中央沿海地区经济发展战略的"四破四立"、"三个转变"的决策。"四破四立":①破除只在国内市场找出路的思想,树立面向国际市场,"大进大出"的大循环观念;②破除按常规走路,怕担风险的思想,树立敢于创新、敢于超前的观念;③破除妄自菲薄、无所作为的思想,树立勇于开拓、主动进攻的观念;④破除满足现状、盲目乐观的思想,树立积极竞争、奋发拼搏的观念。"三个转变":①工业要从速度型向效益型转变;②经济要从内向型向外向型转变;③生产要从劳动密集型向劳动科技型转变。

(4)中共福建省委召开扩大会议,就与广东地理位置差不多,福建的出口额却只有广东的1/4的问题,进行认真反思,提出了"搞好内经,发展外经,立足国内市场,开拓、占领国际市场,争取更多的外来投资"的战略。

(5)天津市提出以外向为主导,以提高效益为中心的发展战略,实行七大措施:①调整产业结构,大力发展在国际上竞争力强的劳动密集型产业,以及劳动密集型和技术密集型相结合的产业;②积极发展出口潜力大的技术先进产业和高技术产业,加速发展投资少、见效快的出口产品;③采取联合投资、合作生产、进料加工、补偿贸易,以及技术和设备入股等多种形式,使一批企业走向联合内地外向发展的道路;④组建工贸、农贸联营的出口企业和企业集团,给出口创汇大户和有出口潜力的企业以直接对外贸易权利;⑤放手扩大"三来一补",积极发展中外合资、合作企业和外商独资企业,并参照国际惯例由外商管理,或以外商管理为主;⑥有计划地选择一批出口潜力大的中型企业,采取合资、出卖部分股权等形式,利用外资进行技术改造;⑦把一些长期亏损、经营不善的企业承包或租赁给外商经营。

对于实施沿海地区经济发展战略,沿海各省市都有不同的决策和措施。对沿海省市战略差异的比较分析,使我们有根据地预测,在今后几年沿海战略实施后对四川经济的影响,从中寻找出自己的对策,是很重要的。

沿海战略实施对四川经济发展的震荡

8. 沿海战略的实施,对四川经济发展的震荡有两方面:机遇和挑战并存,希望与困难同在。既要看到近期的影响,又要看到长远的机遇,始终保持清醒的头脑,振作精神捕捉良机。

9. 沿海地区实施外向型经济发展战略,给四川经济的发展带来了新的机会。这些机会集中表现为:

(1)沿海地区经济发展战略实行把原材料和市场都放在国外,可以减少对四川原材料的需求,在一定程度上缓解了沿海和内地争原材料的矛盾,减少一些四川地方工业因原材料短缺而停工的现象。

(2)沿海战略实行"两头在外,大进大出",沿海新产品输入内地数量可能减少,可以为内地腾出一部分市场,将使沿海和内地的市场竞争得到一定程度的缓和。四川在提高产品质量,增加花色品种的基础上可以扩大在省内和省外的市场占有率。

(3)沿海地区开放口岸增多,可以扩大四川土特产和机电产品出口的机会,促使一部分企业经营国际化。

(4)沿海战略的实施,有利于四川调整产业结构。四川产业结构是在高度集中的计划经济模式下产生的,存在着畸重畸轻的矛盾。加工工业畸重,基础工业(能源、交通、矿山、煤炭等)畸轻;重工业畸重,轻工业畸轻,因而不能适应国内外市场的需要。沿海地区的进一步开放,必然会牵动四川根据国内外市场需要调整产业结构,使四川经济跨入一个新的经济结构调整时期。

(5)近年来,沿海地区出现了经济稳定和高速增长的繁荣共振。这种繁荣共振波推动了四川的改革和开放。沿海地区的新战略决策启示四川人去寻找解决自己经济和社会发展的新路子。在支持沿海外向型经济发展中逐步建立起四川的开放型经济体系。

(6)沿海地区思想解放,经济发展,有利于促进地处内地的四川的思想进一步解放。四川长期形成的封闭式的产品经济观念,加上陈旧思想的长期影响所形成的盆地意识,束缚着人们去解放思想。在沿海地区改革开放浪潮的推动下,沿海经济上去了,四川怎么办? 这个严肃的问题就提到了四川的广大干部和群众面前,经过大讨论,使四川人的思想认识水平大大提高了一步。

10. 沿海地区实施外向型新战略,也是对四川经济发展的严重挑战。从近期来看,挑战大于机遇,困难多于希望。

(1)沿海地区实行外向型经济发展战略后,可能拉大沿海地区与四川经济发展水平上的差距。因为沿海地区发展外向型经济,天时地利都具备,又享有国家在投资上和经济政策方面的"双倾斜"优惠,因而经济发展如虎添翼,高速前进。而制约四川经济发展的能源短缺、交通不便、信息不灵、生产技术水平较低等因素,在短期内又不能一下子都得到解决,国家对四川的投资和特殊优惠政策等也远比沿海少,因而发展速度会明显低于沿海地区,使沿海地区与四川在经济发展上的差距越拉越大。

(2)原材料的争夺可能加剧。沿海地区实行外向型经济发展战略,在短期内还不可能建立原材料都在外的购销体系,同时沿海地区大量向国外购买原材料,还会激化国外市场的竞争,受到国外价格壁垒的抵制,原材料需求的逆向波,必然会冲向内陆各省区,引起沿海地区与内地各省在原材料问题上的争夺战。

(3)市场竞争在短期内还会更加尖锐。中央要求沿海地区向外开拓市场,但市场的内需量很大,国外市场不如国内市场利润高,这种内需引力就会把外向型商品又吸引到国内市场上来,从而使沿海地区的外销商品转销内地,与内地进行商品竞争。四川等内地省区为维护自身的经济利益不得不采用行政的、经济的、甚至强制行为来保护本身的利益,从而避免沿海地区商品对四川市场的冲击。而四川等内地人又需要质量好、样式新的沿海各地商品,这样以黑市出现的沿海商品,就会以高价在市场出售,从而给四川等内地市场秩序带来不少新问题。

(4)沿海地区的倾斜政策,会牵动四川等内地物价和工资上涨。广东职工的月均收入280元,四川职工月收入150元,沿海地区职工收入本来就比四川高,而内地经济发展由于受历史、基础和政策限制,这就必然使沿海和内地群众的收入差别越来越大。沿海地区居民消费水平的提高必然使购买力超前膨胀,使需求超过供给;而内地生活资料和农副产品就会大量流入这些高价地区,使四川等内地省区供需失去平衡,进而带动四川物价上涨,这样就可能使四川人的实际生活水平下降。

(5)沿海地区实行外向型经济发展战略,投资环境优越,经济政策宽松,就会吸引四川的技术、管理人才,吸引四川本来就不多的资金和外汇,从而使四川的各种生产要素短缺,削弱和影响四川经济发展的后劲。

更新观念　走出盆地

11. 四川要在沿海地区实施外向型新战略后,抓住时机,迎接挑战,关键是要改变旧观念,注入改革开放意识。这些旧的观念集中到一点,就是"盆地意识"。盆地本无所谓意识,这里无非是借用它来说明四川长期存在的宗法式的自然经济、高度集中的产品经济和落后的小商品经济在人们头脑中反映出来的思想观念。从思想意识上来说明历史的陈旧观念对发展社会主义计划商品经济,对改革开放的阻碍罢了。它的基本特点是:

(1)有一个自我封闭的经济循环体系,这个体系以自给自足为目的,以生产自己需要的产品来满足自己的需要,把自己的生产、交换、消费禁锢在盆地圈子里,实行一种低层次的自我循环。

(2)具有封闭的守旧性。表现在空间视野的狭窄,满足于一孔之见,看不见世界经济的新发展、经济格局的大变化。表现在时间上的短暂性,较多地看到的是短期效益,对长远的宏观的经济效益,时常视而不见,听而不闻,在行动和决策上带有相当的盲目性。表现在思维上的定式性,习惯于用传统的观念和思维方法去观察问题,"搞活企业三年不成,搞死企业一夜成功","走路拄老拐杖","看人用老花镜","遇到问题用老办法"。思维的定式性使人不能开创新局面,也不能创建新思路。

(3)具有封闭的超稳定性。四川在历史发展过程中形成的经济结构、政治结构和意识形态结构,具有区位的超稳定性。在地理上,四川处于西南一隅,而很少受到冲击;在历史上就有一种稳固的态势,往往是攻而不破,顽固自守。

这种历史沉淀下来的陈旧落后观念,多年来受僵化的集中体制的影响,压抑了经济发展的内在动力,造成了商品经济的悖逆因素,形成了一种"新盆地意识"。对此,杨汝岱同志作过深刻的分析,他说:"四川位于我国内陆腹地,商品经济不发达,自然经济观念比较深,又号称'天府之国',有较好的自然条件和生活环境,容易形成自给自足的心理,自我封闭的意识,自我满足的优越感。这种在四川特定条件下形成的'盆地意识',与开放式的商品经济意识格格不入,缺乏强烈的竞争意识和敢于承担风险的勇气。"并指出:"如果说四川发展社会主义商品经济有这样和那样的制约因素的话,那么,'盆地意识'则是主要因素。"①

总之,"盆地意识"是和当今的改革、开放格格不入的。因此,四川的党组织和广大干部群众在改革和开放的发展过程中形成的新理论、新思想、新观念都把"盆地意识"作为必须冲破的思想阻碍,对其封闭、保守、狭隘开展了多角度、全方位的历史反思。这种对自身再认识的深沉反思,使人们对四川的省情有了更深的理解。四川既是富饶的,同时又是贫困的。四川的富饶在于有自然资源开发的巨大潜力,四川的贫困却落在人们的观念上。这是一种"富饶的贫困",即富饶的资源、贫困的意识。这种贫困的意识束缚着人们的思想和行为,妨害了富饶的资源转化为商品的优势。

改革和开放使我们坚定了信心,人们的观念现代化不是经济起飞的结果,而是经济赖以长期发展并取得成功的先导。只有改变旧观念,才能走出盆地,建立起一个四川的开放型的经济体系。

建立开放型经济　调整发展政策

12. 提高农村商品生产率,建立创汇农业基地。四川农业人口多,1亿人口,8000万农民,从根本上来讲,四川农业还是一种自我循环的自给性传统农业。在1983年商品率曾经达到过51.2%,但是由于近几年农村

---

① 转引自《城市经济与发展》1988年第5期,第42页。

人口迅猛增长,使农产品的自给率提高,商品率下降到 40.3% 。因此,要发展四川农业,提高农产品商品率,不仅要着重于增加农业投入,提高农业的生产率,同时还要严格控制四川人口增长,不然即使四川农业增产,也会被新增人口消费掉。何况农业往往受自然环境的制约,如旱、涝、水、虫都足以成灾,造成农业的负增长。而四川人口在一个很长时期内却是正增长的,农业生产如果没有大的突破,农产品的商品率可能还会下降。因此,解决农业问题要考虑制定综合对策。

(1)在四川建立开放型农业生产经营体系,就要重视创汇农业的发展。四川的创汇农业有的地市已经实行规模经营。比如,江津、巴县一带的广柑出口到苏联就很受欢迎;茂汶的苹果外销一直享有盛誉,甘孜、阿坝的松绒畅销日本等国,黔江地区魔芋在香港、日本也是畅销产品;崇州、温江、郫县的竹编在西欧、中东销路也很好;宜宾、叙永、江安的竹器在东南亚大受欢迎。但是,这些传统的创汇农副产品,花色品种单一,水果品质退化,魔芋加工不精,在一定程度上影响了在世界各地销售。

(2)要使创汇农业能够有较大发展,在技术经济政策上要做适当的调整。

第一,要坚持改良品种,以优良的品种打入国际市场。四川有些地区的水果品质退化,果小,味不正,产量低,推广优良品种就成了创汇农业的重要任务。事实表明,优良品种才能占领国际市场。比如江津、巴县一带的鹅蛋柑与日本的大柑嫁接,就产生一种籽少、果大、味甜的品种,在国际市场上很有竞争力。

第二,通过建立创汇农业的生产基地,实行规模经营。四川的创汇农业相当一部分是集中的,但也有很多是分散的。分散部分对规模经营很不利,但集中又要防止重搞人民公社那一套"一平二调"。可以以专业户为基础,实行联户经营,合作经营,向小农场过渡,使经营管理更加科学化,让创汇农户的联合创造更多的收入,使农民得到真正的实惠。这样,规模经营就能推广开来。

第三,建立一个比较稳定的市场。市场不稳定,就可能使农民在经济上受损失。四川过去种中药材,"少了赶,多了砍",一遇市场上有波动,马上就停止收购,弄得农民哭爹喊娘。要使创汇农业的国外市场相对稳定,外贸部门和农村专业户在与外商签订合同时,最好签订中长期合同,在农户经济受到损失时,要给一定的经济赔偿,使他们不致丧失再生产的能力。

第四,在银行贷款、税收上要支持创汇农业的发展。在内地商品经济不发达的情况下,发展创汇农业,资金是一个重要问题。银行可以择优扶持那些在国际市场上畅销的产品,推动农业创汇企业和农户改良品种,实行科学管理,提高生产能力。在税收上,可以实行优惠政策,以鼓励其发展。

第五,正确处理粮食和创汇农副产品生产在资金、土地上的分配比例关系。在粮食面积稳定的基础上大力发展创汇农业,强化四川农副产品的深度加工,使之增值出口,提高四川农业创汇能力。

第六,发展新兴种植和养殖业。比如,在高寒地区种人参,在雅安、达县发展养蛇,蛇肉可以销售香港、日本。蛇毒则贵于黄金,其价格每克比黄金高10倍。逐渐发展的养蝎、养牛蛙也是出口创汇的新门路。

13. 调整产业结构,促进四川经济向内外开放。目前,四川产业结构很不适应开放型经济发展,这种结构是长时期以来逐步形成的。

(1)四川经济结构的发展和演变大体上经历了三个阶段:第一个阶段是1950年到1964年,由农业型结构转移到重型结构。第二个阶段是1965年到1980年,"三线"建设和军事性重型结构形成期。第三个阶段是1980年以后新发展时期。第一阶段可以说是奠定了四川重工业结构的雏形,1959年重工业产值第一次超过了轻工业。第二阶段强化了原有重工业,大规模开展了"三线"建设,形成了四川独特的军事性重型结构。1970年工业总产值超过了农业总产值。第三阶段,是新发展时期,将持续到2000年以后,贯穿于经济结构的调整、改革的过程。

（2）第三阶段与第一、第二阶段不同，这种不同集中表现在三点上。

第一，经济发展的战略目标不同。由于人民生活水平由温饱型向小康型转变，大农业、轻工业必然大发展，以满足人们日益增长的多层次的需求。这种新的态势构成了对军事性重型结构的严重挑战。四川在"六五"期间和1986年、1987年，轻纺工业、家用电器工业的基建投资占总投资的10%以上，增长速度分别为13%、4%、17%，接近和超过了重工业发展的速度。据专家预测，这种发展势头会持续到1995年以后。在1992年，轻工业可能超过重工业，使四川的产业结构从军事性重型结构进入一种特殊的二元结构，即重工业、轻工业协调型结构，这是四川经济走向现代化的、产业层次高级化的重要阶段。到那时，代表四川技术进步标志的机械电子工业、精化工业、生物工程、核工业将逐步转向社会型（军民结合型），成为四川产业外向发展和实现产业升级的主要支柱。

第二，动力不同。第一、第二阶段，四川经济发展以满足国家计划需要为目标，主要资金来源靠国家投资。在第一、二阶段的极值点上（即1957和1970年），国家预算内投资分别占基本建设投资的99.6%和96.5%，而第三阶段主要靠国家、市场、社会的引导，由利益驱动解决投资方向，主要资金要靠四川自己解决，国家投资将大幅度下降。

第三，运行机制不同。第一、第二阶段经济运行机制是计划，经济按计划运行。第三阶段则处于集中型的产品经济向有计划的商品经济转化，运行机制是计划和市场相结合，国家通过计划调控市场来指导企业的生产经营行为。

（3）四川经济结构在第三个发展阶段中，有三个方面影响了四川产业结构从军事性重型结构向重、轻协调型转化。

第一，产业结构综合化、同构化、低级化严重。四川产业结构形成了一个门类齐全、自成体系、自我封闭的趋势。从省这个层次看，全国40个工业部门，四川省就有39个。从地市这个层次看，工业部门有39个，占全省20个地市的80%，使地市经济发展的专业化水平低，优势难以发

挥。四川农业和工业的比重是 41.7∶58.3;农轻重的比例为 41.7∶25.8∶
32.5。这种结构与全国比,就有 9 个省区和四川大体一样(相差不超过 ±
4%)。省内各地市的结构也有这种同构化趋势,20 个地市农、林、牧、副、
渔的比重基本上同构化(相差不超过 ±3%),同时,四川产业发展还表现
为低级化和不良性的同一。省际和省内同构化的产业,大都表现在传统
的低技术产业上。比如,川南几乎乡乡都有酒厂,川北县县都有丝厂。因
为酿酒、缫丝都是传统的低技术生产工艺,很容易被人掌握。在运用技术
的产业中同构化表现在经济效益好的产业上,如加工业,本来有的地区和
县没有条件搞机器厂,但考虑到能赚钱,也在闹声中上马,生产的机械产
品质量低劣,又不得不下马,造成很大浪费。

第二,产业结构中超前与滞后并存,短缺和闲置同在。四川在工业化
过程中机器制造业超前的发展与基础产业滞后并存,经济发展的总体效
益低下。

四川产业结构短缺和闲置同时存在。作为基础性的电力十分短缺,
近三年来全省缺发电装机容量 220 万—240 万千瓦,使每年因缺电损失
的工业产值均在 100 亿人民币以上,占实际工业产值的 30%。与电力短
缺并存的"三线"工业能力大量闲置。尽管四川不少机械工业技术比较
先进,工艺设备精良,技术力量雄厚,生产规模大,但不能发挥作用,经济
效益比较差。

第三,产业关联度较低。四川产业结构中,先进产业和落后产业并
存,先进的产业往往是嵌在落后的工业层内,产业与产业之间缺乏有机的
联系,使一些先进的产业脱离四川的工业基础超前发展,致使四川的产业
关联度低于全国平均水平。工农业之间,轻工业和重工业之间,军事工业
和民用工业之间,重工业行业内部之间的关联度都比较低,不能形成一种
合理的产品链和产业群体的优势。因此,尽管四川的机械工业产品在全
国,甚至在亚洲都有优势,但因生产批量小,成本高,经济效益不理想,不
能完全使产品优势转化为商品优势,不能在国内外市场上占到应有的

份额。

（4）从产业结构上讲，四川要走出盆地，在第三个发展阶段的战略选择上，要注意优化产业结构，实行比较倾斜的产业政策，以调整产业结构。

第一步，实行大幅度倾斜的产业政策，改善短缺状况。把投资倾斜到能源、交通两大行业上，以补还历史欠账，缓解结构性的矛盾。对其他产业通过大规模的挖掘内部潜力，进行技术改造，使资产存量优势充分发挥出来。倾斜性地发展能源、交通，可能会使经济增长速度暂时降下来，但从战略上看，可以大大增强四川经济发展后劲。

第二步，在结构基本协调后强化产业的关联度。增强化肥、交通、农业、机械、电子、建筑等产业的投资，使各产业部门互相衔接，彼此促进。

第三步，强化外向型产业。随着产业结构高级化和四川工业化任务的完成，一批外向型、高科技的产业在全国和全世界就会崭露头角。我们预测在 21 世纪，四川的航空工业、宇航业、核工业、电子工业将会把高科技优势转化成商品优势，建立具有实力的高科技外向型的企业集团，争取在世界市场上占到应有份额。

（5）在当前，要把产业调整的重点高度倾斜到能源、交通上。根本出路在于开发水力发电，加快"三峡替代方案"的设计，尽早完成雅砻江、金沙江、岷江、大渡河梯级开发工程，建设二滩电站，加速向家坝、罗渡溪等大型电站的前期工作，同时抓一批火力发电厂的扩建和改造工程；恢复安树铁路的建设，引导黔煤入川，建立火力发电站，实行水火并存，以水力发电为主的战略方针。提倡企业办电，企业自增电力后，不减少国家计划供电量，企业多余电力可以议价出售，以调动企业办电的积极性，缓和四川电力供应不足的矛盾。

实行科学合理的产业政策。产业政策的重点要促进以家用电器、发电设备、工程机械、仪表、电子产业及元器件、民用机械、水泥及水泥制品、纸张、食品（饮料酒）、卷烟及包装业、猪肉及肉制品、棉麻丝纺及服装 12 类产品为龙头的优势产品链的形成和发展，使机械、电子、建筑建材、食品、轻纺成为支撑四川经济发展的五大支柱产业。同时,把农业、能源、交通、冶金、化工等基础产业作为四川长期产业政策的根本方向并与此相适应。四川的产业投资政策应向五大支柱产业高度倾斜,兼顾某些基础产业。五大基础产业中的化工、冶金、交通三种产业应以中央为主,多方集资,省里配合,积极发展。

与此相适应的产业组织政策:第一,要放活五大支柱产业,促进其重新组合和优化组合,可以实行股份制、合资经营、拍卖、兼并、租赁等多种形式。第二,五大基础产业也可以适当地引入竞争机制。与此相适应的产业技术政策,应将省内的技术投入尽可能向五大支柱产业倾斜,兼顾基础产业,加速引进国外、省外先进技术和管理。与此相适应的产业技术政策是:五大支柱产业应以市场为导向,沿城市和"一江三路"(长江,宝成铁路、成渝铁路、襄渝铁路)配置,为四川经济的外向发展创造条件。五大基础产业中的能源、冶金、化工应以资源为导向,尽可能接近原料、燃料产地。产业结构的调整和产业政策确立都要有利于四川开放型经济的发展。

14. 巩固和扩大省外市场,广泛开拓国际市场,促进四川开放型经济的发展。要强化国内外市场的研究,目标是要造成一种新的格局:四川的企业和企业集团,应在巩固和发展省内市场的基础上,迅速扩大省外市场的份额,因为它们能够把握国际市场的状况和问题,比较容易把自己的产品或劳务打入国际市场,国际市场和沿海的先进技术、资金等稀缺要素,通过它们也比较容易进入四川,形成四川与国际市场、国内市场的良性循环。

(1)建立或改造原有一些机构,使其专门从事沟通四川实业界与国际市场及沿海的经济关系,促进四川经济的发展。我们设计了两种可供选择的方案:

第一,新建一个国际、国内(重点是沿海地区)市场信息中心,专门收集国际市场和沿海地区市场的情报,研究国际市场的变化,然后传递到一些主要的外向型企业,让它们了解世界市场动向,涉入世界市场。这个机构由政府来办是困难的,经费和人员编制很不容易解决,如果这一机构由民间来办,挂靠在四川省经济信息中心,可能好办得多。这样的机构不需要国家给编制,主要职能就是沟通国际市场和四川企业界的联系,经费可以用有偿服务来解决。

第二,改造四川省经济信息中心。这一机构目前主要经营计算机服务,对于省内企业界提供信息服务比较差。这一机构只要扩大自己的职能,增加沟通国内外企业联系的功能,四川省经济信息中心就可以成为国际市场、沿海地区与四川企业界的桥梁。这样就不必重新建立机构了。

(2)在四川举办经贸会。过去,主要是通过广州交易会使外商直接了解四川产品的,但广交会对四川来讲有三大局限性:第一,广交会作为全国性的对外交易会,不可能吸收四川更多的产品。第二,四川作为全国的一部分,在广交会上地位不突出,效果十分有限。第三,许多外商到广州参加交易会手续麻烦。时间耗费较多,经费开支也大,不愿或不能到广州参加交易会,从而使四川的产品失去许多与外商成交的机会。因此,为了突出四川的产品,使四川尽可能多的产品在国际市场上亮相,最好的办法是四川独自在成都举办经贸会,邀请外商参加,一年一次,逐步涉及西南地区。让四川了解世界,世界也了解四川。

(3)把发展旅游业同开拓国际市场结合起来。从近几年的情况看,在来四川旅游的客人中,有相当一部分是企业界人士,只要我们四川企业界的同志肯下功夫,对开拓国际市场也是很有价值的。比如,邀请外商来厂参观,恳谈,交流信息,在纪念品上做广告等等多种形式,让四川产品逐步走向世界。

(4)利用"海外关系",广泛开拓国际市场。四川解放比较晚,到台湾、香港、美国的人不少。因此,利用私人"海外关系",了解国际市场,进而开拓国际市场,其好处是不可低估的。据我们在福建、广东等省调查,效果比较好的途径有两条:第一,邀请四川籍港澳同胞、台湾同胞和海外侨胞回川观光,让他们了解四川的产品和劳务状况。一则我们可以从他们的身上了解国际市场行情,二则我们也可以通过他们向海外做义务宣传和打广告,把四川的产品和劳务状况向海外的实业界传播。

第二,通过探亲了解世界市场,搞好商品贸易。海外亲朋邀请四川人去香港和外国探亲,那是一种机遇。让他们出去,通过亲属的人际关系,以互惠为条件,借助国外企业,打开四川走向世界市场的大门。

(5)聘用外国代理商。四川地处内陆,对外国的商情不甚了解,而利用国外当地商家代理,实行利润分成,也是打入国际市场的重要途径。

(6)与沿海各省市、特区进行开拓国际市场的协作。沿海省市、特区与海外市场联系较紧密,四川可以通过与沿海地区的联营和合作,"借船出海",还可以利用他们的先进技术改造我们的企业,实现"借梯上楼",提高产品质量,增加花色品种,打入国际市场。

15. 调整外资引进政策。

(1)四川引进外资的政策是正确的,取得了很大成就。1988 年年底,四川(不含重庆)全年利用外资 2.3 亿美元,比上年增长 27.1%。年末省内有中外合资和合作企业 73 家,比上年增加 34 家。几年来,利用外省直接投资,在一定程度上弥补了省内建设资金的不足,尤其是外汇资金的不足,加快了四川电力、交通、通讯等基础设施建设的步伐。通过兴办中外合资企业,引进了先进技术和现代化管理经验,培养了一批高级经济技术管理人才。通过利用外资引进技术,增加了社会新产品,扩大了出口额,发展了对外经济关系,积累了在内陆省兴办外资企业的经验,对四川经济的发展起了推动作用。

(2)四川利用外资、引进技术也还存在一些问题。

第一,外资投向结构不合理,生产性项目和能出口创汇项目的投资比例偏小。以 1987 年为例,生产性项目共有 14 个,占外商总投资的 11%,非生产性项目虽然只有 7 个,但却占了外商投资的 89%。目前,正在执行的 20 个项目中,能出口创汇的仅占 4 个,占总项目的 20%。

第二,配套资金不落实,外商投资消极观望,造成部分企业筹建周期长。凡是依靠自筹资金与国际贷款配套或与外商合资、合作或进行补偿贸易的企业,大都不同程度地存在着配套资金不落实、集资缓滞的问题。

第三,外资企业外汇收支不平衡。1987 年外商累计在四川实际投资建企业共 27 家,其中能自求外汇平衡的 16 家,不能自求平衡的 11 家。由于一些外资企业出口创汇少,按照目前的债务结构和贷款条件测算,四川对外负债将以平均 25% 以上的幅度上升,逐年还本付息额将占计划内外汇收入的 25% 以上,这种还本付息额的增长速度将造成四川比较沉重的外债负担。

第四,外资企业的外部条件差,水、电、气等不能保证生产需要,影响了创汇收入,也影响新的外商的投资。

第五,在技术引进方面。一些行业离开了宏观控制,不重视新技术的消化和吸收,盲目引进、重复引进问题也长期得不到解决。

第六,对外商资信审查不严。中方合营单位有的竟批准在合同以外承担义务,蒙受经济损失。据我们调查,1987 年由于外方资信不好,资金不能及时汇入川内的就有 6 家,投资额达 134 万美元。在这种情况下,不得不更换外商,重新开办企业的就有 3 家。

(3)根据这些新情况和新问题,我们要注重调整政策。

第一,正确引导外资的投向。为了把急于寻找出路和市场的国际资本引向生产性部门,必须把利用外资与企业的技术改造结合起来,在项目审批时,要鼓励技术改造项目,尽量不搞新建项目。

第二,引进外资的重点应放在优势产业和短缺产业上。外资引进放在优势产业上,有利于改造机械制造业,有利于使“三线”企业从封闭型转到军民协调型,以增加社会的有效供给,推动四川产业结构的调整。外资的引进还要放在短缺产业上,四川经济发展短缺的是能源和交通。由于能源和交通两项产业的投入时间长,投资回收慢,最好使用国际货币基金组织的低息或无息贷款,这样可以使我们少付一些外债利息。

第三,加强宏观管理与协调。引进外资要与四川的经济实力和管理水平相适应,既要防止闭关自守,又要防止盲目引进。要建立健全监督机制,设专门检查外资的使用审查机构,设立吸收消化引进外资和先进技术的专项基金,建立全省外商投资企业协会,进行行业管理和协调,使引进的资金和先进技术发挥更大经济效益。

第四,改善投资环境,尤其是软环境建设。四川地处内地,交通、信息都制约着外资的引进,如果不在投资环境上下功夫,就更不容易吸引外商来川了。

在硬环境上,土地作价要合理,水、电、气、通讯等基础设施都要为投资者创造条件,尽量做到投资者在较短时间内能得到利润。

在软环境上、在税收上要给予一定的优惠,并在法律法规上要按国际、国内的惯例使其取得合法收入,并按当时国际汇率使外来资本获得的利润能换汇出国。对于那些不愿换汇出国,而用于继续在川投资的资本,在利润分成上还可以适当提高,以鼓励外来资本继续投入川内。

16. 调整外贸政策,促进四川经济全方位开放。外贸是四川开放型经济发展的重要途径,外贸情况如何,直接关系四川对外开放的广度和深度。近几年四川外贸总值都在不断地增长,每年平均递增 7.4%,1988 年全年进出口额达 11.17 亿美元,比上年增长 14.5%,出口总额为 8.63 亿美元,增长 18.2%;进口总额 2.54 亿美元,增长 3.7%。但与先进省份比较却相差很远。因此,我们必须深化外贸体制改革和调整政策。

(1)把引进技术装备和出口创汇紧密结合起来。日本外贸的基本方向就是“一引进,二国产,三出口”,引进是为了出口。日本的经验是值得借鉴的。要实现引进和出口创汇相结合,外贸政策可做适当的调整。

第一,在制定引进技术政策时,要把能出口创汇这个指标考虑在内,在引进技术的总金额中确定 30% 作为“企业创汇基金”,规定这部分资金只能给出口创汇企业使用。

第二,对于引进能创汇的项目或企业,政府要从人民币配套、上缴利税以及设备、投资、供应、人员培训等方面提供方便条件和实行优惠政策。

第三,对于引进项目,除了严格审批手续外,事前要由有关部门邀请专家学者和领导干部对其出口创汇能力进行可行性论证,不论证就不审批。

(2)建立外贸调节基金,提高四川外贸的能动性。对外贸易的基金,既包括人民币,又包括外汇资金。这两种资金四川都短缺,使得很多该上的进口替代或出口推进项目不能上,出口生产能力无法增加,影响四川出口创汇产业的发展。

从四川的实际情况出发,从总体上讲,资金是短缺的。但是,如果从具体的企业和地区来看,一些部门和企业的人民币资金和外汇资金在一定时期内可能出现富余,但由于目前我国的金融和外汇体制方面的问题,这两种资金的横向使用都有困难。部门、地区和企业不得不把它闲置起来,这就为建立外贸调节基金提供了深层的物质基础和内在的可能性。

建立外贸调节基金可以较好地解决一部分企业资金闲置,另一部分企业急需资金的问题。为了促进对外贸易发展基金的高效益的使用,第一,建议省和各地市州两级建立外贸发展基金会,专门管理外贸发展基金的筹集、管理和使用;第二,人民币和外汇的兑换比价不能按现行的“官价”,而主要应根据市场需要浮动;第三,严格管理外贸调节资金,使其使用要以支援生产和扩大出口创汇为宗旨,不得参与社会上的投机换汇活动。

(3)加强外贸人才的培养和出口队伍的建设。全省从事外贸工作的干部有3786人,其中精通外贸专业知识的368人,能同外商用外语会话的只有123人。这种状况根本就不能适应四川外贸发展的需要。因此,要挑选一部分有培养前途的干部到外语学院、外贸学院进行专门培养,接受系统的专业教育,同时,对在职干部轮流进行培训,以提高整个外贸人员的素质。

17. 推进机电产品出口。四川1988年机电产品出口额为1.03亿美元,比 1987 年增加了 17%,形势是好的,但不可盲目乐观。要及时解决新问题,适度调整政策,才能继续推进机电产品的出口。

(1)当前存在的主要问题。一是中央和省里制定的鼓励和扶持机电产品出口的政策不兑现,如生产机电产品的企业优先进行技术改造、更新改造资金,在国家宏观指导下,由企业自行决定使用等都没有得到落实。二是机电产品价格与价值背离,加上国际市场上汇率的波动,很多产品的外销价格与内销价格比较,都有偏低的情况,影响了企业的积极性。三是生产机电产品行业与机电产品进出口公司在利益上的矛盾和摩擦,使机电产品出口不够通畅,影响了企业的积极性。四是机电产品品种少,质量不稳定,产品成本高,设计制式落后,交货不及时,售后服务跟不上,影响了出口创汇。特别值得提出的是四川机电产品售后服务问题,由于四川地处内陆,远离海外各国,我们的产品出口后,如果不搞好售后服务,就始终都是"一锤子买卖",成交一次就不会有二次,这样我们产品的价格优势就会削弱。

(2)调整机电产品出口政策。一要落实优先改造机电产品出口为主的企业,以提高产品质量,逐步建立出口基地,从而改变四川机电产品制式落后,质量不稳定,品种单一,批量小的劣势。要给机电产品出口为主的企业以外贸出口经营权,让它们直接了解国际市场,把自己的产品推到国际市场接受考验,使四川的机电产品质量达到国际标准。三要加强中档产品的开发。四川的机电产品市场主要在东南亚、东欧、南美等地区,高级化的机电产品对于这些地区的接受能力和承受能力都有一定的困难,四川的机电产品大都是中档的,在这些地区很受欢迎。四要组建企业集团,把四川机电产品单个的优势转化为集团优势。要鼓励企业以产品为中心,本着自愿的原则,以联合体的形式,组成出口企业集团,逐步实现以企业自身的力量,通过公平竞争、兼并、参股、控股的办法,打破"三不变"的桎梏,实现专业化改组和生产要素的重新组合,增加四川机电产品的国际竞争能力。五要建立出口企业的利益驱动机制。四川出口机电产品由于加工深度高,在生产和流通的各个环节上平均销售利润率一般比国外高,纳税的比重大,出口换汇成本往往比规定的换汇成本高出10%—20%,这就不能真实地反映企业生产出口产品的盈利情况。因此,目前国内价格体系和汇率尚在调整的时候,应该在退清产品税和增值税的基础上,核定合理的平均换汇成本和主要产品的换汇成本,使企业在经济利益上得到比较公正的补偿。对于那些创汇量大,而用汇量也大的产品,如果出口很有前途,内销市场也紧俏的,可以考虑在退清各道环节产品税或增值税后,采取外汇全留,不予补差,内外统筹,收支互补,自负盈亏的办法,搞活生产和经营,以保持四川机电产品在国际市场上的地位和市场占有率。

18. 强化劳务输出。四川劳动力资源丰富,社会劳动力占全省总人口的比重,20 世纪 50 年代为 30%,六七十年代为 40%,80 年代为 50%。1987 年,全省社会劳动力 5100 万人,全四川需要就业的大约有 500 万人,其中农村富余劳动力 350 万人,城镇剩余劳动力 150 万人。在农村,如果按照每个劳动力负担 4.5 亩耕地计算,全四川只需农业劳动力 2122 万人。同时,农村人口增长很快,自然增加每年达 100 万人。据 1988 年有关部门调查,以 1987 年为基数推测,到 2000 年全省农村相对富余劳动力就高达 2450 多万人。农村这部分剩余劳动力怎样安置?城镇这一部分剩余劳动力又怎样办?这是关系四川经济发展的重大问题。

(1)成立劳务输出的专门机构,附设在省劳动厅下面,专门管理劳务输出的各项经济活动。目前,四川劳务输出基本上是由各部门和各单位的劳动服务公司管理,由于劳动服务公司经营面广,很多公司都处于亏损状况,自顾不及,哪还有时间来管劳务输出呢?因此,需要有专门的机构来领导这一项复杂、艰巨、重大的经济活动。

(2)实行一定的倾斜政策,鼓励支持劳务输出。从目前的情况来看,要从资金、政策上做一些有利于劳务输出的调整,才能促进四川劳务输出的发展。

第一,银行对于劳务输出公司可实行优先贷款,扶持一些业务经营好、经济效益好的劳务输出型企业。可否考虑在省内资金富裕的企业集资或发行股票、债券等。

第二,由于从事劳务输出企业与生产企业的差异,在国外、省外承包工程,责任重大,工作复杂,因此在利润留成比例上,这类企业留利应该比其他企业高一些。也可考虑由保险公司设立劳务输出专项保险,以备不测变化。

第三,对于劳务人员,由于身居异地,工作效率高,生活开支大,生活不习惯,在劳动报酬上也应该比其他企业高一些。

(3)对于农村富余劳动力的劳务输出,应该是县、乡组织为适当,实行宏观调控,省、市不宜管得过多,更不能因为当前出现一些盲流,就用行政的办法去禁止县、乡组织劳务输出。当前要做好这样几件工作:

第一,立足本省,做好省内劳动力的对流。四川地广人多,自然资源丰富,但劳务、人才分布不平衡,经济发展也不平衡。一方面是大城市和成都平原的县、镇劳动力大量过剩,另一方面三州和盆地边沿地带劳动力又缺乏,应适当调整政策,适度提高劳动报酬,利益驱动规律就会把这类劳动力和人才调整到这些地区去,以推动四川欠发达地区的经济发展。

第二,面向全国,做好"川军出川,下山入海"工作。由于沿海地区实行"三来一补","两头在外",需要大批的普通劳动力,我们应继续占住东南沿海地区的老市场,并逐步扩大范围。同时,对西北地区,我们要采取以技术智力型劳务为主,技术智力型与体力型相结合的方针,参与这个地区的经济开发。

第三,放眼世界,打入国际劳动力市场。四川有8000多万人口,其中有5000万劳动力,目前只有5000多人在国外从事劳务活动,因此这只能算是起步。要克服我们现行的单一化劳务输出模式,提倡多元化劳务输出。除中东市场要巩固发展外,要积极开拓苏联远东市场、东欧市场和亚洲太平洋地区的市场,挤进西欧和北美市场。

(4)在劳务输出的类型上,要做到因地制宜,满足不同劳务市场的需要。在苏联、东欧要以技术体力型劳务输出为主,以便在高寒地带作业;西欧、美国、日本应以消费型劳务为主,输出饮食、饭店劳务就受欢迎;在非洲市场和发展中国家应以输出知识型劳务为主,如农业中的杂交水稻技术、针灸技术等就很受欢迎。

(5)在劳务输出的渠道上,应把有组织、有计划的输出与民间自发的输出结合起来,允许外省、外国独资企业、合资企业等直接来四川招聘工人。允许以国家为主扩大劳务输出外,鼓励民间团体开展劳务输出,允许个人通过各种关系到国外务工、务农或经商。

(6)善于掌握信息,捕捉机会,扩大市场。劳务市场变化多端,竞争激烈,而四川的劣势之一就是信息不灵。为了改变这种状况,就要善于搜集多种劳务需求信息,组织信息网络,像遂宁市那样,同成都、北京、天津、沈阳、长春、洛阳、上海等市的劳动部门组成劳务合作网络,经常相互交流信息,使劳务输出的路子越走越宽。如果四川各地区和城镇能像遂宁那样,四川的劳务输出将会出现一个崭新的局面。

(7)加强劳务培训,提高劳动力素质。四川劳动力素质不高,已越来越不适应各地的需要。应采取多种形式,有目的地加强劳动力培训,较快提高他们的素质,这是扩大劳务输出的根本之策。

19. 在工业结构调整中,促进外向型企业的发展。四川工业结构的调整方向,除了强化能源、交通外,还要强化能创汇的外向型企业的发展。一般来说,出口额占企业生产总值50%以上的企业,就可以称为外向型企业。在四川(不含重庆),这种类型的企业共有265家,创汇2.7亿多美元。在当前金融紧缩时期,由于贷款"一刀切",普遍反映资金周转不灵,企业分成外汇不落实,出口困难,使一些外向型企业面临严重的困境,有的企业已经到了破产的边缘。因此,我们要注意调整政策,促进外向型企业的发展。

(1)认真落实外向型企业的优惠政策。这些政策包括中央的和省委、省政府制定的政策。如退清产品税和增值税、贷款中的贴息贷款、优惠贷款等等,起码要让外向型企业能够活起来,生产高质量出口产品,增强四川企业的创汇能力。

(2)外向型企业要与金融机构相结合。外向型企业的产品是直接参加国际市场竞争的商品,要使它具有竞争力,没有资本做后盾那是不能设想的。外向型企业要与工商银行建立稳定的借贷关系,企业要讲信用,银行要给予支持,这样外向型企业才有实力。同时,要允许外向型企业创办自己的资金融通机构或财务公司,吸收一部分社会闲散资金,以增强自己的经济实力,使四川的外向型企业站稳国内市场,并不断提高国际市场的占有率。

(3)组建外向型企业集团,以集团列阵进入国际市场。四川的外向型企业有一部分是高技术、高智力、高质量的企业,从单个企业来讲是世界一流的。但是,生产的产品不配套,组装功能差,加上条块分割,使出口的批量比较小,规模生产经营受到限制,还时常出现国内同行企业之间的竞争。因此,要整顿外向型企业,必须用组建外向型企业集团的办法来增强它们的对外竞争能力。

组建外向型企业集团,要以一个大型企业或中型骨干企业为中心,以一种"拳头"产品为内核,可以实行整机生产联合、零部件扩散工艺性协作、成品加工等多种形式的联合。在组织上要坚持平等、自愿、互利、互惠的原则,联合一批中小企业,形成规模经营的优势。

一般说来,外向型企业集团应该是紧密型的,各成员企业出口用一个商标,价格统一,质量同一,避免出现自我竞争。利益分配实行风险共担,利益共享。集团内部组织要严密,责任要明确,利益分配要合理。这样,外向型企业就可以雄厚的实力进入国际市场。

(4)推进外向型企业实行国际化经营,有计划地组建跨国公司。四川除了成都无线电一厂、峨眉水泥厂等在国外有联营企业和分支机构外,其他外向型企业几乎都没有实行国际化经营。在当前,四川外向型企业出口存在着三大阻碍:一是出口面临严重竞争,一方面是国内各省市之间的竞争,另一方面是国外新兴工业化国家和地区产品的竞争。此外,西方工业发达国家贸易保护主义抬头,目前国际贸易实行的普惠制(平均关税率为5%)待遇,对于发达国家来说是优惠,对不发达国家来说则是关税壁垒。至于非关税壁垒政策,对我们打击就更严重了,其中四川的纺织、轻工初级产品都在其内。二是许多发展中国家采取进口替代政策,限制了我们产品的出口,也影响了外向型企业开拓国际市场。三是国外的资金和先进技术引进困难,也会影响外向型企业产品质量的提高和产品更新换代,使外向型企业的功能难以全部发挥出来。因此,有步骤地在国外兴办实业,组建以省内企业为核心的跨国公司,实行经营国际化就成了外向型企业的最佳选择。

从目前看,外向型企业的国际化经营起码有三条好处:

第一,经营国际化将增强外向型企业越过贸易壁垒的能力。向销售市场所在地投资办厂,只要工厂的生产率超过当地其他企业生产率,就能使外向型企业成功地越过贸易壁垒,扩大出口。同时,在销售地直接投资生产还有助于外向型企业随时掌握、熟悉当地的政策、法规,提高外向型企业适应当地市场的能力。

第二,经营国际化将扩大外向型企业国内部分产品出口。海外投资提高了企业知名度,强化了企业产品的信任感,这就可以带动国内产品、半成品、零部件、元器件、原材料等的出口。

第三,经营国际化将有利于外向型企业利用国外资金,有利于使用先进技术、人才和管理经验,有利于使用国外自然资源,克服国内短缺资源的制约,有利于造就一大批能够在国际经济舞台上叱咤风云的企业家。

所以,实行国际化经营,实质上是"借鸡生蛋",发展经济,利用国外资源、资金,在国外赚钱,然后把资金引进国内的经济循环中,它是四川外向型企业的正确选择。政府应该从资金、人才、管理等方面支持它们走向世界。

20. 推进乡镇企业的外向发展。四川的乡镇企业是出口创汇的一支突击力量,目前每年都有 3600 多万美元的产品进入国际市场,并在四川外向型经济发展中占有重要位置,应该受到重视。但是,四川乡镇企业出口的产品大都是初级产品和传统的手工艺品,如草编制品、竹器制品、中药材的初级产品,等等。因此,要进一步推进乡镇企业的外向发展,就要适当地调整外向型乡镇企业的政策。

(1)放心大胆让乡镇企业在国际市场上显身手。让乡镇企业生产出口产品,有些人不放心,怕影响了四川产品的声誉,这是一种误解。乡镇企业除了传统工艺产品一直都在国际市场上享有很高声誉外,现在又开发了一些新产品,如真丝手绢、刺绣真丝旗袍、三 A 生丝、硅铁、槐精等产品,在国际市场特别是香港市场成了热门货。同时,乡镇企业没有像国营大中型企业和国际市场直接联系风险大,它船小好转头,即使遇到逆风,破产了,农民回家种田就是了。只要国际市场需要,就应该大胆地让乡镇企业生产出口产品。

(2)把好质量关。按国际标准和国际惯例从事生产经营,出口产品应向高级化、深加工发展。乡镇企业由于资金短缺、技术力量薄弱,生产的产品除了工艺品外,都存在质量问题。质量是生命,质量是信誉,这是乡镇企业开拓和占领国际市场的根本原则。

(3)对于有出口任务的乡镇企业,在贷款上要给予扶持和帮助。在金融紧缩时期,对与大工业争能源、争原料的乡镇企业应该下决心压缩,贷款要加限制,这是必要的。但是,对于那些任务饱和,特别是担负有出口创汇任务的企业,不但不应限制,而且应该优先贷款,保证它们的产品能够及时出口,为增加四川的外汇贡献自己的力量。

(4)应该给省乡镇企业管理局以进出口贸易权。省乡镇企业局是统管全省乡镇企业的管理部门,每年担负了一定的出口任务,如果该部门没有进出口权,对国际市场的行情一无所知,指导乡镇企业的出口产品的生产就具有很大的盲目性,弄得不好,就会形成"多了砍,少了赶",使农民利益受到损害。因此,在省经贸委领导下建立乡镇企业管理局外贸公司,可能是推进乡镇企业外向发展的好途径。

21. 在旅游热中保持清醒的头脑,脚踏实地推进旅游业的发展。四川的旅游资源丰富,10 年来旅游创汇增加了 14 倍,对于旅游这种特殊的外向型产业的作用是不能低估的。随着经济的发展,人们生活水平的提高,面向国内和国外的旅游业还会进一步发展。但是,旅游业的发展最终要受到经济发展水平的制约。当前,四川旅游业中的一些部门,如旅馆(宾馆)以及旅游资源的开发就出现了"过热"现象。本来现有旅游饭店、宾馆都已经过剩、住房率不到 75%,然而又一批饭店、宾馆正要竣工投入使用,还有一批在建设中。旅游资源的开发也是如此,到处都在破土动工,开发效益极低,投入产出失去平衡。造成的这种争相"超前"发展的情况,破坏了旅游部门的平衡,造成行业内部的盲目竞争,而忽略了交通运输这个瓶颈,致使四川旅游业很难实现理想的经济效益。因此在整顿、治理经济环境中,必须调整旅游业的发展对策,才能使四川旅游业成为促进经济发展的重要产业。

(1)深化旅游业管理体制的改革。旅游业管理体制的改革,首先要政企分开,要划清省旅游局和旅游公司的职能和权限,旅游局行使行政管理的职能,总公司行使企业管理的职能。总公司在管理企业时,要下放权力,使企业有职有权,成为自主经营、自负盈亏、自我发展的独立核算的真正经营者。

(2)加强行业管理,进一步理顺旅游业发展的各种关系。旅游业的行业管理,就是对同类或相联系的企业实行归口管理。在方法上,要把过去的单纯行政管理改为通过行政手段,对跨部门、跨地区、跨所有制的旅游企业进行间接管理。也就是说,凡是旅游企业,无论是谁主管,都要从部门所有制和地方所有制中解放出来,由行业管理机构实行统一协调、统一管理。从四川实际出发,可以通过旅行社协会、饭店协会这种半官半民团体,由政府批准授权,对旅游业的各部门进行行业管理,适当减少一些政府部门、主管局对企业的不必要干预。

（3）加强旅游设施的配套建设。现在，发展旅游的关键配套措施是旅游交通建设，旅游热线的交通是制约旅游发展的最大因素。旅客到四川大有进不来、出不去、散不开的境况，给四川旅游业蒙上了一层阴影。如果能把重庆、成都、九寨沟三个旅游点的航空线路连接起来，四川的黄金旅游热线就建成了。这条热线上的重庆、成都都没有问题，关键在九寨沟的机场建设。可否先在九寨沟修建小型机场，允许国内的中、小型客机和直升机降落。据专家测定，建这样的机场有 2 亿人民币就可望建成。在此基础上，再修建大型飞机场，形成真正的"黄金旅游热线"。

（4）扩大四川旅游景点的宣传，在国外设立窗口，推进外联工作，实行多样化组团，扩展旅游点面。四川旅游资源是多样的，从名山来说有峨眉山、青城山、剑门山、巫山，由此可以组织名山大川考察团；从文化名人来讲，有苏东坡、诸葛亮、郭沫若，由此也可以组织成名人名士考察团；从古代历史古迹来讲，有三国蜀都，有秦王时的都江堰，由此可以组织三国演义史迹考察团，都江堰史迹考察团，等等。强化对外宣传，可以在日本东京、新加坡、香港、泰国等地建立办事机构。这样既可以由外国人组团，也可以由四川人组团，客源多，四川的旅游就发展起来了。

（5）以旅游为主体，实行旅工贸相结合。旅游业既然是一种外向型的产业，对于这种产业的开发就要有所创新。应该逐步做到寓旅游于商贸之中，如四川过去开展的商贸旅游就是一种经济效益和社会效益都好的项目。自贡的恐龙灯会，乐山的龙舟会就是成功的例证。仅 1988 年自贡国际恐龙灯会，就吸引了美、英、法、日本、韩国、意大利、联邦德国、新加坡等国家和我国香港地区的代表参加，会期除灯会收入 320 万元之外，商贸成交 5.69 亿元，签订经济技术项目 40 余项，引进资金 750 万美元。

（6）多渠道筹集旅游项目的建设基金。四川旅游要发展，资金是个大问题。当今世界各国的旅游者不仅是观光旅游，而且是有人文考察等需要。因此，这就需要建造大量宾馆、饭店娱乐设施，修筑高质量的公路，新辟机场、码头,购置适当的交通工具,等等。要解决建设资金,就要把思路放开一些,最好是国家拿一点,地方投一点,部门给一点,集体拿一点,个人出一点,这样资金就容易解决。对于大型工程最好是以国外低息贷款和发行债券的方式筹资,待工程竣工后,从收入中来偿还债务。

22. 创办内陆经济技术开发试验区。建立内陆经济技术特别开发区,以形成相对优越的局部经济发展环境是十分必要的。现在四川各地都在开办或准备开办经济技术开发区,从已经宣布建成的特别经济技术开发区来看,大都有这样的缺陷。

第一,口头上喊得多,目的性差。作为一个经济技术特别开发区到底是搞资源开发,还是引进外资,或是引进高科技,发展高技术产业?目的性并不明确,这样就使宣布的特区缺乏实质性的开发内容。

第二,大都没有实现配套政策。一些地方的硬环境太差,软环境又不配套,很难吸引外省客商投资办厂,更难以引进外资来川独办、联办企业。

第三,特别经济技术开发区范围过大。北京中关村经济开发区经国务院批准不过3.5平方公里,烟台也只划3.27平方公里作为加工经济特区;厦门湖里特别经济技术开发区才2.1平方公里,深圳沙头角新技术开发区不到2平方公里。我省一些地方动辄就宣布一个中等城市为开发区,哪有那么多资金来搞试验区的环境呢?因此,大多数的特别经济开发试验区都是徒有其名,根本就没有能力来进行开发。

我们主张在成都、重庆、德阳试办三个不同类型的真正的特别经济技术开发试验区,面积不能过大,目的性要明确,政策要优惠,投资环境要比沿海好,至少应与沿海相当,这样才能吸引外商投资。在方法上,要从四川实际出发,突出自己的特点,尽量少花钱,多办事。可以搞资源开发,也可以搞技术开发,还可以以一个或几个大企业为主体,通过出卖一定份额的股权来积累资金,把试办经济技术开发区与对企业的技术改造结合起来。在典型示范成功之后,再推广到其他地市州去。

23. 建立健全四川开放型经济体系的法制保障系统。目前,我国已经颁布了《中外合资经营企业法》、《海外经济合同法》、《外国企业所得税法》、《鼓励外商投资的规定》、《经济合同仲裁条例》等 60 部对外重要经济法律法规,这对我们四川经济的外向发展起了很大促进作用。

四川根据国家颁布的各种对外经济法律法规,于 1988 年 5 月 23 日重新修订了《四川省鼓励外商投资的规定》,对这个规定,反映是好的。

(1)它扩大了外商投资的范围,除了原有的直接投资的规定外,还包括了新的投资内容和形式。如可以购买股票、债券等有价证券,购买、参股或者承包、租赁经营企业,以及采用其他国际上通行的方式进行投资经营、开展经济技术合作。

(2)放宽了投资企业经营的期限,规定对经营期限可以在合同中双方约定,不受限制。

(3)对矿产资源,可以采用合资、合作、独资等方式,依法实行有偿勘探、开采。

(4)对产品出口企业和先进技术企业,以及能源开发和基础设施的外商投资,免征地方所得税、房产税、车船牌照税,并延长了免征的年限。

(5)对外商企业,保证优先供应水、电、气,享受与我省企业同等的收费标准,享受优先安排出口商品运输;对所需国家指令计划分配物资,统筹安排,优先供应,对非计划分配物资可以自由采购。

(6)对出口产品所需进口的原材料和配套物资,由省直接核发许可证,优先办理各项进口手续。周转外汇短缺,可申请借用、开设账户以及建立人民币信贷关系,可以通过国内外汇市场调节外汇余缺,调剂价格可自行议定,还允许发行短期企业债券。

(7)外商持有股票 25% 以上的企业,就可按中外合资企业对待。

(8)外商投资企业有权自行确定内部机构和人员编制。对录用人员优先办理调动手续,其工资、保险和福利待遇按国家对外资企业有关规定执行;对中方受聘人员的聘用和解聘,任何部门、单位或个人不得干预。出国考察、推销产品手续,从快从简办理;外籍职员在川享有与中国公民同样的购买生活必需用品和旅行、食宿的价格标准,并可获得各种咨询服务。

(9)为了加快和提高行政办事效率,对审批核发和转报的各类章程、合同、建议书、可行性报告,均在时限上作了明确的规定,等等。

这个法规虽然气魄大,但仍需进一步完善。例如,对于一些原则性问题和实质性问题,很多条款都是一笔带过。由于缺乏细则,在执行中的"任意性"、"流动性"、"脱节性"仍常常使外国商人感到困惑。

据我们对四川外商的调查,他们对四川的投资环境集中有四条意见:

(1)"税低费高",高经营成本,低生产效率。外商认为,在四川经营成本有两种:一种为有形的,如税收、劳动成本、土地使用等,费用确属低廉;另一种是无形的,属税法以外的高额成本,如人情、关系户、索扣等名目繁多,昂贵惊人,很难对付。仅就劳动成本而言,虽然比较低,但劳动素质一般较差,劳动生产率低,与国外相比还是高成本。

(2)缺乏法制保障。随着外商投资扩大,与此相适应的法律法规、实施细则却不能适应这种需要。就是过去有的法律,因没有细则,也常难以依法执行,甚至存在以人代法,以政代法现象,外商投资缺乏安全感。

(3)由中方委派的董事长、总经理、厂长,由于不熟悉海外经济法律法规和有关政策,不懂得先进科学的管理方法和国际商务惯例,只能按国内一套行政管理体制和制度办事。因而,影响合资企业的经济效益。

(4)外商企业"婆婆"多,机构重叠,部门之间权限不清,手续烦琐复杂,官僚主义作风严重,办事效率低,外资企业发生问题,常是"投诉无门",久拖不决,影响生产经营的正常进行。

为了推进四川经济外向发展,应根据我国和四川省已颁布的法律法规,逐步建立起与四川外向经济发展同步的法律法规保障体系。

(1)进一步健全外商投资法,完善外资法实施细则和外资的保障法规。比如,完善涉外投资保险制度,完善涉外土地法制度,扩大与各国和地区政府双边和多边的投资保证协定。

(2)应考虑四川自身的偿付能力,必须坚持利用外资的三原则:第一,外债总额要控制,结构合理,偿还与消化适应;第二,必须用在创汇、进口替代和拥有先进技术的企业,确实有较好的效益;第三,具有及时偿还本息的能力。除这些规定以外,还要统一规划在国际金融市场上的筹资配额,加强外资引进管理,制定票据法、证券法、企业拍卖法等,使外资利用制度化、系统化,避免在外资利用上的混乱而造成经济发展比例失调。

(3)建立和健全国际经济法律保障体系。

第一,积极参与和扩大政府的双边、多边条约的协定,争取"优惠国"和"普惠国"待遇,加强与新兴工业化国家、发展中国家的协调,争取发达国家的资金、贸易合作。妥善处置发达国家贸易保护主义等产生的各种摩擦。

第二,制定产品标准法,推行产品生产责任制,严厉惩罚伪劣产品,保障我国出口产品的信誉。

第三,制定产业出口顺序和出口结构政策。

第四,制定外贸法。完善专业外贸公司的经营机制,建立中央和地方外贸权限和行为的宏观控制机制,以法律形式防止地方间的耗损性的竞争。

第五,制定跨国公司法。鼓励我国资本和人才出国办企业。制定对"无形资本"即对外技术、信息转让以及工程承包等与劳务输出有关的奖励条例。

第六,在扩大外销、抑制内需的基础上,完善"三资"企业产品内、外销比例的有关法规,规定出口型企业改造、技术进步的标准,增强外向型企业的发展后劲。

(4)在全国性法规允许范围内,结合四川实际,制定地方性法规,保证外向型企业开拓国际、国内市场的权益。四川省应在不违反国家法令的前提下,对一些国家法规已规定的原则、方向,多制定解释性和细则性法规,这样才能真正做到经济外向发展而有法可依,执行起来又比较容易,从而使法规成为保障四川经济发展的有力武器。

简短的结论

24. 通过以上的研究,我们可以得出下述结论:

(1)沿海地区发展战略,不仅是推动沿海地区经济发展的强大动力,而且也是推动全国进一步对外开放的重要步骤;既是对四川经济发展的挑战,也带来了许多良好机会。

(2)四川要抓住机遇,迎接挑战,建立开放型经济体系。实行全方位对外开放,首先要真正克服"盆地意识"。"盆地意识"是传统的自给自足的自然经济观念和极"左"思潮的结合,它是四川改革和开放的主要思想阻碍,只有彻底冲破这一阻碍,才能进一步发展社会主义的有计划商品经济,让富饶的资源优势尽快转化为商品优势。

(3)四川经济的进一步开放是一种不可逆转的趋势。我们要善于利用国际形势的间歇和平发展机会,抓住当前世界经济结构的调整和传统产业的转移,充分利用沿海发展战略实施后带来的一切机遇,积极参加国内外的经济交换和竞争。其主要措施包括:加强农业基础建设,建立和发展创汇农业生产基地,调整产业结构,强化国际市场和沿海市场研究,调整外资引进政策,推进机电产品出口,强化劳务输出,促进外向型企业的发展,注意乡镇企业的外向发展,实事求是推进旅游业,试办内陆经济技术开发区,建立健全四川经济进一步开放的法律保证体系。要走出盆地,南下北上,占西进东,努力开拓国内外市场,创办成都国际经济贸易交易会。首先在亚洲太平洋地区站稳脚跟,不失时机地扩大对外开放的广度和深度,逐步建立四川的开放型经济体系。

(4)从四川的经济环境和经济实力来看,在四川要立即实行外向型经济战略模式是不可能的。但是,对于国际市场,对于在沿海地区发展外向型而腾出的市场这个问题上,不去调整我们的对策,不去争取占领也是错误的。历史经验告诉我们,在一个地方建立开放型的经济体系,既不能一哄而起,也不能一哄而散,而只能一步一步地去建设。

(5)四川经济的外向发展,突破口在于办好外向型企业。四川现有263家外向型企业,虽然还是星星之火,却担负了65%的外贸任务,如果这类企业能增加几倍,四川经济的外向发展就可以形成燎原之势。

(6)推进外向型企业与内陆经济技术开发区的联系,可以设想从点到面,从企业到开发区,进而从开发区到中心城市,形成一片一片的开放试验区。这样,四川经济的外向发展就可以形成片块连环的新格局。若干片块连环,就可以造成四川经济发展的全方位开放的大气候,形成一种四川经济发展的新模式。

(1989 年 8 月 28 日)

实行两个调节后的几个新问题

　　从 1980 年以来,在扩大企业自主权的同时,党中央又提出了计划调节和市场调节相结合的方针。实行这个方针,把单一的计划调节改为计划调节与市场调节相结合,使我国经济充满了新的活力。企业内在的经济动力与外在的竞争压力推动和促使它朝着社会需要的方向自我发展,不断增值。事事靠上面指挥和推动的情况在改变,长期遗留下来的供产销脱节的老大难问题开始得到了解决,整个社会经济生活发生了深刻的变化。

　　过去,企业总是把产值、产量放在第一位,现在变为"提高质量求生存",处处讲究商品信用,以"用户信得过"为目标,提高了商品在市场上的竞争能力。过去,企业安于生产老产品,现在是"增加品种求发展",加速了企业的技术改造和产品升级换代。过去,企业是用户上门不理,现在是主动送货上门,开展维修、安装、调试,帮助培训操作技术人员,"人求我变成我求人","等上门变成了送上门"。

　　过去,企业不讲究经济效果,不讲究经济核算,"吃大锅饭",现在是精打细算,降低成本,全面经济核算,实行薄利多销。过去,企业是"大而全","小而全","万事不求人",现在逐步走向专业化、联合化,用专业化协作的办法改组我们的工业生产。

当然，这些变化还是刚刚开始，但是，它已经呈现出一种明显的趋势，就是整个社会生产逐步朝着社会需要的方向发展。一个企业生产什么，生产多少，销售什么，如何销售，不只是靠国家计划来调节，而更重要的是考虑价格、利润、税收等经济因素来决定自己的经营方向，也就是说，要发挥价值规律的调节作用。过去，我们讲了几十年的按社会主义基本经济规律的要求办事，社会主义要最大限度地满足社会成员日益增长的物质文化生活的需要，现在才在两个调节相结合的方针指导下，真正开始做到了。实践证明，两个调节相结合一旦与企业的经济利益相联系，不但可以激励企业的进取心，调动企业的主动性，使企业对市场具有适应性和灵活性，而且对整个国民经济的发展都会发生较大的推动作用。这一点，我们必须加以充分的肯定。

邓小平同志经常告诉我们，"要注意新情况，研究新问题。"一年多来，在实行两个调节的过程中，也出现了一些新情况和新问题。这些情况和问题大体上可分为两大类：一类是属于贯彻两个调节中遇到的新问题，这些问题阻碍着我们进一步把经济搞活。这是主要的。另一类问题，是两个调节在实践过程中如何进一步结合好的问题。形成这些问题的原因，一方面是经济改革后解放了生产力与尚未改革的生产关系和上层建筑的某些部分的矛盾和摩擦引起的；另一方面是我们在实践经验不足引起的。所有这些问题都亟待我们去研究解决。

保护竞争与取消保护政策

实行计划调节和市场调节相结合的方针，要把经济搞活，企业之间就应当开展竞争，而首先遇到的就是"保护政策"问题。有的地区和部门为了让本地区、本部门的企业"吃饱"，采用行政手段封锁市场，人为地制造壁垒，限制企业之间开展竞争，保护它们自己管理的一些企业的"铁饭碗",规定本地区、本部门的产品,无论质量优劣,价格高低,都必须购买,不得向外地、外部门订货,否则要受行政处分。他们还规定,凡是向外地订货的企业,不给投资、不给贷款,还要银行拒付款项,等等。

在实行两个调节中,这种"保护政策"在理论上是错误的,在实践上也是有害的。

从理论上讲,"保护政策"是一种自给自足的小资产者和小农经济对抗社会化的商品经济和惧怕竞争的产物。在社会主义的计划商品经济形式中,价值规律对生产和流通却起着调节作用。在价值规律的作用下,作为商品生产者的企业生产的产品是通过交换才能实现其价值的。但是,任何一种商品的价值都不是由个别企业的生产者在自己企业里所实际花费的劳动时间来决定的。这就使那些生产条件差、技术落后的企业在生产某种商品时所消耗的劳动时间超过社会必要劳动时间,它们要补偿自己劳动的耗费,总是企图使自己的商品高于社会价值的价格出售。另一方面,那些生产条件好、劳动技能高的企业,在生产同一商品时所消耗的劳动时间却低于社会必要劳动时间,它们为了占领市场,宁可将自己的商品按社会价值或低于社会价格出售,这就引起了作为商品生产者之间的竞争。这种竞争在社会主义计划商品经济条件下是一种经济必然性,它的存在有利于调动企业干部和工人的积极性、创造性和主动精神,不断改进技术,大力采用新技术、新工艺,不断改进企业管理,提高劳动生产效率,提高产品质量,增加花色品种;有利于企业严格经济核算,降低各种消耗,降低成本,增加盈利;有利于计划调节和市场调节的结合,克服官僚主义,促使企业主动地从实际出发,按照社会需要安排自己的生产经营活动,保证产销对路,货源畅通;有利于开展企业之间的竞赛,鼓励先进,鞭策落后,用经济择优的办法,迫使落后赶先进,否则就会被淘汰;有利于各地方发挥自己的优势,扬长避短,推动企业间的经济联合,按专业化原则改组我国工业生产。可是,"保护政策"却违反了这种经济必然性,企图筑起一道城墙来保护那些生产条件差、技术落后、又不求上进的企业免受价值规律的惩罚,避免竞争的冲击,那是不可能的。历史是伟大的见证人。在世界历史上,中世纪的封建势力曾经对商品经济的发展采用行会强制、政府统制、内地关税、封锁市场等措施,结果商品经济并没有灭迹,反而打破了封锁和保护,冲决了罗网,占领了市场,资本主义商品经济最终代替了封建的宗法的自然经济。今天,在社会主义计划经济条件下,有的人却自觉或不自觉地搬出中世纪封建主义者曾经用过的办法,画地为牢,搞经济割据,阻止竞争,实行"保护政策",这是极不利于商品流通和生产发展的。这种政策对于社会主义计划商品经济要求冲破地区、部门的狭隘界限,在更大范围内组织专业化协作,开展经济联合来说,是一种十足的倒退。特别是当我们正处在进行经济改革之际,对于这种打着社会主义旗号,排斥竞争,阻碍商品经济发展,阻碍经济联合的"保护",应该进行有说服力的批判。因为这种有浓厚封建色彩的小资产者和小农的社会主义思潮,在我国有其深厚的基础。我国曾是一个长期被封建统治的国家,小农经济搞了一二千年。新中国成立 30 年来,在党的教育和社会主义建设实践中,小资产者思想意识在我们干部中得到了比较大的克服,但是,残存的小资产者的思想、感情、心理、习惯还是不少的。这些东西的存在对我国计划商品经济的发展不能不产生一种恐惧、害怕、抗拒的心理。认识到这一点,可以使我们在大力发展计划商品经济中,划清什么是科学社会主义和小资产者的空想、感伤的社会主义的界限,取消"保护政策",在计划的指导下,广泛地开展竞争,发挥各地区的优势,促进经济联合。

从实践上讲,"保护政策"是一种保护落后的政策。一个企业生产条件好、技术精良、产品价廉物美、适销对路就用不着"保护",只有那些生产条件差、技术落后,经营不善而不想改进,不扬长避短的企业,才总是想在"保护"之下过日子。因此,这种"保护政策"在实践中,实际上是牺牲国家利益,而保护不求上进、不求前进的企业。这样做,不仅不利于国民经济的调整,影响生产的专业化协作,而且也影响了被保护的企业改进生产条件,提高技术水平,改善经营和同其他企业联合经营。因为在"保护"之下,似乎这些企业还可以活下去,但因失去竞争的压力,产品市场销路不好,也不求进取。所以,从长远看是极不利于这些企业的发展的。

这里除了认识问题之外,还有个体制改革问题。我们现行的体制很多是不利于执行两个调节相结合方针的,特别是不利于开展竞争。比如,过去强调各省、市,甚至地区、县都要自成独立的工业体系,片面追求自给率,这种实际上的去长取短体制就是开展竞争的阻力,就是地区封锁的经济根源。因此,要搞好两个调节,保护竞争,还要改革与之不相适应的经济管理体制。

无论从理论和实践看,"保护政策"都必须取消,只有这样,才能大力发展我国的计划商品经济。我们有些同志担心取消"保护政策"后,企业会没有任务,发不起工资,从而影响社会的安定团结。这种担心是不必要的。大家都知道,社会上需求而现在生产上还没有满足的"空隙"是很多的,市场调节只会促进企业去了解和设法满足这种需要,使生产在广度和深度上得到发展,而决不会没有活干。同时,社会分工决定了我们每个企业都有所长,也都有所短,竞争只会使企业扬其所长而避其所短。可以肯定绝大多数企业都会在竞争中发展壮大。因此,经济领导机关的任务,不应当在制定那些消极的"保护政策"上下功夫,而应该同企业一道,去调查研究社会需要、市场需要,分析企业各自的长、短,扬其长,避其短,乘势利导,趋利避害,在竞争中使企业得到发展。当然,确实有个别企业一无所长,与别的企业重复生产,又竞争不过人家,而又不肯去了解市场需要,进行调整和改进,对于这样的企业就是去"保护"它也是徒劳的。

两个调节中的技术封锁问题

在实行计划调节和市场调节的过程中,为了保护自己在竞争中的有利地位,有的地方和企业出现了技术封锁问题。他们规定"三不准":一不准外通技术资料,二不准扩散新产品,三不准介绍关键性技术。有的企业甚至内部通知:"凡来参观者,接待要热情,技术要保密。"

出现这些问题有两种看法:一种看法认为,社会主义经济出现技术封锁是由竞争引起的,要解决技术封锁,只要取消竞争就行了;另一种看法认为,在社会主义的计划商品经济条件下,出现技术封锁现象是正常的,它的出现有利于总结过去实行的技术经济政策的功过,我们只要合理调整经济技术政策,技术封锁问题是不难解决的。

前一种看法,虽然也有一定的道理,但是站不住脚的。的确,社会主义经济中出现技术封锁是由竞争引起的,然而用取消竞争的办法解决技术封锁是不可能的。在商品经济存在的条件下,竞争取消不了,只要有商品生产和流通,价值规律就要起作用,竞争就是不可避免的。那种既想承认商品经济形式,而又不承认竞争,只不过是一种轻视经济规律的空想。恩格斯早就批评过这种观点,他说:在一个进行交换的商品生产者的社会里,如果谁想把劳动时间决定价值这一点确立起来,而又禁止竞争,用加压力于价格的办法,即一般说来唯一可行的办法来确立这种价值的决定,那就不过是证明,至少在这方面他采取了空想主义者惯用的轻视经济规律的态度。因此,我们不能既承认商品经济形式,而又想取消竞争。既然竞争不能取消,那么用取消竞争来解决技术封锁的办法也是办不到的。

笔者赞成第二种看法。在社会主义的计划商品经济中,出现技术封锁是正常现象。只要因势利导,采用正确的经济技术政策是可以解决的。众所周知,在资本主义这个高度发达的商品经济的社会里,其技术封锁是相当严密的,但它并不像人们通常设想的那样,完全阻碍了生产技术的发展,原因就是它的科学技术的发明创造都拥有专利,而且又实行专利权的有偿转让制。所以,它的科学技术的发明创造仍然可以得到比较广泛的运用。在社会主义社会里,过去没有技术封锁,当然这是它优越于资本主义制度的地方,对我国科学技术的发展起了一定的作用。但是,我们必须看到,过去实行的无偿转让技术的经济政策,也没有加快我国科学技术的发明创造。相反,还出现了一些虚假现象:一个企业的新产品、新工艺交流到另一个企业,创造这种新产品、新工艺的企业默默无闻,坐享人家创造成果的企业却受到嘉奖、表扬。因此,我们主张在解决技术封锁问题上,要加强思想政治教育,提倡社会主义的协作精神,开展技术交流,发扬助人为乐和顾全大局的风格。同时,应当把无偿转让技术的经济政策调整为有偿的技术转让政策,承认企业对自己的新产品、新工艺、新技术有所有权,允许他们有偿地转让这些新产品、新工艺、新技术,从而使新的科学技术的创造发明在新形势下得到广泛的运用和推广。

为什么要实行有偿的技术转让呢?大家知道,科学技术是生产力,一项新发明、新技术、新工艺的实际应用,往往会使生产效率成倍、成10倍增长。然而,新发明、新技术、新工艺的神异功效,并非凭空得来的,而是在研究、设计、试制过程中科技人员和工人是花费了十分艰苦的劳动,同时,企业也耗费大量的研究实验费用和物资设备,并花费了相当长的时间才搞出来的。如果别人消耗了大量活劳动和物化劳动研究成功的新技术、新工艺,任何人都可以无偿加以占有和运用的话,那么实际上就是"平调"了有创造发明的企业的劳动力和资金,这就破坏了"等价交换"原则,使企业消耗的活劳动和物化劳动得不到补偿,就会影响企业的正常生产和继续从事科学技术研究。我们还要看到,新技术、新产品、新工艺的发明创造,既是社会的共同财富,也是企业的一种新的资产。现在,企业的固定资产都实行有偿转让,那么像先进的科学技术这样的资产为什么只能无偿转让呢?何况在世界很多国家里,早就用法律的形式保护技术发明的专利了。长期以来,实行技术的有偿转让并没有什么大的弊病出现。因此,我们实行新发明、新技术、新工艺的有偿转让,是建立在马克思主义劳动等价补偿的理论基础上的,是非常必要和完全合理的。

根据我们的实际情况和国外的经验,可以考虑用以下一些办法来实行重大的新技术的有偿转让。一种办法,就是由政府通过科学技术的创造发明的形式,把各企业、各部门、各研究单位的新的科学技术的发明集中起来,统一推广;另一种办法,就是由国家开办技术发明的专卖公司,专门从事新技术的专利经营,各企业、部门,研究单位有了技术发明后,都可以卖给这个公司,这个公司收取一定费用后,又可以转让给其他企业和部门,投入生产。还有一种办法,就是让企业之间在自愿互利的原则下,自行谈判,签订技术转让合同,其价格由双方按照国家的有关政策自己商议;企业之间也可以按新技术投产后,在新增加的利润中实行合理分成来实现技术的有偿转让。这样,办法一多,技术封锁的问题就解决了。

这种重大新技术的有偿转让是打开社会主义计划商品经济中技术封锁的钥匙。它实质上是价值规律在科学技术领域中的运用,是用竞争激励企业技术进步的重要机制,它既可以避免"坐享其成",又可以促进科学技术的发展,造成一个在科学技术上你追我赶、共同提高的新局面。

两个调节中的市场信息

在实行计划调节和市场调节结合后,一些企业看见市场需要什么,就转产什么,结果花费了很多的人力、物力、财力,经过一段时间的苦干,产品生产出来了,但市场却饱和了,造成大量积压,甚至造成企业的资金周转困难,濒于破产的边缘,原因就是市场信息不灵,企业没有深入进行调查和经济预测。从当前的情况来看,除了少数企业对自己的产品在市场上需要深刻了解之外,大多数企业都对市场的需要存在着相当大的盲目性,这是由客观和主观两个方面的原因造成的。

从客观上说,由于企业所处的地位和环境,对市场的全面了解有很大的局限性。一般来说,企业容易了解的是就近市场的近期变化状况,从这一点出发,企业对市场往往进行的是微观的经济分析和直观的决策,但这种分析和决策往往不能反映市场本身的实际运动过程。因为这种分析和决策缺乏对市场长期的、全面性的了解,缺乏对市场变化的宏观的经济分析,这就避免不了片面性和盲目性。拿电风扇的生产来说,作为一个地区的市场可能是短线产品,如果对全国电风扇的生产能力和市场需求没有一个比较准确的分析,这个地区的企业就因此决定马上组织生产,当其还没有生产出来时,其他地方的电风扇就已经占领了这个地区的市场,而这个地区的电风扇就没有了销路,成了多余的产品而积压起来,其价值不能实现,企业就会因决策上的错误而蒙受极大的经济损失。

从主观上说,很多企业在权力过分集中的体制下,官僚主义十分严重。企业长期习惯于统购包销,上级说了算,它们既没有经营管理权,也没有经济责任和经济利益。因此,企业的干部不想也不愿去研究市场需求的变化,也没有学习过市场调查和需求预测的科学理论和方法。扩大企业自主权和两个调节相结合的方针执行后,企业在内在动力和外部竞争的压力推动下不得不进行市场调查,但至今大都停留在访问用户,推销产品,听取意见这个阶段上,至于如何利用市场信息和其"反馈作用",改进产品设计,提高质量,研制新产品、新技术、新工艺那就很不够了。

因此,要使市场信息灵通,作出正确经营决策,就要给企业创造客观的和主观的条件,就要让企业不但了解微观的市场变化情况,而且要尽量让企业了解宏观的市场变化情况。这就必须从经济领导机关到企业,都要搞好市场的调查预测。作为各级经济领导机关,要随时把计划期内投资的重点、主要项目、生产能力、主要产品、各地生产的各种产品的动态、商品价格变化情况、国外市场变化情况等等,要像气象台发布气象预告那样,经常把产需预测、预报通知给各企业,使企业能更多地了解市场变化的全局,为企业从实际出发作出正确的经营决策提供可靠的根据。同时,要大量为企业培养经营管理人才,除了各高等院校增设企业管理各专业科系,培养高、中级专业管理干部外,还要加强对企业现有管理人员的培训工作,使他们逐步掌握市场调查和经济预测的基本方法。因为,现代化的大生产中,计划管理工作(无论是国家下达的统一计划,还是受市场调节的那部分补充计划)都要对来自生产经营活动中的大量多变的信息通过计算机软件系统和信息处理系统进行收集加工、储备分析和传递,对外来的信息(特别是国内外市场物价的变动)要求做出及时的预测和反应,从而使我们在计划调节和市场调节相结合的过程中做出比较科学的分析,使计划更加切合实际,市场更加灵活,整个生产经营活动更加符合客观经济规律的要求。这就对我们经济管理和企业管理干部提出了更高的要求,不但要学习经济学,而且还要学一点数学,要懂得市场调查和经济预测。拿市场调查来说,从方法上分,要掌握表格调查方法、样品征询方法、询问调查方法。就调查的面上分,要掌握全面调查、抽样调查;拿经济预测来说,从经济预测方法上分,要掌握需求预测法、购买力预测法、新品种发展方向预测法、产品季节需求预测法,为企业整理各类数据,提出合理的最优决策,其中包括计划的编制,物资存货量的计算及合理的经济批量的确定,劳动力的调配,交通运输的最佳线路,等等;从预测的面上分,要掌握国际和国内市场的行情动态,起码要了解国内外市场对自己企业的产品在数量、质量、品种、规格、包装等的要求,同行业企业在生产与自己相同产品在数量、质量、品种、规格、成套、配件、降低成本、信用等几个方面的发展变化情况,并把这些资料同自己的产品和经营状况作分析和对比,随时改进自己的生产经营活动,提高自己产品在市场上的竞争能力。这里值得注意的是,我国是社会主义制度和商品经济的结合,是计划经济和商品经济的结合,它与资本主义的商品经济是不同的。因此,我们不能完全照搬外国的市场预测和调查的方法,而应该吸取外国市场预测的科学的东西,并同我国现实的经济情况结合起来,不然,费了很大的功夫去学习,但用处不大。

除此之外,企业对市场信息要能够做出敏感的反应,还要在企业组织结构上作相应的改革,使市场信息能够比较准确地经过产品销售机构传递到计划、生产、技术、调度等部门,使企业能够比较及时地根据市场信息,调整产品结构,增加花色品种,提高产品质量,改进包装,以适应社会的需要。

两个调节的进一步结合

在实行计划调节和市场调节相结合的方针以后,由于市场调节与企业的独立经济利益相联系,因此,有些企业总是自觉不自觉地把两个调节割裂开来,造成市场上短缺什么商品,大家就一拥而上。目前,许多企业竞相生产的电风扇、钟表、录音机等就有这种发展趋势。这种现象看起来是市场调节中计划指导不够(当然,也有些问题是计划指导不够或不得力、不得法)造成的,我认为从本质上讲,这是两个调节如何结合的问题。如果这个问题不解决,势必造成极大的盲目性,形成重复生产,使社会主义的财富发生极大的浪费,弄得不好,过几年又要重新回过头来调整国民经济。

要解决在实行两个调节后企业生产经营的盲目性,关键是要在国家计划指导的前提下,使计划调节和市场调节科学地、有机地结合起来。从目前情况看,在两个调节的结合问题上要注意解决以下几个问题:

第一,国家要制定中、长期的经济发展计划。各工业部门根据这个中、长期规划再搞企业规划定点,确定哪种产品由哪些工厂生产,什么时候达到多大产量。这样,既不会重复建厂,同时也使企业有了明确的发展方向和长期的奋斗目标。因为,企业带方向性的生产经营决策,要仰赖国家的计划决策,仰赖国家计划部门提供的发展方针、目标和任务及建议,仰赖于统计部门提供的前期计划执行情况的数据。如果国家没有一个长远的经济发展规划,企业要自行增值,自有资金向什么方向投资才既符合国家需要,又符合企业经济利益,就不易弄清了。企业的生产经营就会造成今年不知明年,明年不知后年,这样下去,就是再精明的企业家也克服不了盲目性。因此,制定长远的国家经济发展规划是解决计划指导和搞好计划调节和市场调节有机结合的首要问题。

第二,要加强企业自有(或自留)资金的指导。扩大企业自主权后,企业自有资金增多,如果不加强企业自有资金的管理,让企业离开国家计划指导,自由投资,自由地扩大再生产,势必冲击整个经济建设,基本建设战线过长的问题,就会以新的形式重复出现。因此,在企业自有资金使用问题上如何把计划调节和市场调节结合起来就成了一个十分重大的问题。

企业在自有(自留)资金的使用上应有充分的自主权。这部分资金,企业根据政策法令自行安排使用,有关部门不要去平调和过多的干预。这里,国家计划的指导主要表现在搞好综合平衡上。一要注意投资方向和社会需要的平衡,企业用自有资金扩大再生产,生产什么,生产多少,要与社会需要和市场需要,以及已经定点生产企业的生产平衡。有的从局部来说是需要的,但从全局来看则不需要,这要求经济领导机关做好宏观的经济平衡,不然就会重复生产。二要注意扩大再生产所需要的建筑材料、施工力量的平衡。企业扩大再生产中一些小型项目,可以用自己的力量解决,但大一些的或比较大的项目就需要经济领导机关对建材、施工力量、设备等进行综合平衡,要区别轻重缓急,需要与可能,目前不能上的,坚决不上。不然,大家都上,资金又不能到位,现在你欠我的钱,我又欠人家的款,造成"三角债",力量互相抵消,谁也走不快,基本建设战线还会拉长。三要注意建设项目投产后的原材料、能源、交通运输的平衡。这虽然是一种企业外部条件的平衡,但却十分重要。即使一个项目的扩大和新建,从投资方向看是对的,施工也可以正常进行,但如果建成后,原材料来源、能源、运输等解决不了,尽管具有了生产能力,却不能投产,这样的扩大再生产是没有现实意义的。

对企业自有资金除了要实行经济上的计划管理之外,凡是企业兴建的属于基本建设的项目,都应该按照基本建设程序报批,实行程序控制,这也许不是一个很好的办法,但它在一定程度上可以减少企业经营活动中的盲目性,使计划调节和市场调节更好地结合起来。

第三,有计划地建立商品交易、货栈等商品集散中心,沟通商品流通渠道。实行两个调节后,企业为了"找米下锅",寻找原材料和商品市场,经常派出大批人员外出。当然,这在一定时期内是必要的,特别是在经济改革的初始阶段有"革命"的作用,它推动了商业、物资体制的改革。但随着也产生了两个弊病:一是混淆了社会分工的界限。本来是商业部门、物资部门应该做的事,却由工业部门做了。二是分散了企业领导人集中精力抓生产。当然有弊也有利,影响一些生产,却使厂长们注意了企业经营和销售方面的问题。这虽然有好的一面,但作为一个生产企业长此下去是不行的。

事物发展的辩证法总是这样,当问题被提出来时,解决问题的办法也就随着产生了。当我们发现商品流通领域中两个调节需要进一步结合时,我国经济生活的新经验实际上已经找到了解决它的办法。其中,在一些中心城市有计划地建立和增加生产资料和生活资料商品的集散中心就是一个好办法。过去,生活资料这类商品的集散是解决得比较好的。而生产资料因不把它当商品,不准进入,市场就没有建立这种商品的集散中心。因此,有必要在一些中心城市建立生产资料交易中心,如像成都市人民南路的生产资料交易服务公司那样,专门集散生产资料一类商品,为企业"找米下锅",推销商品服务。另外,企业自办销售点也是一个办法。笔者认为,企业派人外访是推销产品的一种形式,如像日本"丰田"那样,在各地设立推销点(包括委托代销,自办销售点)才是长久之计。它可以使企业的商品销售逐步从企业的生产中分工出来,与各地的商业、物质网点有机地组成一个商品销售体系,销售渠道比较多,而且又比较稳定。这样,两个调节结合中销售人员"满天飞"和影响企业集中精力抓生产的问题就可以解决了。

第四,利用经济杠杆促进计划调节和市场调节相结合。为了使市场调节沿着社会需要和国家计划的要求发展,还可以利用税收、价格、利息等这样一些经济杠杆来达到目的。比如,国家需要哪些产品,就把哪些产品的价格适当提高,贷款利息就可以低一些,税收也可以少一点,那么企业生产这种产品的利润就多一些,这就可以鼓励那些国家需要的产品的发展。相反,有的产品供过于求,就可以通过经济杠杆加以限制,从而用经济杠杆来使计划调节和市场调节结合起来。

第五,用经济立法和经济司法来保证计划调节和市场调节相结合。实行两个调节,必须要有经济立法和经济司法,对那些搞歪门邪道、离开社会主义轨道,损害国家利益、社会利益和其他企业利益的行为必须绳之以法;同时,要增强工商行政管理工作,新办企业要登记,新产品要注册,产品要有商标。这样,就可以从经济立法、经济司法和行政管理上保障计划调节和市场调节相结合。

最近,我国召开了具有伟大历史意义的五届全国人大五次会议,会议提出:我国经济管理体制改革的总方向,是改变过去集中的国家(包括中央和地方)管理体制,扩大企业自主权和企业职工参加管理权力。把单一的计划调节,改为计划调节与市场调节相结合,把主要依靠行政组织、行政办法管理经济改为主要依靠经济、经济办法和法律办法管理经济。这里,我们可以看出,党中央已经把社会主义制度和商品经济的结合、计划经济和商品经济的结合、计划调节和市场调节的结合当作我国经济改革的总方向提出来了。我们可以设想,随着我国经济的全面改革和中、长期计划的重新制定,计划调节和市场调节相结合的路子更加宽阔了,它将由目前主要是块板式的结合逐步过渡到主要是渗透式的结合,最后走向两个调节相融合,成为一个完整的计划与市场融合的新的经济制度。它既不是苏联式集中型经济体制,也不是南斯拉夫式的市场型经济体制,而是中国式的新经济体制,从而使计划和市场成为一个完整的经济机制,自动调节我国国民经济的发展。在这个发展过程中,我们可以预料还会出现各种各样的新情况和新问题。因此,遵循党和政府的要求,不断地深入实际,研究新情况和新问题,提出各种解决问题的方案和设想,供党和政府解决问题时参考,是我们经济理论工作者责无旁贷的任务。我们一定要加倍努力,按照五届全国人大五次会议提出的总方向,把经济体制改革进行到底。

(载《西南师范学院学报》1980 年第 3 期,其中关于市场问题
这一部分《人民日报》于 1981 年 1 月 23 日作了转载)

再生产过程总量均衡及其循环[*]

生产、分配、交换、消费是任何社会生产所必须经历的社会基本生产过程。通过分配和交换的传导,生产的实物被用于生活性消费和生产性消费,前者创造了生产的人力资源,后者创造了生产的物质资源,从而形成一轮新的社会再生产循环。本文以社会主义初级阶段社会再生产的总量问题为研究对象,分析其总量均衡和循环的实现条件。

生产总量与消费总量的测定

要研究社会经济活动的总量均衡及其循环条件,首先必须考察同一时限中,社会生产总量与社会消费总量的形成及其表现方式。目前,世界上存在着两套考察经济活动总量水平的指标体系和方法:即以劳动价值论为基础的东方社会主义国家采用"物质产品平衡体系",简称 MPS;以

---

[*] 本文是笔者 1987 年 12 月在邮电部第五研究所干部会议上的讲稿,1991 年 1 月整理成文。

效用价值论为基础的西方市场经济国家采用"国民经济核算账户体系"，简称 SNA。

（一）社会生产总量水平的指标

MPS 体系生产总量水平的考察，主要考察社会产品的总量指标，通过社会总产值（TPS）、社会最终产值（FPS）和社会净产值（NPS）这三大指标衡量生产的总量水平。社会总产值是指工业、农业、商业、建筑和交通五大物质生产部门在一定时期中（通常采用一个日历年）创造的物质产品的货币表现之总和。它包括产品中的转移价值和新增价值，其计算公式如下：

$$TPS = c + v + m = 转移价值 + 工资 + 利税 + 利息$$

由于转移价值是由中间消耗产品（原料、燃料和外购件等）和设备厂房折旧两部分组成，利润中有部分形成利息，其公式又可写成：

$$TPS = 中间消耗 + 折旧 + 工资 + 利税 + 利息$$

社会最终产值是指在一定的时限中，本期可供社会最终消费和使用的最终产品价值的货币表现。最终产品与中间产品的差别是，中间产品在本期中还要被加工。社会最终产值的计算公式是：

$$FPS = 社会总产价值 - 中间消耗产品价值 = TPS - 中间消耗 = 折旧 + 工资 + 利税 + 利息$$

在社会总产值统计中，包括大量的重复计算，而社会最终产值统计中却没有重复计算。

社会净产值是指一定时期中，物质生产部门新创造的产品的价值之和，也称国民收入，它是生产中扣除了全部物质消耗之后所得的余额。其计算公式如下：

$$NPS = 社会总产值 - 中间消耗 - 折旧 = 最终产值 - 折旧 = 工资 + 利税 + 利息$$

SNA 体系生产总量水平考察。主要通过国民生产总值（GNP）、国民生产净值（NNP）和国民收入（PS）三大指标来衡量生产的总量水平。国民生产总值是指整个国民经济在一定时期中(通常采用的是日历年度)新创造和增加的产品和劳务总量的价值表现之和。其计算公式如下:

GNP = 全部产品销售收入 + 全部劳务收入 - 中间产品支出 = 折旧 + 工资 + 利税 + 间接税 + 利息租金

国民生产净值是指在一定时期中所生产的能用于追加投资和本期消费的产品与劳务的价值之和。其计算公式如下:

NNP = 国民生产总值 - 固定资产折旧 = 工资 + 利润 + 间接税 + 利息租金

国民收入是指生产要素的所有者从产品和劳务的提供中所获得的全部收入之和,它是以要素成本计算的国民生产净值。由于间接税不属于要素收入,它只增加了产品和劳务的货币额而没有增加实物量,因而在计算中应予以扣除。其计算公式如下:

NI = 国民生产总值 - 固定资产折旧 - 间接税 = 国民生产净值 - 间接税 = 工资 + 利润 + 利息租金

两种体系主要存在几个方面的差别:第一,MPS 体系生产活动总量统计的范围较窄,只包括五大物质生产部门,非物质生产部门诸如服务业、金融保险、咨询等产业部门的经济活动未计入社会生产总值和国民收入中;SNA 体系中 GNP、NNP 和 NI 指标都包括非物质生产部门创造的收入。第二,MPS 体系的计算核心社会总产值指标,包括了转移价值,从而形成重复计算;SNA 体系的计算核心国民生产总值则不包括劳动对象的转移价值,经济活动总量中的重复计算成分要少得多。第三,SNA 体系中的国民收入不包括间接税,MPS 体系中的国民收入包括了企业交纳的全部税金。

从实证分析的角度看,MPS 体系和 SNA 体系被世界上的大多数国家采用。了解两种生产总量的计算内涵和方法,只不过为现实经济运行活动的国际对比奠定基础。当然,通过国际对比,不仅能发现国与国之间经济活动水平的差别,也会发现两种体系之间的优劣。

（二）社会生产总量的测算和汇总

社会生产总量是计划期到报告期中全部列入生产统计范围的产品和劳务的价值总和。生产总量水平最终形成于期末，它可以看成是时间的函数，也可以视为各时间阶段产量的累积和汇总。但是，在生产总量的形成过程中，产品和劳务一方面被生产出来，同时又被分配和使用，这样生产总量水平可以从三个角度来考察：第一，生产法，即对计划期到报告期中，全部生产量进行汇总。第二，分配法，即对计划期到报告期中，全部用于分配的同期生产量进行汇总。第三，使用法（或称支出法），即对计划期到报告期中，对转化为分配后又进行支出或使用的同期生产量进行汇总。

在 SNA 体系的国民生产总值考察中，三种方法同时采用。MPS 体系对社会总产值主要采用生产法统计，对净产值（或称国民收入）进行单独汇总时还采用了分配法和使用法。根据我国以往的经验，社会最终产值 FPS 指标并未单独统计，其指标仅具有理论上的意义。

生产法统计主要应用于"工业企业中"的计算方式，用以独立核算的企业为统计对象，由国家规定一系列企业所应填报的有关企业生产总量的指标（我国过去主要以企业的总产值指标为核心），在企业计算出总产值后，根据统计制度所规定的三条处理方法，本地财税局（所）、各层次的主管部门、银行和财政部门，一方面将资料汇总交给自己的上级，一方面将资料交给同层次的统计局，最后汇总至国家统计局，形成具有权威性的生产总量的数字。其计算公式如下：

$$TPS = \sum_i \text{各个部门的总产值} = \sum_i \sum_j \text{各个部门中各个企业的总产值}$$

$$= \sum_i \sum_j \sum_m \text{各部门各企业所生产的各种产品的数量乘以单价}$$

$$FPS = \text{社会总产值} - \sum_i \text{各个部门中间消耗} = \text{社会总产值} - \sum_i \sum_j \text{各部门中各企业的中间消耗}$$

$$NPS = \text{社会总产值} - \sum_j （\text{各部门中间消耗} + \text{折旧}）= \text{社会总产值} -$$

$\sum\limits_{i}\sum\limits_{j}$（各部门中各企业的中间消耗＋企业折旧）

在过去的几十年中,我国采取社会总产值作为衡量社会生产的主要总量指标,有几个理由:第一,社会总产值能近似表明一个时期中社会生产的总产品的数量,能综合反映企业、地区、部门和全国经济活动规模的总水平。第二,它可为研究社会生产发展的速度以及国民经济中的重大比例关系提供依据,为社会综合平衡计划的确立奠定基础。第三,社会总产值在统计上简便易行,又可据此直接推算社会最终产值和净产值总量。社会最终产值具有避免重复计算的优点,它能反映一个时期中新提供用于消费和固定资产投资和流动资产追加的产品和传递企业生产总量信息的线路,汇总到国家统计局。填报周期一般有具体规定,主要有日报、旬报、月报、季报和年报。企业在规定的时间内计算出生产总量后,同时上报给主管部门。开户银行劳务的总量,可称之为生产的增加值或附加值。但是在实际应用时,由于折旧额数据难以及时准确地提供,在操作上难以把握。社会净产值指标反映了一个时期生产中新创造的可供用于净投资(不包括重置投资)和消费的产品和劳务之和,但是,从生产总量分配和使用的角度看,它未包括用于重置投资的折旧部分而难以反映全部新增产品的使用状况。特别是在折旧基金同生产发展基金合并使用后,折旧基金绝非仅具有简单再生产的功能,也不是固定资产原有形态的实物补偿。从社会再生产循环的角度看,不反映重复计算的社会最终产值,无论对生产实际总规模的衡量还是分析社会再生产均衡条件,比之总产值和净产值都有自己的优越性。只要对其在技术上给予完善,很有可能会成为 NPS 体系生产总量的考察指标。另外,社会最终产值指标与 SNA 体系的国民生产总值指标也较接近。

分配法统计将社会生产总量分成若干项分配项目,从对生产总量的实际分配过程中来推算生产总量。对于个别的短期生产过程来说,生产和分配并不同步;而对于社会生产总过程来说,社会生产和社会分配在一年中是同时发生的,生产多少就要分配多少,如果不存在统计误差和国际收支差额,社会生产总量应该与社会总量相等。但是,由于分配的构成项目比较复杂,参与分配经济主体较多,对社会总产值的分配法统计与生产法统计相比,难以满足及时、准确的要求。因此,社会总产值的分配法统计的理论意义大于实践意义。其计算公式如下:

TPS = 企业中间消耗的补偿性收入 + 企业折旧留存收入 + 企业利润留存收入 + 劳务提供者收入 + 政府收入

FPS = 企业折旧留存收入 + 企业留利收入 + 劳务提供收入 + 政府收入

NPS = 企业留利收入 + 劳务提供者收入 + (政府收入 - 政府获得的折旧收入)

上述计算中,政府收入是扣除对企业、劳务提供者和事业单位薪金等转移支付的余额,企业留利收入中应扣除对职工的转移支付加上从国家取得转移支付额;劳务提供者收入中应包括企业和国家的转移支付和事业单位职工的薪金。当然,在实际应用中,收入项目比上述抽象表达要复杂得多。

支出法统计是从社会生产总量具体使用的角度测算社会生产总量的一种统计方法。支出总量也可以称之为社会实际消费总量。若国际收支相等和没有统计误差,在一个日历年中,实物形态的生产总量、分配总量与支出总量应该相等。支出总量统计一般是对收入主体具体支出项目的归类合并和汇总。

企业收入中主要支出项目有:(1)补偿中间消耗支出;(2)购买投资品支出;(3)购买经营所需消费品支出;(4)储蓄。政府收入中主要的支出项目有:(1)购买投资品支出;(2)购买政府管理所需要的消费品支出;(3)储蓄。劳务提供者的支出项目主要有:(1)购买消费品支出;(2)储蓄(包括股票、债券等直接投资)。由于储蓄经过金融机构为中介转化为投资(假定没有消费信贷),因而从社会的角度看,储蓄可以视为投资。社会支出总量就可归并成补偿中间消耗支出、投资品支出和消费品支出等

三大项目之和,即:

TPS = 企业补偿中间消耗支出 + 投资品支出 + 消费品支出

FPS = 投资品支出 + 消费品支出

NPS = 不包括重置投资的净投资支出 + 消费品支出

等式左边可视为不同内容的生产总量指标,等式右边可视为具有不同内容的社会消费总量指标。

扩大再生产条件下的国民收入的均衡与循环

在社会生产总量中,社会净产值指标也称之为国民收入,它表现一个国家在一定时期的物质生产中,能用于本期扩大再生产投入和本期消费的产品的价值表现。中间消耗品的补偿性支出和折旧补偿支出,由于其在生产过程中一般已由简单再生产规定了分配额度和使用方向,因而,扩大再生产条件下,可供投入扩大再生产流通过程中的生产总量的分配和使用可以不包括这两项内容(当然,补偿基金有自己的特殊性)。在扩大再生产条件下,社会生产总量均衡及其循环的基本条件是国民收入生产结构与使用结构在实物上和价值上的一致性。但是,由于存在多层次的分配环节和多种经济主体参与使用,更由于商品经济中货币对产品价值评价上的差异,使国民收入创造与使用均衡的实现发生困难。因此,宏观经济分析将国民收入均衡实现的条件视为研究的重点。

(一)国民收入的实物循环模型

国民收入实物循环的模型在现实生活中并不存在,对这种价值因素和体制因素的纯粹形态的描述,只是为以后的具体分析奠定基础。国民收入所对应的社会净产品经过初次分配再分配,最终由政府、企业和劳务提供者三大经济主体所有,然后,三大经济主体分别对自己所占有的社会净产品根据自己的意愿进行使用或支出,一部分用于本期消费,一部分直接用于本期投资,另一部分用于储存。由于储存在社会生产总过程中被金融主体转化为投资,则最后不因经济主体从分配中所得到的社会净产品支出可以归并为本期消费与本期投资两大支出项目,前者创造了扩大再生产循环的人力条件,后者创造了扩大再生产的资源条件,形成扩大再生产的一轮新的循环。

国民收入的生产额 = 社会总产品 – 中间消耗补偿 – 折旧补偿 = 社会净产品之和

国民收入的分配额 = 政府收入 + 企业收入 + 劳务提供者收入

国民收入的使用额 = 消费支出 + 投资支出

社会净产品 = 政府收入 + 企业收入 + 劳务提供者收入 = 投资品支出 + 消费品支出

(二)商品经济条件下,价值范畴对国民收入分配的影响

商品经济中的任何产品都有其价值表现。社会净产品表现为净产品的总价格之和,它构成了国民收入的价值总额。国民收入分配的对象也不是实物分配而是价值分配。各经济主体实际占有的国民收入表现为一定货币的持有,国民收入的分配总额实际上是一系列与价值范畴相联系的不同名目的货币收入构成。初次分配总额由物质生产部门职工的工薪收入、企业留利收入和上交政府的税金构成,上交的税金构成了政府的财政收入。通过再分配,政府将部分货币收入返还给企业、职工和非物质部门劳动者,其余额构成政府财政净货币收入。

社会净产品的价值表现受到各种构成要素价格的影响。一定的社会净产品,如果本期构成要素的价格高于上期构成要素的价格,实际分配的本期国民收入额就会大于上期同量净产品用于社会分配的国民收入额。这样,在国民收入的初次分配环节上,提高职工的人均工资水平,政府提高企业的间接税,以及提高产品的销售价格从而提高企业的留利水平,都有可能在社会净产品不增加的情况下增加实际分配的国民收入货币额。当然,国民收入初次分配环节上,本期社会净产品价值分配额高于上期同

量社会净产品的价值分配额,并未破坏国民收入生产额与分配额的均衡,因为在初次分配环节上,企业的工资、税金利润水平的提高都作为要素成本而进入国民收入的生产额统计之中,其本期净产品的价格总和与国民收入的分配额是一致的。

当然,在商品货币经济条件下,政府财政收入的来源不仅来自企业那些已进入社会净产品成本的税收,还具有自己创造货币收入的能力与来源,因为政府握有创造能购买社会净产品货币的能力。当政府收入不敷使用而出现财政赤字时,就可向政府掌管的货币制造和发行机关——中央银行进行借款或透支,以使财政平衡。如果这笔借款或透支在中央银行的账户中不是从吸收的各类储蓄中支付,而是靠货币的财政增发支付时,则弥补财政赤字货币收入就未进入社会净产品的要素成本。这就在价值上发生国民收入的生产额小于全社会国民收入的分配额,也就是所谓国民收入的"超分配"现象,国民收入的生产价值与分配价值额失衡。

国民收入价值上的超分配对社会净产品的实际分配产生两个影响:(1)根据实物平衡与价值平衡相结合的原则,价值超分配将造成净产品价格水平的提高且大于要素成本之和。发生在初次分配领域中的社会净产品价格的提高幅度,由要素成本的综合提高率决定;发生在再分配领域中的净产品价格提高幅度,由超分配额度占社会由要素价格决定的净产品价值总和的比重决定。(2)国民收入价值的超分配将改变总收入在各经济主体之间的分配结构,这一作用是超分配价格效应的逻辑结果。

由于进入社会净产品成本的政府各项补贴远小于政府收入,所以国民收入价值超分配可以视为发生在社会再分配领域中的一种政府经济行为,当然,不可否认的是,各财政分配受益者的要求在其中将起推波助澜的作用。但是,上述结论的前提是,银行的信用投放是正常的,如果银行信用投放超过了储蓄存款与正常现金投放之和,那么银行也将在国民收入价值的超分配中扮演重要的角色。从这个意义上说,社会净产品生产企业对国民收入价值超分配是没有责任的,将国民收入分配额大于生产额的现象归咎于企业职工收入水平的提高是没有理由的,也是也站不住脚的。

这样在不考虑进出口因素的前提下,国民收入价值超分配可由几个指标来考察:

(1)货币的财政发行额及占社会净产品价值总和的比重。

(2)社会物价水平指数减去因要素成本提价造成的物价上涨率之差。

(3)银行信用投放与储蓄存款余额加正常现金投放之差。

财政赤字指标不能成为衡量国民收入价值超分配的指标。因为,平衡财政赤字的方法不仅仅是向银行透支而进行货币财政发行,还可通过发行公债或在银行同比例缩小其他贷款的情况下向银行进行正常借款。如果要用财政赤字作为评价指标,则就要扣除公债抵补额和正常借款额。

(三)国民收入的支出

在考察国民收入的使用前,必须首先说明这样一个问题:即积累基金和消费基金是作为最终国民收入的分配项目还是作为最终国民收入的使用项目。这个问题不解决,国民收入支出研究就难以展开,也容易在理论上和实践上造成混乱。根据我国权威统计资料《中国统计年鉴》的词条解释,积累基金和消费基金是作为一年内最终用于购买消费品支出和投资品支出项目来统计的。

本期国民收入价值生产额到国民收入价值使用额的转化表现为以国民收入价值分配额为中介的传递过程,其关系可以用如下模型描述:

国民收入通过分配和再分配,最终转化为政府收入、企业收入和劳务提供者收入。这三大收入主体实际也是三大支出主体。然而,总收入在三大经济主体之间的分配比例与总支出在三大经济主体之间的支出比例却并不相等。也就是说,一部分经济主体将其收入通过某种途径提供给另一部分经济主体作为其扩大再生产的支出部分。

收入结构转化为与之不对称的支出结构的原因,这是因为各收入主

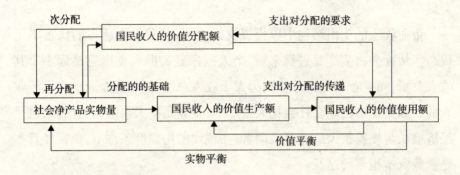

体承担不同的经济责任而具有不同的支出项目所决定的。在我国现阶段
的经济条件下,投资责任主要由政府和企业承担,私人大宗直接投资受到
限制。但是,在边际消费倾向递减规律的作用下,随着劳务提供者收入水
平的提高,用于本期消费的比重将逐渐降低,居民的剩余货币收入就要储
存起来。没有直接投资的条件,这些货币收入的剩余就会以避免货币币
值风险和持币待购的形式进入银行。在银行不存在消费者信贷的条件
下,与居民剩余货币收入对应的社会净产品就只能被其他经济主体通过
向银行负债的方式转向投资品购买。在这里,没有货币收入创造能力的
居民货币总收入永远不会大于居民消费加居民总储蓄之和。从这个意义
上说,居民支出的预算是硬的,因而居民因超支预期对国民收入分配的压
力也相对较小。

然而,这并不排除居民因支出预期与收入预期相比的悲观性造成对
国民收入价值分配额人为提高的要求,这可能产生于几种情况之下:第
一,在通货膨胀的条件下,人们将通货膨胀率视为时间的函数,从而将未
来的支出水平与当前的收入水平相比,产生个人或家庭支出可能大于收
入的悲观预期,并通过舆论、寻找第二职业、积极性下降等形式影响初次
分配环节和再分配环节,迫使国民收入价值分配额水平提高。第二,国民
收入在各部门中的结构性分配不均衡,劳动者部门流动存在技术性和制
度性障碍时,则会在劳动者群体之间产生攀比效应,如果约束力量小于某
部门向上提高收入以拉平差距的要求,国民收入价值分配总额的水平就

会提高。

企业收入的支出结构中以投资支出为主,消费支出所占的比重不是很高。从社会再生产总过程来看,个人或家庭的购买支出总量远小于其收入总量,而企业的支出总量则远大于收入总量。当然,企业支出大于收入的现象是正常的。在社会化大生产中,企业是扩大再生产的主体,也是经济增长与规模扩大的直接推动者,在现代信用制度条件下,负债经营本是企业资本积累的途径。

但是,支出超过收入毕竟会要求其他经济主体转移收入,如果超过收入的支出部分大于其他经济主体的转移收入这个界定范围,则企业支出就会对国民收入价值分配额产生增加对其分配额的要求。非全民所有制企业的支出要求由银行解决,全民所有制企业则要求银行和政府财政解决,这就诱发了信用膨胀或财政扩张,从而导致社会再分配环节以财政性货币发行来抵补企业支出要求与自有收入和正常负债的差额。特别是当固定资产投资与流动资产投资结构失调时,各级政府出于对企业的"父爱"或追求某一较高的增长率,放松信贷控制以缓解流动资产不足是维持经济增长,避免资产浪费的正常行为。

政府支出项目比较复杂,消费支出投资支出都占有一定的比例,其支出既要维护经济发展之需要,又要平衡各方面利益。政府投资一般以财政拨款的形式无偿提供给所属的全民所有制企业。对企业来说,这部分资金的获得不需支付费用,因而政府财政拨款往往是企业争夺的对象,这就使财政投资有着来自企业的无可遏制的支出要求。另外,政府掌握着减免税款和补贴权力,这种权力的运用不仅依据经济性的效率原则,还要从政治稳定和社会安定的角度来考虑使用。政府作为一级收入主体,当支出的要求和实际支出大于收入时,其平衡收支的方法比之居民和企业容易得多。如果说企业支大于收通过银行和财政间接作用于国民收入的分配,政府则由于其所具有的货币创造能力而直接影响国民收入的分配。当然,西方某些国家为了避免通货膨胀,维护经济稳定,使财政与银行分开,授予不受政府控制的中央银行独立的货币发行权,以制约政府行为。这种做法对于一直苦于支出要求过大而再分配产生压力的我国,是有一定借鉴意义的。

(四)对外开放条件下国民收入的均衡与循环

在具体的经济运行过程中,对外经济关系是国民收入均衡与循环的一个很重要的决定因素。对外经济关系主要包括商品、劳务的流入与流出,货币资本的流入与流出。当国民收入生产额中的部分商品与劳务流向国外时,可供国内分配与使用的国内生产的产品和劳务就会减少,而同时增加了对国外生产的产品和劳务的购买能力。同样,当国外货币资本以各种形式流入国内,则会在国内未增加国民收入生产额的条件下增加国民收入的分配额与使用额。对外经济关系使宏观经济的流量扩大了流动的空间和范围,致使国民收入均衡与循环的条件发生相应的变化。

在国民收入的实际生产额中,部分净产品将出口到国外,由国外的经济主体支配,部分国外的净产品将进口到国内,由国内的经济主体支配。在对外开放的条件下,社会净产品生产将分为国内生产与国外生产两大部分,即:

本期社会净产品之和 = 国内生产 + 国外生产 = 本期国内生产的净产品 - 出口 + 进口 = 本期国内生产的净产品(进口 - 出口)

若进口大于出口,则本期社会净产品之和大于本期国内生产的净产品;若进口小于出口,则本期社会净产品之和小于本期国内生产的净产品。前者意味着负债,后者意味着储蓄。

本期国民收入的分配额 = 本期从国内社会净产品生产中获得的收入 + (进口商品收入 - 出口商品收入) = 企业收入 + 政府收入 + 劳务提供者收入

若进口收入大于出口收入,则企业收入、政府收入和劳务提供者收入中有部分是负债收入;当进口收入小于出口收入时,企业收入、政府收入和劳务提供者收入中有一部分是以储蓄为形式的收入,这种储蓄收入是当年未投入支出的收入。

本期国民收入的使用额＝国内生产的净产品使用额＋(进口商品使用额－出口商品使用额)＝消费支出＋投资支出。

若进口商品使用额大于出口商品使用额,则国内消费与投资之和大于国内国民收入生产额;若进口商品使用额小于出口商品使用额,则国内消费与投资之和小于国内国民收入的生产额。

这样,若进口不等于出口时,国内国民收入生产、分配和使用三者均衡实现的基本条件就是对外负债或储蓄,前者意味着将以后国内国民收入的生产额提前至本期使用,后者则意味着本期国内国民收入生产额以提高外汇储备的形式推迟使用。只要存在负债或储蓄,在对外开放的条件下,国内本期可供支配的社会净产品分配和使用仍能实现均衡。

总供求矛盾的理论分析

社会实际的生产总量构成了社会的总供给,社会实际的消费总量构成了社会的总需求。由于社会生产与消费总量有多种表现方式,因而同一时期的总供给与总需求规模就有不同的计算指标。首先,以社会全部生产总量与消费总量作为总供给与总需求定义的内涵,以社会总产值作为总供给水平指标,以中间消耗支出、重置投资支出、净投资支出和消费支出之和作为社会总需求水平指标;其次,以不包括中间消耗的社会最终产值作为总供给水平指标,以全部资产投资与消费支出之和作为总需求水平指标;再次,以国民收入生产额作为总供给水平指标,以净投资与消费支出之和作为总需求水平指标。由于折旧基金和与之对应的产品在一定程度上具有扩大再生产的职能,其实物形态也是一个日历年度中新创造产品的组成部分。因而,以最终产品的生产和消费作为国民经济总供给与总需求水平和规模的考察指标是比较恰当的。但是,在实际经济运行过程中,最终产值统计比较困难,而且折旧基金在价值上具有补偿的性质,在社会净产品价值的实现过程中,这部分产品在实物上和价值上实际都以补偿的形式消耗掉了。因此,当前比较通行的总供给与总需求定义是国民收入的供给与国民收入的需求。笔者也采用这个含义。

(一)国民收入总供给与总需求均衡的含义

从实物形态上看,在一定的时期中,国民收入所对应的全部净产品被全部投入消费和投资过程中,我们可以称之为实物的总供给与总需求取得均衡态。显然,一个国家或地区,如果不存在对外贸易和储备,实物性的总供给和总需求一般是能达到均衡态的。实物形态的供给与需求矛盾的唯一表现方式是供给过剩或需求不足,即供给大于需求。然而,在商品货币经济中,任何实物都有其价值表现,总供给是以价值表现的国民收入生产额,总需求是以价值表现的国民收入使用额。总供给与总需求就不仅仅是实物平衡,而且要做到价值平衡,即国民收入生产额等于国民收入使用额。国民收入的生产额经过初次分配形成工资、税金、利润和利息,它以生产要素成本耗费的方式转化为各经济主体和政府的收入。初次分配的各项收入加上折旧基金和中间消耗支出构成了产品的价格。显然,在初次分配的环节上,无论各种要素的收入怎样变动,以现行价格计量的国民收入生产额与初次分配总额必然相等。如果总需求的消费与投资总额以初次分配总额为上限并且相等的话,总供给与总需求在价值上也能实现均衡。关键问题是再分配的加入,政府从初次分配中获得税金,构成自己的财政收入。当财政支出大于财政收入之时,发生了国民收入的超分配,造成投资需求与消费需求之和大于以要素成本收益所计量的国民收入生产额,就发生了总需求大于总供给的现象。总需求大于总供给必然造成供给短缺,在市场法则的作用下,必然促使价格水平提高,因而,需求拉动的通货膨胀和价格上涨就可以成为考虑总供给与总需求失衡的主要指标之一。

（二）影响总供给与总需求平衡的因素

1. 影响供给总量的因素。在以往的宏观分析中,在对总供给与总需求的均衡分析中,以分析总需求的影响为多,显然,这同西方宏观经济分析的创始人凯恩斯的分析方法密切相关。实际上经济总量分析不仅仅是需求分析,将总供给与总需求放在一个较长期的动态环境考察,我们就能发现,供需均衡是供给与需求双方力量共同作用的结果。供给因素也并不全部是属于长期的可舍因素,特别是当生产要素未发挥最大效率之时,对要素组织和配置的调整在短期内是可以奏效的。凯恩斯之所以以需求分析为重点,是因为他发现在一个具有较高效率的微观企业体制和市场中,由于总需求的不足,导致现有生产要素的生产能力和供给能力未能充分发挥,因而,刺激需求就能带来供给的增长;适度的财政和货币扩张政策所诱发和增长的供给能在短期内平抑因人为扩张需求所带来的价格水平的提高。我国社会主义初级阶段却不是这样,从某种意义上说,供给不足将是我国供需失衡的长期的主要原因。

国民收入的生产额统计的是现实的总供给规模,然而,如果在一定时期中,总需求扩张能促使总供给自身提高供给规模,供给和需求仍然能够实现平衡。发生这种情况将主要取决于生产过程中是否还存在供给潜力。在凯恩斯分析的资本主义市场经济中,存在着大量剩余生产能力和劳动者。由于厂商认为增加生产未能带来预期利润而不愿使用和雇佣,因而提高有效需求水平,给厂商带来更大的收益来达到充分就业,增加生产和避免生产过剩的危机。我国现阶段经济实际上也存在极大的潜力,如果以社会生产能力的利用率为1作为考察总供给潜力的标志,我国远未达到生产要素充分利用的水平,其表现在:(1)设备未充分利用;(2)大量的劳动者处于"隐性失业"之中;(3)原材料利用率低下;(4)劳动生产率低,工时利用不足。

造成总供给远小于综合生产能力的因素主要有两个:第一,现实供给规模的短缺规则。社会化大生产使经济活动分解为各个产业部门,各部门在生产中必须依据其投入产出关系保持一定的比例关系,若比例关系失调,使一些部门成为短缺部门,则就会影响到供给总量。若在短期内这类短缺部门难以提高产量,则供给总规模只有依据短缺部门的生产能力来确定。我国目前的能源电力短缺就是影响社会综合生产能力发挥的一个重要因素。当然,有短缺的存在并不奇怪,但若将短缺视为某种制度现象就难以理解了。资本主义市场经济国家某一时期的某一部门也会存在短缺,只不过它们通过价格上涨来平抑短缺罢了。我国事实上也并不像科尔奈所描述的全面短缺,劳动力就充分剩余,大量设备也处在闲置状态,只是某些资源较稀缺而已。

第二,现实供给规模的体制障碍。经济体制的不合理是制约我国综合生产能力发挥和供给规模扩大的重要因素。我国的供给机制使供给潜力受到抑制,并使供给对需求变动的供给弹性不足。它主要表现在:(1)企业制度和内部组织不合理,抑制了企业的供给潜力,缺乏强有力和素质较高的管理者,职工的生产积极性不高,企业独立自主的经营权不太大,国有企业双重依赖,等等。(2)经济运行机制效率不高,国家对企业经济行为干预过多,市场体系不完善,竞争机制不完备,国家计划的科学性较差。实际上某些体制改革需较长时间才能奏效,有一些制度调整在短期内还是能奏效的,如劳动制度和分配制度。

2. 影响总需求规模的因素。总需求主要由消费需求和投资需求构成。国民收入的生产额通过分配和使用形成总需求,参与分配和使用的经济主体主要是政府、企业和劳动提供者及其家庭成员,各经济主体将收入所得投入到对消费品与投资品的购买。由于消费和投资的主体会以各种方式对国民收入的分配总额产生影响,因而,研究影响总需求规模形成的因素就不能不研究经济主体的消费行为与投资行为。

消费的实际总规模最终由实际支出的消费基金水平来衡量。影响消费总规模水平的因素主要有:第一,劳动者的收入水平及其储蓄倾向。若劳动者的收入水平相对较低,在商品价格中的含量较少,其购买力的水平也较低,在收入水平较低时,一般购买的商品的层次也较低;如果储蓄倾向较高的话,货币收入所得转化为现实购买的比重就更低。第二,劳动者收入的均等化程度。若劳动者收入比较平均,其购买的商品层次就比较接近,在这种条件下,若社会的消费偏好发生变化,消费结构迅速改变,就可能使生产难以跟上,造成消费需求过大。第三,消费的攀比效应。消费总规模与消费攀比密切相关。消费攀比对收入产生压力,造成提高工薪所得在商品价格中的比重,若这种提高的速度快于劳动生产率的增长,也会诱发消费膨胀。第四,通货膨胀的速度。若消费者预期到通货膨胀的来临,为了避免利益风险,则会提前消费。总的来说,消费扩张对总需求的影响远不如投资的影响大,这是由我国国情特点决定的。

投资是扩大再生产的需要,没有投资,生产就没有后劲。几十年来,我国总供给与总需求失衡与投资膨胀有关,不根治投资膨胀这种经济现象,供求均衡就难以实现。我国投资规模过大的原因有几个:第一,政府追求高速度发展经济的战略,希望能通过投资实现赶超目标,并迅速实现工业化和现代化。第二,投资效益太差。我国新增1元国民收入,大约要5元投资,而日本、韩国只需2元,这就在客观上要求有较大的投资规模。第三,投资体制不合理。投资决策与使用分家,政府是投资的决策者,而使用者是企业,企业使用投资不要承担任何经济风险,这就造成企业具有无可遏制的投资愿望。第四,投资加速的影响。由于基建投资摊子铺得较大,这就要求有与之相应的配套投资和与之相关的部门的投资,造成投资加速。当客观存在的投资要求大于国民收入分配给投资部分的金额时,就对国民收入的分配产生压力,从而构成总需求膨胀的基础。

(三)总供求矛盾的表现形式

在社会主义初级阶段,由于我们面临进一步完成工业化、现代化以及改革经济体制的任务,总供给与总需求失衡的现象还可能发生。其主要表现在:(1)总需求大于总供给。为了提高人民的消费水平,为了增加生产,总需求的增长速度还可能快于总供给增长速度,直到国民经济重大比例关系保持协调,经济体制改革使供给的潜力充分发挥。(2)总需求与总供给结构性失衡。这种失衡的特点是供需总量基本平衡而供需结构不平衡,其特点是,一方面供给不足,短缺存在;一方面供过于求,商品库存积压。这种现象的消除有待市场价格机制的完善与要素流动机制的健全。(3)通货膨胀压制式的供需失衡。市场总需求明显表现为大于总供给,但为了保护消费者利益,不允许价格上涨,对生活用品实行票证配给,这样一来,价格水平指标就难以成为总需求与总供给失衡的评价标准。

市场:系统结构与运行机制[*]

在社会再生产过程中,经济运行和发展所需要的各种资源要素的交换构成市场,不同要素资料的交换活动既各自独立又相互制约,市场便成为不可分割的统一整体。如果把全部市场作为一个大系统,即市场体系,各个不同的要素市场便是这个大系统中的子系统。

市场与市场体系

(一)市场和市场体系的组成要素

市场体系是在社会生产和分工的基础上,随国民经济运行和发展而演变。然而,从抽象的角度看,市场和市场体系形成基于一定的组成要素。

1. 市场主体。所谓市场主体,是指参与市场交易的当事人。市场的

---

* 本文是笔者在四川省商业厅和四川省商业经济学会举办的流通体制改革研讨班上的讲稿。

一切活动都是这些当事人的有意识的行为，是其经济权力的相互让渡关系。因此，所有权让渡、占有权让渡和使用权让渡是三种基本的权利让渡关系，不同让渡关系的独立化，形成市场结构主体中的所有权市场、占有权市场和使用权市场。

2. 市场客体。所谓市场客体是指市场主体之间交易的对象。这种对象是交换当事人意志体现的物质承担者，如果没有这种交换的客体，也就不存在市场关系。如果客体不具有商品属性，即不进入交换，市场就无法形成。在商品经济占主导地位的社会，基本的经济关系是商品货币关系。因此，市场客体有四种基本形态：（1）硬件，即以实物形态出现的生活用品和生产资料；（2）软件，即以非实物形态出现的信息、技术等商品；（3）活件，即以活动形态出现的劳动力商品；（4）通用件，即以等价物形态出现的资金商品。这四种不同形态的市场客体既形成不同的专业市场，又为市场体系的形成奠定基础。

3. 市场载体。所谓市场载体，是指提供市场主体对市场客体进行交易的一切设施，包括商场、仓库和运输车辆等。没有市场载体，市场活动就难以进行；市场载体不完善，市场交易就会受阻，市场体系的发育和完善就会受制约。

（二）市场体系的时空结构

市场体系是具有一定要素市场和具体结构的有机整体，现实市场是具有时间概念和空间概念的市场。

1. 市场时间结构。市场时间是指市场当事人支配交换客体的运动轨迹。在实际的市场活动中，由于市场主体支配市场客体的方式是多种多样的，所以在时间上就留下了多样化的运动轨迹。如市场主体与市场客体的运动在时间上是同步的，这就是"当场拍板成交、钱货两清"的现货交易；市场主体与市场客体的运动在时间上是分离的，这就是"交易与交货时间分离"的期货交易。从交换的某一方来看，市场主体与市场客体的运动同步，而从交换双方的运动步调来看，如果在时间上是分离的，那就是"货款授受与货币借贷"的信用交易。上述几种市场类型形成了相当的现货市场、期货市场和信用市场,三者耦合便是市场体系的时间结构。

在市场体系的时间结构中,现货市场是最基本的市场,其最大特点是随机波动性,市场交易数量、价格等不能预先确定,完全由特定时间里的供求关系决定。而期货市场的最大特点在于它的预期性。在这种市场中,对未来一段时期内的每件事都能预先确定。至于信用市场,它的最大特点是创造性。合理的时间结构会使现货市场、期货市场和信用市场各自的优缺点得到互补和互增,以发挥市场体系的整体效应。

2. 市场空间结构。市场主体支配其交换客体的活动范围便是市场的空间。在这个范围内,买方与卖方彼此的交往非常紧密,同一商品的价格趋于一致。市场空间布局是由社会分工和商品生产发展的特点以及自然的、地理的、社会的等多种因素所决定的。这种市场空间,因其扩散和吸引作用的大小,可分为不同的范围等级,表现为地方性市场、全国性市场和世界性市场。

地方性市场是交换关系以地区为空间范围的市场。在我国,相当一部分商品的需求程度偏低,名牌产品为数不多,再加上消费习惯差异度较大,流通设施较为落后,交换的相对成本偏高,因此,有相当数量的商品只能在地方性区域内交换,从而形成地方性市场。

全国性市场是交换关系以一国为空间范围的市场。它是商品经济较高程度发展的结果。一般来说,政治上的统一性是形成全国市场的前提条件,经济上的天然联系是形成全国市场的基础,交易比较利益的竞争性是形成全国性市场的作用契机,发达的流通网络是形成全国性市场的物质保证。只有当这些条件同时具备时,全国性市场才能最终形成,虽然并不是所有的商品都具备在全国范围流通的必要条件和可能性。这里所说的全国性市场,是就部分商品而言的。全国性市场的存在并不排斥地方性市场,两者同时存在并拥有自己的商品,只不过全国性市场是一个更为高级的空间市场。

世界市场是交换关系以世界范围为空间的市场。这种世界市场反映了市场主体支配交换客体的空间活动的无限性。世界市场是国际分工的产物,是各国间经济联系的渠道和方式,但这并不意味着世界市场就是全世界所有国家的市场。事实上,世界市场对任何国家来说都是数国的市场,它只能选择具体国别作为交易对象。一般地说,世界市场是国内市场供求动态平衡的外部调节机制,通过进出口贸易,在一定程度上可以缓解国内市场的供求矛盾。因此,任何一个国家作为一个开放的经济系统,必然依赖于世界市场。

以上各种空间范围的市场有各自的运行规律。在社会主义市场体系中,一个完整的市场体系应是多层次市场空间结构的一体化。

(三)经济运行机制中的市场体系

在商品经济中,市场体系在社会经济运行中的功能和地位是客观存在的,其表现为:

第一,市场体系是社会经济运行的依托。市场体系作为商品交换的结果,它又是商品经济运行的依托。资本主义社会以空前的速度扩大和发展,而资本主义又凭借着其日趋完善的市场体系推动社会生产力的发展,但市场体系并不是资本主义特有的经济范畴。社会主义初级阶段的经济是建立在公有制基础上的有计划的商品经济,由于存在着不同的所有制形式,由于国有企业也存在着相互独立的经济利益,商品所有权的互换必须通过市场,按等价交换的原则进行。由于存在着普遍的专业分工,每个企业(或生产者)都要通过市场销售自己的产品以实现其价值,同时也通过市场获取自己所需要的生产要素,特别是在社会主义的商品经济中,市场体系可以通过价格、供求、信用、利率等经济杠杆和参数,发挥对国民经济协调、平衡的系统功能。因此,我国社会主义经济运行离不开市场体系。

第二,市场体系是协调宏观经济和微观经济的纽带。多层次、全方位、开放型的市场体系在宏观经济与微观经济之间架起了一道桥梁,它为宏观目标和微观目标的同时实现提供了可能。其协调过程大致是:国家按国民经济综合平衡的总体规划,直接运用市场参数和外生变量作用于市场,调节市场供求总量,影响企业的市场行为,而企业则主要依据市场中的参数信号决定自己的经营行为。结果,以市场体系为纽带,宏观目标与微观目标,社会利益与企业利益可以统一起来,通过双向经济信息的迅速传递、交流和反馈,使宏观调控与微观行为在市场动态运行机制中趋于协调。这种以市场体系为中介建立起来的宏观和微观经济运行的协调机制,既能保证宏观调控的实施,保证国民经济的总运行在基本平衡的基础上向预期的目标发展,又能促使企业行为趋于合理化,充分发挥企业的活力。

现阶段市场体系与运行机制

新中国成立以来,我国的市场体系有了一定的发展,但起落再三至今仍未完善,回顾我国市场体系的历史状态是必要的。

(一)我国市场体系的发展演变

在旧中国,帝国主义、封建势力和官僚买办资本控制了社会经济,这决定了旧中国的市场是半殖民地、半封建性质的市场,诸多势力分裂割据的市场,它对社会经济发展起着极大的破坏作用。

中华人民共和国成立后,我国生产关系和社会经济状况发生了深刻变化。新中国成立初期,当时的国民经济是由生产资料公有制为基础的国营经济和劳动人民根据自愿原则组织起来的合作社经济,市场调节在市场体系各个方面的摩擦正在缩小。

(二)我国现阶段市场体系及其运行中的缺陷

我国社会主义市场体系的雏形虽然已经形成,但就目前情况看,它还处于发展的初级阶段,市场体系发育缓慢,存在着明显的不发达性、不完整性、不完善性和不充分性。

1. 不发达性。市场体系的不发达性主要表现在构成市场体系的要素市场的不发达。任何要素市场,它的规模首先取决于可供量与需求量。在现阶段,我国国民经济特别是农村经济中还存在着相当部分的自然经济和半自然经济成分,商品率低,有相当一部分农副产品在农业内部未经交换便转入消费;而工业经济中商品率虽然较高,但专业化分工程度低,小而全倾向明显,以至有一部分工业品在工业内部属自然性消费,影响了生产资料市场的发育;我国不高的科研水平则制约了科研成果的数量,因而也制约了技术市场上可供交换的技术商品数量;资金的匮乏致使资金的社会调剂只能局限于小额、短期,从而影响了资金市场的规模;我国劳动力的流动率尚很低,人才流动的社会条件还不理想,因此也制约了劳务市场的发展。同时,我国较低的生产力水平和科技水平也限制了出口商品的竞争力,国内所需的技术、设备及原材料又因外汇短缺不能大量进口,因而涉外市场也呈相对不发达状况。

2. 不完整性。市场体系的不完整性主要指各类要素市场残缺不全,未能构成完整体系,不完整性与不发达性又有内在联系。长期以来,由于我国实行计划与市场的板块结合,加上对一些市场客体要素的商品属性认识不足,一些市场开放较迟甚至不敢开放,致使市场体系不够完整。目前,初具规模而又比较活跃的主要是物质商品中的日用消费品市场;资金市场还没形成真正的较为完善的市场机制,不能发挥其作为其他生产要素流通先导的作用;技术市场缺乏现代化手段,软技术贸易并没有受到法律的真正保护;劳务市场和房地产市场正处于初创阶段,难以与物质商品市场配套;信息市场更是处于未开发状态。由此可见,各类市场残缺不全严重地影响了整个市场体系的完整性。

3. 不完善性。市场体系的不完善性主要反映在各要素市场在规模、发展速度等方面的比例失调以及市场体系时空结构的不合理组合。一是构成市场体系的要素市场在发展上不平衡。在商品、资金、劳务、技术、信息五大市场中,相对来说,只有商品市场发育较好,其他市场有的刚开始形成,有的尚未形成,还有的处于未开发状态,从而出现要素市场的比例性失调。二是市场体系的空间结构不合理。由于我国目前的生产力布局不很合理,存在城市与农村、沿海与内地、开放地区与非开放地区、加工业地区与原材料产地间市场关系的制约状态,因而影响了市场体系空间结构的合理性,出现城市、沿海、开放地区和加工业地区的市场比较发达,而农村、内地、非开放地区和原材料产地的市场则相对落后的状况。三是市场体系的时间结构不协调。在现阶段,现货市场是我国最基本的市场,发展较快,而期货市场、信用市场的发展则受到一定的限制。在这种情况下,市场体系的时间结构是难以协调的。四是市场主体结构的不完善。在一个简单的市场结构模型中,市场主体只有两个,即买者和卖者。但在一个复杂的现代化市场结构模型中,市场主体一般是三个,即买者、中介人和卖者,完整的市场主体结构包括中介人,而中介人的作用是很重要的,我国目前市场结构不完善的一个方面就是指市场中介人的缺位。

4. 不充分性。市场体系的不充分性是指其运行机制不能充分发挥,这也是上述"三性"的必然结果。这种不充分性首先是因为旧的管理体制依然发挥作用,各类市场在行政条块的分割下还没有完全畅通,地方政府之间的物质串换行为干扰了正常的交换活动,部分生产者还是没成为真正的市场主体。其次,市场机制调节枢纽不够灵活,价格这个最灵敏的经济杠杆不能灵活地加以运用。在商品短缺的情况下,供不应求必然导致市场价格的上升。然而,由于我国的计划管理必须体现社会效益,市场价格不能充分地随行就市,即使价格能灵活地涨落,商品的生产经营企业往往也会因计划管理在方向和时间上的限制,或因资金、原材料的不足,不能根据价格的升降,灵活主动地调整其经营方向。再次,市场体系的运行机制,由于市场体系的不发达性、不完整性和不完善性,以致市场体系中的各种相互衔接制约的相关性时常在某一地区或某一环节上被割裂了。市场体系的总体运行机制成为若干个相互不协调的局部运行机制的简单相加,不能充分发挥市场体系的整体功能,因而也不能有效地调节社会经济的运行和发展。

初级阶段市场问题再研究

在我国社会主义初级阶段这个历史阶段中,市场作为商品经济的载体,渗透到经济建设和经济生活的各个角落,应当发挥重要的作用。可是,如前所述,我国的市场由于种种原因,它先天不足且后天失调,市场发育的严重滞后极大地束缚了经济的发展。因此,就理想的市场体系模式、建立和完善市场体系、形成充分的市场运行机制以及坚持国家调节市场、市场引导企业等问题需要在理论上得到统一,在实践中迅速实施。

(一)理想的市场模式

我国社会主义总体市场的理想模式是什么?这是理论界关注和研究的热点。笔者认为,在社会主义初级阶段,从生产力水平、社会分工和分配制度的状况以及国家调控国民经济的能力与需要出发,我国市场体系的基本模式具有一系列特征,是计划的、完整的、统一的、开放的、竞争的、横向的、多层次的市场总和。

1. 有计划。社会主义总体市场应当是有计划的,这是社会主义市场体系极其重要的特征。这种计划性体现在国家既尊重客观经济规律,又根据国民经济发展规划,以一定的行政手段影响市场主体的行为和市场客体的转换,国家也以市场主体的属性参与交换过程。国家调节市场的目的在于把宏观经济计划决策与微观经济活动衔接起来,在于克服市场自发调节的局限性,在于以市场机制调整宏观经济计划决策的失误,以便使国民经济运行的方向既符合计划又不违背市场运行的客观规律。

2. 完整性。社会主义市场体系应当是完整的,而不是残缺不全的。

它不仅要有消费品和生产资料等商品市场,而且要有资金、劳务、技术、信息和房地产等生产要素市场。这些要素市场是互相联系、互相补充、互相促进的,缺一不可,应形成市场体系的合理结构。这一特征是与大力发展社会主义商品经济的要求相联系的。

3. 统一性。社会主义总体市场应当是统一的,而不是分割的。在全国范围内,地区之间、城乡之间、城市之间,商品与资金都能按照经济本身的需要自由交换,这是完善市场体系结构,促进社会资源有效利用以及提高社会生产力的基本要求。

4. 开放式。社会主义总体市场应当是开放的,而不是封闭的。它不仅要对国外开放,而且国内各地区之间、城市之间、城乡之间都要互相开放。要以国内市场为基础开拓国际市场,要以"大进大出"为契机促进国内市场的发展,形成一个全方位的开放型市场模式,以使我国的对内搞活和对外开放有一个更好的市场条件。

5. 竞争型。社会主义总体市场应当是竞争的,而不是垄断的。我国是一个大国,人口众多、市场广阔,实行垄断的市场是有害的。同时,在我国较低的生产力水平,众多的市场主体也制约了国家以外的企业性垄断。企业集团的形成,大中型企业从中发挥带头作用,但绝不能以此作为垄断扩张的条件。从商品经济发展的一般过程看,自由竞争的结果才导致垄断竞争。我国社会主义商品经济并没有完成充分的自由竞争阶段,社会主义初级阶段应当是国家调控条件下以自由竞争为主的市场格局。因此,相对资本主义国家来说,我国的市场垄断程度是比较弱的,合理竞争应受到充分保护和支持,应当存在广阔的完全竞争和不完全竞争领域。这是强化市场机制的社会条件之一。

6. 横向型。社会主义总体市场应当是横向联系密切,纵向属辖极为有限的。过去,我国以自上而下纵向行政系统,以封闭式分配渠道代替完整的市场体系。今后,我国各类市场之间应互相开放、互相渗透,打破资金、技术、商品等市场客体自我封闭的格局,逐步形成四通八达、纵横交错的网络型的市场体系。

7. 多层次。社会主义总体市场应当是多层次的,而不是单一层次的。根据我国经济发展的不同情况,在国内应逐步形成四个层次的市场:以农村县镇为中心形成初级市场,以中小型城市为中心形成区域市场,以大城市为中心形成大经济区市场,在此基础上形成全国性市场。此外,根据对外开放的客观条件,形成外向型市场的不同阶梯。

(二)建立和完善市场体系

我国的商品经济不发达,传统计划管理体制的影响依然存在,这一方面表现为完整的、发达的市场体系尚未形成,另一方面表现为市场机制的作用受到很大限制。因此,要形成社会主义总体市场的理想模式,充分发挥市场机制的作用,必须大力促进各类市场的发育,建立和完善市场体系。

1. 发展和完善生产资料市场。生产资料市场的建立对于改变层层调拨分配的物资流通体制,搞活企业特别是大中型企业,实现政企分开以及国家对经济运行的间接调控都具有重要意义。相对消费品市场的发展,我国的生产资料市场起步晚、发展慢,难以适应经济体制改革和经济建设的需要,已成为必须尽快解决的突出矛盾。因此,我们应争取在短期内建立起一个在国家宏观计划和经济政策的约束下真正统一的、开放的、灵活的生产资料市场。

发展生产资料市场的关键,首先是生产资料价格体系的改革。在这方面,我们应采取稳妥的办法,实行调、放结合的方针,逐步把生产资料价格理顺。其次,要逐步缩小指令性计划的范围和比重,要破除条块分割,冲破地区封锁,积极开展生产资料生产和流通领域的横向经济联系。再次,扩大生产资料进出口的外贸代理制,将国际市场竞争机制引入国内生产资料市场,实现这一市场的外向型转变。

2. 建立和培育资金市场。资金市场是商品生产和商品交换发展到一定程度和信用制度高度发达的产物,同时它又对商品经济的发展具有强大的引动力。社会主义初级阶段需大力发展商品经济,摆脱自然经济和产品经济的桎梏。发达的货币经济和信用经济是必不可少的条件,克服企业经济活动的实物化倾向也需尽快实现活动内容的货币化。国家对企业的管理由实物管理为主逐步转向以价值管理为主,由直接管理为主逐步转向以间接管理为主,这更需借助资金市场。值得指出的是,资金市场的建立和完善,还是发展其他各类市场的重要条件。过去,我国的信贷资金管理体制与纵向的物质分配体制相适应,也是以集中的纵向分配即统存统贷为特征的。最近几年来,这一管理体制通过改革虽然有所改进,但资金的横向融通至今仍然受到各专业银行和各地区条件分割的限制,阻碍了生产资料、日用消费品、技术和劳动力的交换。因此,改革现行金融体制,建立和培育资金市场已势在必行。

针对我国商品经济与信用制度不发达的现状,适应计划、物资、投资等体制改革的进程,推行基层银行及金融机构的企业化经营,建立和培育短期资金市场;然后创造条件逐步发展长期资金市场和适当开放外汇调剂和外汇拆借市场,从培养资金市场的主体出发,由小规模到大面积,由短期市场到中长期市场并参与国际资金循环,是建立资金市场的基本思路。

3. 开放劳务市场。劳务市场是社会主义市场体系不可缺少的组成部分。而开放劳务市场是为了实现劳动力的合理流动,使劳动者从市场主体的买者成为买与卖的统一体,使企业和劳动者相互选择。这样做,一是有利于劳动者充分发挥其特长,提高他们的劳动积极性和创造性;二是有利于企业根据劳务市场需求变化及时调整生产投入组合和经营方向,提高劳动生产率,增强企业活力。开放劳务市场,首先要改革劳动制度,废除"终身制",打破"铁饭碗",实行劳动合同制和人才招聘制,开展就业竞争。其次,要改革户籍、档案制度和工资福利制度,破除劳动力单位所有制,为劳动力的合理流动创造条件。再次,要建立职工待业社会保障制度,体现社会主义制度下劳动力的双重属性。最后,要建立和发展各类职业介绍所,调剂劳动力余缺,缩短待业周期,减少招用人才成本,掌握劳动力供求状况,并为国家劳动力供求平衡和流向流量的计划指导和宏观控制提供依据。

此外,在完善市场体系的过程中,要逐步形成合理的市场时间结构和市场空间结构,尤其是时间结构。随着消费需求变化的日趋频繁,在进一步发展现货市场的同时,要在国家的适当控制下有步骤地发展期货市场。在期货交易中,企业目前的生产规模主要是由过去所接到的期货订单来决定的,而企业目前所接到的期货订单又是未来生产规模变化的依据。这样,企业未来生产规模就可以根据期货订单的数量,并结合对未来市场的预测来大致估定。这便于企业安排生产,又能增强整个经济的稳定性。另外,还可以为搞活大型企业创造良好的外部经济环境,加速国家对企业进行间接管理。作为一个完整的市场时间结构,除了应发展现货市场、期货市场以外,还应有计划地发展信用市场。信用市场的建立和完善能沟通资金短缺单位与资金富余单位之间的联系,调剂资金的供求,实现资金的融通,提高资金的使用效益。因此,我们必须正确处理好现货市场、期货市场、信用市场的关系,使之互相结合,互相促进,共同发展。在市场体系的空间结构方面,我们既要发展初级市场、区域市场、大经济区市场等地方性市场,又要发展全国性市场;既要开拓国内市场,又要开拓世界市场,以发展地方性市场来扩大全国性市场,以发展国内统一市场来推动向世界市场的扩张,逐步使大部分市场客体的交换流通向更高级的市场空间演进。

(三)强化市场运行机制

社会主义市场体系作为一个有机体,只有在协调、平衡、顺畅的市场运行中才能发挥积极的作用。这种协调、平衡、顺畅的市场运行主要通过市场自发的作用推动和调节。市场运行机制是市场参数(如价格、利率、工资率等)互相变动和互相作用的关系,是市场参数对市场主体如生产者、经营者和消费者的引导,是市场信号、市场动力、市场行为决策的连续运动和反馈协调,它总是在动态中朝着按比例分配资源(生产资料、劳动力、资金等)的方向发挥调节作用。笔者认为,要在我国形成充分的市场运行机制,应具备以下几个主要条件:

1. 灵敏的市场信号。充分的市场运行机制需要有灵敏的市场信号。价格是市场的核心信号,其他市场信号都与它紧密相关并在很大程度上受其制约。在市场运行过程中,价格是在不断变动的,生产经营者通过价格信号来了解现状和预测未来,并相应调整生产(或经营)方向和生产规模。宏观经济的管理者也主要依据价格信号来制定政策,而消费者(企业或居民)则根据价格信号来改变其需求方向和需求规模。

价格信号的调节作用表明,社会生产、消费的合理比例集中反映在价格的合理性上。合理的价格既反映价值,又反映市场供求,它对社会生产、消费的按比例发展有积极作用。反之,如果价格信号失真,它不但不能促成社会生产、消费的合理比例,而且还会造成经济的混乱。由于我国长期实行由国家统一定价的、僵化的制度,目前的价格体系还较混乱,价格信号严重失真,这便导致市场运行机制的扭曲。价格信号发挥作用的关键是价格必须放开。实践已充分证明,如果价格的制定和调整完全由国家直接掌握,价格同生产和需求变动没有横向联系,市场机制就不能充分运行,这种价格便成了主观价格或垄断价格,由这种价格信号引动市场运行机制所带来的破坏性决不比价格自由波动来得轻。当然,这并不是说国家现在就立即取消对价格的直接控制。在现在还不具备完全放开价格的条件下,通过调放结合的价格改革,从总体上加强价格运动的灵活性,形成比较灵敏的价格信号,使之在市场运行机制中发挥应有的作用。

2. 充分的市场竞争。市场机制充分运行的重要条件之一是引进竞争机制,展开充分的市场竞争。竞争是商品生产者之间的一种相互关系,是商品经济的产物和伴侣。在社会主义制度下,市场竞争的目的、性质、范围和手段起了一定变化,但在买者之间、卖者之间以及买者和卖者之间的竞争应受到保护和提倡。全面地开放市场,必然产生完全的和充分的竞争;部分地开放市场,就只能是局部和有限的竞争。既然社会主义经济是有计划的商品经济,那么作为商品经济的规律——竞争规律也就必然在广泛的领域里发挥作用。在商品经济中,商品价值的确定,平均利润率的形成,价值规律对社会生产和流通的调节,都只能通过竞争,并在竞争中得到实现。竞争越是充分,由价格信号引发的市场机制的传动力就越强。

充分的市场竞争必须基于平等的起点。为此,首先需要有合适的经济环境和条件,使生产同一产品的部门和企业能够在机会均等的条件下,展开竞争。平等的竞争又有赖于市场参与者的数量,参与市场竞争的市场主体数量越多,公平竞争的程度就越高。为此,要限制少数垄断企业独占市场的局面的出现和发展。此外,在社会主义初级阶段,不仅对竞争的作用不能限制,而且作为竞争场所的市场范围也不应当限制,以此对传统的管理体制和残存的自然经济予以冲击。当然,为了正确地开展市场竞争,社会主义国家可以而且应当通过经济的、行政的、法律的手段对竞争进行指导,并防止或纠正竞争中的不良倾向。

3. 规范的市场行为。充分的市场运行机制以规范的市场行为作前提条件。市场行为不规范,市场机制的客观功能会产生消极的作用效应。规范的市场行为,一是市场主体对市场信号反应灵敏;二是其市场活动符合价值规律和供求规律的要求。

要使我国的市场行为趋于规范,市场主体,尤其是企业应拥有生产经营的自主权,拥有自我利益的驱动力,以便对市场信号能做出迅速反应。因此,国家要按照两权分离的原则,把经营权真正交给企业,处理好责、权、利的关系。同时,要造成企业行为接受市场调节的外部条件,要有足够的压力迫使企业的经营活动服从市场信号的调节,按照市场需要来决定自己的经营方向和生产规模,造成企业对市场的依赖。这样,只要价格体系基本合理,价格信号不失真,企业的市场行为便会趋于规范。

在以上三个条件基本具备以后,市场运行机制在社会经济运行中的自发作用可概括为:(1)价格等市场信号引导企业的经营方向;(2)企业经营方向以及购销的规模影响市场容量;(3)价格信号与市场竞争促成社会经济资源在各要素市场间转移;(4)社会经济资源的转移不断形成和改变资源的社会配置,市场行为的规范性影响资源配置的合理性;(5)社会经济资源的配置状态与社会经济的运行状态相互作用。在这个过程中,其他经济杠杆如税收也发挥一定的调节作用,市场的时空结构作为市场机制运行的传导媒介也具有重大影响。

在社会主义初级阶段,尤其在目前,强化市场机制的基本条件还没有完全形成,经济体制改革的实践在总体上有助于促成这种条件的形成,但改革本身又不可避免地产生一时性的、与强化市场机制有悖的影响,我们应当承认这种现实。同时,自发的市场机制在其充分运行和不断强化的过程中,也会产生某些消极作用,影响社会经济的稳定和正常发展,这就要求国家以经济管理者的身份,对市场运行机制的全过程予以调节。

（四）坚持国家调控市场

由于众多的市场主体在需求、愿望和利益上不可能一致,它们从事交换活动,必然会使市场出现偏差、裂缝和缺口,要减少由此产生的市场机制的盲目性,在社会主义制度下,国家是执行纠偏和补缺的唯一承担者。

国家调节市场,是指国家根据各类市场的供求和价格状况,自觉遵循经济规律的要求,主动地、有计划地采取各种调节经济的政策、手段和措施,对整个市场或某类商品的供求和价格进行全面调节,组织社会商品的供求平衡以稳定市场局势。坚持国家调节市场是区分有计划商品经济和盲目自发市场经济的一个重要标志。国家对市场的调节主要有三大内容:(1)调节市场的主体结构。市场活动的主体主要是企业,因此,国家调节市场主体结构就是引导企业行为,以企业行为合理化促成市场行为的合理化、规范化。(2)调节市场客体的供求结构。国家调节从供给和需求两个方面促使各种市场客体适销对路,使产业结构和消费结构相适应,从而实现总供给和总需求的总量平衡和不同要素市场间的结构平衡。

（3）调节市场的空间结构。国家调节市场的空间结构，就是要使市场布局合理协调各地方性市场之间的关系，使各地方性市场在空间上相互交错，成为社会主义统一市场的有机组成部分。

国家调节市场，需要运用各种手段。运用经济手段是指国家按照客观经济规律要求，根据市场变动规律和长期趋势，通过对市场参数施加影响和采取适当的经济政策来调节市场主体的经济行为，使市场运行尽量平稳地达到预定目标。运用行政手段是指国家通过政令、法令、指示、规定等形式，以及采取其他行政措施的办法，用强力及时改变市场运行的非常状态，减缓市场的震荡，保证市场的协调发展；运用法律手段，是指国家通过经济立法、司法、执法来确定和维系市场运行的规范，保证市场的顺利运行，使其符合经济发展的目标。以上三种手段互相联系、互相渗透并互为补充。由于经济手段对调节市场各方面的经济利益具有特别重要的作用，因而，只有建立以经济手段为主、辅之以行政手段和法律手段的市场调节体系，才能有效地控制和调节市场的运行。

国家调节市场是宏观经济管理的根本性转变。它要求国家直接调控的对象从企业转为市场，实行以市场为中介的间接管理。这就需要有一个完善的市场调节系统，包括一个能体现科学化、民主化、法制化原则的决策体系，一个能协调各种经济杠杆并能加以综合配套运用的调节体系，一个由立法、司法和执法所组成的经济监督体系；需要有一批具有新观念、新知识、素质较高的宏观经济管理人才。此外，宽容的市场环境、完善的市场体系、发达顺畅的信息反馈系统，都是国家调节市场的前提条件。

价格模式转换与市场发育的探讨 *

研究价格模式转换离不开市场问题。10 年改革经验告诉我们,价格改革要求与市场发育相配合,要求良好市场机制的加速形成。我们要求建立的比较合理的价格体系,只能在有宏观调控下的健全的市场中才能形成。价格模式转换不仅要求各种产品,而且要求各种生产要素都要进入市场并合理流动,政府合理而有效地组织市场是价格模式转换中的必要条件。因此,我们不能只看到价格模式转换对市场形成与发展的作用,也要看到市场的发展和完善对价格模式转换的极其重大的意义和作用。

价格模式转换是市场体系形成的关键

一、市场定价体制是发展市场关系的前提

经济体制改革的主题是发展社会主义商品经济,发展市场关系。经

---

 * 这篇文章是笔者在四川省商业厅、四川省商业经济学会举办的流通体制改革研讨班上的讲稿,1990 年 9 月整理成文。

济体制改革可以归结为市场取向的改革。因此,建立和完善社会主义市场体系,在整个经济体制改革中就始终处于中心地位。

市场的核心是价格。市场关系的核心是价格关系,市场机制是通过价格机制发挥作用的。因此,市场改革的关键是价格改革,市场体系形成的关键是价格模式的转换。

在传统体制下,市场关系不但不发展,而且在其可怜的狭窄范围内,还是被扭曲的,原因是价格关系被扭曲。行政定价,价格体系僵化,补贴制度的广泛滥用,使市场关系的自然准则——等价交换得不到贯彻和实行。一些商品如农产品价格畸低,一些商品如工业消费品价格畸高。统计数字表明,多年来,我国城镇居民每年得到国家的消费补贴包括房租补贴,居然占其全部个人消费支出的80%以上。因此,有国家财政补贴的商品,价格很低,如口粮的价格、房租、公共汽车票价等都是这样。长期以来,猪肉、鸡蛋、糖等的价格也是这样。这就极不利于这些商品供应的增加(价格不能刺激生产),也不利于对这些重要生活消费品的节约,改善消费结构。这是许多社会主义国家财政补贴包袱越背越重的一个重要原因。城镇居民不但要求国家财政保证其吃饱和有房子住,还期望和要求国家财政保证其吃好、住好,满足不了,就要骂娘。

在体制改革过程中,发展市场关系一方面是政府要组织市场,创造市场;另一方面是转换价格模式,特别是转换价格形成机制。即使是组织市场、创造市场,也是以新的价格模式、市场定价体制为前提的。

消费品市场要实行市场定价体制,让价格在市场交换中自由形成是显而易见的。除了在改革的初期或其发展的一定阶段,对一些最基本生活消费品如口粮、食油以及某些公共服务收费如公共汽车票价等需要保持低价,除保证公众的最基本生活消费不受或少受影响外,其余消费品原则上应尽快逐步放开价格,使价格充分反映资源的稀缺性,充分反映供求关系,使居民的消费结构能同社会的资源相适应,使价格结构有助于鼓励短缺产品的生产和供应,限制长线产品的盲目增产。特别是一些高档消费品和热门货,价格更应放开,不宜采取为控制物价上涨指数而实行限价或凭票供应的办法。因为,这样做既不利于刺激生产和限制消费的盲目攀比,又会助长投机倒把、黑市交易,以及助长以权谋私等不正之风;老百姓也得不到限价的好处,而要用高于限价的黑市价才能买到这些商品,同时还不利于国家财政收入的增加。因此,我们这几年放开许多消费品价格,包括1988年放开13种名烟、名酒的价格,应予肯定①。不仅如此,那些二名烟、二名酒等全部烟、酒价格均应放开。至于像彩电、冰箱等紧俏消费品,更应放开价格,让供求关系充分调节其价格高低,国家可通过征收特别消费税或利润调节税等形式增加财政收入。只要消费品交易公开化、市场化、制度化,就能大大提高市场的透明度,减少以权谋私的机会,减少少数人利用特权或从事投机倒把攫取巨额不义之财的机会,使公众在市场公平交易中各得其所。消费品市场关系的发展将最终导致农产品价格偏低、工农产品不等价交换的问题得到解决。国家的财政补贴将从直接对各种农副产品的价格补贴中施福利于全体城镇居民,转为对一部分最低收入者(一般只占城镇居民的10%—20%)进行补贴。这样不但可以大大减少财政补贴,减轻财政负担,而且可以使这些补贴发挥较好的社会效果,促进社会安定。这方面国际上已有一些成功的例子,斯里兰卡就是其中一个,很值得我们借鉴。

　　生产资料市场的建立是同物资管理体制改革同步进行的。国家减少指令性计划分配的物资,同时就应当放开这些物资的价格,使其真正进入市场。前几年物资体制改革中存在的最大问题,是国家减少了指令性计划分配的物资,但是并没有使这些物资进入市场,而是由部门和地方在中间截留了。比如,国家1987年直接管理的物资已减少到26种,但是根据笔者1987年在湖北省的调查,省物资部门掌握和分配的物资达380多

① 1988年7月,13种名烟、名酒价格放开后,初步匡算,当年60多亿元调价额中,中央财政、地方财政和生产企业的得益分别占62%、12%和24%(参见郭幼飞:《名烟、名酒价格开放之后》,《经济工作通讯》1988年第19期)。

种,这些物资自然不能进入市场,它们的价格也不是在市场中形成,仍然实行政府定价,即地方政府定价。又如,这几年国内最紧缺的钢材,国家定价700元1吨(普通钢材),市场价高达1800元1吨,市价高出牌价一倍半以上。国家直接分配的钢材只占钢材产量的40%,而真正投放到钢材市场(以价格由市场形成为标志)的钢材,还不到钢材产量的10%,大部分钢材仍然实行变相的计划分配。所以,物资管理体制改革必须落到实处,即在减少计划分配的同时,让被减少的部分真正投放到市场上,其价格由市场力量支配。生产资料价格放开、市场形成并无不可克服的障碍。匈牙利经济学家齐科什·纳吉1986年来华讲学时说过,他们进行物资体制改革时曾对各种生产资料根据供求关系状况进行排队,除个别特需(如军品)和严重供不应求者外,80%的生产资料价格都可以放开,投入市场。我国有关部门1986年夏也试算过,只要加强宏观调控,90%以上生产资料价格都可以放开,投放市场。可见,生产资料价格放开,形成市场,并不特别困难,关键是改革的决心要大,要做好宏观调控工作。生产资料价格放开了,就能从根本上解决长期以来能源、原材料等初级产品价格偏低(苏联一些经济学家认为,他们这方面价格只及国际市场价格的1/3到1/4)和加工产品价格偏高的问题。有人认为,在生产资料中,上游产品价格国家要多管些,保留双轨制价格时间可以长一些,而下游产品价格国家少管些,尽量放开让市场调节。可是,由于国家管制价格,往往等于强制维持低价,而市场则常使价格保持较高,这样,生产资料价格体系中初级产品价格偏低,而加工产品价格偏高的问题就难以克服,它们之间的价格关系自然难以理顺。所以,从建立和发展生产资料市场角度看,也不宜实行多管住上游产品价格而只放开下游产品价格的方针。

生产要素(资金、劳动力、土地等)市场的建立和发展也要有生产要素价格的市场化相配合。在传统体制下,根本否定生产要素商品化的可能性,甚至以生产要素的非商品化作为社会主义的本质特征。因此,在体制改革过程中,生产要素价格的市场化,同生产要素的商品化一样,要经历比较长的历程。一般来说,要经历以下三个阶段:第一,生产要素开始显现其价格,利息逐步被认做是资金的价格,资金不能无偿占有和使用,或者只是一种简单的物质鼓励手段。土地也不能无偿使用,使用土地要付地租,土地的价格要由地租的高低和当时的平均利息率来决定。工资也不能只归结为按劳分配的一种形式。既然承认各人的不同能力是"天赋特权",并根据各人的劳动贡献付给报酬,那就在某种程度上肯定劳动力的私人所有,其使用受价值规律的支配,具有价格形态。第二,对生产要素价格按照价值规律要求进行调整,初步理顺它们的价格关系。之所以要先进行有计划的调整,而不能一下子实现市场化,是为了防止价格一下子放开后对人们利益关系的影响幅度过大,引起社会的震荡,同时也使生产要素价格变动在开始时置于国家可控范围内,以免对整个经济生活失去控制。调整的具体目标包括:利息率要成为现实的利率,即名义利息率应高于物价上涨率,纠正利息率长期偏低的状况,打破资金"大锅饭"制度;建立土地有偿使用制度,区分级差收益和绝对地租。级差地租也要区分为级差地租Ⅰ和级差地租Ⅱ两种形态,前者应主要交国家或地方财政,后者则可主要留归使用者。工资开始按市场原则进行调整,打破干多干少一个样,干好干坏一个样,干和不干一个样,以及脑体倒挂、权力工资化等反常现象。第三,生产要素价格由市场调节,使其真正反映各生产要素的稀缺程度和供求关系。资金的价格利息率由资金的供求关系来调节,使利息率真正成为国家对宏观经济进行有效调节的最重要工具。中央银行通过调整其再贷款利率或再贴现率,对市场利率进行调节。在需要收紧银根时提高利率,在需要放松银根时则降低利率,以便抑制或刺激投资需求,从而调节宏观比例。土地价格的市场化也将随着商品货币关系的发展而逐步实现,并使其真正成为资本化的地租。劳动力价格的市场化非常重要,只有逐步实现劳动力价格的市场化,才能使工资的刺激和约束机制真正建立起来。我国体制改革以来,困扰我们最大的难题是工资膨胀,职工要求企业尽可能多发工资和奖金,出现普遍的短期行为。多年来工资和奖金的增长速度大大超过劳动生产率的增长速度,甚至超过劳动生产率增长速度和物价上涨率之和。因此,不少经济学者认为,解决短期行为的有效办法,是加速劳动力的市场化。当然,这非易事,但可看出这项改革的重要意义。

二、治理通货膨胀是发展市场关系的当务之急

当前,在价格模式转换过程中出现了通货膨胀、物价上涨幅度过大,影响或妨碍了市场发育和社会主义市场的形成。

由于物价上涨幅度过大,群众争相抢购各种消费品,特别是日用工业品和耐用消费品。由于我国居民消费支出范围很窄,吃、住、行、医等不少方面都有社会公共福利保证,住房未实现商品化,可供居民抢购的消费品种类不多,数量有限,致使一部分消费品如电视机、电冰箱、电风扇、洗衣机、棉毛纺织品、家具、搪瓷制品等销售空前繁荣,连一些长期积压的残次商品也销售一空。市场对各种消费品增加品种、提高质量,适应消费者需要的强制或推动力量几乎丧失殆尽,反而刺激了厂家粗制滥造,降低质量,变相涨价,损害消费者的利益。显然,这对消费品市场的正常发育与完善是极为不利的。由于通货膨胀,市场信号混乱经常助长企业不是致力于改善经营管理、提高工作和服务质量,而是醉心于囤积居奇,投机倒把,哄抬物价,追逐不正当的经济收益。由于各种商品都很抢手,流通过程转手倒卖加价获利可观,常常人为地加大流通成本,私倒、官倒盛行,市场秩序混乱,市场规则难以很好建立和遵守,为正常的市场管理带来种种困难。

由于物价上涨幅度过大,必然带来生产资料价格双轨制,计划内外差价不是缩小而是扩大,市场价常常高出计划价 1 倍甚至 1 倍以上,致使双轨制价格的弊端日益突出和严重。不难想象,双轨制价格差距的扩大,极不利于从双轨制向单轨制过渡,从而不利于生产资料市场价格体制的建立,不利于生产资料市场的形成。目前,普通钢材的计划价格为 700 元 1 吨,而市场价则达 1800 元 1 吨,这样大的价格差距自然难以迅速建立和

发展钢材市场。社会需求生长过旺,通货膨胀,更突出地表现在生产资料流通成本的大量增加上。据调查,1 吨煤炭,山西产地出厂价只有 30 多元 1 吨,而在东南沿海消费地价格竟涨到 300 元左右,这其中差价 250 多元,除了一部分运输费用是合理的,少量经销费用是必要的外,大部分是被层层流通环节赚去了。生产资料市场的混乱,由此可见一斑。通货膨胀,物价上涨幅度过大,还会造成原来的不合理的比价复归,使价格关系扭曲程度加强。这一点突出表现在初级工业产品和加工工业产品上面。1987 年以来,加工工业产品价格上涨幅度,不低于甚至高于原材料价格上涨幅度。1984 年以来,连续几年生产资料价格上涨率高于社会零售物价总指数上涨率,使能源、原材料市场的建立与发展增加了困难。生产资料价格迅速上涨,妨碍生产资料市场新秩序的建立,不少国家经济机关利用手中掌握的物资分配权,从事投机倒把。某些公司不择手段,包括贿赂、非法经营等,搞大规模的倒买倒卖,攫取巨额利润。有的工厂甚至将国家计划分配物资用市场价格卖出,赚到的钱不仅能照发工人的工资,还能完成上交税利计划。所有这些,都是同建立和发展生产资料市场,通过生产资料市场优化资源配置背道而驰的。

通货膨胀、物价上涨幅度过大,非常不利于资金市场的形成和发展。物价上涨幅度过大,名义利息率低于物价上涨率,必然打击公众储蓄的积极性,鼓励人们购买各种实物而不愿意购买各种金融资产。与此同时,却刺激了对资金的需求,使资金这个社会最紧缺的资源分配使用更难合理(由于资金价格过低而任意低效使用)。从 1988 年 9 月 10 日起,我国实行 3 年和 3 年以上居民长期存款保值储蓄。但它存在许多缺点,一是只对 3 年和 3 年以上长期储蓄保值,而对 3 年以下储蓄不保值,等于宣布 3 年以下储蓄要贬值。而根据过去经验,中国人的定期储蓄多数是 1 年或两年以下的,3 年以上储蓄与人们习惯不一致。二是保值率是由国家统计局每季按前两季度物价上涨率确定的,人们普遍认为保值率偏低不能真正做到保值。三是储蓄的本性是要求得到现实利息率,即要求名义利息率大于物价上涨率,如一些外国专家建议我国现实利息率应保持2%—4%之间,而保值储蓄却无利息可言①。所以,保值储蓄并不能真正鼓励群众储蓄,平衡资金市场供求关系。

在通货膨胀情况下,目前允许存在的狭小范围的房地产市场畸形发展,地价飞涨,房产价格高得惊人。北京市商品房,前三四年才二三百元1平方米,现在高达1000至2000元1平方米。这里面同样包含着大量的不合法的流通利润在内。通货膨胀直接威胁着普通的靠工资为生的职工的生活,使他们的收入和消费水平下降。与此同时,有人却大发横财,造成收入分配很不公允。在这种情况下,劳动力市场难以正常建立和发展,劳动力难以合理流动。一些公司、饭店、宾馆用高工资吸引从业者,体力劳动者和脑力劳动者收入倒挂现象普遍存在和难以消除。通货膨胀使国家有限财力主要用于补偿涨价负担,难以对不合理的工资结构进行调整。而这正是形成和发展劳动力市场的必要前提条件。

可见,当前要加快形成和发展社会主义各类市场,需要先治理通货膨胀,治理经济环境,为经济改革包括价格改革创造良好的条件。关于价格模式转换同治理通货膨胀的关系,本书另有专章阐发,这里不再赘述。

加快市场发育是价格模式转换的条件

市场关系是商品经济基本关系,商品经济发展的程度是以市场关系的发展程度为标志的。加入市场交换的产品才是商品,进入市场的商品

---

① 联邦德国专家埃明格尔博士认为,从目前中国的情况看,"当前实际储蓄利率即使提高到1%—2%,仍不足以遏制过度需求,应使其提高到40%以上"(中国经济体制改革研究会编:《宏观经济的管理和改革》,经济日报出版社1986年版,第35页)。有些日本学者认为,"当国民以金融资产(定期存款、国债)的形式储蓄时,实际收益应保证高于20%至30%"(《中日学者讨论中国经济改革和经济发展》,《世界经济导报》1988年4月18日第11版)。

越多,商品的范围和比例越扩大,说明社会经济生活越是卷入商品经济的旋涡。因此,尽力扩展市场关系,加快市场发育,是推进商品经济的发展,加速社会主义经济生活商品化进程的重要条件。

加快市场发育,本身既是经济体制改革的重要内容,也是推进经济体制改革,特别是价格改革,实现价格模式转换的重要条件。前面说过,价格模式转换是市场体系形成的关键,但这并不意味着价格模式转换就等于市场体系的形成。正如人们常说的那样,放开价格并不自然而然地就会形成市场。市场体系的形成还有其他条件,这方面道理留待下面再说。这里需要专门论述的是加快市场发育,是价格模式顺利转换的重要条件,说明市场发育对价格模式转换的制约作用。

价格模式转换最主要的是价格形成机制转换。价格形成机制的转换需要有市场发育作为保证,是不难理解的。

我国消费品市场原来有一定的基础,为消费品价格形成机制的转换创造了比较好的条件。一般来说,某种消费品价格放开后,比较容易形成市场调节价格,但这往往只限于某一城市或地区市场范围而言。由于实行地方财政、外贸等包干体制,强化了地区封锁和市场分割,没有很好地形成全国性统一市场,使许多消费品市场价格出现扭曲现象。有些重要的农产品常常出现抢购和抬价现象。这几年反复出现的"羊毛大战"、"兔毛大战"、"蚕茧大战"、"苎麻大战"等,就是其集中表现,使市场价格骤然涨跌。与此同时,一些产地为了本地区利益,进行封锁,派人在县与县、地区与地区、省与省交通边界,站岗放哨,不准本地产品外运,妨碍商品的正常流通。由于市场活动没有正常秩序,产品供不应求时价格猛涨,促使农民盲目扩大生产,形成下一年度产品供过于求,价格马上猛降,又使生产者叫苦不迭。苎麻、烟叶、兔毛经历过这种恶性循环。苎麻抢购时,价格急剧上涨到七八元1斤,农民于是扩大播种面积增加生产,但因供过于求,下一年价格狂泻,跌至七八角钱1斤,生产者蒙受严重损失。可见,市场活动不规则,市场范围狭窄,市场价格就容易受短期的狭窄范围的供求关系的变动左右,上下波动很厉害,使市场价格对生产和消费的导向作用产生许多消极影响,反映着市场价格形成机制的不成熟、不完善。

中国原来就是商品经济很不发达的国家,没有现成的比较成熟的市场遗产。加上1956年"三大改造"基本完成后对市场关系采取遏制和排斥的态度,所以面临重新创造市场、组织市场的繁重任务。价格形成机制的转换,要有市场的建立和组织来保证。不少农副产品价格放开后,如蔬菜价格放开后,就急需组织蔬菜的批发、零售市场,才能使蔬菜价格真正由市场供求关系调节,以便正确引导生产和消费。我们看见,由于缺乏必要的市场组织,市场规则不健全,出现各种各样的垄断行为和现象。有的甚至用封建行会组织欺行霸市,破坏市场规则,同时也就破坏了市场竞争价格的形成。有的国营企业利用自己的权力和实力,企图搞垄断价格,干扰市场竞争,同时也就干扰了市场价格的发生机制。

市场规则的建立和市场秩序的维护,最根本的是要尊重价值规律,尊重供求规律,实行等价交换,这就要求交易公开化、竞争化、货币化、规则化、法制化。现在,由于生产资料市场没有真正形成,一些生产资料价格管制尽管取消了,并未能正常形成生产资料市场价格。市场的过分狭窄常常使市场价格畸形化,不但价格高得惊人,而且随时间、地点的差异而大幅度波动,价差很大。市场的不稳定决定着价格波动的过分频繁。由于缺乏市场组织,各种各样的实物串换大量存在,而实物串换完全是违背市场原则的。实物串换更是明目张胆的逃税行为,因为实物串换一般都按低价计算,使得国家税收减少。遗憾的是,这种违反市场规则的行为,有时竟被当做经济体制改革的内容加以宣传,混淆了视听。很明显,实物串换的发展,不是走向商品经济,而是走向实物经济,不是形成市场价格,而是形成灰色价格,比计划价格更不规范的价格,即价格的更落后的形态,也就是说,实物串换阻碍着市场价格形成机制的建立和发展。

生产资料市场的障碍还在于不少经营生产资料的商业物资企业政企不分,或经营生产资料的公司既从事购销活动,又掌握物资的计划分配权、行政权。这些企业和公司常常利用手中掌握的物资分配权,给自己的下属单位或关系户分配计划物资,并放任这些单位转手用市场价格出卖,牟取惊人的计划内外差价形成的丰厚利润,或放进本单位小钱柜,或被少数人侵吞。这几年全国物资企业人均留利高出生产企业和全国职工人均留利的一倍半,不能说与此无关。这种情况自然使各个生产资料流通企业处于不平等竞争的境地,一般企业不可能同政企不分的企业开展正常竞争,从而影响生产资料市场价格的形成。应当指出,这几年生产资料市场发育缓慢,生产资料市场价格没有很好形成,跟生产资料购销企业和公司政企不分有重大关系。

生产要素市场缺乏自然影响生产要素市场价格的形成。在传统体制下,根本否定生产要素的商品化或具备商品形式,甚至以此作为同资本主义经济制度有本质区别的根本标志。生产要素不允许商品化,自然不允许生产要素进入市场,也就谈不上建立资金市场、劳动力市场、土地市场等。如果说,在物质产品和服务方面,过去不发展的商品关系还给我们留下狭窄的市场,那么在生产要素方面,市场是一片空白,需要我们从空地上新建立起来,这不能不说是特别困难的任务。例如,资金市场只能先建立短期资金市场,然后才能建立长期资金市场;只能先建立一级市场,如债券发行市场等,然后才能建立二级市场,如债券流通市场。至于股票买卖市场更是要经历较长时间,外汇自由市场的建立更需时日。英国在第二次世界大战后,由统制经济过渡到市场经济,只经历几年的时间。但是,对外汇市场的管制、搞外汇自由买卖,则一直拖延到 1979 年才实现,也就是花了二十多年的时间。中国人更是缺乏商品经济传统,99% 以上的人根本不知道股票是什么东西,要发行股票,建立股票市场谈何容易。前几年发行的所谓股票,绝大部分并非真正的股票,宁可说是变相的债券。因为,这些股票都是不承担风险的,是有固定股息收入的。在发达的资金市场和金融市场建立起来以前,资金的价格只能逐步显现,依靠市场力量调节资金的价格,需要相当长的商品市场经济发展时期。

　　旧中国就没有像样的劳动力市场。新中国成立后,在传统体制下,劳动就业采取统包统配体制,捧"铁饭碗",吃"大锅饭"。由于我国人口多,在农村潜在失业非常严重,80%以上人口在农村,70%以上劳动力从事农业,并且实行严格的城乡分离的户籍管理制度。劳动力不但在城乡之间,而且在不同城市、不同部门、不同企业之间也不能自由流动,同时实行低工资制,社会和企业承担许多福利补贴,职工一般住公房,享受公费医药,其他许多服务设施都没有实现社会化,而是由企业、单位承办。这些都不可能形成劳动力市场。体制改革以来,扩大了企业的自主权,职工收入同企业经营效果挂钩,形成了工资的激励机制。但是,平均主义"大锅饭"制度仍然没有被打破。与此同时,出现普遍的短期行为,职工要求无限制地不断增加工资和奖金,工资的自我约束机制尚未建立起来,造成工资和消费基金的不合理的膨胀,推动社会总需求的膨胀。要从根本上解决工资基金膨胀,建立工资的自我约束机制,关键要建立劳动力市场。在市场的压力下,抑制职工的不断要求增加工资的欲望,并使工资真正体现劳动力的价格,使工资由劳动力市场的供求关系调节。由于我国普通劳动力非常丰富,在市场竞争中必然会将劳动力价格压下来,不能总是呈增长势头。当然,劳动力市场的建立绝非一朝一夕之事,需要经历长期的努力。这几年发展合同工、减少固定工,可以看做是朝这方面迈步之举。还有,逐步建立各种社会保障制度,也可以看做是为建立劳动力市场创造条件。为使劳动力市场价格能够形成,政府在组织劳动力市场方面需要做大量工作,没有这些前期准备工作,劳动力市场价格不可能自然而然地形成。

　　房地产市场价格的形成,也有类似情况。长期以来,城市土地名为国有,实际上是单位无偿使用,没有经济义务。职工住房是由公家包下来的,由于房租太低,连维修费用都不够,造成大家建公房越多越有利,而国家住房补贴则越补越多。1986年,住房补贴已达65亿元,现在每平方米住房月租金0.12元左右,而实际需要支出在1.2元以上,即租金只等于实际支出的1/10,这里还没有包括地价和建房投资利息在内。如果包括地价和建房投资利息在内,成本还要高得多。香港等地区住宅价格中,地价一般要占50%,甚至更多①。机关办公用房租金也同样很低,不够维修费用。在这种情况下,房地产市场几乎是无法形成的。住宅商品化喊了很久,实际住房当做商品出卖的寥寥无几,原因是房租未改革。房租那么低,谁还愿意花大量的钱去买商品房。所以,现在要建立地产市场、房产市场,首先必须大幅度提高房租,包括办公用房房租。要对繁华地段(如北京王府井、上海外滩、南京路、广州长堤、北京路)征收高额级差地租。在将来,地租和地产买卖税应成为地方政府重要财政收入来源,如像现在香港地区那样。地租的逐渐市场化或由市场供求关系调节,也就会使地价逐渐市场化。农村土地市场问题更为复杂,因为我国农村土地从未宣布属于国家所有,至今农村土地所有权仍未清晰。所以,先得解决土地产权关系问题,然后才能建立农村土地市场和形成农村土地市场价格问题。

强化市场的组织与建设

当前,为了更好地发挥价格改革的成效,发挥市场价格对优化资源配置和提高微观运营效益的促进作用,需要认真加强市场组织与建设,逐步建立社会主义市场经济新秩序。

加强市场组织与建设有三个方面的内容:一是认真培育各种市场,使市场发展有序,市场体系逐步臻于完善;二是克服各种市场障碍,消除流通领域的各种混乱状态和现象;三是制定市场交易规则和管理制度,建立正常的市场秩序。

一、培育市场

随着商品经济的发展,市场关系会逐步扩大和深化,作为交换关系总

---

① 参见李海、徐徐、朱宏:《深圳、广州、海南土地转让情况的调查》,《财政研究》1988年第10期。

和的市场也会日益发展,这是客观的自然的经济过程。但是,我们是要发展社会主义有计划商品经济,要加速社会主义现代化建设,不能坐等市场自发地形成和发展,而要运用社会主义制度拥有的各种手段,发挥客观经济条件允许的主观能动性去培育市场,加快市场的建设和发展。这样,努力创造和培育市场就成为政府组织经济和调控经济的重要内容。

政府组织和培育市场的活动包含许多方面。国际经验表明,政府在组织消费品批发市场和生产资料市场方面是有所作为的。政府组织这类市场,并不要求政府包揽一切,主要是提供服务,尽可能不参加经营,以便做到政企分开。我们知道,日本的许多批发市场就是由政府主要是地方政府筹资兴建,然后出租给各批发企业,提供各种服务,并收取各项租金和费用而逐步发展起来的。改革开放以来,我国在组织各类市场,特别是农副产品批发市场和生产资料市场方面,做了大量工作,取得了显著成效。比如,在组织生产资料市场方面,体制改革以前,一般不承认生产资料是商品,不允许进入市场流通。体制改革以后,各方面逐步确认生产资料实质上是商品,应当用生产资料的流通代替计划分配。国家逐步缩减了指令性分配物资的比重。与此同时,由地方政府或部门出面组建各种各类物资贸易中心,如江苏省苏州市物资贸易中心以提供服务为宗旨和开展期货贸易为主的做法和经验,就是其中一个比较成功的事例。苏州物资贸易中心建于 1985 年 7 月,开始时只搞本地区的物资串换、调剂,为企业解决紧缺的原材料,后来逐步打破了地区界限,辐射到全国各地。据统计,到 1987 年年底,该中心累计物资贸易成交额达 43 亿多元,其中 1987 年为 32 亿元,比 1986 年增加了 3 倍,1988 年又有进一步的发展。目前,在中心进行物资贸易的企业遍及全国各省、自治区、直辖市。这里除了日常交易外,平均每三天就举办一次交易会,中心现已成为一个拥有 12.6 万平方米场地和 4.3 万平方米建筑物的综合性、多功能、开放型的物资交易场所。

石家庄生产资料市场更是一个在全国范围比较有影响的。从 1984 年起,该市场逐步实行计划内外钢材、木材、生铁、纯碱等重要工业生产资料按同一市场价销售,市场价和计划价的差价按计划指标返回企业的办法。从初步实践来看,这项改革有利于企业按需选购物资,减少二次中间环节,有利于物资企业统筹计划内外资源,搞活供应,有利于克服物资流通中的不正之风,同时也促进了生产资料市场的发展。武汉、兰州等城市借鉴石家庄市的经验,试行了全额返回价差,价差上缴财政核减税利,或价差上缴计委调节使用等办法。

现在看来,组织生产资料市场,特别是各类专业市场,要根据各种商品的不同生产和消费的特点,搞不同的模式,办各具特色的市场。生产消费和生活消费不同,流通方式也应有所区别,市场网点要根据生产布局安排,不要搞一刀切。我国生产力发展不平衡,有手工生产,也有现代化大生产,地区差别很大。目前,许多贸易中心只能解决小批量交易问题,但是保证大企业的生产资料供应,才是生产资料市场最重要的任务。只有解决了这个问题,才能真正用市场流通取代物资的计划分配和调拨。现在,流通企业条块分割,资金分散,影响物资企业的实力,也分割了市场。物资部门转变职能,组织大市场,要靠经济力量,靠服务吸引人,靠资金雄厚,以形成大的骨干流通企业。大、中、小型流通企业要分层次到位,各自发挥自己的作用。为了解决大批量交易问题,有些生产资料供应渠道要相对集中,在这方面日本商社的经验可供借鉴①。

组织闲置设备进入生产资料市场,也是建立和发展生产资料市场的一个重要方面。据估算,全国工业企业固定资产约有 9000 亿元,按技术

---

① 日本综合商社,既搞内贸也搞外贸。目前有"三井"、"三菱"等九大商社。一般特征是:(一)规模庞大。1984 年,九大商社营业额达 90 多兆亿日元,占全国总产值的 30%。经营范围广,从方便面到导弹无所不包。经营的商品以生产资料为主,约占经营额的 70%—80%。(二)职能多。金融、贸易、保险、加工、仓储、不动产等都经营。(三)作用大。一是充当一级批发商,承担组织流通的任务;二是组织参与企业发展和产业结构调整;三是控制原材料,综合商社与专营商社利用商权(企业与商社在产品包销等方面的代理关系)控制了全国钢铁销售量的 85%,组织进出口国内市场的 50%—60%;四是调剂余缺。商社自设工厂生产,组织物资进出口调剂市场,把国内国际市场联系起来,起到了"缓冲器"作用。

设备占固定资产 67% ,其中闲置设备占 20% 计算,就可为市场提供 1000 亿多元的设备资源。如果将这些资源的 50% 投放到租赁、旧货市场,将大大减缓社会对机械工业的需求,从而可以缓和生产资料市场紧张的局面。1986 年以来,一些省市就开始组织、开放闲置设备专业调剂市场,如湖北省金融部门(省工商银行和农业银行)出面于 1986 年建立 3 家闲置设备专业调剂市场,当年实现产值 430 万元,新增税利 50.7 万元。

组织农副产品批发市场,是改革农村流通体制的重要内容,在某种意义上,甚至具有比组织农贸市场更重要的意义。其中,对城市人民生活有密切关系的是大中城市的蔬菜批发市场。在这方面,河北省张家口市组织蔬菜批发市场的做法和经验,富有典型意义,现作简单的介绍。

地处塞外的河北省张家口市,过去人们一年有 9 个月吃萝卜、土豆等大路菜。现在全市 36 万人口,不仅一年四季都吃上鲜菜、细菜,而且菜的价格在全国北方城市中也是比较低,在省内,仅高于承德市。原因是既有生产政策的放开,也有流通的搞活。张家口市蔬菜批发交易市场建于 1985 年 4 月,是由市蔬菜水产公司主办,场内有 31 名职工,负责成交、过磅、结算、后勤服务、保卫工作。市场总面积 6000 平方米,蔬菜批发交易市场以管理为主,当淡季菜源少时,也有少部分人外出自采,回场自营。场内收管理费标准是:本地蔬菜基地农民交易只收 1% ,国营、集体单位收 2% ,个体、外地贩运户收 3% 。市场的经营方针是:货不分本地、外地,都可进行交易,并且一直做到产销直接见面,协商议价。由于市场内买卖公平,保证了产销双方的利益,从而使蔬菜成交量逐年增加。1985 年为 1606 万公斤,1986 年为 2826 万公斤,1987 年为 3004 万公斤。其中,外地入场交易的蔬菜 3 年分别为 260 万公斤、718 万公斤、1214 万公斤。该市场的特色还体现在“放、管”结合、合理使用补贴、传递信息、热情服务和加强监督等方面①。

---

① 刘俊英:《一个有特色的蔬菜批发交易市场》,《经济体制改革内部参考》1988 年第 11 期。

随着各种债券的发行,开始有计划、有领导地开办了一些长期资金市场试点,在少数城市,试办了外汇调剂市场和有价证券买卖市场。特别值得一提的是,1988 年 4 月 21 日,上海、广州、武汉、深圳、重庆、哈尔滨和沈阳七个城市,率先开放了第一批国库券转让市场。这标志着政府开始组织有价证券二级市场。到 1989 年 4 月 8 日,国库券交易总额达到 28.6 亿元。开放国库券转让市场后,解决了国库券不能流通的问题,也有力地打击了黑市交易。目前,全国已形成国库券专营与兼营机构并存,自营与代理机构联网,已近百个城市为中心的转让市场。到 1989 年 4 月 8 日,35 个城市国库券交易机构 1985 年国库券自营买卖平均价格为 110.73—112.56 元,1986 年国库券自营买卖价格为 99.34—101.17 元。与 1988 年开放市场时的价格相比,1985 年国库券价格上升了 1—2 元,1986 年国库券价格基本没有变动,但由于待偿期缩短,收益率大幅度提高。目前,1985 年国库券收益率已达 22%,1986 年国库券收益率已达 20%①。

20 世纪 80 年代初,随着社会主义有计划商品经济的发展,应运而生的技术市场结束了我国单纯依靠政府组织推广科技成果的局面。从 1986 年起,技术贸易额逐年以较大幅度递增,目前技术市场已成为我国技术传播最重要的渠道。1988 年,我国技术市场共成交技术合同 26.5 万份,成交额达 2.4 亿元,分别比 1987 年增长 101% 和 116%,技术合同成交额超过亿元的已达 16 个省(比上一年多 6 个)。其中,北京地区技术合同成交额达 22 亿元以上,占全国总成交额的 30% 多;其次为辽宁,技术合同成交额达 8.3 亿元,上海 6.6 亿元,江苏 4.2 亿元。山东、四川、湖南、天津、湖北、河南、黑龙江、广东、山西、吉林、陕西、河北等省(直辖市)的技术合同成交额也都在亿元以上,浙江省接近亿元。其他 12 个省(自治区)虽然技术交易额都在 5000 万元以下,但与上一年相比,多数地区都有较大幅度的增长。特别值得提出的是西藏也开始出现了技术交易活

---

① 参见《经济日报》1989 年 5 月 2 日。

动。以大区来看,华北地区的技术合同交易额增长幅度最大,为上一年的 4 倍。①

此外,政府在组织劳动力市场、住宅市场、城市土地市场、企业产权市场或拍卖市场等等方面也取得一定的成效,限于篇幅,不一一赘述。

要有序建设各类市场。当前,除了建设农副产品批发市场和生产资料市场外,需要进一步发展资金市场特别是短期资金市场,以及资产评估市场、企业拍卖市场等。促进短期资金市场的完善,一是发展商业信用和货币信用,为短期资金市场奠定基础。二是采用多种形式实现商业信用票据化、商业票据流通化和短期债券多样化,把企业引入金融市场。三是办理再贴现、再抵押和短期证券买卖业务,强化中央银行的引导和管理。一般认为,我国企业改革将走股份制道路,因为股份制是一种适应社会化大生产的较好的企业组织形式,但股份制只能逐步推进,股票上市与建立股票二级市场,没有像为实行股份制而制定公司法与财务公开报告制度条件那样有紧迫的需要。国外股票交易都是从非正式交易开始的,也能起到一定的作用。英国进行股票交易已有 200 多年历史,过去也有协会等民间组织所制定的关于股票市场的一些正式规定,但一直到前些年,英国政府才制定有关股票市场的正式法规。可见,股票流通市场的建立可以放在稍后解决。

鉴于我国在改革开放过程中出现的工资膨胀和消费基金膨胀已经成为顽症,难以解决,近来经济界不少人提出要加快建立劳动力市场,以便彻底打破"大锅饭"制度和克服企业短期行为,使工资在劳动力市场形成并受到应有的约束。这种设想和建议是有道理的。看来,劳动力市场的建立和形成,应同企业改革的深化相适应,要同社会保障制度的建立和逐步完善相适应。同时,即使建立了劳动力市场,仍要考虑如何使劳动力工资既受价值规律支配,又受按劳分配规律支配,即劳动者收入不能受企业

---

① 参见《人民日报》1989 年 4 月 12 日。

拥有生产资料多少、好坏的影响过大,防止两极分化现象。

二、克服市场障碍,建立正常的市场秩序

在克服市场障碍方面主要解决下面三个问题:一是打破地方封锁,克服市场分割,发展全国统一的市场,使市场真正具有开放性。为了防止地方利益强化,将来在推行股份制时,各地投资公司等单位认购当地的国有企业的资产存量时应规定限额,应要求本地国有投资公司必须拥有大量的外地国有企业的股票。例如,某市国有资产存量为100亿元,则该市国有投资公司所掌握的上述企业的股票份额只宜超过10亿元。二是反对或限制垄断。除少数垄断性行业和产品由国家经营外,其余行业和产品不允许垄断经营或形成垄断价格。三是真正实行政企分开。从事经营的公司不能拥有物资分配或调配权,否则必然产生营私舞弊,即利用手中权力给本公司以计划平价物资,然后转为市场价出售,从中牟取暴利,从而妨碍流通企业的平等竞争。

近两年生产资料流通中出现的许多混乱现象,其重要原因就是一些机关或干部办的公司,既搞经营,又千方百计保留和行使计划分配权力,从事各种各样的官倒,利用双轨制差价很大和物资缺短,发不义之财,并且大肆哄抬物价,扰乱市场秩序。

当前,更重要的是建立和健全市场法规,强化市场管理。因为,这几年市场秩序比较混乱,除了价格、体制等因素外,没有很好建立市场法规,市场交易活动无法可依或有法不依,也是一个重要原因。

今后,建立和发展各种市场都要有法可依,立法先行,这是许多市场经济国家的重要经验。我们要实行有计划的市场经济体制,更要使市场经济活动不是混乱的、无序的,而应是有组织有管理的。为使市场关系得到顺利和健康发展,应尽快制定流通企业法、公司法、市场法等及其实施细则,以完善的法规组织引导和保证合法、公平的竞争,惩处违法行为。

例如,在生产资料市场方面,今后应宣布物资串换不但不是改革,而且是非法行为,予以取缔。为了逐步减少或取消场外交易活动,市场的价格应是灵活而不受限制的,这有利于把场外交易(包括在工厂、商店、餐馆等场所进行的场外交易)吸引到市场内来,进行合法的竞争。为此,要规定:没有市场管理机构开的发票,银行不予托收托付,运输单位也不给托运。这样,各种措施配套出台就能限制和减少场外交易,使各种交易活动纳入正常轨道。

为了加强市场管理,经营权和管理权应予分开。市场管理机构是政府派出机构,它是市场交易活动的组织者和管理者,是组织市场竞争的,而不是参与市场竞争的,各种各类流通企业才是市场交易活动的竞争者。经营权和管理权不分离就没有平等的竞争。如钢材市场,如果是由物资部门的金属公司办的,既做买卖,又搞管理,经营与管理不分开,钢铁企业就不愿进入市场。只有由政府来办钢铁市场,才能比较公正,才能保证企业之间的平等竞争,从而才能真正吸引钢材的买者和卖者进入市场。

为使各种交易活动有秩序地进行,交易活动必须是公开的,按市场价格结算,有正式票据,符合法规和制度。现在,实现交易活动票据化有重要意义,这不仅有利于征税,又有利于监督,反对各种违法行为。如何实现票据化,我国台湾早期有过好的经验,即统一印制发票,统一编号,定期进行开奖,中奖者给予重奖。这就使每一购买者都要求卖者开发票,以免丧失得奖机会,从此交易活动票据化很快就实现了。这个经验对我们是有启发意义的。

显然,随着市场建设的逐步推进,市场障碍的逐步排除,市场秩序的逐步建立,必将为价格模式的转换创造更为有利的条件,促进价格模式转换的顺利实现。

价格模式转换中价格
总水平的宏观控制[*]

　　在价格模式转换中适当控制物价总水平,使其变动幅度不要越出国家、企业和居民的承受能力,是顺利推进这种转换的最重要前提和条件。12 年价格改革的实践告诉我们,价格模式转换快慢和成效,价格改革能迈多大的步伐,取决于物价上涨率的高低。物价上涨率不高,如能控制在 5% 左右,或者在两位数以下,改革的步子就可以迈得大一些;如果物价上涨率过高,如在 5% 以上,甚至到两位数,改革的步子就迈不开,设计再好的方案也要推迟出台,同时改革的成效也要受到影响,甚至还会招致改革的某种倒退,如对原来已放开由市场调节的价格重新实行政府管制等。可见,是否能对价格总水平进行有效的控制,是制约价格模式转换成败得失的大问题。

---

　　[*] 此文是笔者在 1990 年 8 月在四川省经济改革应用研究所座谈会上的发言稿,1991 年 2 月整理成文。

物价上涨过猛不能归罪价格改革

物价总水平是一个宏观经济变量,是一定时期、一定经济机制下所有商品和劳务价格的加权平均水平。它能够全面反映国家财政政策、货币政策、收入政策、对外贸易政策和价格政策效应。在我国物价总水平通常是由这样一组物价总指数表现:全国零售物价总指数与职工生活费用价格指数,农副产品收购价格总指数与工业品出厂价格指数等在一定历史时期内上升或下降幅度的平均水平,其中以零售物价总指数最能反映城乡市场物价总水平变动的情况。所以,研究和观察物价水平变动的总趋势,一般都是以社会零售物价总指数作为主要依据。在实际经济生活中,如果能够将社会零售物价总指数上升或下降幅度控制在比较小的范围内,物价总水平即呈现基本稳定状态。目前,世界上一般把年物价总水平上涨率控制在3%左右,最多不超过5%,这就视做保持了物价的基本稳定。

我国从1979年起开展价格改革以来,一直到1984年,物价总水平年上涨率平均在3%左右,即保持着物价的基本稳定。这期间,价格改革进展比较顺利,成效也较显著。但是,1985年以来,物价总水平的上涨率一直在5%以上,1988年更达到20%左右的新高峰,超过了国家、企业和居民的承受能力,各方面反应强烈,影响着经济的稳定和社会的安定,也影响改革的进一步深化。下面是1985年以来物价上涨情况。

年份	社会零售物价总指数 (以上年价格为100)	职工生活费用价格总指数 (以上年价格为100)
1985	108.8	111.9
1986	106.0	107.0
1987	107.3	108.8
1988	118.3	120.7

资料来源:《中国近代经济丛书》之一,张卓元:《中国价格模式转换的理论与实践》。

这几年,随着物价上涨势头越来越猛,不少人从直观出发,认定物价的过高幅度的上涨是由价格改革带来的,或者是价格改革深化的必然"伴侣"。笔者认为,这样评价我国的价格改革是不公正的,不符合客观实际。

进行价格改革要理顺原来扭曲的价格结构,即对不合理的比价和差价进行结构性调整。在这个过程中,由于提价容易降价难,特别是长期以来存在隐蔽的通货膨胀,因此必然会带来物价总水平的一定程度的上涨,这是应予承认的客观事实。但是,这种上涨幅度不会很大,根据有关部门的测算,1984—1987年政府有计划调整价格对零售物价总指数的影响,年平均只有2.28%,不到这几年零售物价总指数上涨率的一半。

那么,这几年物价上涨幅度过大的原因何在呢?笔者认为,根本原因在于1984年以来,我国出现了通货膨胀,即货币的过量供应,社会总需求超过社会总供给。国际经验表明,货币的过量供应,社会总需求超过社会总供给,经过一个"时滞"。如在我国,这个"时滞"在开始为一年多,后来则不到一年,就必然导致物价总水平的上涨。而且,货币超发率多少,通货膨胀率也就多少,需要通过物价上涨来吸收。请看我国1984年以来货币供应增长情况(见下表)。

年份	国民生产总值(CNP)增长百分比(%)	M_0 期末余额增长百分比(%)	M_1 期末余额增长百分比(%)	社会总需求大于社会总供给百分比(%)
1981	14.5	49.5	39.1	16.56
1985	13	24.5	17	11.25
1986	8.3	23.3	29.3	13.45
1987	10.6	19.4	24.8	13.6
1988	11.2	46.7		16.2
1981—1988平均	11.5	32.1		14.19

资料来源:1.《中国近代经济丛书》之一,张卓元:《中国价格模式转换理论与实践》。
2. M_0 指现金,M_1 指现金—活动存款。

从以上统计数字可以看到,1984年以来我国社会总需求超过社会总供给的比率,各项货币供应指标年平均超过国民生产总值增长率,都在14个百分点以上。这就是我国1984年以来物价上涨幅度过大的最主要原因。

最近,世界银行一份研究报告也认为,1981—1987年期间,价格上涨中有50%以上纯属通货膨胀引起的。研究报告采用了以下方法来对价格改革的影响和纯粹的通货膨胀加以区分:倘若只有两种产品,一种价格从100上涨到108,另一种则从100上涨到132,假定价格平均上涨率为20%,那么可以公正地认为前面的8个百分点是不必要的。因为,在第一种产品仍是100,第二种产品为122的情况下,就可以获得同上述一样效果的新的相对价格。1981—1987年,市场价格指数的累计通货膨胀率为58%,这一时期中15类产品的相对价格有明显改变。例如,食用油的价格上涨最少,为30%,因此这30%就是本来可以避免的通货膨胀。可以认为,1981—1987年实际通货膨胀的28%,是由于相对价格的变化而造成的。市场价格上涨的其他部分则与调整相对价格没有关系。①

上面两个关于价格结构的调整对物价上涨率影响的数字,都只是到1987年为止。如果考虑到1984年以后,货币的超量供应将逐步释放出来,特别是1988年推行的扩张性宏观经济政策的货币大幅度的过量供应,全年发货币679.5亿元,年末比上年年末增长46.7%的惊人数字。那么,更可以认为,1984年以后物价上涨率中,有一半以上是由货币超发引起的。价格改革即对原来不合理的价格结构进行调整带来的物价上涨,只占全部物价上涨率的一小部分。由此可见,我国1985年以来物价过高幅度的增长,不能归咎于价格改革,而应归咎于扩张性的宏观经济政策,即由通货膨胀带来的。

---

① 参见[美]P.霍纳汉:《关于中国通货膨胀的笔记》,载世界银行资料(1988年8月)。

物价总水平的基本稳定是顺利
推进价格模式转换的条件

在价格模式转换过程中,物价波动是必然的。既然我们要从原来政府直接控制物价为主的模式转变为由市场机制形成价格为主的模式,也就是说,价格要反映市场供求关系的变动,而市场供求关系是频繁变动的,因而价格也就不像过去那样处于僵化状态,多少年不变,而是会经常变动的。产品供过于求时,价格下跌,供不应求时,价格上涨,从而为商品生产者、经营者、消费者发出信号,做出对自己有利的选择。同时,在价格模式转换过程中,价格将逐渐由市场力量决定,原来长期积存的隐蔽的通货膨胀必然逐步释放出来,造成物价的波动和上涨。由于不同产品价格原来受管制的程度不完全相同,在转向市场价格过程中,价格上涨的程度也不同,有的幅度大一些,有的小一些,这也使相对价格出现不同程度的重新组合。所以,伴随着从传统经济体制向商品经济过渡,由于长期冻结物价使价格处于僵化状态而使人们形成稳定物价的概念,需要有所更新,要用商品——市场经济中物价会经常随着市场供求关系的变动而波动的观念来代替,同时要做好在转换过程中随着消除隐蔽的通货膨胀而会带来物价总水平有所上升的思想准备。也就是说,人们的物价意识要逐步适应商品经济和市场关系的新发展。

但是,为了顺利推进价格模式转换,又要避免物价总水平的过大幅度的上涨,要尽可能保持物价的基本稳定,因而需要采取各种有效措施,对物价总水平的变动加以控制,而不能放任不管。根据我国这几年价格改革的经验,在价格模式转换过程中,如果出现物价总水平的过大幅度的上涨,就会形成一系列消极后果。

第一,物价总水平的过大幅度上涨,会影响社会经济的稳定和改革进程。我国长期以来处于短缺经济状态,患有严重的投资饥饿症,总需求常常大于总供给,造成比例失调。物价上涨过猛说明上述状况进一步恶化,从而影响经济稳定,扰乱价格改革的进程。在这种情况下,不可能建立合理的价格体系,达到价格模式转换的目的。而且,价格总水平大幅度上升,会产生一种社会财富再分配效应。即带来收入分配不公,使一部分靠固定工资收入为生的人实际收入水平下降,生活发生困难,还会使那些拥有较多现金和存款的人蒙受货币贬值的损失,侵犯了这些人的经济利益。

第二,物价上涨过猛会引起工资和物价相应变动,造成工资和成本提高,反过来又会使物价进一步上涨,出现物价轮番上涨和物价与工资螺旋式上升的恶性循环。此时,由于直接引起工资成本的上升,还会加重国家财政的负担。

第三,价格总水平大幅度上升,使商品和劳务的价格都处于上升态势,无法改善不合理的比价、差价关系,无法给经济运行提供准确的价格信号。而且,若价格总水平失控,经济发生剧烈震荡,会迫使国家不得不用行政手段进行干预,强化指令性价格,这无疑为进一步价格改革增加了难度。

第四,价格总水平大幅度波动造成人心浮动,严重削弱消费者对价格改革的心理支持。而且,还会扰乱社会正常的经济秩序,影响社会安定。

要保证价格模式顺利转换,必须避免物价过猛的上涨,尽可能做到价格总水平的基本稳定。因此,价格改革面临的突出矛盾,就是既要理顺不合理的价格体系,对价格体系进行结构性调整,又要对价格总水平进行必要的控制,以保持市场物价的基本稳定。那么,应当怎样处理好改革价格与稳定价格的关系呢? 这是当前经济生活中迫切需要研究解决的问题。

这里需要对所谓物价总水平的基本稳定作些分析。进行价格改革以来,由于物价总水平一直呈上升趋势,有的时候上升幅度还比较大,于是,有的经济学家认为,"稳定物价"是一种"非商品观念的物价意识"。稳定物价会束缚我们的手脚,"可能使我们越搞越被动"①。笔者认为,在价格改革过程中,以及在建立起有计划的商品经济体制后,稳定物价的口号和方针仍然不能抛弃。当然,这里说的稳定不是绝对的稳定,或固定不变,而是基本稳定。国际经验表明,经济发展的最佳模式是保持稳定发展,在稳定中求发展,而稳定发展的重要标志就包含保持物价的基本稳定,避免波幅过大。这不仅适用于计划经济国家,也适用于市场经济国家,不仅适用于经济发达国家,也适用于发展中国家。

还有的同志曾提出,可以用物价总水平的相对稳定来代替基本稳定的概念。笔者不赞成这种说法。因为,物价的相对稳定是一个弹性过大的概念,没有比较严格的量的规定和限制。过去曾有人认为,只要工资的增长速度超过物价的上涨速度,即使年物价上涨率20%、30%,也可以说保持了物价的相对稳定。这种说法会对实践带来有害的影响。实际上,物价的基本稳定虽然不是有一个固定的数量界限的概念,但大体上还是有数量界限的。比如,一般国家都把3%左右的年物价上涨率作为计算保持物价基本稳定的界限,放得最宽的,也不能超过5%,超过了,就不能算是保持了物价的基本稳定,而应算作进入中度通货膨胀了。所以,我们在价格改革过程中,虽然要更新观念,但这种更新要有一个限度,不能把5%以上的物价上涨率也"更新"算是保持了物价的基本稳定。

宏观上对物价总水平调控

一般来说,物价总水平的上涨主要有如下四种类型:(1)需求拉动型,指由于社会总需求超过社会总供给,货币超经济发行,通货膨胀拉动物价上涨。(2)成本推动型,指由于原材料、能源价格上升和工资成本上

---

① 参见曹思源:《物价口号的反思》,《世界经济导报》1988年3月7日第1版。

升,而推动产品价格的普遍上涨。(3)结构变动型,指由于调整扭曲的价格结构,使相对价格变动,提价的多,降价的少,或只提不降,而导致物价总水平的上涨。(4)国际因素影响型,指由于国际市场价格变动(如两次石油危机造成油价大幅度提高)或外汇汇率变动而引起的物价上涨。

从我国实际情况看,物价总水平的上升主要是属前三类型的物价上涨,第四类型至今表现不是很突出。因此分析时只是稍带涉及,未作专门论述。当然这个因素也不能忽视,如外汇汇价的调整,1988 年国际市场上一些重要原材料如钢材、铜等大幅度涨价,对我国物价总水平的上升,也有比较明显的作用,需要很好注意。在前三类型物价上涨中,1984 年以前主要是属于结构变动型,即物价上涨主要是调整扭曲的价格结构带来的,这对价格改革来说是必要的,不可避免的;而在 1984 年以后,则主要属于需求拉动型和成本推动型,特别是其中的需求拉动型。这两种类型的物价上涨并不是价格改革必然带来的,它们是造成我国 1984 年以后物价上涨幅度过大的主要原因。因此,我们要控制物价总水平,今后需要在防止与控制这两种类型的物价上涨方面狠下功夫。

需求拉动型物价上涨,是由于投资需求和消费需求的膨胀带来社会总需求的膨胀引发的。投资和消费需求增长速度超过国民收入增长速度必然是由财政赤字和金融赤字来支撑的,而一旦出现财政赤字和金融赤字,特别是发展中国家,就必然出现货币的超前供应和超经济发行,出现通货膨胀,推动物价的持续上涨,包括全面上涨和轮番上涨。

项目	1987 年与 1982 年比较增长百分比(%)
国民收入	119
固定资产投入需求	169
流动资金投入需求	315
消费需求	136

资料来源:《消费需求参考资料》1989 年第 23 期;《经济研究参考资料》1987 年第 23 期。

由于社会总需求膨胀，除 1985 年外，我国连续 9 年出现透支性赤字，总额达 680 亿元，加上债务性赤字(如国库券等)，总额达 1500 亿元。与此同时，信贷扩张也很严重。据有关部门测算，仅 1985—1988 年，信贷赤字累计额就达 1864 亿元，其中 1988 年为 652 亿元。再加上近几年引入外资每年增长近 30%，我国国民收入超分配问题更加突出，社会总需求超过社会总供给的差额呈上升趋势。这是造成我国货币超发的最深刻的根源。

因此，为了控制需求拉动型物价上涨，必须有效地抑制投资和消费需求的过快增长，逐步消除财政和金融赤字，避免货币的超前发行。当前，特别要把住货币发行这个总闸门，要求中央银行更好地执行以稳定币值为主要目标的货币政策。

在我国，货币发行量增加多少比较适当，取决于以下几个因素：

1. 经济增长率。一般说，经济增长率多少，货币发行量就相应增加多少。如年经济增长率为 8%，货币发行量也就相应要求增长 8%。

2. 社会经济货币化的快慢。发展中国家一般都处于二元经济结构向现代化经济过渡，即从半自给经济向大规模商品经济转变过程中，许多原来非市场——货币经济活动越来越广泛地被卷入市场——货币经济活动中。一般发展中国家的经验告诉我们，这些国家由于经济的逐渐货币化要求每年增发 2%—3% 的货币。

从我国 1979 年以来发展商品货币经济的实践看，也呈现类似情况。《人民日报》1988 年 11 月 13 日报道：全国农民人均现金收入已占总收入 83% 以上，而 10 年前(指 1978 年——引者)还不到 30%。由于手头没有 1988 年农民现金收入数字，现以 1987 年数字来代替，看农村由于经济的货币化，对货币的需求情况。1987 年，我国农民纯收入(个人所得部分) 3707 亿元，其中现金收入为 3707 亿元 × 0.83 = 3076 亿元。而 1978 年，现金收入部分则只有 3707 亿元 × 0.3 = 1111 亿元。上述两者差额为 3076 - 1111 = 1965 亿元。1987 年国民收入 9321 亿元，流通中现金 1454

亿元。按国民收入计算现金年流通次数为 $9321 \div 1454 = 6.4$ 次。这样，由于农民现金收入增加比 10 年前（1978 年）需增加现金供应量为 1965 亿元 $\div 6.4 = 307$ 亿元。这 307 亿元占 1987 年流通中现金量 1454 亿元的 21%。10 年平均，每年要求增加货币供应量的比率为 1.9%。农民纯收入中如果加上集体提留和国家税金增加现金部分，而且现金增加率按农民个人所得部分计算，则每年要求增加货币供应量的比率为 0.37%。这样，光是由于农村经济的逐步商品化、货币化，每年要求现金增发率就达 1.9% + 0.37% = 2.27%[①]。笔者这里计算出来的数字，同别的一些文献的估计大体相似。比如，吴敬琏等在《从 1988 年上半年经济状况看价格改革的环境》一文就假定：由于国民经济货币化导致的货币流通速度减缓，v = 2%。[②] 还有，根据有关部门计算，1984—1987 年，我国货币流通减慢速度年平均为 3.05%，这正好相当于货币化要求的货币增发率。[③]

3. 对原来扭曲的价格结构调整的规模和速度一般估计，在经济体制改革期间，对原畸形的价格结构进行调整，要求货币增发年率为 2%—3%。据有关部门计算，我国从 1984—1987 年价格调整措施影响年物价总水平上涨率为 2.28%，这也等于要求货币增发年率。

根据以上三个因素加总起来，我国年货币供应量增加率，在正常情况下，可掌握在 13%—15% 之间，其中如 1979—1988 年国民收入平均增长率代表（经济增长率）为 9.2%，加上上述两个 2%—3%。但是，从 1984 年以来，年货币增发率都大大超过这个比率，1984 年为 49.5%，1985 年为 24.7%，1986 年为 23.3%，1987 年为 19.4%，1988 年为 46.7%。这就是造成这几年通货膨胀、物价持续上涨的根源。

---

① 以上数字均按《中国经济年鉴（1988）》计算。

② 参见吴敬琏、胡季主编：《中国经济的动态分析和对策研究》，中国人民大学出版社 1988 年版，第 214 页。

③ 有的文章说："从世界发展中国家的经验看，在货币化过程中，每年需要增发货币约 6%—8%。"（参见常清：《八年来我国物价总水平变动的结构性分析》，《经济研究参考资料》1987 年第 166 期，第 4 页）这个数字看来是偏高了。

今后,为保证价格改革的顺利进行,必须校正宏观经济政策,从长时期看来从紧掌握财政与信贷,尽快实现供求总量和主要结构的基本平衡,保证经济稳定和协调发展。

关于如何控制成本推动型物价上涨,主要有两个方面:一是提高企业吸收消化能源、原材料涨价因素的能力;二是防止工资与物价轮番上涨,工资的增长速度应当低于而不要高于劳动生产率的增长速度。

根据前几年的经验,如果能源、原材料价格上涨幅度不大,如年平均上涨5%左右,那么一般加工企业是可以大体或基本上吸收消化的;年上涨幅度如达到10%,就难以完全吸收消化,一般只能吸收消化其中的30%左右,其余的要转嫁出去。如果年涨价幅度超过10%,在全面涨价和轮番涨价的形势下,企业往往不再挖掘潜力,吸收消化涨价因素,而是用涨价对涨价,甚至用更大幅度的涨价来对付能源、原材料的涨价,靠这种办法来增加利润,追求本企业的经济利益。近两年来,我国加工工业产品价格上涨幅度就大于能源、原材料的涨价幅度,出现比价复归,就属于这种情况。因此,我们除控制成本原材料的涨价幅度外,更主要的是要通过各种办法,包括增加市场压力,迫使企业提高经济效益。企业效益提高了,就能吸收消化能源、原材料涨价因素。如果是生产能源、原材料的企业,提高效益意味着成本下降,更可抑制产品的涨价趋势,这应是抑制物价总水平上涨的最根本的途径。企业效益不提高,就只有用涨价对付涨价一条路子。我国这几年物价上涨过猛,其基础也在于这几年企业特别是工业企业经济效益没有多少提高,甚至有所下降。

这几年工资侵蚀利润,职工收入增长高于效益提高,出现一定程度的工资与物价轮番上涨的势头。抑制个人消费基金增长过快便成了现实经济生活的突出问题。当前,所实现的企业工资总额与经济效益(税利)挂钩的做法,弊病很多,造成消费基金膨胀和工资性收入差距不合理的扩大,因而要以企业内部奖勤罚懒的效率工资加以取代。原则上,人均工资应同劳动生产率挂钩,工资总额管理上的工资含量、效益和工资挂钩、产值工资含量、各种减免奖金税的规定都应废止。转为比较规范的奖金税控制办法是税率不要过高，以增加弹性。当然，解决消费基金膨胀的问题，要靠深化企业改革，克服企业短期行为来解决。

价格模式转换过程中物价总水平的调控机制

在价格模式转换过程中，由于双重体制的逐步消长，两种不同体制的混杂，给物价总水平调控增加了很大的难度，使新旧价格模式转换时期物价总水平调控具有与单一体制下物价总水平调控不同的特殊性。

物价总水平调控按其性质可分为两类：一类是直接的行政手段控制，主要是通过对单项商品价格的管制实现对物价总水平的控制；另一类是间接的经济手段控制，主要是通过财政金融手段对社会总需求和总供给的控制来实现对物价总水平的控制。

随着新旧价格模式的转轨，价格调控手段也随之转变，由于过去对单项商品价格的直接控制变为对价格水平的宏观调控，从而实现物价水平的稳定和相对价格的灵活性。在价格模式转轨时期，价格调控的这两种不同手段同时并存，即既要对物价水平实行间接的宏观控制，又要对某些单项商品价格实行直接的行政控制。因为，在新的价格模式尚未成型，市场机制还远不完善的情况下，对价格的控制不能不在某些范围内借助于直接的行政手段。而且，在新旧模式并存的条件下，也只有在一定范围内运用并强化某些直接控制手段，才能够达到稳定经济的近期目的，为价格改革的顺利进行创造良好的经济环境，这对今后减少直接控制，增强间接控制，从而推向新的价格模式具有积极意义。

具体来讲，价格模式转轨时期价格总水平调控的特殊性表现在以下几个方面：

第一，物价总水平调控以理顺经济关系为目标。理顺价格不是改革的唯一目的,最主要的是要通过理顺价格来理顺经济关系,其中包括生产者和消费者、生产者和中间商、中间商和消费者、国家和企业、企业和企业等经济关系合理化。只有理顺经济关系才有利于经济的稳定和协调发展。因此,物价总水平调控必须适度,不能让理顺经济关系服从物价总水平的控制。我们曾一度要求理顺经济关系服从物价指数不能超过某限度的控制,这是一种颠倒主次的做法。

第二,物价总水平调控以推进整个改革为着眼点。价格改革不能是孤立的,它同企业改革,同财政、金融、外贸等改革配套进行,综合向纵深推进。因此,在调控物价总水平的同时,在财政、金融等各方面进行宏观调控的同时,要在总体推进整个改革,以确保价格改革的顺利进行。

第三,物价总水平调控必须为有利于经济发展创造良好的条件。我国经济体制改革的主题是发展社会主义商品经济,而要稳定地发展商品经济,也要通过调控物价总水平,保持物价基本稳定。

价格模式转换时期的物价总水平调控含有丰富的内容,包括国家通过控制总供给与总需求的平衡及货币发行量等制约因素,控制价格总水平;国家通过对各种商品劳动消耗和比价关系的测算,确定和控制各种商品的基准价格,国家通过运用所掌握的经济杠杆,依据供求状况、竞争状况,对各种商品规定适当的价格自由浮动幅度;国家通过调整各种可控变量来适当调节生产和需求,以便能够适当地和有目的地干预价格的浮动,等等。提高到宏观层次来看,物价总水平调控包括两方面内容:

第一,总需求调控。总需求调控的对象是流通中的货币供应总量,目的是保持货币流通的正常进行,从而保持物价总水平的稳定。调控货币供应总量之所以能起到稳定物价总水平的作用,是因为影响物价总水平的诸因素:货币供应量、信贷收支状况、消费基金量、银行利息率、固定资产投资规模、对外贸易规模等,其作用结果首先是反映市场货币供给的变化,进而影响到整个价格水平的。那么,如何调控货币供应量呢? 由于我国经济生活中各种形式的货币都是通过中国人民银行实现的。人民银行通过国民生产总值增长与银行信贷总额增长的对比,调控货币流通量的增长,通过贷款增长与经济增长的适应来保证货币流通与商品流通的适应。

在信贷控制过程中,要保证信贷规模的合理,必须有其他方面的配合,如财政收支平衡、外汇收支平衡等。财政收支不平衡、外汇收支不平衡都要反映到信贷收支中去,给信贷收支平衡造成压力,促使货币超量供给,导致物价总水平上升。

第二,总供给调控。总供给调控包括两个内容:首先是产出的控制,通过提高劳动生产率和扩大生产规模来增加市场商品供给量,达到供需平衡。其次是进出口控制,产出控制在短期内是受各方面条件限制的,效果也是不明显的,进出口控制是比较灵活的,在商品供不应求时,可以适当增加进口并适量减少出口,达到国内市场的供需平衡。

以下再分析物价总水平调控系统的运行。

物价调控系统的运行是指各种价格调控手段在系统内部结合成何种关系,实现对物价总水平的调控。价格调控手段包括行政手段、经济手段和法律手段,其中经济手段包括财政、信贷、税收手段,而且经济手段的使用要借助利率、税率、汇率、补贴等经济参数。

目前,我国物价总水平调控系统运行中存在的问题有:

首先,行政手段和经济手段的使用上没有衔接协调,主要表现在三个方面:(1)放开一些商品价格后,片面理解"放则活,活则多,多则降",夸大了市场机制的作用,因此放松了管理,相应的经济手段没有跟上。实际上,有些商品价格放开后,虽然生产发展了,产品也多了,但其价格始终没有下降的趋向。(2)在生产资料价格上,放开了计划外部分的价格,实行双轨制,但在实施过程中,计划外价格没有受到有效控制,计划内价格也没有做相应调整,结果有的生产资料计划外价格比计划内价格高出数倍,造成生产资料市场的混乱。(3)在浮动价格制定上,行政控制和市场调节的关系没有处理好,基准价和浮动幅度不合理,使浮动价格的优越性没有得到充分发挥。

其次,由于市场体系不合理,经济参数发生了各种扭曲,使经济手段不能充分实现经济功能。此外,在控制过程中各种经济手段之间没有形成协调配套关系,也使其功效受到限制。

根据以上情况,在价格改革过程中,我们要建立新型的价格调控运行系统。

针对目前价格调控运行系统中存在的问题,我们所要建立的新型价格调控运行系统,是要把最佳的各种调控手段组合起来,以有效地调控物价总水平为宗旨。那么,究竟什么样的价格调控运行系统能实现这一目标呢?协同学理论在这一点上给了我们有益的启示。协同学是联邦德国著名物理学家哈肯于1974年创立的。协同学发展了系统方法的某些基本思想和原理,如部分在整体范围内相互作用的原理。这个理论认为,在开放系统中大量相互作用的子系统的集体运动能产生一种协同效应。这种协同效应表现为一种规律性:整体的属性不能归结为部分之和,整体具有部分所没有的、特殊的系统属性和性质。在我国价格调控系统中,各种调控手段也存在相互作用关系,那就是协调配套关系,这种协调配套所起的作用是单个控制手段所不具备的。因此,在调控系统中各种调控手段必须配套。基于这种思想,我们设想建立以宏观经济手段为主,辅以必要的行政、法律手段这样一个价格调控系统。这个系统包含以下内容:

(1)以中央银行为主的信贷控制系统的运行。中央银行控制经济不是直接对各部门施加影响,而是通过渗透于经济肌体的金融"媒介体"间接地进行宏观控制。这种媒介体是介于中央银行和生产流通部门之间的、能够传导中央银行调节经济活动的商业银行、专业银行和其他金融机构,连同它们使用的金融工具。

中央银行调控过程可以描述如下:中央银行根据物价总水平控制目标和流通中的货币量,利用各种手段改变各类银行和金融机构的信贷规模;各类银行和金融机构因而增加或减少借贷市场上的资金供给并进而影响利率水平;资金供给的松紧和利率的高低,引起生产和流通的伸缩和结构的变化以及消费水平的消长,进而影响整个经济生活。

(2)财政、信贷、税收和进出口手段协调配套的控制系统的运行。当市场上某些商品严重供不应求,影响物价总水平时,就要利用各种手段增加商品的供应。首先,可以利用财政、信贷和税收手段促进生产单位扩大规模,增加产出。其次,政府可以采用进出口手段,适当增加进口,减少出口,增加国内市场供应。

(3)行政和法律调控系统的运行。行政法律调控系统主要是对经济手段控制系统无法控制的领域进行控制。它包括两方面:一是制定价格调控的总体目标;二是制定各种经济政策和法律法规,并进行必要的行政干预,如对关系国计民生的重要商品规定计划价格,对缺乏弹性的商品进行价格干预;在法律上限制妨碍竞争的垄断行为。今后还应不断地加强价格监督和检查工作,制止变相提价、任意涨价行为,维护消费者利益。

(4)综合运用行政手段和法律手段管理市场,调控物价总水平。在整个转换时期,运用行政手段对一些重要产品实施直接管理;对市场价通过规定商业订货、提价申报制度、惩罚不正当牟利等等,都能有效地调控价格总水平。为了让市场有一个运行规则,应运用法律手段对诸如行业垄断价格,以次充好、变相涨价、小商贩欺行霸市、哄抬物价、流通领域的投机和破坏国家价格政策等等,进行法律约束,使参与市场竞争者在一个正常的平等的环境中展开充分竞争。

地区封锁：社会主义统一市场的反动

值得注意的倾向

当前,由于市场疲软,一些地区和部门为了保护本地产品的生产和销售,扭转本地区财政收入滑坡的态势,采用了各种方式禁止销售外地产品。比如,进外地商品,银行拒绝付款,销售外地商品,不核发奖金;不经批准销售外地商品,按走私罚款;不经批准经营外地商品,要追究企业负责人的行政责任;有的地方还派民兵站岗设卡,不准外地商品进入本地城镇。这种地区封锁、地方保护主义越闹越凶,严重地危害了经济建设和改革开放事业,更加割裂了市场,强化了市场的疲软度,影响了党和政府启动市场的重大方针政策的落实。因此,批判地区封锁、地方保护主义就成了经济学家、企业家们责无旁贷的责任。

地区封锁的危害性

地区封锁对社会主义统一市场和社会主义商品经济的发展是一种反

动。它是一种封建割据性质的错误意识和行为,对社会主义经济体制的改革和经济建设有很大的危害。

第一,地区封锁与客观经济规律相悖。现阶段我国实行的是在公有制基础上的计划商品经济。生产资料的公有制和社会主义商品经济的本性,决定了在中国,除了外商独资或合资企业的产品有某些限定外,凡国内所有商品,包括地方产品,都可以在全国范围内通过计划和市场向任何地方销售;只有通过国内商品在大范围内的大循环,才能使商品生产的竞争规律、价值规律、社会主义基本经济规律得到贯彻,从而促进全国各地经济的繁荣。竞争规律、价值规律的作用是推动商品经济发展的动力机制。全国范围内的商品大循环就可以使这种机制成为推动各地经济发展的启动力,使落后地区和企业感到有一种压力,激励它们从落后中猛省,赶上先进地区和企业,这样整个经济发展水平就会跨上新的台阶。如果各地都搞封锁,禁止同类商品,特别是名优产品进入本地,那么本地的同类产品就难以上水平,进档次,扩销量,本地的工业就难以获得长足的发展和进步。地区封锁窒息了竞争,从本质上讲保护了落后,最终是自己整了自己,受到经济规律无情的惩罚。

第二,地区封锁从根本上违背了改革和开放的要求。10 年来,我国改革的一项重要成果,就是在流通领域内把高度集中、渠道单一、环节多、封闭式的流通体制改变成适当集中、多渠道、少环节、开放式的流通体制,逐步搞活了流通。这项改革的目的就是要培育和完善全国统一市场。至于开放,邓小平同志多次讲过,它不仅包括对国外开放,也包括国内各地区之间的互相开放。实行地区封锁,禁止外地产品进入本地市场,显然是违背改革开放宗旨的。

第三,地区封锁既违反了社会主义生产目的,也损害了人民群众的利益。马克思列宁主义告诉人们,社会主义生产目的是满足人民群众日益增长的物质文化生活的需要。在商品经济条件下,人民的消费是通过货币购买来实现的。作为个人消费,追求商品的物美价廉,实行自由选购,是人民群众的权利。而地区封锁,禁止外地名优特产品进入本地市场,完全违背了消费者的意志,侵犯了消费者权利,因而也从根本上违背或损害了人民群众的利益。

第四,地区封锁会使部分商品涨价,为不法商贩投机牟利以可乘之机。这种情况是由两方面的因素造成的:一是地区封锁后,缺少外来商品竞争,本地厂家的产品就取得了垄断地位,成了"皇帝女儿不愁嫁",本地厂家可以提价销售,也可以不提价,而采取降低质量,实行变相涨价。二是由于实行地区封锁,通过商业、物资部门等正常的、公开的渠道进货减少,甚至干脆不准购进外地商品,而一些不法商贩却通过种种渠道关系进货,奇货可居,很自然地就抬高了这部分商品的价格。在商品经济刚刚发展的今天,哪个地方搞地区封锁,哪个地方不法商贩就特别活跃。屡禁不止,使大量的货币流入了那些不法分子的钱袋里。实行地区封锁不仅损害了消费者权益,也危害了国家利益。那些不法分子贩运、倒卖的"地下活动",地方上税收机关是难以控制的;地方上本想通过地区封锁增加财政收入,结果反倒可能减少地方的财政收入。

第五,搞地区封锁会损害党和政府的威信。一般来说,搞地区封锁的不是工商企业。因为,工商企业和物资购销单位以及一些具有远见卓识、愿意使自己永远立于不败之地的工商企业家,是不赞成搞地区封锁的。人民群众消费追求的是"物美价廉",商业、物资购销单位追求的是质量好、价格低、受群众和用户欢迎、销路好、利润大的产品。而一般受地方保护的产品大都是同外地产品比较起来质次价高的产品。不让外地价廉物美的产品进入本地市场,无异于强迫消费者接受本地产品,这就侵犯了消费者选择商品的权益,引起群众的不满,久而久之,就会影响党和政府在人民群众中的威信。而对地方工业企业来说,保护的结果是使自己的企业和员工产生惰性,越来越失去在市场上的竞争力和应变力,最终使企业陷入绝境。如果企业因此陷入绝境而不能自拔,又会激化企业和职工对地方政府的不满,就会造成一些不利于稳定的因素,影响社会的安定团结。

这些都是地方封锁带来的主要危害。可惜,这些危害还没有被一些地方领导同志所认识。他们看到的只是局部的、近期的眼前利益,而没有看到全局的、长远的社会利益。我们建议这部分同志要深入学习社会主义有计划的商品经济,自觉地去培育和完善社会主义统一市场,促进国内商品经济的良性循环,自觉克服自然经济观念,克服地区封锁的狭隘意识。

原因与对策

产生地区封锁错误倾向的原因是什么呢? 主要有这么两个方面:

第一,受几千年封建自给自足自然经济的影响。过去,有句老话"鸡犬之声相闻,老死不相往来"。社会经济几经兴盛和危机,虽然封建社会的大一统态势仍然延续下来了,但发展却非常缓慢。自然经济意识是地区封锁的思想温床,要打破地区封锁,关键的问题就是要打破自然经济思想,树立商品经济意识。在四川就要重提克服"盆地意识",促进社会主义统一市场的良性循环。

第二,经济体制改革中的新旧体制摩擦。在经济体制改革过程中,旧体制还存在,新体制还不够完善。旧体制规定商品供销范围,画地为牢的影响,新体制的不完善,就可能在经济遇到困难时,出现地区封锁。就拿财政包干来讲,一方面可以稳住中央政府的财政收入,但另一方面又强化了地方的利益主体地位,出于地方自身的经济利益,地区封锁就成了他们保护自己利益的手段。

商品经济的发展与地区封锁、地方保护主义历来就是相悖的。在世界经济发展史上,当资本主义刚刚萌芽和发展的时候,资产阶级做的第一件事,就是打破封建势力的地区封锁和地方保护,为资本主义商品经济发展开辟道路。今天,我们在发展社会主义计划商品经济时,就要破除自然经济的思想影响,不断完善和深化改革,严肃而有说服力地批判地区封锁和地方保护主义,陈其害,揭其弊,分析地区封锁产生的根源,提出对策,增强广大干部克服地区封锁和地方保护主义的自觉性,学会和掌握驾驭有计划商品经济的本事,促进商品经济的大循环,中国经济复兴是很有希望的。

（原载《改革内参》1990 年第 9 期）

启动需求：市场走出低谷的有效选择

1990 年上半年，整个市场仍在低谷中徘徊。社会商品零售额比去年同期下降 1.9%，到 1990 年 6 月份，工业产品资金占用比去年增加 21.4%，库存总额已达 1067 亿元，商业库存总额也比去年增加 12%。

市场老是在低谷中徘徊，回升乏力，到底是什么原因呢?

判断失误：需求仍然过旺

理论界的一些同志认为，当前市场疲软是结构性疲软，而不是需求性疲软。他们认为，经济生活的大量现象证明市场疲软是商品不适销对路的结构性危机引发的，前几年经济过热时形成的企业生产结构很难在短期内调整过来。这种市场疲软的深层次的分析，是不容忽视的。

但是，笔者并不完全赞成这种意见。结构性问题对市场疲软的影响固然不可忽视，然而对需求不足问题也应予重视。尽管我国经济总的来说具有短缺经济的特征，但这并不排除在一定时期内出现需求不足的状况。特别是近几年治理整顿中，在采取了刚性紧缩措施之后，出现需求不足并非难以理解。

有关经济资料表明,1989 年全社会固定资产投资比上年压缩 500 亿元,扣除物价上涨的因素,实际工作量压缩达 20% 还多,新开工项目减少 4.1 万个,停缓建项目 1.8 万个。实际投资不足,作为为基本建设服务的机电等工业部门生产大幅度下降,产品积压严重,机电工业年底成品库存高达 256 亿元之多,今年机电工业已按订货合同普遍比去年同期减少 20%,相当一部分企业不到生产能力的 40%。由于投资不足,必然要影响整个社会的消费需求。按照我国多年的测算方法,基本建设投资的 40% 的资金,大体在半年内转化为消费资金。投资需求不足,集中表现为一向紧俏的生产资料突然变成滞销。1989 年上半年,全国物资系统生产资料销售下降 18.2%,今年 1 至 5 月又下降 7.2%。今年上半年,全国钢材、煤炭库存大量增加,石油胀库,炼油厂不得不被迫限产,发电厂也因负荷不够,不得不减少发电。

因此,那种认为现在仍然是需求过旺的判断是脱离实际的、错误的论断。

居民储蓄:不具威胁的"老虎"

要启动市场,就要正确认识居民储蓄问题。

根据国家统计局公布的材料,到 1989 年年底,全国居民手持现金 2000 多亿元,储蓄存款 5000 多亿元。对此,有人认为这 7000 亿元是一只时刻都准备扑向市场的"老虎"。还说,社会有这么大的结余购买力,怎么能说需求不足。从根本上就不承认有需求不足之储蓄。笔者不同意上述看法,因为我们不能把 7000 亿元完全当做结余购买力,更不能把它当做现实购买力。如果它是"老虎"的话,那么也不过是一只不构成现实威胁的"老虎"。第一,市场总是需要一定量的货币作为流通手段,11 亿人民手持 2000 亿元现金是市场必不可少的流通货币,人均不到 200 元的流通货币根本不能把它看成是结余的购买力。第二,随着生产的发展,人民生活水平的提高,我国城乡居民储蓄中属于消费结余的储蓄在不断增大,居民储蓄的性质从暂时储蓄的消费资金转化成具有金融资产的性质。根据北京市的调查,为购买高档消费品而储蓄的比重,已从 1987 年 48.6% 降到 1989 年的 15.6%,而暂时没有明确用途的存款则由 16.3% 上升为 45.6%。今年 4 月银行下调存款利率,但全国储蓄仍然继续增长,也从另一个角度证明居民金融资产存在的现实。第三,现在世界上任何一个国家都存在储蓄,如果把国民储蓄当做结余购买力,那岂不是说所有国家都处于总需求过旺的状况吗?

退而言之,即使居民储蓄的全部存款已经全部成为结余购买力,也不会形成对市场的威胁。因为,第一,在居民储蓄存款中,高收入阶层的存款占有相当的比重。据成都市人民银行预测,高收入阶层的存款占总存款的 25% 左右。这些人的消费水平已经达到了较高层次,住房、家用电器都已齐备,可以说"应有尽有",他们不会一下子拿出大量存款用于消费。这部分人的储蓄已经明显地转化成了金融资产。第二,大部分个体工商户和私营企业本来就属于生产、经营性资金,为了取存现金方便,也存入居民储蓄账上。据成都市人民银行预测,这部分存款占总存款 38% 到 42%,这部分存款根本就不属于消费资金。第三,公款私存也占一定比例。特别是一些集体性质的工商企业,它们为了存取现金方便,把公款以私人的名义存入银行。据一些地区调查,这部分存款约占居民储蓄的 10%,这些存款也不能列入居民储蓄类别。第四,就前几年的情况看,大规模提取存款、抢购商品的情况,一般发生在恶性通货膨胀、商品严重匮乏等非常情况下。当前,我国政治经济日益稳定,经过两年的治理整顿,物价已被控制在 4.2% 以内,商品供应充分,不存在发生这种情况的条件。

启动消费需求:会重新导致市场紧张

当前经济困难没有哪一件与市场疲软无直接的关系,进一步启动市场已经成为摆脱当前经济困境的突破口,而启动市场当前最有效的选择之一就是启动消费需求。

启动消费需求就要适度放宽消费。抑制消费是解决需求膨胀的措施,当情况变了,即需求膨胀已经变成某种需求不足时,再去抑制消费需求,就要影响生产。马克思主义认为,生产决定消费,消费的规模和质量都是由生产决定的。但是,消费并非消极地、被动地被生产决定,在一定条件下,如过量的消费或消费不足都会影响和打击社会再生产。消费过量,影响资金积累,影响扩大再生产的正常进行。消费不足,会引起产品积压,市场疲软,同样会妨害社会再生产的正常进行。因此,提出适度消费,就是从社会扩大再生产的高度来认识启动市场的作用。

理论分析时常是从抽象到具体的。启动消费需求,首先,要提高人民的消费水平。要尽快地兑现机关、事业、科研、文教等部门提高工资的政策,待条件成熟后,提高工人工资,这是一种直接的消费投入,可以提高人民群众实际上的有支付能力的需求。今年农村小春已获丰收,大春丰收已成定局,丰收会给农民带来收入的增加。关键是要支付现金,无论如何也不能再打白条和强迫农民储蓄,这样就可以扩大农村的现实购买力。其次,要适度放松集团购买力。对社会集团消费的控制要有紧有松,财政性支出要紧,非财政性支出要松,非生产性支出要紧,生产性支出要松,必需的办公用品要松,一般的消费品要紧。为了使各地能够适时调节社会集团的消费,控购商品范围可以缩小,审批权限可以适当下放。

启动消费需求不会构成市场紧张。因为,适度的消费仍然是紧缩之中的放宽,是针对当前市场疲软中的放宽,是宏观管理中心一种微调措施;就是提倡适度的消费来启动市场,也还需要一定时间才能使社会再生产进入良性循环,根本就不可能存在构成市场紧张的问题。

启动投资需求:会造成新的过热

启动市场的另一有效选择,就是适当启动投资需求。当然,调整结构是我国经济走上良性循环的根本出路,但是结构调整要有一个过程。现在是"万种商品无俏货",产品结构要怎样调整才好呢?市场疲软、产品积压、生产困难、企业疲于应付,很难集中精力进行调整。因此,在采取坚决措施调整结构的同时,要适当启动投资需求看来是完全必要的。

启动投资需求在目前来看不可能造成新的过热现象。因为,启动投资需求并非就是大撒手,而是在坚持"双紧"方针的前提下,适当增加基本建设投资。这种"适当"增加的投资,是在总量有所控制,投资方向有所选择,突出了国民经济建设的薄弱环节,向能源、交通、原材料倾斜。同时,根据国家的产业政策,增强对市场销路好的企业的技术改造,就可以增加市场的有效供应,提高企业素质,增强企业发展的后劲。在方法上,采用经济和行政手段,引导地方和企业按照国家的产业政策进行投资,这就可以克服盲目大上的倾向。

有控制、有选择地启动投资需求,不仅不会造成新的经济过热,而且还会带动工业回升,引起新的消费需求,从而启动整个市场,给国民经济长期稳定发展建立新的物质基础。

(原载《改革内参》1990 年第 7 期)

经济运行失控与宏观调节机制*

在计划经济与市场调节相结合的讨论中,过去对微观搞活讨论比较多,对宏观调节失控形成的危机的讨论却比较少。因此,正确总结我国宏观经济运行改革的经验,改进和完善计划商品经济的宏观调节机制,成了当前进一步搞好治理整顿、深化改革的一项迫切任务。

经济运行失误是一种反复出现的历史现象

19 世纪 70 年代,恩格斯在《反杜林论》中预言:当我们开始按照最后已被认识的近代生产力的本性去处置它的时候,生产的社会的无政府状态,就要为生产的社会的有计划调节所代替,这种生产是以满足社会以及社会每一成员的需要为目的的。恩格斯只是指出了"有计划调节"的必然性,并没有解决怎样进行有计划的调节。

20 世纪初,列宁经历了战时共产主义时期和新经济政策时期。1921

---

* 这篇文章是笔者于 1989 年 5 月写成,《四川经济研究》1991 年第 2 期摘要发表。

年 10 月列宁宣布战时共产主义经济政策遭到失败。从 1921 年到 1925 年推行新经济政策,应该说是相当成功的。但由于他过早地辞世,没有在理论上和实践上解决社会主义经济运行的宏观调节问题。

斯大林 1925 年在联共(布)第十四次代表大会上所作的中央委员会政治报告中指出:"在资本主义国家里,任何一种较为重大的错误,任何一种较为重大的生产过剩或生产和需求总量之间的严重脱节现象,都不可避免地要由某种危机来纠正……在资本主义国家那里所发生的经济危机、商业危机和财政危机,都只能触及个别资本家集团,而在我们这里却是另一种情况。商业和生产中的每次严重停滞,我国经济中的每个严重失算,都不会以某种个别危机结束,而一定会打击到整个国民经济。每次危机,不论是商业危机、财政危机或工业危机,在我们这里都可能变成打击全国的总危机。"①在这里,斯大林所说的社会主义国家出现的经济危机,不同于资本主义的经济危机。资本主义经济危机,通常是指社会有支付能力的需求不足,表现为生产的相对过剩。在社会主义社会里,一般不存在这样的危机。但是,危机也可能由于生产比例失调而发生。从实践来看,有生产比例失调而发生危机。不过,更多的情况是经济运行失控,由于国民收入超额分配而发生的危机。笔者认为,斯大林所说的社会主义国家也可能发生经济危机,是指社会主义国家发生的国民经济比例失调和国民收入分配失去平衡的问题。

斯大林提出社会主义国家防止出现危机的办法有两条:一是明智、谨慎;二是拥有后备。斯大林说:"……我们在建设方面就应该持谨慎小心,应当具有远见……应当使具有失算的情况减少,使我们领导经济的工作极为明智,极为谨慎小心,极为正确无误。"②斯大林还坦率地承认,"……很遗憾,既然我们不特别明智,也不特别谨慎小心,又不特别善于正确地领导经济,既然我们不过是学习建设,那么我们就会有错误,并且

①② 《斯大林全集》第 7 卷,人民出版社 1958 年版,第 248—249 页。

将来还会犯错误。因此,我们在建设时应该拥有后备,我们需要有能够弥补我们的各种缺陷的后备。我们最近两年来的全部工作表明,我们既不能保证不发生意外,也不能保证不犯错误。""为了保证自己不受一切意外事件和不可避免的错误的影响,我们应该懂得必须积累后备的思想。"①

斯大林提出用明智和后备来预防危机的产生。但是,他却没有找到需求膨胀和产品短缺的原因和根治的思路,以后也没有认真总结苏联国民经济发展中反复出现了失误和折腾的经验教训,在找不到防止社会主义国家发生经济危机出路的情况下,时隔5年,即1930年,斯大林又作了一个历史性的错误理论概括。他说:在我们苏联,群众消费(购买力)的增长总是超过生产的增长,推动生产向前发展,而相反地在他们资本家哪里,群众消费(购买力)的增长从来赶不上生产的增长,并且总是落后在生产的后面,往往使生产陷入危机。斯大林这个错误的理论概括,后来在很大程度上影响了社会主义各国正确总结自己的经验教训,以致许多社会主义国家在这个问题上付出了昂贵的学费,而不能解决通货膨胀和产品短缺问题。

我国社会主义经济建设也经历了反复曲折的过程,充分证明了国民经济比例失调和国民收入分配失去平衡问题,是一种反复出现的现象。因此,对这种在我国反复出现的历史现象做一简要的回顾,对于我们研究和寻找防止这种经济现象反复的途径,不是没有意义的。

1955年的"一女二嫁"。在我国刚实行第一个五年计划的第一年,财政结余资金较多,国家计委决定这笔钱给银行当做信贷资金来源,贷给国有商业企业作为流动资金使用;财政部又把这笔钱安排作为国家固定资产投资。因而,银行向商业企业收回贷款,迫使商业企业向市场抛售商品,压缩商品库存,造成所谓"泻肚子"。这就削弱了国有商业企业在当

---

① 《斯大林全集》第7卷,人民出版社1958年版,第248—249页。

时稳定市场的物质力量。一度引起了商品供应紧张和市场价格不稳,形成了局部性的商业危机。

1956 年的"小冒进"。1956 年经济形势大好,有些同志头脑发热,使得经济建设步子过大。固定资产投资、增拨农贷、增加工资三头齐进,出现了国民收入超额分配。其直接后果是:财政出现赤字,市场紧张,物价上升。财政危机和市场危机同时并发。

1958 年开始的"大跃进"。在"左"的指导思想下,不按客观经济规律办事,高指标、瞎指挥、浮夸风和"共产风"盛行。一方面强调"以钢为纲",忽视了农业的基础作用,破坏了产业之间的合理比例;另一方面,固定资产投资超过国力所能承受的能力。由农业危机导致财政危机和信用危机。造成了严重的通货膨胀,使经济运行发生了严重阻碍。

1966 年以后的"十年动乱"。在这个特殊时期出现了特殊的情况,全社会以"阶级斗争为纲",否定了生产实践和科学实验。林彪、江青一伙"乱批条子"、"乱开口子",搅乱了社会经济调节体系,大小"三线"一起上,挤掉了工业基础设施建设,违反了客观经济规律,排斥商品生产,使经济运行发生了脱节和混乱。这种带总体性的危机,把国民经济推到了崩溃的边缘。

1988 年底持续通货膨胀。由于在经济运行上总量失控,在总量上需求超过了供给,货币发行量过大,几乎所有大城市相继出现了"抢购风",市场物价上涨,大有控制不住的趋势。到 1989 年通货膨胀率达到 27%,并导致在政治上的动乱,使党和政府不得不下决心进行治理整顿。这场通货膨胀的危机直到 1990 年春天才得到解决,物价上涨率被控制在 4% 左右。

苏联和中国的社会主义实践证明,社会主义国家确实如斯大林讲的可能因失误而出现危机。因此,寻找社会主义国家产生危机的根源,建立计划商品经济的经济运行的宏观调节机制,就成了经济学家们的重大课题。

导致经济运行失控的理论分析

从我国的具体情况分析出发,造成经济危机的主要危险来自两个方面:

第一,来自农业减产。1958 年开始的"大跃进"所出现的危机,主要来自农业,特别是粮食大幅度减产。在指导思想上由于片面发展钢铁,使工业发展速度超过了农业生产可能提供的粮食和工业原料的界限。从1959 年起,我国农业生产急剧下降,粮食大幅度减产。可是,当时仍不顾农业处于严重的危机状态,还在那里大放钢铁"卫星",鼓吹钢铁翻番。迅猛增长的城市人口,结果导致了工农业比例失调,使城乡人民蒙受了很大苦难,整个国民经济遭到严重破坏。这是一条深刻的历史教训。

第二,来自财政赤字,用斯大林的话来说,来自财政危机,在我国包括金融危机。所谓财政金融危机,就是指在我国表现出的财政赤字和信用膨胀、通货膨胀。1961 年以及 1988 年两次国民经济在总量上的比例失调,有共同的诱导因素,就是财政赤字和信用膨胀。财政赤字和信用膨胀又导致国民收入的超额分配,造成基本建设规模与国力之间严重失调。固定资产投资规模过大,往往伴随着财政赤字和信用膨胀一起出现,接踵而来的就是通货膨胀,物资供应紧张,市场物价上涨。这种情况在我国曾多次出现过。实践不断表明,财政金融危机往往变成打击全局的总危机,这也是一条深刻的教训。

从我国经济建设的实践进程来看,出现国民经济比例失调或国民收入分配失衡,并不是计划商品经济制度固有矛盾造成的。因为,社会主义计划商品经济不存在生产的社会性和生产资料私人占有之间的根本矛盾。这就消除了需求不足导致生产过剩的社会根源,消除了生产无政府状态,也消除了生产部门比例失调的社会经济基础。同时,社会主义社会实现商品生产的社会性同生产资料公有制的统一,消灭了剥削制度,产生了社会主义基本经济规律,这就挖掉了周期性经济危机的阶级根源。公有制基础上计划经济和商品经济的统一,又使国民经济有计划按比例发展规律的作用有了广阔的天地,使社会能够自觉按照社会再生产运动的客观要求,按比例地分配社会劳动于各个生产部门。还有商品生产的价值规律也在生产和流通领域起调节作用。

　　既然如此,在社会主义国家为什么还会出现国民收入不平衡和国民经济重大比例关系失调呢? 最根本的原因是我们过去长期实行高度集中的计划经济体制,并忽视市场机制的作用,因而在此基础上建立的计划经济与产品运行的宏观调节机制,就成了当代社会主义国家危机的经济根源。这种经济运行的宏观调节机制导致失控是由其自身特点决定的:(1)在宏观平衡上,以社会总产品的平衡为中心,而不以国民收入分配的平衡为中心;(2)在组织社会的总供给向总需求的平衡上,以保证供给为原则,不是以控制社会需要为原则;(3)在优化产品结构上,强调直接计划调节,忽视市场机制的调节和经济杠杆的调节作用;(4)在宏观调节机制上,重视行政隶属关系的行政机制的指挥调度作用,忽视经济关系自我制约的经济调节机制作用;(5)在宏观调节对象上,以控制企业供、产、销微观经济活动为对象,而不是以控制社会经济运行为对象。这种产品经济运行的宏观调节机制,不能协调经济的部门比例,尤其不能组织国民收入分配的平衡,因而不能实现国民经济稳定、持续、协调发展。它的弊端还表现在:一方面企业作为微观经济细胞被统得过死;另一方面经济运行又反复出现宏观失控,并且使计划经济和市场调节对立起来,排斥价值规律调节作用。斯大林提出的社会主义国家的经济危机理论,实际上就是他感到了经济运行的宏观调节机制不能控制国民经济的平衡和比例,但他又没有找到解决危机的路子。斯大林在其建立的计划经济和产品经济统一的模式里,强调用明智、谨慎和拥有后备来预防危机是正确的。我国在移植斯大林模式的框框里用调整办法来纠正已经发生的重大比例失调或国民收入失衡,效果也是好的。但是,这一切都不可能避免国民经济比例失调和国民收入分配失衡现象的再次发生。因此,我国正在深化的经济体制改革,仍然以增强企业活力为中心,深入研究创建新的计划商品经济运行的客观调节机制,以替代产品经济的行政层次、行政命令、行政手段为主体的主观调节机制,就成了我国经济学家责无旁贷的任务。

创建计划商品经济运行的宏观调节机制

根据上述分析,笔者就如何建立计划商品经济运行的宏观调节机制提出一些初步的构想。

1. 创建民主的科学决策体系。从一个国家的宏观战略角度透视经济发展速度的决策是制约全局的战略决策。我国的历史经验是:形势大好时,往往出现追赶速度,攀比速度,制定破坏国民经济收入分配平衡的高速度的战略决策。而速度一旦超越了国民收入分配平衡所能容许的界限,必然导致宏观失控,使经济工作出现全面紧张的局面,经济效益也随之下降。可见,追求突破国民收入平衡的超高速度,得到的是低速度和低效益。有人主张把经济发展速度作为计划商品经济运行的客观调节对象,这种意见把速度问题提高到宏观经济发展的重要地位是正确的。但是,这种提法尚欠科学。控制速度关键是回答什么是合理的速度。笔者认为,不突破国民收入分配平衡界限的经济发展速度,就是合理的速度。在宏观经济决策上要有一条必须遵循的原则:控制国民收入分配平衡,制约经济发展速度,着眼提高经济效益。我们讲的国民收入分配平衡,必须是国民收入为中心的价值平衡。要实行平衡,就要坚决禁止按"缺口平衡"编制计划。中央要带头取消给省长下令背回所谓"缺口平衡"计划任务。因为,上行下效,省长又强迫市长和专员把"缺口平衡"计划任务背回地、市。这怎么能叫计划任务,这纯粹是行政命令。笔者赞成林凌教授的意见：我们的中、高层决策，要改变非科学性、随意性、独断性、反程序性的决策弱点①。为什么我们在重大问题的决策上老是不顾国力，盲目追求速度，犯急于求成的错误，就是宏观决策上缺乏一个科学的民主决策体系。因此，笔者主张民主的科学决策体系。要建立多层次的相互制约的宏观决策机制，起码要有三种决策体系：一是行政决策体系，包括国务院、省、自治区、直辖市政府及专区、县政府在内的决策体系。二是咨询决策体系，包括国务院、省政府、市、县政府的研究中心、研究室等在内的政策研究体系。三是议会决策体系，包括各级人民代表大会的常务委员会，人大决策体系是同级政府权力机关的最高决策体系。多层次的相互制约的宏观经济决策体系，可以防止决策的随意性、独断性和反程序性。不然，今天一个主意，明天又换一个主意，使经济工作摇摇摆摆。同时，还可以防止宏观决策失误，冲击国民收入分配平衡而出现经济危机。

2. 抓住计划经济与市场调节的结合点，确立社会主义商品经济的宏观调节机制。计划经济与市场调节相结合，在我国直接条件和间接条件都是存在着的。过去对板块结合批评过多，其实它最大优点就是易于操作。计划经济在宏观上要管好人民吃、穿、用、住、行，做到人民吃饱穿暖，使人民能安居乐业。而靠市场调节杠杆来推动生产力的发展，提高整个国民经济的生产效率、经济效益和调整产业结构，这是一条大思路。

在实行计划经济和市场调节相结合时，由于市场调节带有滞后性，一些重大调控措施、决定贯彻下去后，要有相当长的运行过程才能反映出来。特别是像我们中国这种情况，层次多，区域广，经济调节杠杆灵敏度比较差，滞后性比起资本主义国家来就要长一些。因此，在宏观经济实行重大比例的调整时，经济调节就要与行政调节结合起来，充分利用行政层次、行政手段、行政命令的作用，就可以使经济调节发挥更好的作用，适当缩短市场调节的滞后性，使国家宏观调节机制更加灵敏地发挥作用。

---

① 林凌：《关于当前改革的几个思想认识问题》，《经济体制改革》1990 年第 3 期。

3. 增强企业活力要同经济运行的宏观调节机制同步,进行配套改革。过去几十年中,我们是按照计划经济同产品经济相结合的模式,在宏观平衡上以社会产品平衡为中心,而不是以国民收入分配为中心。这种平衡的弊端:一是产品平衡没有通约性,只能以产品品种为单位实行单项平衡,不能制约国民经济全局的综合平衡。二是控制产品平衡就得控制资源,就得实行将实物计划指标分解到企业的办法,控制企业的供、产、销,把企业统得过死。三是控制产品平衡,着眼于先保证供给,而不是先控制社会需要;不着眼于控制社会需求,就不能组织商品的供需平衡。因此,从 10 年来改革的实践来看,创立新的计划商品经济运行的宏观调节机制模式关键的任务,就是要改革产品经济运行的宏观调节机制,建立计划商品经济运行的宏观调节机制。

要求建立计划商品经济的宏观平衡,必须建立以价值平衡为中心的宏观调节机制,目标在于调节国民收入,控制国民收入的分配和平衡。

控制国民收入分配比例,最基本的是积累和消费的比例。新中国成立 40 年的经济活动证明,高积累造成了基本建设战线过长,高积累影响了人民生活水平的提高,消费资料的扩大再生产投入削减,使消费品价格提高,挤了人民的正常收入,也就是积累挤了消费,小则挫伤群众的积极性,大则引起社会的动乱。新中国成立以来有一条重大经验就是:经济稳定,则政治稳定,市场稳定,人心稳定,要靠国民收入分配的平衡,要靠积累和消费的比例恰当,决不能搞国民收入的超额分配。只要坚持国民收入分配的平衡而略有结余的原则,就能逐步消除商品短缺现象,形成适度的买方市场,为企业竞争提供条件,也为深化经济体制改革,尤其为物价体制改革创造条件。

建立以价值平衡为中心的宏观调节机制,在经济体制改革上就比较容易做到:(1)减少指令性的商品计划调拨来控制宏观平衡,树立价值分配为手段,控制宏观平衡;(2)减少可用实物的指令性计划指标来控制企业的供、产、销活动,以达到宏观产品的平衡;树立以价值指标指令性计划为基础,控制宏观价值平衡。计划产品经济对企业统得过死,剥夺了企业自主经营的权利,取消了企业自负盈亏的责任感,而计划产品经济是与计划商品经济的宏观调节体系不相容的。

4. 运用经济关系的自我制约性,建立浮动平衡的国民收入分配调节机制。我国的历史经验表明,构成国民收入超额分配主要有两个口子:一个是发放工资奖金过量,构成消费基金膨胀;另一个是固定资产投资膨胀。这是国民收入再分配上的问题。因此,控制宏观价值平衡的起点是工资奖金和固定资产投资这两个口子。如何控制这两个口子?现行办法是采用行政调节机制,实行额度控制的办法:一是对企业工资实行工资总额的额度控制。企业职工何时涨工资,由国家统一规定部署。这样工资总额是控制住了。但这影响企业职工的积极性,致使劳动生产率上不去,经济效益也上不去,财政收入也上不去。于是,又实行奖金制度,年年奖金失控,又来个开征奖金税,结果奖金税也控制不住。现在看来,单纯用行政调节机制,不是"死",就是"失控"。二是对固定资产投资也是采用行政调节机制,实行额度控制。结果是:有资金而固定资产投资指标不足的,千方百计突破固定资产投资的额度控制;反之,资金不足,而固定资产投资指标有余的,又想尽一切办法筹措资金,扩大固定资产投资的规模,固定资产投资规模仍然控而不制。

上述事实雄辩地证明,光靠行政调节机制既医不好"投资饥饿症",也控制不住工资奖金的失控增长。从实际出发,笔者认为要把好国民收入分配这两个口子,必须运用经济运行的自我约束的宏观调节机制。具体地说:

第一,企业职工的工资奖金要实行自我约束的宏观调节机制。按照《中共中央关于经济体制改革的决定》,逐步实行企业工资奖金同经济效益挂钩浮动的调节机制。企业经济效益同工资奖金挂钩,按一定比例浮动,企业经济效益以企业上交财政的金额为计算标准,每比上年增加一个百分点,根据不同行业来确定企业工资奖金增长的百分比。这样,工资奖金的增长幅度受企业上交财政金额增长幅度的制约,水涨船高,船永远比水高。实行这种经济运行的自我约束机制,就不会发生工资奖金宏观失控现象。

第二,固定资产投资实行自我制约的宏观调节机制。国家对各部门和各级地方政府,根据现行的财政"分灶吃饭"的体制,实行财力浮动平衡的自我约束调节机制,还是可行的。固定资产投资规模受各部门和各级财力平衡的制约。财力有余,就多搞些固定资产的投资;财力不足,则不搞或少搞固定资产的投资。对于固定资产投资的单位,实行有偿占用和浮动利率,并同时实行企业工资奖金同企业经营效益挂钩的浮动办法。这样,企业利益和职工利益直接约束固定资产投资的需要。这是一种利用经济关系治理"投资饥饿症"的宏观调节机制。今后,如果推广"一企多制,合股经营"的办法[1],即一个企业有国有制、集体所有制和职工入股三种所有制合股经营,通过各种经济关系自我制约的宏观调节机制的作用,就会促进企业和职工合力控制固定资产和工资奖金发放的规模。

5. 运用经济关系的自我制约性,实行浮动价值平衡的调节机制。从实际情况来看,国民收入超分配的"链环"有四个"环节":一是财政赤字;二是银行信贷;三是货币发行;四是国际收支状况。由于国家财政赤字是财政部向国家银行透支,银行信贷投放多了没有资金来源,就用信用膨胀来弥补。所以,找到了四个"环节",就找到了控制国民收入超分配的闸门,就可以在理论和实践上找到国民收入超分配的治本之道。但是,靠老办法是不行的,要靠改革。改革控制额度平衡法,建立浮动平衡的自我制约的宏观调节机制。

第一,禁止搞财政赤字。从中央到地方各级财政,坚持自求平衡。以收控支,多收多支,少收少支的原则,实行财政收支浮动平衡的调节机制。

---

[1] 参见李少宇、陈道熙主编:《追求活的管理艺术》,四川科技出版社 1986 年版,第 98 页;或本书《全民所有制改革的尝试》。

有人说,我国这样的大国,搞点财政赤字,有利无害。在资本主义国家资本剩余价值规律导致社会需求不足,凯恩斯主义者主张用财政赤字刺激社会需求。但是,这就像注射吗啡一样,时间长了,会带来滞胀的后遗症。我国的情况与资本主义国家不同,不是需求不足,而是需求膨胀,商品供应紧张。在这种社会需求已经膨胀的情况下,再搞财政赤字,等于火上加油,进一步刺激社会需求,扩大国民收入超额分配的缺口。就是在经过调整国民经济情况已经基本好转的条件下,也不能搞赤字预算,因为这样就会出现冲破国民收入分配的超高速度。而这种超高速度不仅不能持久,而且有破坏性。笔者建议,在今后的《计划法》中应明确规定中央财政预算力求平衡,非遇特殊情况,不准搞财政赤字,地方财政也不能搞赤字,也不准向银行借支,搞变相的财政赤字。

第二,控制信用膨胀。信用膨胀,可以说是财政赤字牵动的。财政没有钱,向银行透支,银行没有钱就用派生性存款的办法发放贷款,或者把增发货币作为平衡信贷差额的手段。因此,要控制国民收入超分配,就要关掉信用膨胀的闸门。

(1)专业银行之间可以开展业务竞争,但是必须坚持"贷款三原则":计划贷款部分,要严格按照计划发放;贷款必须保证偿还;贷出款项要有物资保证,有的要有一定比例的自有资金。

(2)科学区分两种派生性存款:一种以商品交换为基础产生的派生性存款,代表已实现的商品价值,不会形成虚假存款;另一种派生性存款,是脱离商品交换产生的派生性存款,可能构成虚假存款。

(3)核定专业银行上交准备金的合理比例是有效控制那种脱离商品交换产生的派生性存款的宏观调控机制,这种上交的存款准备金不准再做贷款投放。

(4)在信贷业务管理上,要防止发生贷款派生存款的措施。对于不是立即支付使用的贷款,银行可先发给贷款单位信用签证,收取一定费用。现在,工商银行对中国银行外汇额度配套资金贷款,就实行这个办法,效果很好。开户单位需要向银行贷款而不立即支付使用的,也可以发给信用签证,待支付使用款项时再贷款。这样就可以防止贷款户将贷款存其他银行产生派生性存款现象,开户单位贷了款,三天内不支付使用的,银行就收回贷款,扣三天利息。这样办,可以防止客户把贷款又转为派生性存款,出现重复贷款现象。

(5)禁止先贷后存,虚存实贷。要防止银行没有资金,让客户先贷款和存款。银行把这种存款当做资金来源,组成信贷资金收支平衡。其实,这是虚存实贷的"假平衡"。防止这种情况的办法,就是要坚持先存后贷,存贷平衡的原则,不得用先贷后存的办法组织信贷资金收支的虚假平衡。

(6)所有信贷银行,包括农行和基层信用社,一律不得发放无资金来源的贷款,即禁止透支性贷款。至于消费基金必须先存后用。

(7)发放生产企业流动资金贷款时,不能对积压呆滞商品、超过限产计划的长线商品、没有销路的商品所需资金贷款。因为,这种贷款不能偿还,而且其中一部分要支付现金发放工资,必然会导致社会需求的膨胀。

(8)收购农副产品的季节性贷款,可以采用货币发行办法,实行周转性贷款。过去,农副产品紧缺时,实行这种办法不会出现通货膨胀现象。原因是放出钞票,收回物资,抛售物资,就可回笼更多的钞票。因此,这种贷款有物资作保证,不会导致通货膨胀。但是,现在情况变了,粮食部门收购的农产品,其中有一部分要存入仓库,短期内销不出去。为此,放出钞票所回收的物资,在短期内不能回笼钞票,积累10年,这种货币发行就会变成膨胀社会需求的通货膨胀。所以,现在收购农副产品中存储的部分要有资金来源。

上述构想是在存贷挂钩、差额包干、自求平衡的信贷管理体制的条件下设计的。要强调指出的是,存贷平衡不是银行账面上的假平衡,而是除了虚存实贷和派生性存款的真平衡。不过,贷款派生存款现象,在现实的经济生活中是难于避免的,关键是要合理核定存款上交准备金的比例,非遇银根过紧,存款准备金原则上不贷出。这个存款准备金上交比例是调节存贷平衡的宏观调节机制。

第三,管好货币发行。作为支付手段的货币来看,货币发行量同银行货币存贷量是两个不同的概念。在银行内部也要使货币业务库和货币发行库分开管理。现金支付与非现金结算,一个是存款货币,在支付过程中这两种货币是可以相互转化的。但是,这种转化的量要以不膨胀社会需求为限。这种有资金来源的现金收支,归银行业务库管理。这种现金支出导致货币发行量增加,如果需要发行库调出货币,应单独统计上报,不作为无资金来源的通货发行列报。

作为信贷资金来源的货币,构成中央原始存款的组成部分。这部分货币由中央银行直接控制投放额度,严禁把发行货币作为弥补信贷差额的手段。从中央到地方的专业银行只能向中央银行申请追加,非经中央银行批准,不准自行发放货币。这种作为信贷资金来源的货币发行额度,应用秩序控制决策,建议由全国人大常委会或专门机构批准,方可投入发放。

第四,建立外汇自我制约浮动平衡的调节机制。外汇平衡的重点应放在创汇这个基点上。创汇多的地方和企业,多留多用;反之,则少留少用。现在沿海和内地,用外汇进口洋货或进口"吃外汇"的生产线劲头很大,甚至一些公共工程(如修公路)也用外汇来兴建,根本不考虑外汇偿还。按照外汇自我制约浮动平衡的原则,一切利用外汇所上项目,无论是短期或长期项目,都应以外汇自我制约浮动平衡为限。中国人民银行、国家外汇管理局应当对此严加管理和监督。在这个问题上,我们要吸取东欧国家的教训,不要债台高筑,造成长期的国际收入逆差的被动局面。

西进:中国发展战略大调整

中华人民共和国在成立 50 周年后,根据邓小平同志的设想,在发展东部地区经济的基础上,把经济发展战略从东向西推移,在西部不发达地区进行大规模的开发,建立经济发展的新机制。江泽民同志把这一条新的发展思路概括为西部大开发战略。他时常用大开发、大思路、大战略来概括党在新时期里经济发展的新思维。

两个大局的宏观构想

在中国历史上具有划时代转折意义的 1978 年,我们党召开了十一届三中全会,它标志着中国进入了改革开放的新时期。在这连续 20 年的时间里,我国经济高速发展,其增长率之高,持续增长时间之长,令世界为之瞩目。

在党的十一届三中全会以前,由于种种历史的原因,经济布局采用的是"均衡布局战略",强调内地和沿海地区的均衡发展,国家经济建设的重点放在内地。但是改革开放以后,随着国际形势的缓和,和平与发展成了时代的主题,均衡发展战略的弊端与不足逐步显现出来,使本来可以发展快一些的沿海地区经济被人为地放慢了发展速度,影响了我国经济实力的增强。因此,适时地向非均衡发展战略转化,就成了一种历史的必然。

1978 年 12 月 13 日,邓小平在党的十一届三中全会上提出我国区域经济发展共同富裕的新构想。他说:"在经济政策上,我认为允许一部分地区、一部分企业、一部分工人农民,由于辛勤努力成绩大而收入多一些,生活先好起来。一部分人生活先好起来,就必然产生极大的示范力量,影响左邻右舍,带动其他地区、其他单位的人们向他们学习。这样,就会使整个国民经济不断地波浪式地向前发展,使全国各族人民都能比较快地富裕起来。"①基于共同富裕的构想,邓小平还提出了"两个大局"的战略思路,他说:"沿海地区还要加快对外开放,使这个拥有两亿人口的广大地带较快地发展起来,从而带动内地更好地发展,这是一个事关大局的问题。内地要顾全这个大局。反过来,发展到一定时候,又要求沿海拿出更多力量来帮助内地发展,这也是个大局。那时沿海也要服从这个大局。"②这样的结果,沿海地区因天时地利,就可能在改革开放中很快地发展起来,作为中西部地区就要顾全大局。让东部沿海地区先发展起来,西北、西南和其他一些地区,那里的生产和群众生活还很困难,国家应当从各方面给予帮助,特别是从物质上给以有力的支持。历史证明,邓小平提出的第一个大局的战略思想是正确的。

1992 年年初,邓小平在视察南方重要谈话中,进一步论述了他的思想:"一部分地区有条件先发展起来,一部分地区发展慢点,先发展起来的地区带动后发展起来的地区,最终达到共同富裕。"面对日渐明显的东西部差距问题,邓小平说:"可以设想,到本世纪末达到小康水平的时候,就要突出地提出和解决这个问题。到那个时候,发达地区要继续发展,并

---

① ② 《邓小平文选》第 3 卷,人民出版社 1993 年版,第 152、277—278 页。

通过多交利税和技术转让等方式大力支持不发达地区。不发达地区又大都是拥有丰富资源的地区,发展潜力是很大的。"①邓小平的这一系列论述,实质上已指明了非均衡发展战略的关键所在。邓小平同志的第二个大局的思路,为在 20 年后党的第三代领导人提出西部大开发战略的顺利推行,起了重要的指导作用。

东西部差距在扩大

在邓小平同志的非均衡战略指导下,国家对资源配置和地区发展政策上做了相应的调整。从强调地区的均衡发展转而着重整体发展速度和宏观经济效益,在充分利用沿海地区经济技术的基础上,按三个经济带分阶段、有重点、求效益地展开经济推移布局。1988 年上半年,党中央在东部推行"沿海地区经济发展战略",在开放的 14 个沿海城市,从财政、税收、信贷、投资等方面都得到国家提供的优惠政策。

以投资为例。"六五"以来,国家投资重点大幅度向沿海地区倾斜。"六五"期间,沿海经济带的基本建设投资占全国的 47.7%,比"五五"上升了 5.5%;1986—1989 年达到 52.5%;1990 年为 50.9%;1991 年为48.7%;1992 年又回升到 50.2%。同时,沿海经济带在其他方面,比如引资又享受国家的优惠政策,使得投资渠道多元化,因而大大增强了自我发展的能力。

西部不发达地区顾全了国家经济发展的第一个大局。与东部沿海地区比较,西部地区发展条件很不乐观。在"六五"和"七五"两个五年计划期间,西部不发达地区国家投资中的比重逐渐下降到历史的最低点。"六五"时期为 17.01%(其中西北为 8.65%,西南为 8.38%);"七五"时

---

① 《邓小平文选》第 3 卷,人民出版社 1993 年版,第 374 页。

期为 15.99%(其中西北为 8.07%,西南为 7.92%)。进入 90 年代后,在"八五"计划时期,西部 9 省区在国家预算投资中的比重略为上升,在投资量较大的 1993 年和 1994 年分别达到了 11.4% 和 16.8%。但是,必须看到这个时期的国家预算投资在全社会固定资产投资中的比重已大幅度下降,即由 1990 年的 8.17% 下降到 1994 年的 3.23%。这样,虽然国家投资的重点略向西移,但总体而言,社会的资金量仍是大量向沿海地带集中,这在客观上造成了西部建设资金不足,影响了西部欠发达地区的发展。

非均衡发展战略推行的直接结果是,东部沿海地区走向空前的繁荣。这种繁荣与西部不发达地区的落后形成了极大的反差。这种反差集中反映在经济发展的总水平、产业结构水平、固定资产投资水平、利用外资水平和收入水平悬殊等上面。

从经济发展的总水平来看,改革开放 20 多年来,东部、中部、西部地区国民生产总值的差距在逐渐扩大。20 世纪 80 年代初开始扩大,80 年代中期明显拉开,90 年代初期东部远远把中西部抛在后面。

从 1981 年开始,东部地区的经济增长速度开始超过中西部。1981—1988 年,中部和西部地区国内生产总值年均增长率为 9.2% 和 9.1%。1991—1995 年期间,全国国民生产总值的年均增长率是 11.5%,东部平均增长率达到 15%,而西部大部分省区却与其平均增长率相差甚远。比如,陕西和甘肃为 9.2%,贵州为 8.5%,宁夏为 7.6%,青海最低,只有 7.3%。1995 年与 1990 年相比,三大地区国内生产总值占全国的比重,沿海地区增加了 4.6%,中西部地区则分别减少 2.4% 和 2.2%,仅占全国总面积 10.7% 的东部地区创造国内生产总值达到占全国总面积 69.1% 的西部地区的 5 倍。

值得注意的是,1994—1996 年,虽然三大经济带差距仍在扩大,但相对差距扩大趋势变缓。1994 年,东部地区国内生产总值占到全国 58.4% 以后,1995 年和 1996 年就没有再攀升了。

从产业结构水平来看,东部和西部也存在着巨大的反差。在三大产业中,工业起主导作用,其发展速度的快慢对整个经济的发展是非常重要的。全国以 1993 年为例,农业仅占 21.1%,第三产业占 27%,第二产业占到 51.8%。而在第二产业的增加值中,约有 90% 是由工业制造业提供的。在工业生产速度上,东、中、西部三个地带存在着明显的差异。从 1985—1994 年 10 年发展期中,其年平均增长速度比例为 1.42∶1.06∶1,这样,东部地区工业总产值在全国的比重就由 1985 年的 46.3% 提升到 1993 年的 66.47%,西部地区则相应下降到 11.33%。于是出现了经济发展中第一产业的比重西高东低,二、三产业的比重是东高西低的趋势。

1995 年,东部地区产业结构中的第二产业的比重为 49.2%,中西部分别只是 44.5% 和 41.1%,分别比这两个地区高出 4.7% 和 7.8%;加上东部地区大量引进国外先进技术和装备,产业技术水平明显高于西部。1993 年,全国乡镇企业总产值达 29023 亿元,其中西部仅占 7.6%,而东部地区却是它的 9 倍,达到 65.8%。1994 年,全国乡镇企业工业产值平均增长 54%,此时西部地区第一次超过东部地区 5%—6%。但由于西部乡镇企业总量低,规模小,1994 年仅占全国乡镇企业总产值的 25%,而且 75% 都分布在沿海地区,只占西部工业产值的 32%,发展潜力仍然有待进一步开发,特别是有些乡镇企业同构化严重,很多建设项目都是在低水平上的重复,有 50% 以上的企业举步维艰。

在固定资产投资上,东、中、西部三个地区对比形势也不容乐观。改革开放以后,由于种种历史原因,西部地区固定资产投资速度减缓,与沿海的差距越来越大,这既是地区经济差距的一种表现,从长远来看,也会对不发达、欠发达地区经济发展带来许多不利影响,从而使西部经济陷入恶性循环之中。以 1982—1992 年为例,在这个期间的固定资产投资年平均增长速度上,东部、中部、西部分别为 21.7%、16.10%、18.26%,全国在 1992 年的投资增量中,约有 62.1% 是由东部地区完成的。在 1993 年,浙江省的投资规模相当于西南地区云南、贵州、四川三省固定资产投资的总和。

在收入水平上，随着地区经济发展差距的加大，各地区居民之间的收入差距也在逐渐拉大。这一点尤其表现在农村居民收入水平上。1980—1993年，我国农民人均纯收入从191.33元上升到921元，但是，东部、中部、西部农民的收入之比也从1.39∶1.11∶1扩大到2.25∶1.75∶1。1993年，东部地区人均纯收入比中西部地区人均纯收入分别增加786元和604元，东部是西部的2倍多，沿海地区的苏州、无锡等地，农民人均收入2000—3000元，而西南部经济较落后的贵州毕节、云南思茅等地，农民人均收入才100—200元，相差10倍多。实际上，若将经济特区的最富裕农民与西部最贫困的农民相比，前者比后者的收入竟高出70多倍！

今天，在中国版图上有592个贫困县，绝大部分在中西部，最贫困的1200万人中，集中在西部不发达地区。而在沿海经济特区呢，比如深圳农民，他们仅仅靠出卖特区建设征用土地一项，就可以成为百万富翁，其反差之大，可见一斑。

在其他方面，东西部差距也非常明显。在外资利用上，至1994年底，全国共使用外资总额为912.67亿美元，其中89%分布在东部地区，中西部只占11%；在生态环境上，西部森林覆盖率不到3%，生态破坏已到了危险的边缘，而且多集中在老、少、边、穷不发达地区；交通上，西部土地面积占全国的69%，但公路里程仅占全国的30%，铁路里程更少，仅占全国的20%；人口素质上，西部人口素质普遍不如东部，而且改革开放以来，本来就有限的人才又纷纷"孔雀东南飞"，蜂拥至沿海发展，更进一步削弱了西部人口的整体素质；农业生产条件上，整个西部地区生产条件无论先天的自然条件，还是后天的经营条件，都远不如东部地区。

东西部经济发展差距的不断扩大，是实施非均衡战略过程中应有之义，是不发达国家走向发达国家的一般规律。在差距不断拉大的情况下，发达地区要继续发展，并通过多交税利和技术转让等方式大力支持不发达地区的发展，帮助不发达地区建立新观念、新思路、新机制，牵动不发达地区去努力发展经济。不发达地区又都拥有丰富的资源,只要在战略和策略上正确引导,把丰富的资源开发出来,把资源优势转换成商品优势,发展潜力是很大的。

应该看到,东西部经济发展差距是一种发展中的差距。东部沿海地区是发展中的先进,经济发展快一些;西部不发达地区是发展中的落后,经济发展慢一些。东西部地区经济发展中的先进和落后,只有靠发展来解决。先进的东部不可能长期建立在落后的西部上,按照市场经济的基本规律,东部的高速发展必然要受到西部地区在市场、原材料、能源、人力资源、资金上的限制。这样,落后的西部地区有可能成为东部地区经济发展的极限。因此,先进的东部必然要求有个繁荣的西部。

那么,西部能不能摆脱贫困,走向繁荣呢? 回答是肯定的。

富饶的贫困

与东部沿海地区相比,西部是贫困的。无论是人均国内生产总值或是人均消费水平,西部都是落后的。但同时,西部地区又是极其富饶的,其最大的优势在于它拥有充裕的资源,特别是拥有对区域经济的发展潜力、产业开发和经济布局有很大影响的能源资源。

西部地区还拥有别具特色的生物资源,数量比较充足、科技人才比较齐备的人力资源以及浓郁的民族风情、富含历史文化积淀的旅游资源。这些资源优势为西部不发达地区加快经济发展打下了坚实的物质基础。

西部拥有丰富而品种齐全、集中的矿产资源,如黑色金属资源、有色金属资源、非金属资源,等等。以西北地区为例,从煤炭、石油、天然气、水力等能源资源来看,西北各省区资源拥有量占全国的比重分别是:陕西第3位,宁夏第5位,新疆第8位,甘肃第15位,青海相对较少,也占到第16位。这就表明西北地区能源的总体占有量是相当高的。就各地区人均资源占有量来看,西北各省区在全国的地位分别是:宁夏第3位,陕西第4位,新疆第6位,青海第7位,甘肃第13位,这说明西北地区能源资源的人均占有量是不低的。

西北地区能源、矿产不仅占有量高,而且比较集中。比如,煤炭主要分布在陕北—宁东一带和陕甘两省毗邻的千(阳)陇(县)华(亭),陕西的彬北、彬(县)长(武)和新疆的天山南北山麓地带;石油、天然气主要分布在陕甘宁的毗邻地区,青海柴达木盆地和新疆的准噶尔、塔里木等地区;水力资源集中在黄河上游龙羊峡—青铜峡河段;有色金属资源中铝、锌等集中地沿陇南西(和)成(县),陕西凤(县)太(白)的秦岭山区一线;盐类集中在柴达木盆地,等等。这种集中分布的特征,为能源、矿产资源的大规模开发和集中生产提供了非常有利的条件。

西南地区的能源、矿产资源同样丰富。以水利资源来说,西南地区处在长江和珠江流域的上游地带,可开发水能蕴藏量分别为长江和珠江全流域的69%和82%,合计为1.7亿千瓦,相当于全国水能蕴藏量的51%。在每公里河流长度上,其所具水能的密度分别为4.24万千瓦和1.51万千瓦,分别比黄河大4.73倍和1.07倍。

水能是一种干净、无污染、不占交通运输的能源。据估计,西南可开发水能年发电量相当于每年3.5亿吨的标准煤的能量,西南水能资源丰富,由此可见一斑。与全国100多个用水紧张的城市比较,西南地区的水资源可真是得天独厚;以煤炭资源来说,其保守储量也很可观,大约有750万吨,占全国11%,居第4位。

就矿产资源而言,西南是横断山脉和西岭两大金属成矿带的交汇地区,它拥有世界已知的150多种矿产中的2/3以上,其中十大有色金属占全国总储量的60%—70%,而汞、铜、锌、锗、铄、锡、铅等都名列全国第3名。磷矿、铁矿(与钒、钛共生)列全国第1位。

别具特色的生物资源。西部地区地域辽阔,地形复杂,气候多样。由于地形地貌的影响,其光热、水、土资源别具一格,生物资源异常丰富,农作物品种繁多,是我国的主要粮仓和林业基地之一。

拿西南地区来说,整个西南地区土地面积 137.42 万平方公里,占国土总面积的 14.3%,拥有大面积高山区和草场,常年生长着林木和牧草,能放牧牛、羊、马群。西南地区无霜期很长,除了一些高山峡谷有较大的温差外,大部分地区都受热带、亚热带气候影响;草原面积占全国草原面积的 10%,由于雨量充足,因而林草繁茂;森林面积占全国面积比重较大,达到 20%,因而林木蓄积量也相应较大,大约有 25 亿立方米,占全国林木积蓄总量的 24%,森林覆盖率比全国平均数高出 4.3%,为 17.28%;生物物种资源的丰富为国内少有,还有大面积宜林宜牧的荒山可供植树造林之用。

另外,西南地区还拥有不可多得的南亚热带和热带资源优势,是我国发展橡胶、甘蔗、茶叶、柴胶等亚热带和热带特有经济作物的宝贵地区。

西北地区生物资源也是极其丰富的。它地域辽阔,约占全国总面积的 30%,其中可耕地面积 200 多万平方公里,已耕面积 120 多万平方公里,占全国的 12.5%,人均 0.16 平方公里(合 2.4 亩),主要分布在汉中盆地、关中平原、银川平原、陕甘黄土高原、青海湟水谷地,河西走廊及柴达木、塔里木、准噶尔三大盆地边缘绿洲等地,是发展种植业的主要地区。此外,西北地区至今仍有 80 多万平方公里的可耕地尚待开发。

西北地区自然环境复杂,气候条件也因地域广阔而呈现出不同特色,为种类繁多的动物、植物提供了繁衍生长的条件。区内分布着多处自然保护区,其中生长着数十种珍稀植物,如秦巴山区的太白梅花草、独叶草、七叶一枝花,青藏高原的冬虫夏草、藏红花、天山雪莲,等等。

西北地区还是种类多达上百种的珍禽异兽生长栖居地,如秦巴山区的自然保护区,是国宝大熊猫的故乡。此外,还有朱鹮、血雉、金鸡等珍禽和金丝猴、羚羊等珍贵兽类。青藏高原有野牦牛、藏羚、白唇鹿、雪豹等国家重点保护动物,青鹤、黑鹤等珍禽异兽。这些珍稀禽兽与奇花异草都具有极高的观赏价值,是西北地区丰富生物资源的重要组成部分。

西部地区拥有很多具有浓郁的民族风情、富有历史文化积淀的旅游资源。这些旅游资源丰富多彩、各具特色,有优美的自然风光,浓郁的民族风情,以及众多的历史文化遗迹。

从上述的分析可以看出,西部是富饶的。但是,这些丰富资源的开发,有的正在进行,有的还埋在地下,资源的优势并没有转化为商品的优势,几十年来,山还是那座山,地还是那块地,西部还是贫困的。

在西部对资源的开发和利用上,仍然存在很多问题,已经成为西部不发达地区经济发展的严重障碍。

从技术政策的角度考虑,西部不发达地区的基础产业存在着许多问题,其中主要有两条:一是行业选择程序上的失误。按理说矿产业特点在于规模大、周期长,必须先走一步,以此支撑其他工业发展,然而在西部不发达地区,这个顺序被打乱了。20 世纪 80 年代中期以后,制造业通过大量引进国外先进生产线而迅速提高了生产能力,但是,此时原材料和零部件工业发展却相对落后,结果导致只能依靠大量进口来维持生产,消费了大量外汇,却使生产能力得不到充分利用。二是技术方面存在的问题还在于发展水平偏低。目前,西部在大型火电站的设备及电网优化方面,在大型煤矿采掘和综合利用方面,在石油天然气的勘探、开发、处理、运输及贮存方面,在交通运输方面,在金属冶炼、轧制工艺以及新型材料开发与创新方面,不仅与世界先进的国家相比差距很大,即使在国内,也仍然是处在较低层次上。

在生产设备上,西部地区也不能满足资源开发利用的需要。一是生产设备的构成存在重大不足。比如,现有机床构成中,低效率的普通机床占 40% 以上,精加工机床占 14%,高效率数控机床则不到 8%。二是西部地区的技术设备已远落后于时代之后。据统计,20 世纪 80 年代技术设备比重超过全国平均水平的 6 个省区都在东部,而西部的陕西、甘肃、青海、西藏等省区,工业设备中达到 80 年代水平的设备仅占 25% 左右。在现有制造业中,50 年代的设备占 50%,60 年代的占 30%;纺织企业中,30

年代的老纺织机仍随处可见。

技术设备落后，这就导致了西部不发达地区落后的生产格局和产品水平低、质量差、消耗多、成本高的状况，也直接影响到矿产、能源资源的利用效益，于是深深阻碍了西部经济的进一步发展。要想从根本上扭转这一局面，必须对西部的传统产业进行革命性的改造，加大资金投入和技术支持，从而大幅度提高传统工业的现代化水平。

基础设施落后，这也是影响西部地区资源开发和利用的不利因素。以西北五省区为例，全国平均每平方公里铁路长度和公路长度分别为80公里和110公里，西北地区只有30公里和34公里；同时，西北地区无论航线、航班，还是机型和载容能力等，与全国水平相比都处于相当落后状态。1993年，全国每万平方公里所产生的货运量平均为1162.3万吨，而西北除陕西勉强与之接近外，其他四省区都低于此数，其中青海只有43.7万吨，为全国平均量的3.8%。

现在，基础设施落后已成为西部贫困地区经济落后的标志，严重制约了西部不发达地区经济开发和社会进步过程。因此，加强交通运输、邮电通讯、水利等建设，成了西部不发达地区经济建设的关键。许多地方政府已经意识到要正确处理短平快项目和具有长远效益的基础设施之间的关系，注意到集中力量投入大中型企业建设和关键性的基础设施之间的关系，注意到抓综合开发的亮点建设，目前已取得了较好的效果。陕西省的秦巴山区自然资源十分丰富，但因交通不便长期得不到开发利用。从1980年开始，国家和陕西省在该地区大力展开交通建设，新建公路近万公里，从而促进了商品流通和资源开发。4年后，秦巴山区的工农业就翻了一番，5年后，近300万贫困人口脱贫，从而使秦巴山区取得了反贫困斗争的重大胜利。

自然环境与社会环境恶化。随着人类文明的发展，人们已越来越认识到正确处理人与自然关系的重要性。人们不能为了自己生活得好一些，就向大自然无限制索取。人的欲望无限，而大自然自身的调节能力却是有限的。一旦人类的需求超过了自然本身的调节能力,自然的生活体系就会崩溃,最终受害的还是人类自身。正是因为这样,江泽民、朱镕基多次强调在我国要实行可持续发展战略,也就是要人们在经济和社会发展过程中,要注意搞好环境保护,走经济、社会、自然环境协调发展的路子。经过半个世纪的建设,尤其是通过改革开放,建立起环保意识和可持续发展的新机制,使西部建设跨上一个新台阶。但不能否认的是,过去我们在建设过程中忽视了环保意识,从而使我们付出了沉重的代价。

历史上曾经是中华文明发源地的黄河,如今已是含沙量极高的浑浊河流了。由于千百年来泻入黄河的泥沙量大于本身的输沙能力,而下游的河床日益增高,已成为闻名世界的"悬河"了。目前只是靠两岸的千里大堤约束,洪水才在两岸大堤之间奔腾。

由于黄河上游的森林植被已经严重破坏,自然生态系统失去平衡,因而雨季雨水冲刷地表土层时,形成随处可见的道道深沟,其中流淌着的黄泥浆最后都会注入"黄水"之中,而且由于河岸没有植被,塌岸现象也很严重。

以西北地区陕西、甘肃、青海三省为例:陕西省土地面积为20.56万平方公里,而水土流失面积高达14.04万平方公里,占将近70%。其中省内黄河流域面积13.3万平方公里中,水土流失达10.1万平方公里。根据统计,20世纪50年代以来,省内黄河流域每年流失泥沙9.1亿吨。70年代以来,每年随水流失的土壤有效肥料折合成氨、磷、钾达到500多万吨,相当于全省1985年化肥用量的2.9倍。

甘肃省水土流失区域延及10个地、州、市的69个县(市、区),人口和耕地分别占甘肃全省总数的89%和88%,水土流失面积高达12.69万平方公里,每年流入黄河泥沙达5.7亿吨。

青海省水土流失也相当严重。位于黄土高原西部的黄河、湟水流域的总面积为9.65万平方公里,将近占全省总面积的60%。据统计,青海黄河流域每年流出省境的泥沙为6780万吨,67.8%来自东部黄土高原。

湟水、黄河干流及其主要支流两侧的高山丘陵区,总面积1.4万多平方公里,而流失面积就达到1.3万多平方公里,占到总面积的98%,是青海省的严重水土流失区。

就在人们为控制黄河流域水土流失而绞尽脑汁的时候,中华民族的另一条母亲河长江也正在悄悄地变成第二条黄河。目前,长江带入东海口泥沙超过5亿吨,输沙量已达到黄河的33%,相当于尼罗河、亚马逊河、密西西比河世界三大河流输沙量的总和,这意味着长江中游的荆江大堤每年至少要加高5—8厘米才能适应防洪的需要。而且更令人忧虑的是,随着长江流域愈来愈大的人口压力,为解决温饱问题,不断地向陡坡扩大耕地,垦殖率很高,森林覆盖率连续下降,自然植被受损,生态环境越来越趋于恶性循环。

以西南地区云南、四川、贵州三省为例:云南省1950年森林覆盖率为50%,1981年下降到24.9%,蓄积量由14亿立方米下降到1981年的9.8亿立方米。西双版纳是我国著名的旅游天堂,以美丽的亚热带自然风光和具有浓郁特色的民族风情著称于世。但是,这个地区也正陷于森林大面积减少的困境之中。1950年该地有森林面积4070万亩,覆盖率为54%,1981年普查仅剩800万亩,覆盖率下降到26.6%。大理白族自治州的现状更加令人惊异,该地区原是森林茂密、盛产木材的地方,但到了20世纪80年代,树林已全部砍光,森林资源消耗殆尽,现在,该地区所需要的木材不得不靠外区调进。

四川省在20世纪50年代,森林覆盖率约为20%,而到1987年仅存13%,川中丘陵地带58个县平均仅为3%,其中19个县还不到1%。川西三个自治州,森林覆盖率由50年代的19%下降到12%。其中阿坝州森林面积减少3.75%,蓄积量减少了66.6%,现在许多林业局已无木可伐了。

贵州的情况与四川很相似,20世纪50年代,该省森林面积8000万亩,森林覆盖率为30%,到了80年代只剩下3845万亩,森林覆盖率下降到 14.5%。

西部地区的大气质量也在趋于恶化。据统计,1994 年四川和云南两省的废水、废气排放量密度分别为 11.32 百立方米/平方公里和 9.58 百立方米/平方公里,均已大大超过 7.55 百立方米/平方公里的全国平均数。另外,在二氧化硫的排放密度上,两省更是远远超过全国平均水平 12.37 吨/平方公里。现在,西部地区的许多城市酸雨现象都很突出,如整个四川盆地基本上被酸雨笼罩,尤以川东、川南为甚,酸雨数率在 60% 以上。还有贵州,省内主要城市平均在不同范围内出现了不同程度的酸雨,其中以黔中的贵阳、遵义、安顺、都匀等城市较为严重。

人才大量外流,后备人才不足。人才是西部不发达地区改革和发展的关键,也是经济发展的决定性因素。从统计上看,西部的大学生、研究生、院士、教授不少,高等学校、研究院(所)也不少,照理讲,人才资源是丰富的。但是,令人遗憾的是,西部最缺乏的恰恰就是人才。

由于种种原因,西部地区至今还存在着一个庞大的低素质人口群。据统计,西北地区文盲半文盲占 15 岁及以上人口的比重比全国平均水平高出 7.4%,达到 29.7%。也就是说,在 15 岁以上人口中,每 10 人就有 3 人是文盲和半文盲,如此高的比例是罕见的。而且更令人难堪的是,人才和高素质劳动力外流进一步加剧了西部不发达地区的人才危机。

长期以来,西部贫困地区培养出来的大量人才几乎全留在大城市和发达地区,导致这些落后地区人才,尤其是师范人才和科技人才的严重紧缺。同时,改革开放以来,东部沿海发达地区也凭借其他方面的优势,从西部源源不断地吸收人才。在西部,"孔雀东南飞"、"一江春水向东流"已是司空见惯的事。以甘肃为例,该省 1982—1986 年向六个省级单位调入高中级专业人才 537 人,而调出者为 1154 人;重庆一家大型国有企业,员工近 2 万人,而 1982 年前分配到该厂的大专毕业学生就流失了 4000 余人,几乎是全厂员工的 20%。在这些流出人才中,除极少上学深造之外,大多数是走向沿海一带。

本来在市场经济条件下,人才自由流动并不是坏事,而且是促进经济发展的动力。比如,四川的三台、射洪、中江、乐至、仁寿等县,每年都有10万—20万农村富余劳动力外出打工,给县里带回10亿元以上的收入,带回来了市场观念和熟练技术,这对于农村资本的积累、技术的引进、观念的更新肯定是有积极意义的。问题在于东西部的人才交流并不是对等的,人才流动基本上呈现的是一种单方向的移动,这种单向的流动造成的后果常常是沿海经济发达地区和城市的许多人"英雄无用武之地",而西部不发达地区是求才不遇,"无用武之英雄"。一方面是人才浪费,另一方面则是因为人才紧缺阻碍了西部经济社会的进步。

人才大量外流给西部不发达地区造成了重大的不利影响。因为,大量的智力流失,西部地区在人才培养上的巨额投资实际上"流失"到了东部,西部许多关键性部门的人才供给也受到了影响;另一方面,智力的流失也对西部不发达地区教育和科研造成不利的影响。

西部人才流失有两种情况:一种是显形的,即人员流动;另一种则是隐形的,即智力流失。一是表现在科研成果的大量流失,1992年深圳举办了我国首次高科技技术成果拍卖会,35个项目的卖主全部是四川省的。二是西部的科学家、工程师、教授、医生不去思考西部发展迫切需要解决的问题,而是把注意力和主要精力放在国内外最先进的科技或学术研究中去。这些专家学者的"思想"其实已转移到国外或国内的发达地区去了。这种内在的智力流失同样对西部不发达地区建设造成严重影响。

总之,既富饶又贫困是整个西部地区的基本特征,以此为出发点,国家把西部大开发的主题定位在加强基础设施建设,实现西部工业化为主体的现代化上,尤其是通过能源和矿产资源的开发利用来满足国家需要和带动本地区的整个经济发展。这意味着过去和今后相当长的时间内,西部地区将实施资源开发型经济模式,推进西部不发达地区的经济发展。

西进:大开发 大战略 大思路

20 世纪的最后一年,东部和中西部地区的发展差距已成了全社会关注的经济社会发展问题。地区之间经济不协调已经影响到全国经济整体效益的提升,使基础工业和加工工业矛盾深化,危及中华民族的团结和社会稳定,共和国的最高层领导对此给予了高度重视。

江泽民总书记在 1999 年 6 月 17 日西北五省国有企业改革和发展座谈会上指出,现在我们正处在世纪之交,应该向全党和全国人民提出,必须不失时机地加快中西部地区的发展,特别是抓紧研究西部地区大开发。他强调,加快开发西部地区,对于推进全国的改革和建设,对于保持党和国家的长治久安,是一个全局性的发展战略,不仅具有重大经济意义,而且具有重大的政治和社会意义。加快中西部地区发展条件已经具备,时机已经成熟。从现在起,要作为党和国家的一项重大战略任务,摆在突出的位置。①

江泽民同志用"大开发"、"大战略"、"大思路"来概括他在西安座谈会上讲话的重要性。用两个"必然要求"来概括西部大开发的历史必然性,他说,加快西部地区经济发展,是保持国民经济持续快速健康发展的必然要求,也是实现我国现代化建设第三步战略目标的必然要求。建设繁荣的西部,不仅是西部摆脱贫困的需要,也是东部发达地区继续发展的需要。西部地域之大,自然资源丰富,有巨大的发展潜力,也是一个巨大的、潜在的市场,加强发展西部可以促进各种资源的合理配置和流动,为国民经济发展提供广阔的空间和巨大的推动力量。

江泽民同志指出,西部地区少数民族聚居比较集中,又地处边疆。加

---

① 参见《人民日报》1999 年 6 月 19 日。

快西部地区的发展,对于保持地区政治和社会稳定,促进民族团结和保障边疆安全具有重大意义。维护民族地区的稳定,很重要的一条就是要不断加快这些地区的经济发展和社会进步。经济发展了,社会进步了,各民族共同富裕了,就会进一步巩固和发展平等、团结、互助的社会主义民族关系,就会大大增加整个中华民族的凝聚力。保持民族地区的稳定和巩固边防,也就具有了强大的物质基础和思想基础。

江泽民同志说,加快开发西部地区,必须充分考虑各种有利和不利因素,充分调动广大干部群众和各个方面的积极性。总的原则是,把加快西部经济社会发展同保持社会稳定,加强民族团结结合起来,把西部开发同实现全国第三步发展战略目标结合起来,在国家财力稳定增长的前提下,通过财政转移支付,逐步加大对西部地区的支持力度;在充分调动西部地区自身积极性的基础上,通过政策引导,吸引国内外资金、技术、人才等投入西部开发,有目标、分阶段地推进西部地区人口、资源、环境与经济社会的协调发展。加快开发西部地区应该是全面的,要把水资源开发和有效利用放在突出位置。生态环境建设、普及科学教育、推广实用技术、发展特色旅游、交通通信建设等方面,都要统筹规划。西部各省区的广大干部和群众,要抓住这个历史机遇,坚持发扬自力更生、艰苦奋斗的光荣传统,利用自己的优势,创造新的业绩。我们要下决心通过几十年乃至整个21世纪的艰苦努力,建设一个经济繁荣、社会进步、生活安定、民族团结、山河秀美的西部地区。

为了贯彻党中央关于实施西部大开发战略决策,国务院总理朱镕基1999年分别到陕西、云南、四川、甘肃、青海、宁夏等地进行了实地考察和调查研究。朱镕基同志指出,实施西部地区大开发战略,是一项复杂的系统工程,要有步骤、有重点地推进。他说,实施西部大开发战略是一项长期又艰巨的伟业,也是一个规模宏大的社会经济的系统工程。既要有紧迫感,又要从长计议,坚持从实际出发,按客观规律办事。要突出重点,因地制宜,有所为、有所不为,有计划、有步骤地推进。要采取适应改革开放新形势的新思路、新机制、新办法。他指出,为了加快西部地区的大开发,国家已经并要继续加大对西部地区的投入力度,东部沿海地区和社会各个方面都要采取各种形式给予大力支持。西部地区的干部和群众要进一步解放思想,加快改革开放的步伐,奋发图强,顽强拼搏,苦干实干,积极进取,紧紧抓住国家实施西部大开发的历史机遇,以高度的责任感和使命感把各方面的工作做得更好。①

在 1999 年 11 月召开的全国计划工作会议上,国家计委主任曾培炎说,实施西部大开发,要把加快西部地区的基础设施建设作为开发的基础,把加强生态环境保护和建设作为开发的根本,把抓好产业结构调整作为开发的关键,把大力发展科技教育作为开发的重要条件,把加快改革开放作为开发的动力,要像当年建设经济特区那样加快西部大开发。②

根据党中央的决策,西部大开发的重点:一是把不断提高人民生活作为优先领域,打好扶贫攻坚战,千方百计扩大就业,提高收入水平,大力发展社会事业,缩小区域之间的差异,提高人民生活质量。二是把生态环境建设和水利开发放在突出位置,研究建立环境、生态受益补偿机制。三是进一步加强农业基础设施建设,因地制宜发展综合运输体系。四是发展特色经济和优势产业,重点抓住生物资源、旅游资源、矿产、天然气资源和水电资源的开发,认真考虑实施"西电东送"。五是科技教育要先行,深化体制改革。六是加快把企业培育成为西部大开发的主体。七是全方位扩大对内、对外开放的格局。特别是省会城市、边境口岸和重点城市要这样做。八是努力走出一条特色的城市化道路,实施"小城镇、大战略",创造就业机会,牵动经济发展。

江泽民同志指出:加快中西部地区发展的条件已经基本具备,时机已经成熟。如果我们看不到已经具备的条件,不抓住这个有利时机,不把该

---

① 马散文、秦杰:《把握大局,不失时机实施西部大开发战略,集中精力,实现国有企业改革和脱困三年目标》,《人民日报》1999 年 11 月 1 日。

② 参见曾培炎在全国计划工作会议的讲话,《人民日报》1999 年 12 月 24 日。

做的事情努力做好,就会犯历史性的错误。从现在起,这要作为党和国家一项重大的战略任务,摆在突出的位置。①

历史的机遇

西部大开发战略的提出和实施,不仅开启了我国现代化建设的一个新的历史进程,而且为西部不发达地区带来了难得的历史机遇。能不能把握大局,抓住这个机遇,实现新的发展和突破,这对西部地区是一次严峻的挑战和考验。

机遇是指在一定时势中出现的、能够为一定事物的发展提供有利条件的时机、事件和环境,既有其客观性,又有非确定的可变性和非常紧迫的时限性。机遇的这种不具任何规律性的属性,使人们难于认识它,把握它,也容易错过它,"机不可失,失不再来"就是这个意思。然而,一旦人们认识了它,抓住了它,那就会"好风凭借力,送我上青云"。一路顺风,得心应手,创造出辉煌,取得最佳效果。

西部地区曾经失掉过机遇,也曾在机遇面前"醒得早,起得迟"而没有抓住机遇。今天,在千载难逢的历史机遇又降临的时候,再也不能错过它,应该乘势而上,谱写西部发展历史的新篇章。

根据江泽民同志对实施西部大开发的一系列讲话精神和党的十五届四中全会的《决定》,在国家实施西部大开发战略中,西部各省(自治区、直辖市)都应该把握的机遇大致有:

(一)可能加大财政转移支付力度的机遇。财政转移支付不是地方上缴税收的返还。各省区市都要力争到合理的财政转移支付份额,从而增加本地财政支付能力。

---

① 参见《实现经济的协调发展,达到全体人民共同富裕》,《人民日报》1999 年 6 月 10 日。

(二)可能进一步增加扶贫投入的机遇。国家把不断改善人民生活水平作为西部大开发的优先领域,首先是打好扶贫攻坚战,推行反贫困战略,稳定地解决温饱问题。重点解决贫困人口温饱和通电、通路等问题,并对少数缺乏基本生存条件的地区有计划地实行移民开发。

(三)可能强化融资政策支持和采取灵活的财税政策的机遇。在西部大开发中,国家可能研究建立西部开发的专项资金,由国家按照西部开发规划统一确定资金投向;对国家确定的重大基础设施项目,可考虑发行中长期债券或彩票筹资等在西部地区进行投资基金试点,也可能采取灵活的财税政策,对到西部省会城市、国家布局的重点资源开发区、边境开放城市及生态建设重点地区从事投资及开发的国外投资者给予一定时期的减免税优惠。

(四)可能加大生态建设投入的机遇。在西部大开发中,国家将把生态环境建设放在突出位置,坚定不移地实施《全国生态环境建设规划》,有利于西部各地争取生态环境建设投资。

(五)进一步加大西部地区基础设施建设投入的机遇。在西部大开发中,国家可能会下决心,以更多的投入,加快西部地区基础设施建设,特别是加强公路、铁路、机场、天然气管道及电网、通信、广播电视等的建设。

(六)加快西部地区对外开放的机遇。国家将把加快西部地区对外开放提高到战略高度加以考虑,可能会放宽中西部不发达地区吸收外资和建立外资企业的条件,实施更优惠的政策等,多渠道地吸收国外资金、技术和其他生产要素投入西部大开发。

(七)积极推进西部地区城市化发展的机遇,是西部大开发的一项重要内容,实施"小城镇、大战略",加大城镇基础设施建设投入力度,牵动城镇周边经济大发展。

(八)发展西部地区的特色经济和优势产业的机遇。在西部大开发中,国家可能会大力发展特色农业,推进生物资源开发创新工程建设,发挥山区优势,积极发展畜牧业,促进加工转化升值;把旅游业培育成西部经济的重要支柱产业,继续合理开发利用西部地区的优势矿产和水能资源,统筹考虑"西电东送"、"西气东输"。

(九)加快发展西部地区科学技术和教育的机遇。在西部大开发中,国家把科技教育作为西部大开发的关键环节和根本保障,将突出地加快西部地区教育发展,重点加大对西部农村特别是贫困地区普及九年制义务教育,加快发展职业教育,培养大批农村水利、文教、卫生初中级人才。

西部各地在迎来发展机遇的同时,也面临着各种挑战。大家都在抢抓西部大开发的机遇,都希望得到中央的更多支持和政策倾斜,使本地的经济早日驶入快车道,这是竞争的出发点和归宿。西部大开发面临的挑战大致有:

(一)共性机遇的挑战。西部大开发不是某一省(自治区、直辖市)大开发,在国家实施西部大开发中迎来的发展机遇,为西部各地所共有,这就存在份额分配上的竞争。同时,西部开发是一个长期的过程,谁先发展谁就先进步,这又有一个开发项目和时序竞争的问题。抓机遇,就要争份额,争上早班车和试验先行。

(二)民族政策的倾斜竞争。在西部不发达地区,有三个民族自治区,其他省(直辖市)也有多民族问题,也有自治州、自治县,这就存在利用民族政策争取中央加大支持力度的竞争。

(三)政府工作能力的竞争。政府是实施西部大开发的组织者、协调者和指挥者,其工作能力强弱直接关系到机遇的把握和实现,这就存在西部各省(自治区、直辖市)之间政府工作能力的竞争。

(四)开发环境上竞争。西部大开发要适应初步建立社会市场经济体制的要求,要把企业(包括国有企业和民营企业)培育成投资主体,同时又要按经济规律办事。哪里环境好,人们就会向哪里投资。这就存在一个投资环境的竞争。

(五)经济实力的竞争。国家实施西部大开发战略,并不意味着国家对西部不发达地区的所有建设项目全包全揽。建设项目的有关规定和制度必须执行,如项目资本金制度等。这样,原有经济实力薄弱的、财力不足的就难以对更多、更大的项目配备自身应承担的资本金,这就会影响抓机遇、上项目的时机。这就要求西部各省(自治区、直辖市)应早做准备,合理调整财政支出结构,多渠道筹措建设资本金,才能有效地参与竞争。

论不发达地区发展新概念[*]

　　我国西部由九省(区)(四川、云南、贵州、西藏、陕西、甘肃、青海、宁夏、新疆)一市(重庆)组成,分为西南和西北两大地区。贫困地区大都集中在西部,经济发展不平衡,特别是改革开放二十多年以来,西部各省(自治区、直辖市)的情况又有新的变化。

西南不发达地区发展新概念

　　我国西南地区是一个互相依托的自然整体。整个地区 235 万平方公里,占全国总面积 24.5% ,1998 年年末总人口为 1.96 亿,占全国总人口 15.7% 。

　　西南地区的西部、西南部、南部与印度、尼泊尔、锡金、不丹、缅甸、老挝和越南接壤。

---

　　* 这篇文章完成于 1999 年,中央刚提出西部大开发的概念,一切工作都在准备之中。笔者撰写此文是要让读者明确现在西部的新情况和发展中的新问题。

西南地区 1998 年国内生产总值平均增长速度为 8.84%,比上年的 10.22% 回落了 1.38 个百分点,增速较高的西藏为 10.2%,四川为 9.1%。国内生产总值平均增长速度仅高于东北三省(8.5%)和西北五省区(8.62%)。

1998 年,西南地区农林牧渔业总产值达到 2887.68 亿元,平均增长 2.8%,比全国平均增长低 3.2%。五省(自治区、直辖市)增幅均低于全国。西南地区农林牧渔总产值在全国的份额从 11.74% 提高到 11.78%,上升了 0.04%。其中,农业总产值在全国所占比重由上年的 12.53% 下降到 12.24%,回落了 0.19%;林业总产值在全国所占比重由上年的 13.83% 增加到 13.99%,提高了 0.16%;牧业总产值为 949.50 亿元,比上年增加了 60.29 亿元,牧业总产值占全国的比重由上年的 13.06% 上升到 13.56%,提高了 0.5%;渔业总产值为 62.19 亿元,比上年增加了 7.92 亿元,渔业总产值占全国的比重由上年的 2.38% 提高到 2.57%,提高了 0.19%。

1998 年,西南各省(自治区、直辖市)按照国家"稳中求进"的总要求,整个工业总产值达到 7242.43 亿元,比上年平均增长 0.4%,整个西南地区的增幅比全国低 10.35%,占全国的 6.08%。其中,国有及国有控股企业总产值为 3092.23 亿元,在全国国有及国有控股企业中的比重为 9.2%;集体企业总产值为 475.85 亿元,其产值在全国集体企业总产值中的份额为 3.61%;非公有制工业也有新增长,总产值 682 亿元,占全国的份额为 3.24%。

1998 年西南地区固定资产投资为 2618.4 亿元,占全国比重的 9.22%,基本建设投资为 481.36 亿元,投资额占全国比重为 10.66%。

表1　西南地区在全国的地位及与其他地区的比较

（1998 年经济发展情况）

指标 \ 地区 \ 项目	土地面积（万平方公里）	总人口（万）	国内生产总值（亿元）	人均国内生产总值（元）	财政收入（亿元）	财政支出（亿元）	进出口总值（亿美元）
华北地区	155.7	14289	10397.10	9984.46	719.6	1054.88	474.33
东北地区	78.7	10574	8272.35	7579.7	515.53	839.81	164.13
华东地区	79.8	35614	31025.46	11010.0	1672.04	2341.77	1098.41
中南地区	101.8	34295	21533.29	6201.0	1328.01	1956.27	1403.30
西北地区	309.3	8903	3815.57	4431.2	243.27	526.74	43.81
全国 1998 年	960	124810	79395.7	6392.0	9875.95	10798.18	3239.23
西南地区	233.8	19607	7736.48	3887.2	505.63	953.11	55.26
占全国百分比(%)	24.35	15.71		9.74	5.12	8.33	1.71

附:西南地区包括重庆、四川、贵州、云南、西藏;华北地区包括北京、天津、河北、山西、内蒙古;东北地区包括辽宁、吉林、黑龙江;华东地区包括上海、江苏、浙江、安徽、福建、江西、山东;中南地区包括河南、湖北、湖南、广东、广西、海南;西北地区包括陕西、甘肃、青海、宁夏、新疆。

资料来源:《中国统计年鉴1999》,中国统计出版社 1999 年版。

下面就西南地区各省、自治区、直辖市经济发展的新情况简要介绍如下:

一、长江上游经济中心重庆市

重庆是一座具有 3000 年历史和璀璨文化的名城,它是长江上游经济中心和西部大工业城市。

作为我国第四个直辖市,重庆市在全国和世界上都是一个全新的概念。它的主要经济指标为:土地面积 8.24 万平方公里,占全国的 0.86%;总人口 3060 万人,居全国第 20 位,占全国总人口的 2.45%;国内生产总值 1429.26 亿元,占全国国内生产总值的 1.8%,比上年增加 8.4%,居全国 21 位;人均国内生产总值 4684 元,居全国第 20 位;工业产值 1241.89 亿元,占全国的 1.04%;农业总产值 434.41 亿元,比上年增加 2.5%,占全国的 1.77%;财政收入 71.13 亿元,占全国的 0.72%;进出口总值 10.86 亿美元,占全国的 0.34%。

重庆将有世界上最大的三峡水库,储水量为 5000 亿立方米,水能理论蕴藏量为 1400 多万千瓦,拥有可开发的水能资源 750 万千瓦。

农业的半旱式栽培、再生稻和稻田养鱼,被视为农业"三绝",享誉全国。

重庆是长江上游物资集散地,史称"宇内人争聚,区中货拥关"。商业从业人员 50 万人,1998 年商品零售总额为 553.7 亿元,居全国第20 位。

重庆是个科技城市,拥有科研机构 1000 个,高等院校 26 所,科技人员 40 多万人。

表 2　重庆市在全国和西南地区的地位
（1998 年各项经济指标）

项目	单位	全国	西南地区	重庆市	占全国百分比（%）	占西南地区百分比（%）
土地面积	万平方公里	960.0	233.8	8.24	0.86	3.52
总人口	万人	124810	19607	3060	2.45	15.61
国内生产总值	亿元	79395.7	7736.5	1429.3	1.8	18.47
人均国内生产总值	元	6392	3887.2	4684		
工业总产值	亿元	119048	7242	1242	1.04	17.15
农业总产值	亿元	24517	2888	434.4	1.77	15.04
财政收入	亿元	9876	505.6	71.13	0.72	14.07
进出口总值	亿美元	3239	55.3	10.34	0.32	18.7

资料来源:《中国统计年鉴1999》,中国统计出版社 1999 年版。

二、"天府之国"四川省

四川素称"天府之国",是西南地区最大的省份,也是西南地区强省。1998 年年底,四川省的主要经济指标是:土地面积 48.15 万平方公里,占全国的 5.02%,总人口 8493 万人,居全国第 3 位,占全国总人口的6.8%;国内生产总值 3580.26 亿元,占全国国内生产总值的 4.51%,比上

年增加 9.1%,居全国的第 10 位,人均国内生产总值 4339 元,居全国第
27 位。工业总产值 3688.95 亿元,占全国的 3.1%;农业总产值 1394.14
亿元,比上年增长 4.4%,占全国的 5.69%;财政收入 197.29 亿元,占全
国的 2.0%;进出口总值 23.92 亿美元,占全国的 0.74%。

四川是水能资源大省,雨量充足,河流众多,水能资源总量约 3480 亿
立方米。境内有 1000 条河流,全省水力资源的理论蕴藏量为 1.5 亿千
瓦,居全国第一。每年地下水储量为 710 亿立方米。其中,以成都平原地
区水量最为丰富。

四川省矿产资源丰富,已发现可用矿产种类为 134 种。在全国已探
明的 150 种矿产中,四川省占 123 种。四川已探明的储量有 78 种,内有
28 种储量居全国前茅,其中钒、钛、钴、锒、镓、芒硝、光学萤石、水泥灰石
等比重居全国第一。

四川是大熊猫的故乡。大熊猫是国宝,是国家珍稀动物,是四川人民
的宝贵财富,是中国人民的宝贵财富。

四川是我国农业生产基地之一,有丰富的农产品。其中,猪肉、油菜
子、水稻、柑橘、蚕茧、桐油、中药材等农副产品一直位居全国前列。

四川的旅游资源极为丰富,地景、水景、气景、生景、文景五大资源全
部具备。仅列入全国重点风景名胜区的就有:乐山—峨眉山风景区、黄龙
寺—九寨沟风景区、青城山—都江堰风景区、剑门蜀道风景区、蜀南竹海、
兴文溶洞、石海,等等。

表3　四川省在全国和西南地区的地位
（1998 年各项经济指标）

项目	单位	全国	西南地区	四川省	占全国百分比（%）	占西南地区百分比（%）
土地面积	万平方公里	960.0	233.8	48.5	5.05	20.7
总人口	万人	124810	19607	8493	6.8	43.32

（续表）

项目	单位	全国	西南地区	四川省	占全国百分比（%）	占西南地区百分比（%）
国内生产总值	亿元	79395.7	7736.5	3580	4.5	46.27
人均国内生产总值	元	6392	3887.2	4339		
工业总产值	亿元	119048	7242	3689	3.1	50.94
农业总产值	亿元	24517	2888	1394	5.7	48.27
财政收入	亿元	9876	505.6	197.3	2.0	39.02
进出口总值	亿美元	3239	55.3	23.9	0.74	43.23

资料来源:《中国统计年鉴1999》,中国统计出版社1999年版。

三、四季如春的云南省

云南地处我国的西南边陲,东西横跨864.9公里,南北纵跨990公里。总面积39.4万平方公里,占全国总面积的4.1%,居全国第8位。南部与老挝、缅甸、越南接壤,省内陆地边境线4060公里。

云南是个多民族的省份,全国56个民族中,云南就散居有52个,1998年年末云南总人口4144万人,少数民族人口占38.07%。

云南独特繁杂的地质构造,形成了优越的成矿因素,矿产资源极为丰富,在全国占有重要位置,是我国不可多得的矿产资源宝地。目前,云南已发现可用矿产150余种,占全国已发现矿产种类的93%,其探明储量的潜在价值可达3万亿元;其中,燃料矿产占40%,金属矿产占7.3%,非金属矿产占52.7%。已探明储量的矿种有86%,矿产地2700余处,矿区1210个。在探明储量矿产中,有1/3的矿种居全国前列,有2/3的矿种在长江流域及南部地区占有重要位置。其中居全国第一的矿种有锌、铅、锡、镉、铟、铊、蓝石棉等。

表4　云南省在全国和西南地区的地位

（1998 年各项经济指标）

项目	单位	全国	西南地区	云南省	占全国百分比（%）	占西南地区分百比（%）	在全国居第几位
土地面积	万平方公里	960.0	233.8	39.4	4.1	16.9	8
总人口	万人	124810	19607	4144	3.32	21.14	14
国内生产总值	亿元	79395.7	7736.5	1793.9	2.26	23.19	18
第一产业	亿元	14599.6	1944.5	408.4	2.8	21.0	17
第二产业	亿元	38691.8	3287.09	828.4	2.14	25.2	16
第三产业	亿元	26104.3	2504.85	557.1	2.13	22.24	19
人均国内生产总值	元	6392	3887.2	4355			24
工业总产值	亿元	119048	7242	1503.23	1.26	20.76	21
农业总产值	亿元	24517	2888	614.5	2.51	21.8	17
财政收入	亿元	9876	505.6	168.24	1.7	33.28	13
固定资产投资	亿元	28406	2618.4	660.43	2.32	25.22	16
商品零售总额	亿元	29152	2681.3	500.2	1.2	18.66	23
进出口总值	亿美元	3239	55.3	16.52	0.51	29.87	21

资料来源:《中国统计年鉴 1999》,中国统计出版社 1999 年版。

云南省雨量充沛,河流湖泊多,年流量达 2000 亿立方米,相当于黄河的 3 倍,过境水量 1600 亿立方米,两项合计使人均拥有 1 万多立方米,为全国人均拥有量的 4 倍,众多河流形成了丰富的水能资源,并且成为最大的能源优势。云南水能资源理论蕴藏量为 1 亿多千瓦,占全国总蕴藏量的 15%,居全国第 3 位,可开发的装机容量为 7000 多万千瓦,可开发率为69%,居全国首位。

云南宜人的气候、诗画般的自然风光和多姿多彩的民风民情构成一幅幅美丽动人的画卷,为中外游客所神往。总体上说,云南复杂多样的自然条件、丰富的自然资源和种类繁多的生物类型形成的多种多样的自然景观和人类社会发展的历史文化,构成了云南丰富多彩的旅游资源。

四、独特地缘优势的贵州省

贵州不沿海、不沿边、不沿江,称为"三不沿"地区,却有近海、近边、近江的相对优势。以贵阳为枢纽的贵昆、川黔、湘黔、黔桂四条铁路干线纵横全省,北进四川,南下广西,东进湘南,西接云南,使贵州成了大西南的心脉地带和交通枢纽,是西南地区发挥经济优势和区位优势的运输线和主要通道,使贵州在大西南的经济发展中承担着重要的桥梁和纽带功能。

表5 贵州省在全国和西南地区的地位
(1998 年各项经济指标)

项目	单位	全国	西南地区	贵州省	占全国百分比(%)	占西南地区百分比(%)
土地面积	万平方公里	960.0	233.8	17.7	1.84	7.57
总人口	万人	124810	19607	3658	2.93	18.66
国内生产总值	亿元	79395.7	7736.5	841.9	1.06	10.88
第一产业	亿元	14599.6	1944.5	264.89	1.81	13.62
第二产业	亿元	38691.8	3287.09	326.03	0.84	9.92
第三产业	亿元	26104.3	2504.85	250.96	0.96	10.02
人均国内生产总值	亿元	6392	3887.2	2342		
工业总产值	亿元	119048	7242	795.53	0.67	10.98
农业总产值	亿元	24517	2888	402.29	1.64	13.93
财政收入	亿元	9876	505.6	65.34	0.66	12.92
固定资产投资	亿元	28406	2618.4	278.41	0.98	10.68
商品零售总额	亿元	29152	2681.3	289.9	0.99	10.81
进出口总值	亿美元	3239	55.3	6.64	0.21	12.01

资料来源:《中国统计年鉴1999》,中国统计出版社1999年版。

贵州省土地面积17.7万平方公里,占全国的1.84%;1998年年末总人口3658万人,占全国总人口的2.93%;国内生产总值841.88亿元,占全国国内生产总值的 1.06%；六大产业的比重为 31.5：38.7：29.8；人均国内生产总值 2342 元，全国倒数第一；工业总产值 795.53 亿元，占全国的 0.67%；农业总产值 402.29 亿元，占全国的 1.64%；财政收入 65.34 亿元，占全国的 0.66%；固定资产投资总额 278.41 亿元，占全国的 0.98%；商品零售总额 289.9 亿元，占全国的 0.99%；进出口总值 6.64 亿美元，占全国的 0.21%。

以"三线"为主体的军工企业，构成了机械工业和轻纺工业为主体的产业优势是贵州角逐国际、国内市场的"黔之虎"。贵州既有航天、航空、电子三大军工基地和磨料磨具、工业轴承、低压电器、精密光学仪器等一批技术和管理水平较高的骨干企业和企业集团，加上国酒茅台的酿酒工业和具有传统优势地位的卷烟工业构成了贵州的现代加工工业体系，在西部来讲，贵州具有明显的产业比较优势。

五、神秘的西藏自治区

西藏自治区地处青藏高原，称为"世界屋脊"或"地球第三极"，被人们称为与北极、南极相提并论的"地极"。与缅甸、印度、不丹、锡金、尼泊尔五国相接壤。西藏有川藏、滇藏、青藏、新藏四条干线公路穿越。农业资源、矿产和地热资源丰富，草原面积达 53 万平方公里，是我国重要的草原牧区之一，农业主要分布在雅鲁藏布江谷地。

西藏土地面积为 120 万平方公里，占全国的 12.5%，占西南地区的 51.3%；1998 年年末全区人口为 252 万人，占全国的 0.2%；国内生产总值 91.18 亿元，占全国的 0.11%；三大产业比为 34.3：22.2：43.5；人均国内生产总值为 3716 元，在全国仅好于西南地区的贵州和西北地区的甘肃省，倒数第 3 位。

西藏高寒缺氧，地广人稀，区内气温差异大，交通不便，封闭性很强。西藏是地球上海拔最高的青藏高原的主体部分，平均海拔在 4000 米以上，其中海拔在 4500 米以上的土地面积占 65%。西藏资源极为丰富，已探明的矿种中，铬、铜、盐、硼砂、硼镁砂等 11 种矿产的储量名列全国第 5

位。其中,铬铁矿是国家急需矿种,目前国内只能生产 10 万吨,但需要量为 50 万—60 万吨。而铬铁是西藏的主要矿种,全区分布面积达 2500 平方公里,集中在藏北班湖—怒江深大断裂和雅鲁藏布江深大断裂的两个超基性岩带上,矿体多、矿石质量、储量占全国第 1 位。

表6　西藏自治区在全国和西南地区的地位
(1998 年各项经济指标)

项目	单位	全国	西南地区	西藏	占全国百分比(%)	占西南地区百分比(%)
土地面积	万平方公里	960.0	233.8	120	12.5	51.3
总人口	万人	124810	19607	252	0.2	1.3
国内生产总值	亿元	79395.7	7736.5	91.18	0.11	1.18
第一产业	亿元	14599.6	1944.5	31.31	0.21	1.61
第二产业	亿元	38691.8	3287.09	20.24	0.05	0.62
第三产业	亿元	26104.3	2504.85	39.63	0.15	1.58
人均国内生产总值	元	6392	3887.2	3716		
工业总产值	亿元	119048	7242	12.83	0.01	0.18
农业总产值	亿元	24517	2888	42.34	0.17	1.47
财政收入	亿元	9876	505.6	3.64	0.04	0.72
固定资产投资	亿元	28406	2618.4	41.26	0.15	1.58
商品零售总额	亿元	29152	2681.3			
进出口总值	亿美元	3239	55.3	0.9	0.03	1.63

资料来源:《中国统计年鉴 1999》,中国统计出版社 1999 年版。

西北不发达地区发展新概念

西部地区的西北部,由陕西省、甘肃省、青海省、宁夏回族自治区和新疆维吾尔自治区组成。土地面积 309.3 万平方公里,是我国面积最大的地区,占全国总面积的 32.2%,1998 年年末总人口达 8903 万人,占全国总人口的 7.13%。人口密度 28.8 人/平方公里,是全国人口密度最小的地区。

西北地区目前的经济实力和经济发展水平较弱,但自然和矿产资源丰富,经济发展潜力巨大,是我国西部大开发的重点。

西北地区最大的经济中心是西安、兰州、银川和乌鲁木齐。

国民经济总体运行不错。西北地区 1998 年国内生产总值为 3815.6 亿元,增长 6.7%;第二产业增加值 135.33 亿元,增长 9.48%;第三产业增加值 108.08 亿元,增长 8.46%。

农业获得丰收。1998 年,西北地区全年粮食总产量达到 3434.8 万吨,棉花总产量 148.4 万吨,占全国总量的 32.97%。全年油料产量 148.1 万吨,占全国总产量的 6.4%。畜牧业和渔业生产稳步发展,全年猪、牛、羊肉产量达到 251.5 万吨,占全国的 4.4%。水产品总产量达到 14.3 万吨,占全国总产量的 0.37%。

工业生产稳定增长。1998 年西北地区工业增加值达 844.74 亿元,占全国工业增加值的 4.35%。国有企业及年产品销售收入 500 万元以上的非国有工业产值 2526.3 亿元,其中国有及国有控股企业 2084.86 亿元,占全国的 6.2%,集体企业 212.62 亿元,占全国的 3.05%。外商及港澳台投资企业 185.54 亿元,占全国的 1.11%。

西北地区 1998 年工业品销售率 95.83%,比全国低 0.66 个百分点。工业经济效益有所下滑。全年工业企业实现销售收入 2232 亿元,占全国的 35%;实现利润 50.2 亿元,五省区实现利润均为负数。亏损企业亏损额达 119.7 亿元,占全国 7.7%。年末产成品库存达 343.6 亿元,比全国低 36.49%。

表7　西北地区与其他地区的比较及在全国的地位
（1998 年各项经济指标）

项　目	土地面积 （万平方公里）	总人口 （万人）	GDP （亿元）	人均 CDP （元）
全国	960	124810	79395.7	6392
一、华东地区	79.8	35614	31025.5	11010
二、中南地区	101.8	34295	21533.3	6201
三、华北地区	155.7	14289	10397.4	9984.6
四、东北地区	78.7	10574	8272.4	7597.7
五、西南地区	233.8	19577	7736.5	3887.2
六、西北地区	309.3	8903	3815.6	4431.2
本区占全国百分比（%）	32.2	7.13	4.81	
项　目	财政收入 （亿元）	进出口总值 （亿美元）	工业总产值 （亿元）	农业总产值 （亿元）
全国	9875.95	3239.23	1190.48	24517
一、华东地区	1672.04	1098.41	50042	8145
二、中南地区	1328.01	1403.3	31835	6926
三、华北地区	719.46	474.3	14463	2732
四、东北地区	515.53	164.3	11071	2373
五、西南地区	502.36	55.26	7242	2888
六、西北地区	243.27	43.81	3494	1453
本区占全国百分比（%）	2.46	1.35	2.93	5.93

资料来源:《中国统计年鉴1999》,中国统计出版社1999年版。

西北地区 1998 年固定资产投资 1288.3 亿元,比上年增长 28.24%,比全国高 8.76%。其中,基本建设投资 880.4 亿元,增长 29.99%;重新改造投资 267.7 亿元,增长 18.77%;房地产开发投资 101.2 亿元,增长 37.5%。

下面就西北五省区经济发展的新情况略做介绍。

一、西北开发的战略高地陕西省

陕西省是中华民族定居最早的地方。远在殷周时代,有很多诸侯就

— 341 —

分布在陕原之西的关中,陕西即陕原之西的意思。

陕西省是一个内陆大省。土地面积为 20.56 万平方公里,约占全国总面积的 2.1%。其中,高原面积为 9.25 万平方公里,约占全省总面积的 45%,山地面积为 7.4 万平方公里,占全省总面积的 36%,平原面积 3.91 万平方公里,只占全省总面积的 19%。

陕西省目前的经济实力在西北地区来说比较强,1998 年年末总人口为 3596 万人,占全国总人口的 2.88%;国内生产总值达 1381.53 亿元,占全国国内生产总值的 1.74%;三大产业比重为 20.5∶44.1∶38.4;人均国内生产总值为 3834 万元,居全国第 28 位;工业总产值 1295.05 亿元,占全国的 1.09%;农业总产值 479.36 亿元,占全国的 1.96%;财政收入 93.33 亿元,占全国的 0.95%;固定资产投资总额 517.57 亿元,占全国的 1.82%;商品零售总额 518.8 亿元,占全国的 1.78%;进出口总值 20.52 亿美元,占全国的 0.63%。陕西不仅是西北地区经济最发达的地区,社会发展水平最高的省份,也是新欧亚大陆桥经济带最发达的地区之一。作为大西北的门户,具有承东启西的区位优势。既可成为资金、技术、人才、劳动力等生产要素由东向西转移的首选承接地,又可以成为这些生产要素向整个西北、西南地区转移的起点和辐射极,处在西部大开发的第一阶梯和前沿阵地。陕西省的特殊区位优势,使其在西部大开发中具有特殊的作用。

——陕西所处的"中心开花"的区位优势,一旦内线突破,将对周围省区,特别是西部地区将产生辐射带动作用,通过资本聚集和输出,既大量聚集来自东部的资本发展壮大自己,同时为了满足原材料、农产品、成品、劳动力等方面的需求,又向其他地区输出大量资本,支持这些地区发展。通过规模效应带动相邻地区和相关部门的发展,通过内引、外联、招商引资,促进生产、技术、资本、贸易及人口在地区上聚集,形成具有多功能的经济区域,成为地区经济综合体,与周边省区进行技术、资本、信息和人才的交流。

——陕西科技处于全国领先地位,基础好,开发起点高,"科技兴陕"战略的实施将产生重大示范作用,必然成为西部经济发展的"发动机"和"加速器"。

——陕西教育力量雄厚,高校发达,使陕西成为向西部地区培育高素质人才的"摇篮"。

——陕西省旅游业得天独厚,是新丝绸之路和新欧亚大陆桥旅游带的起点,中西部、东西部思想文化交流的纽带和结合部。

——陕西金融保险证券实力雄厚,进一步发展优势明显,具有成为西部金融中心的潜质。

——陕西工业比较发达,加工、装备工业规模大,技术先进,能够在西部大开发中起到扩散作用和带动作用,特别是强大的国防工业,将继续成为维护国家安全和西部民族团结的"稳定器"。

——陕西能源基础好,号称中国的"科威特"。对东部经济发展有互补作用,对西部地区有支撑作用、辐射作用、依托作用和带动作用。

表8　陕西省在全国和西北地区的地位
(1998年各项经济指标)

项目	单位	全国	西北地区	陕西省	占全国百分比(%)	占西北地区百分比(%)
土地面积	万平方公里	960.0	309.3	20.56	2.14	6.65
总人口	万人	124810	8903	3596	2.88	40.39
国内生产总值	亿元	79395.7	3815.6	1381.53	1.74	36.21
第一产业	亿元	14599.6	867.07	283.49	1.94	32.70
第二产业	亿元	38691.8	1562.82	567.66	1.47	36.32
第三产业	亿元	26104.3	1385.68	530.38	2.03	38.28
人均国内生产总值	元	6392	4431.2	3834		
工业总产值	亿元	119048	3494.2	1295.05	1.09	37.06
农业总产值	亿元	24516.7	1453.1	479.36	1.96	32.99
财政收入	亿元	9875.95	243.07	93.33	0.95	38.40

（续表）

项目	单位	全国	西北地区	陕西省	占全国百分比（%）	占西北地区百分比（%）
固定资产投资	亿元	28406.2	1549.3	517.57	1.82	38.40
商品零售总额	亿元	29152.5	1297.7	518.8	1.78	39.98
进出口总值	亿美元	3239.3	43.8	20.52	0.63	46.85

资料来源：《中国统计年鉴1999》，中国统计出版社1999年版。

二、发展中的甘肃省

甘肃地处青藏、内蒙古、黄土高原交汇处，地域辽阔，自然资料独具特色，土地、矿产、能源等具有一定的优势及进一步开发的潜力。

甘肃省土地面积达45.4万平方公里，占全国的4.7%，1998年年末总人口达2519万人，占全国总人口的2.02%；国内生产总值达869.75亿元，占全国国内生产总值的1.1%；人均国内生产总值为3456元，在全国倒数第二；工业总产值1081.39亿元，占全国的0.91%；农业总产值335.79亿元，占全国的1.37%；财政收入54.03亿元，占全国的0.55%；固定资产投资总额301.45亿元，占全国的1.06%；商品零售总额303.7亿元，占全国的1.04%；进出口总值4.48亿美元，占全国的0.41%。

表9 甘肃省在全国和西南地区的地位
（1998年各项经济指标）

项目	单位	全国	西南地区	甘肃省	占全国百分比（%）	占西北地区百分比（%）
土地面积	万平方公里	960.0	309.3	45.4	4.7	14.68
总人口	万人	124810	8903	2519	2.02	28.29
国内生产总值	亿元	79395.7	3815.6	869.75	1.1	22.79
第一产业	亿元	14599.6	867.07	202.21	1.39	23.32
第二产业	亿元	38691.8	1562.82	382.00	0.99	24.44
第三产业	亿元	26104.3	1385.68	285.54	1.09	20.61

（续表）

项目	单位	全国	西南地区	甘肃省	占全国百分比（％）	占西北地区百分比（％）
人均国内生产总值	元	6392	4431.2	3465		
工业总产值	亿元	119048	3494.2	1081.39	0.91	30.95
农业总产值	亿元	24516.7	1453.1	335.79	1.37	23.11
财政收入	亿元	9875.95	243.07	54.03	0.55	22.23
固定资产投资	亿元	28406.2	1549.3	301.45	1.06	23.4
商品零售总额	亿元	29152.5	1297.7	303.7	1.04	23.4
进出口总值	亿美元	3239.3	43.8	4.48	0.14	10.23

资料来源：《中国统计年鉴1999》，中国统计出版社1999年版。

为加速甘肃经济的发展，1997年开始实施"再造河西"战略。河西走廊经济带是一条东西长1000公里，南北宽10至100余公里的狭长地带。内含20个县，453万人，占全省总人口的17％。经济带的土地面积27.4万平方公里，占全省国土总面积的60.4％。河西地区走廊自古以来就是我国和西北经济文化交流的要道，现在又是新欧亚大陆桥的咽喉，在开发大西北和扩大开放中处于重要的位置。新中国成立以来，河西地区进行了两次开发。第一次是20世纪六七十年代的农田水利建设，使河西地区的农业生产条件得到了基本的改善，人民群众解决了温饱。第二次是20世纪80年代开始的"两西"建设。把河西地区建成为全国的重要商品粮基地，同时也建成了黑色冶金、石油化工、旅游等主体的产业格局，拥有一批有色金属公司。酒钢集团公司、玉门石油管理局是骨干型大型企业，人民生活达到小康水平，成为全省经济增长最活跃的地区。

现在甘肃省提出"再造河西"的发展思路，坚持按市场规律来聚集和配置生产要素，调整优化结构，调整机制，开发新产品，发展大产业，推进农业产业化经营；以内涵为主，外延开发为辅，大力推进经济增长方式的转变，实现资源资本化，以更加灵活的政策招商引资，把河西地区开发全面推向国内外大市场；把资源开发和生态建设结合起来，走节水为主的高效农业的新路子,促进经济、社会、生态协调发展。

三、地处内陆的青海省

青海省因青海湖而得名,是全国经济发展水平较落后的地方,全省的国土中,草地、冰川、戈壁、沙漠、风蚀或沙丘、石山、雪山构成了青海独特的地理景观。林地和耕地所占比重极小,发展农业潜力有限,为经济发展带来了困难。

表10 青海省在全国和西北地区的地位
(1998年各项经济指标)

项目	单位	全国	西北地区	青海省	占全国百分比（％）	占西北地区百分比（％）
土地面积	万平方公里	960.0	309.3	72.2	7.52	23.44
总人口	万人	124810	8903	503	0.4	5.65
国内生产总值	亿元	79395.7	3815.6	220.16	0.28	5.77
第一产业	亿元	14599.6	867.07	41.63	0.29	4.80
第二产业	亿元	38691.8	1562.82	88.42	0.23	5.66
第三产业	亿元	26104.3	1385.68	90.11	0.35	6.50
人均国内生产总值	元	6392	4431.2	4367		
工业总产值	亿元	119048	3494.2	181.52	0.15	5.19
农业总产值	亿元	24516.7	1453.1	60.78	0.25	4.18
财政收入	亿元	9875.95	243.07	12.77	0.13	5.25
固定资产投资	亿元	28406.2	1549.3	108.78	0.38	7.02
商品零售总额	亿元	29152.5	1297.7	70.6	0.24	5.44
进出口总值	亿美元	3239.3	43.8	1.78	0.055	4.06

资料来源:《中国统计年鉴1999》,中国统计出版社1999年版。

1998年,青海土地总面积72.2万平方公里,占全国的7.52%;总人口503万人,占全国总人口的0.4%,是人口密度最低的地区之一;国内生产总值达220.16亿元,占全国国内生产总值的0.28%;三大产业比重为18.9:40.2:40.9;人均国内生产总值为4367元,居全国第25位;工业总产值 181.52 亿元, 占全国的 0.15%; 农业总产值 60.78 亿元, 占全国的 0.25%; 财政收入 12.77 亿元, 占全国的 0.13%; 商品零售总额 70.6 亿元, 占全国的 0.24%; 进出口总值 1.78 亿美元, 占全国的 0.055%。

青海省拥有丰富的自然资源和矿产, 柴达木盆地有"聚宝盆"之称, 祁连山有"万宝山"之誉, 石油、天然气、钾盐储量丰富。

四、宁夏回族自治区

宁夏回族自治区地处黄河河套西部, 黄河从中西部流向北部银川平原("塞上江南"), 东南部为黄土高原, 铁路纵横南北, 包兰线穿越黄河两岸, 铁路连贯华北与西北地区的经济中心兰州和西安。宁夏以山地、高原为主, 平原只占区内面积的 25% 左右。

表 11　宁夏回族自治区在全国和西北地区的地位
（1998 年各项经济指标）

项目	单位	全国	西北地区	宁夏回族自治区	占全国百分比（%）	占西北地区百分比（%）
土地面积	万平方公里	960.0	309.3	6.6	0.7	2.13
总人口	万人	124810	8903	538	0.43	6.04
国内生产总值	亿元	79395.7	3815.6	227.46	0.29	5.96
第一产业	亿元	14599.6	867.07	48.69	0.33	5.62
第二产业	亿元	38691.8	1562.82	94.01	0.24	6.02
第三产业	亿元	26104.3	1385.68	84.76	0.32	6.12
人均国内生产总值	元	6392	4431.2	4270		
工业总产值	亿元	119048	3494.2	228.45	0.19	6.54
农业总产值	亿元	24516.7	1453.1	78.76	0.32	5.42
财政收入	亿元	9875.95	243.07	17.75	0.18	7.30
固定资产投资	亿元	28406.2	1549.3	106.75	0.38	6.89
商品零售总额	亿元	29152.5	1297.7	77.1	0.26	5.94
进出口总值	亿美元	3239.3	43.8	2.39	0.07	5.46

资料来源:《中国统计年鉴 1999》, 中国统计出版社 1999 年版。

宁夏回族自治区目前的经济发展水平比较落后。全自治区总面积6.6万平方公里,占全国的0.7%;1998年年末总人口538万人,占全国总人口的0.43%;国内生产总值达227.46亿元,占全国的0.29%;三大产业比重为21.4:41.3:37.3;人均国内生产总值为4270元,居全国第26位;工业总产值228.45亿元,占全国的0.19%;农业总产值为78.76亿元,占全国的0.32%;财政收入17.75亿元,占全国的0.18%;固定资产投资总额106.75亿元,占全国的0.38%;商品零售额77.1亿元,占全国的0.26%;进出口总值2.39亿美元,占全国的0.07%。

宁夏推进东西部合作工程,实行优惠政策,已经取得阶段性的成果,为目前实施西部大开发奠定了较好的基础。

银川是宁夏回族自治区的首府,是全区政治、经济、文化和交通中心。银川平原,沃野千里,沟渠纵横,得黄河和包兰线之利,物产丰饶。银川平原除了生产商品粮之外,还应加强商业服务,尽快增强经济实力,努力成为西北地区的次经济中心,以辐射整个自治区。

五、新疆维吾尔自治区

新疆位于我国西北边疆。东北部、北部、西南部分别与蒙古、俄罗斯、哈萨克斯坦、吉尔吉斯斯坦、塔吉克斯坦、阿富汗、巴基斯坦、印度等国为邻,是我国面积最大的一个省区。

新疆维吾尔自治区目前的经济发展水平,在西北地区比较高。全区土地面积160万平方公里,占全国的16.67%;总人口达1747万人,占全国总人口的1.4%;国内生产总值达1116.67亿元,占全国的1.41%;三大产业的比重为26:38.6:35.4;人均国内生产总值为6229元,居全国第13位;工业产值707.8亿元,占全国的0.59%;农业总产值为498.41亿元,占全国的2.03%;财政收入65.39亿元,占全国的0.66%;固定资产投资总额514.77亿元,占全国的1.81%;商品零售总额327.5亿元,占全国的1.12%;进出口总值15.25亿美元,占全国的0.47%。

新疆有三大山脉(天山、阿尔泰山、昆仑山)、两个盆地(塔里木盆地和准噶尔盆地),天山山脉把新疆划分为自然条件有明显差别的南疆和北疆。

新疆经济的发展首先要充分利用新欧亚大陆桥的经济要素的优势,结合自身的交通网络,布局好全区的产业结构与经济发展规划,充分发挥丰富的水土资源和独特的气候条件,大力发展粮食、棉花、多种瓜果和畜牧业。工农业生产要形成规模经济效应,并以此为龙头,牵动其他相关产业的发展。其次要利用新疆边境线长的优势,实施"全方位开放,向西倾斜,外引内联,东联西出"战略,进一步推进改革开放,充分发挥沿边特点,打开向中亚、南亚的国门,发展与邻国经济贸易和经济合作。对俄罗斯、哈萨克斯坦、巴基斯坦、印度等国,应是经贸重点,对吉尔吉斯斯坦、塔吉克斯坦、阿富汗也应积极发展经贸关系。

表 12　新疆在全国和西北地区的地位
(1998 年各项经济指标)

项目	单位	全国	西北地区	新疆	占全国百分比(%)	占西北地区百分比(%)
土地面积	万平方公里	960.0	309.3	160	16.67	51.73
总人口	万人	124810	8903	1747	1.4	19.62
国内生产总值	亿元	79395.7	3815.6	1116.67	1.41	29.27
第一产业	亿元	14599.6	867.07	291.05	1.99	33.57
第二产业	亿元	38691.8	1562.82	430.73	1.11	27.56
第三产业	亿元	26104.3	1385.68	394.89	1.51	28.50
人均国内生产总值	元	6392	4431.2	6229		
工业总产值	亿元	119048	3494.2	707.8	0.59	20.26
农业总产值	亿元	24516.7	1453.1	498.41	2.03	34.20
财政收入	亿元	9875.95	243.07	65.39	0.66	26.90
固定资产投资	亿元	284.2	1549.3	514.77	1.81	33.23
商品零售总额	亿元	29152.5	1297.7	327.5	1.12	25.24
进出口总值	亿美元	3239.3	43.8	15.25	0.47	34.82

资料来源:《中国统计年鉴 1999》,中国统计出版社 1999 年版。

西部大开发要有新思路 *

大开发应有新思路

　　江泽民总书记指出:加快开发西部地区,要有新思路。这是因为,21世纪西部大开发与东部地区率先发展是根本不同的。一是政策发生了根本性的变化。过去,为了使东部地区优先发展起来,国家出台了一系列优惠政策,加大了投入。现在,中央又将采取一系列优惠政策来支持西部不发达地区的发展。但是,一个是支持优先发展的政策,一个是"缩小差距"的政策。所以,不能认为只要中央给政策,就可以无偿动用财力和运用资源。投入必须通过市场导向、讲究产出并突出效益。二是经济和市场环境发生了根本性的变化。过去,我们面临的是短缺经济,东部实施沿海经济发展战略,一开始领先的是数量扩张模式来解决供不应求的矛盾。而现在面临的是相对过剩的经济状态,西部地区开发与发展则应主要依

　　* 此文完成于 2000 年底,重点研究了时任中共四川省委书记周永康同志提出的追赶型、跨越式发展的战略思路。此文曾在"西部论坛"上进行交流,并引起较大反响。

靠技术密集型、质量的扩张来推动经济发展,在激烈的竞争中寻求新的经济增长空间。三是东部率先发展,国家有比较大的投资额度。现在,西部大开发所需资金获取的方式会发生根本变化,其投资主体是市场和作为市场主体的企业。因而,西部不发达地区的开发更需要市场观点,特别需要依靠利益驱动法则来吸引西部大开发急缺的人才、资金、项目和先进技术。

面对国际国内的新经济环境,新的体制背景,新的市场态势,新的对外开放环境,都要求西部不发达地区的开发要有新思路。有了新思路才能站在新起点上,明确新定位,出台新举措,探索新经验,建立新机制,取得新突破,发挥新优势,抓住新机遇,促进新发展。

我们必须站在实现中华民族伟大复兴的高度,审视我们民族的发展,坚持一切从实际出发,继续解放思想,紧跟时代发展的潮流,不断研究新情况,解决新问题,形成新认识,开辟新境界,我们就能把西部大开发这个关系到百年大计、千秋功业的世纪工程搞好。

追赶型、跨越式发展战略新思路

在江泽民同志提出西部大开发要有新思路之后,西部各省、自治区、直辖市都在研究自己的发展特色,寻找自己的优势产业,创新自己的思路。笔者以四川省为例,着重分析和探讨四川提出的"追赶型"、"跨越式"发展的新思路。

"追赶型"、"跨越式"发展是周永康同志最早公开提出来的。①

---

① 参见周永康:《在四川省领导干部会议上的讲话》,《四川日报》2000 年 1 月 27 日。周永康同志当时在四川省工作,任中共四川省委书记。他在四川省政协听了一些专家的意见后,从四川省当时的实际出发,要改变四川省的落后面貌,就要追赶上沿海地区,走非常规的发展路径,周永康把它概括为"追赶型、跨越式发展战略"。

接着陕西省西部大开发课题组在研究报告中,提出了"实施差异化战略,实现跨越式发展"的大思路。[①] 甘肃省也提出了"跨越式波浪式前进"。但作为西部大开发桥头堡的四川在辩证而理性分析之后,推出的"追赶型"、"跨越式"发展的新思路,很有理论创新深度和开发新意识。这里,笔者做一些探讨,以更加完善这一新的经济增长的组织方式。

一、"追赶型"、"跨越式"发展战略的经济学界定。追赶型经济增长,既是一种理论,又是一种组织经济增长的工作思路。实施追赶型理论,就可以实现跨越式发展。跨越,主要指突破传统经济的不发达状态,在较短时间(一般 10—20 年)内通过工业化实现基本经济和生产方式革命,使经济上呈现飞跃和持续增长。概而言之,就是超常规发展。它具有经济学的三层含义:一是落后追赶先进,横面上讲国家与国家之间,地区与地区之间的赶超,竖线上讲是自己前后的比较,是自我的跨越;二是指不发达和欠发达地区在经济上赶超发达地区。在一定时段上跨上一两个台阶,经过整顿和调整,又跳上一两个台阶,达到和超过发达地区,实现经济增长的跨越和波浪式发展;三是组织经济增长的一种新的工作思维。按这种新思维来组织经济发展,就要在战略目标上、资本筹集上、经济增长方式上、对外开放上有一整套新的突破性机制和方法,实现经济的爆炸式发展,使渐进过程中断,产生质变、产生马克思讲的"飞跃"。

二、落后国家或地区追赶上先进国家或地区,实现跨越式发展,几乎是一切经济不发达、欠发达国家或地区赶上发达国家或地区共同的带规律性的发展道路。回顾近代世界历史上的发展,在 20 世纪初美国追赶并超越了英国;在 20 世纪 60 年代日本在经济上又超越上美国;在 20 世纪 80 年代亚洲的韩国、中国台湾、中国香港、新加坡"四小龙"创新被世人称誉为"经济奇迹",实现了经济上的飞跃。在 20 世纪 90 年代,人们亲眼看

---

① 参见"陕西省西部大开发课题组"郭立宏、赵守国:《实施差异化战略,实现跨越式发展》,《西部发展内参》2000 年第 2 期。

到了我国的东部从落后赶上和超过了亚洲"四小龙",成为我国的发达地区。在世界发展的历史上,在国与国之间,在一个国家内部的地区之间,经过追赶型、跨越式发展,是完全可以后来者居上的。

三、四川在西部是一个大省,但要变成经济强省,实施"追赶型"、"跨越式"发展,是明智的、理性的选择。四川地大、人多、资源丰富,大自然赋予四川人很多东西,又经历改革开放20多年的建设,对实现省委、省政府的工作新思路,条件是成熟的。可惜我们四川在相当长的时间内,由于四平八稳的传统思想占了指导地位,因而使本来可以加快发展的机遇,一而再、再而三地失去了。现在,中央提出西部大开发的英明决策,对四川人来讲是一次伟大的历史机遇。机遇是客观存在的,关键是要及时做出反应和科学决策。谁能抓住机遇,快速决策,快速启动,谁就能取得主动,加快发展。

四、四川实现追赶型、跨越式发展,达到后来者居上是完全有可能的。

(一)四川具有重要的战略地位。四川是我国东部向西部延伸的前沿,是联系西南、西北地区的桥梁和纽带,经济总量在西部地区居第一,国内生产总值约占西部10省、自治区、直辖市的33.3%,是长江、黄河两大流域的生态屏障,是全国优势资源富集区之一,是我国"三线"建设和高科技工业最为集中的地区。国家还把成都定为西南地区"三个中心、两个枢纽"即商贸、金融、科技中心,交通、通讯枢纽。正因为四川有如此重要的战略地位,中央把四川列为西部大开发的重点。这种重视和支持对加快四川发展非常重要,是非常难得的历史机遇。

(二)四川经过新中国成立50年,特别是改革开放以来,工业、农业、交通、通讯、高科技的发展取得了前所未有成就,积累了丰富的经验,为实施"追赶型"、"跨越式"发展奠定了坚实的基础。

(三)四川资源的三大优势,即资源优势、科技优势和人才优势,只要把这三大优势转换成商品优势,就可能推动四川的"追赶型"、"跨越式"大发展。

（四）四川的广大干部和人民有一种蓄势待发的热力。这种热力蕴藏在8500万人民之中,在党中央西部大开发战略的激励下,将会变成巨大的物质力量,成为四川实施"追赶型"、"跨越式"发展的强大动力。

（五）有东部发达地区的支持和援助。四川需要东部发达地区的资本、技术、设备、人才,而东部地区则需要四川的市场、原材料和劳动力。在西部大开发中这种新型的互助合作关系,可以使东部更加先进,而又可促进西部经济发展,特别像四川这样的大省,实施"追赶型"、"跨越式"发展。

（六）邓小平同志讲过"可能我们的经济发展规律还是波浪式前进的。过几年有一个飞跃,跳一个台阶,跳了以后,发现问题及时调整一下,再前进。"①

在实施"追赶型"、"跨越式"发展的过程中,悲观的论点、无所作为的论点都是错误的。

五、四川实施"追赶型"、"跨越式"发展的动力源。在四川这样的西部大省,推行一种新的组织经济增长的思路,在理论和实践上解决启动力量是非常重要的问题。

（一）确定明确的战略目标是解决经济增长的导向力量。战略目标有五大功能:一是具有动员和组织功能;二是战略引导功能;三是政策和经济机制的选择功能;四是新体制建立的指导功能;五是自身发展的牵引功能。可以说,这是四川省由传统经济向现代经济、不发达状态到发达状态转变过程中一系列经济社会的定性和定量指标的总和。在现代经济增长中,经济增长的战略目标虽然表现为一系列的经济社会的指标体系,但它以一定的物质和精神条件为依据,凝聚了四川人民和高层领导人要求发展的强烈愿望和顽强的意志,它是一个省社会发展和经济发展的航标。

四川"追赶型"、"跨越式"发展的战略目标是:在21世纪前10年,把

---

① 《邓小平文选》第3卷,人民出版社1993年版,第368页。

四川省建成西部经济强省和长江流域生态屏障,经济社会协调发展,努力实现新的跨越。

——经济增长目标:生产总值年均增长高于全国平均水平。人均国内生产总值 2005 年达到全国 2000 年的平均水平(即人均国内生产总值 6300 元),2010 年达到当年全国平均水平。经济质量和效益明显提高,全员劳动生产率年均增长 10% 以上,财政收入增速比国内生产总值增速高 1%—2%。

——生态建设目标:生态环境明显改善,5 年初见成效,10 年大见成效,2010 年,流入长江的泥沙量减少 50%,森林覆盖率达到 30%。

——经济结构调整目标:加固第一产业,提升第二产业,发展第三产业。农业增加值年均 4%,2005 年畜牧业要占农业的 60%,工业结构 2005 年工业骨干企业的技术装备达到 20 世纪 90 年代先进水平,高新技术产业达到占工业总产值的 20%,基本上形成水电、电子信息、机械冶金、医药化工、饮料食品等支柱产业。旅游业将成为第三产业的支柱产业,四川要成为旅游大省。把成(都)、德(阳)、绵(阳)建成高新产业带,2005 年成都要基本上实现现代化。攀西地区,全力抓水电开发,搞钒、钛、稀土的综合开发利用。

——社会发展目标:2005 年城镇居民人均可支配收入达到全国平均水平,2010 年农民人均纯收入赶上全国平均水平。人口增长率控制在 0.7% 以内,社会保障体系基本健全。科技教育水平、文化、卫生、体育水平明显提高,各项社会事业全面发展,消除贫困,实现富裕型小康。[1]

为了实现上述战略目标,周永康同志提出要做好五篇文章。[2] 一是要加快基础设施建设;二是要加强生态环境的保护和建设;三是要抓紧经济结构的调整;四是大力发展科技教育;五是加大改革开放的力度。

---

[1] 参见邹广严:《四川确定大开发四大目标》,《华西都市报》2000 年 4 月 8 日。

[2] 参见周永康:《在四川领导干部会议上的讲话》,《四川日报》2000 年 1 月 27 日。

省委、省政府又作出了《抓住西部大开发机遇,加快四川发展的意见》,加速了四川实行"追赶型"、"跨越式"的发展步伐。

(二)实行多元化资本来源,解决经济增长的启动力。经济落后的四川省要培育经济增长点,实现"追赶型"、"跨越式"发展,进入现代经济发展的轨道,必须解决大量融资和扩大投资的问题。改革开放20多年来,四川融资和投资的成绩很大,但比较东部地区,差距仍然很大。国外来川投资的大都是中小企业,世界500强企业来川者甚少。现在,四川的高层领导人把引资的重点放在世界500强,国内100强上。这是大手笔、大思路,也是四川资本筹集的战略转变。这样,四川发展的资本就可以从中央得到一些,世界银行贷一些,国外大企业引一些,国内一些大企业投资一些,自己筹一些,资本来源多元化,就使四川的"追赶型"、"跨越式"发展有了推动力。马克思在分析社会扩大再生产和经济增长时指出,资本是"发动整个过程的第一推动力"①。美国著名经济学家刘易斯也认为,这是"经济增长的中心问题"。因此,要达到"追赶型"、"跨越式"经济增长的战略目标而后来者居上,就要随时研究资本的形成和投资问题,要充分认识资金和投资在实现经济"跨越"中的重要地位和重要作用,用好用活资金,取得最大的经济效益。

(三)确立科技是第一生产力,解决经济增长的推动力。科学技术是第一生产力,经邓小平同志提出后,已经成为人们的共识。四川省有47所大专院校,有45位院士,在全国排第三,仅次于北京、上海。绵阳科学城、军工企业、"三线"建设,使四川省拥有一大批高、精、尖人才,这是了不起的资源。四川的经验在于把科研人员有效地组织起来,提出用事业留人,感情留人,适当待遇留人,制定了一系列奖励政策,组织一批一批的高科技中青年骨干到美国、德国、日本学习,更新他们的知识,促进他们进行制度上的创新和技术上的创新,使他们对自然客体和社会经济客体的

---

① 马克思:《资本论》第2卷,人民出版社2004年版,第393页。

认识不断深化、不断突破、不断飞跃、不断革命,成为四川"追赶型"、"跨越式"发展科技学术带头人,成为四川经济增长的推动力量。

四川作为一个大省,特别是有 34 个贫困县,要摆脱贫困,整个四川要后来者居上,必须靠技术进步这个推动力量。据经济史学家的测算,用传统的思路,即靠增加人力、增加设备的外延扩大再生产的发展战略,落后国家或地区要赶上世界先进水平需要 746 年。靠智力开发和技术开发这个推动力,可大大缩小这个过程。中国在宋元时期,在世界处于领先地位。英国人依靠文艺复兴,加快技术进步,只用了 400 年就追赶上中国,取代了中国的领先地位。德国人花了 70 年追赶上了英国,美国人花了 40 年又追赶上了德国,日本人花了 15—20 年赶上世界水平,靠的都是智力开发和技术进步。① 我国主要的不发达、欠发达地区,如像四川等西部的一些省区,要想追赶上东部沿海地区,没有技术进步和重大突破,是不可能跨越到发达地区的经济增长水平上的,对此别无选择。

当然,四川实施"追赶型"、"跨越式"发展正在实践之中,一些创新的思路也在发展之中,正在逐步完善。从 2000 年上半年的经济增长速度达到 8% 来看,情况是良好的。

把成都建成新的战略支撑点

四川省把成都建设成为西部大开发的战略支撑点,是实施"追赶型"、"跨越式"发展新思路的一个重要组成部分。

一、西部大开发,建立新机制,需要战略支撑点。在实施西部大开发战略时,既要看到西部不发达地区的整体落后性,又要看到西部的省区之间、城市之间的差异性。中央需要制定一些大开发的共同性政策,更需要

---

① 参见钟阳胜:《追赶型经济增长理论》,广东高等教育出版社 1998 年版,第 243 页。

针对西部不同地区和城市制定一些特殊的政策。没有区别就没有政策，计划经济时代搞均衡政策导致了资源配置上的分散性和平均性，导致了大量低水平的重复建设，使国民经济形成整体落后的格局。从西部地区的实际情况来看，战略重点可分两大类型：一类是资源优势地区；另一类是经济相对发达的经济中心城市。资源优势除自然资源之外，还有经济资源。一般来说，中心城市都是经济资源富集地区。西部地域辽阔，开发西部需要若干重量级、特大城市来支持。因此，实施西部大开发战略，应该选择几个条件好、经济实力强的中心城市作为整个战略的支撑点，通过示范、辐射和扩散，带动整个西部不发达或欠发达地区的发展。

战略支撑点既类似特区又不同于特区，类似之处是它也需要国家宏观经济政策的优惠和倾斜，不同之处在于它不是国家开设的一个面向海外的窗口，而是为中央西部大开发起一个示范带头作用的区域。在国家暂时还不能整体推进西部大开发的情况下，选择一些战略支撑点是一种"四两拨千斤"的好办法，也是符合市场经济原则的新思路，符合西西合作和东西合作的需要，也是宏观经济合理布局的需要。

二、把成都建成实施西部大开发的战略支撑点，是加快四川"追赶型"、"跨越式"发展的根本所在。西部地区由于特定的自然和人文的差异，实际上分成西北和西南两大行政区域。从现实情况看，西部还没有一个大城市的经济总量、产业结构档次、技术创新和经济辐射范围能够涵盖整个西部地区。就经济总量和辐射能力而言，成都、重庆和西安可以在同一层面上。重庆是长江上游的经济中心，应是长江上游的战略支撑点。西安理应是西北地区大开发的战略支撑点。成都正在出现城市和农村一体化的新趋势，理应是西南和四川大开发的战略支撑点，成都应当义不容辞地抓住这个机遇。

从中央对西部不发达地区大开发的总体要求考察，成都可以抓住以下机遇：一是国家实施西部大开发战略，将继续推进西部地区的对外开放，这是对成都扩大开放和引进资金的一次难得机遇。二是成都可以利用良好的科技教育基础,在开发、推广适用技术、培训人才、促进高技术产业化和发展教育产业方面迎来新的机遇。三是发展旅游业可能面临更为有利的政策环境。四是非国有经济有可能得到更大的发展。因为,国家有可能更多地通过政策引导多种资金开发西部,这对促进成都民营企业的发展,调整所有制结构提供了一个极好机遇。五是可能争取到国家支持成都上一些大型建设项目。成都要把这些机遇抓住,变成现实,就要站在西部大开发战略支撑点的高度来统一思想,统揽工作,主动肩负起战略支撑点的历史重任。

三、成都有条件成为中央西部大开发的战略支撑点。中央已经确定把成都建设成为西南的"三个中心、两个枢纽",即商贸、金融、科技三个中心,交通、通讯两个枢纽。当然,成都也有条件、有能力、有责任承担起西部大开发战略支撑点的历史重任。

(一)成都市是西部城市中综合经济实力最强的城市。成都 1998 年人口达到 997 万人,占西部地区总人口的 3.6% ,国内生产总值 1103 亿元,在西部地区仅次于重庆,占西南地区的 10% ,人均国内生产总值 1.11 万元,居西部城市前列。

(二)成都市与西部其他中心城市比较,有独特的优势。与西北的经济中心比,经济指标全面超过西安。1998 年国内生产总值超过西安 1 倍,固定资产投资超过西安近 2 倍,地方财政收入是西安的 1.5 倍;与西南地区经济中心重庆、昆明、贵阳比较,重庆和成都无疑是最强的。重庆划为直辖市后,经济总量超过成都,但是人均量则低于成都,并将承受三峡库区脱贫和开发建设任务,成都则成为四川最大的经济中心城市,将更加独立地在西南地区经济发展和结构调整,以及建立新经济机制试验上发挥作用。昆明近年虽然发展较快,但就总量而言,成都仍远远超过昆明。1998 年成都国内生产总值超过昆明 1 倍多,固定资产投资比昆明高66.7% ,地方财政收入超过昆明 1 倍,社会消费零售总额是昆明的 1.4 倍。与贵阳相比,成都优势更加明显。

（三）成都工业化水平整体高于西部其他中心城市。成都是西南地区综合性工业基地,现已形成电子、机械、食品、化工、纺织、建筑等支柱型产业。还是西南地区电子信息、生物与现代医药、新材料、机电一体化、环保技术等高技术产业的生长点,在西南地区结构调整和升级过程中,将发挥牵动作用。

（四）成都具有发展高技术产业的潜力。1998 年全市拥有 2700 多个各类科研和技术开发机构,共有各类科技人员 49 万人,拥有科技人员总数和每万人拥有科技人员人数均居全国大城市前列。全市建有 1 个国家级高新技术开发区和 8 个高校科技工业园区,可依托雄厚的科技力量和优势科技资源,成为西南地区发展技术产业的新基地,支撑着西部地区的经济发展和结构升级。

（五）成都在西部大商贸中优势明显。成都商业服务网点、商业从业人员在西部地区仅次于重庆。1998 年社会消费零售总额达 451.2 亿元,大商贸、大流通、大市场的格局初步形成。随着商品市场的扩大和完善,资金、技术、信息、劳务、房地产等要素市场的迅速发展,以及在城市建立若干中心商业区,成都将不断增强西部商贸中心的功能,进一步辐射巩固和增强扩散能力。

（六）成都交通、通讯功能不断增强。以铁路、民航、公路为骨干的运输网络基本上形成。成昆、宝成、成达四条铁路干线交汇于此,南昆线的开通使成都拥有出海通道,逐步具备货物大出大进的条件。双流国际机场是全国六大空港之一和西南地区的枢纽港,客流量居西部第一位,1998年,公路货物发送量 14477 万吨,旅客发送量 33952 人,居西部之首,电话机交换容量 203.2 万门,邮电业务总量 29.23 亿元,是全国七大交换中心和九大邮政通信一线处理中心之一。随着在建基础设施项目的建成和新项目的兴建,成都市的交通通信枢纽功能将越来越大。

四、从中央西部大开发的阶段和重点考察,成都市作为西部大开发战略支撑点,可以在以下几个方面发挥重大作用。

（一）先导作用。近年来,市场供求关系发生了根本的变化,在一定范围内出现了买方市场,经济的主要矛盾已经从供给约束转向需求约束,经济发展的主要支持因素已经不是生产能力扩张,而是产业结构、技术和工艺水平,产品创新以及市场竞争能力的提高,靠大量消耗资源和廉价劳动力支撑的粗放型增长方式,已被技术密集的质量型增长方式所代替。在这种情况下,西部的繁荣要从靠矿产资源开发和盲目扩大加工能力的思路,转到提高经济质量、产业素质、产品竞争能力的新思路上来。成都市应该在经济增长方式、产业结构调整、技术升级、提高市场竞争力,以建立结构升级、科技创新的资源配置机制等方向先行一步,取得成功经验之后,再行推广,为整个四川乃至西部地区实施"追赶型"、"跨越式"发展起到先导作用。

（二）示范作用。西部大开发,建立新机制,是一个世纪工程,需要拿出极大的勇气和魄力去开拓进取。成都要加大对外开放力度,创新开放模式,鼓励国内外各类投资主体来蓉投资,或在成都建立据点向西部地区投资,特别要鼓励沿海地区企业到成都投资或承包企业。扩大开放的内涵,把开放作为转换和结构升级的重要途径,发挥成都在西部地区开放的示范作用。

（三）发挥高新技术产业和科技创新基地作用。成都拥有雄厚的科技实力和各种便捷的信息来源,有国家级高新技术产业开发区,使其最有实力成为西部地区开发提供科技产品和技术资源的基地,支撑西部地区的经济发展和结构升级。成都还可以进一步发挥高新技术开发区和高校科技园区技术创新"孵化"功能;发挥中外联合开发中心支持中小企业的技术改造功能;发挥技术服务功能,等等。

（四）依托和枢纽作用。发挥成都市城市功能,强化都市经济辐射力和扩散力。启动若干中心商务区和建设高效、便捷、外向、立体的都市轨道交通,优化大都市的城市布局和形态功能,强化现代城市的服务功能。建立以成都为核心的都市圈,完善成都城市的网状结构,实现成都到各县城、到中小城镇通达二小时工程,建设一批西部大区域有意义的标志性工程,形成成都大平原经济圈支撑点。

(五)与重庆、西安等西部中心城市分工协作,共同支撑西部大开发战略的实施。成都、重庆历来就是西南地区经济中心城市,又同属于一个行政区域,长期以来就形成了千丝万缕的联系。行政区划变更后,重庆由中央直辖,成都经济区和重庆经济区相对分离,但这并不意味着相互之间经济联系的削弱,而只是联系方式发生了变化,两地之间相辅相成,相互联动,互为市场的基本格局不会变。重庆将继续发挥长江上游经济中心的作用,支撑长江经济带的发展、三峡工程和库区建设。成都将更好发挥成都大平原经济圈的核心作用,并与西安一道,分别为西南和西北的经济中心,产业结构不同,经济辐射面既有不同,又有重叠,三个地方可以优势互补,发展渠道的经济联合和技术协作,共同参与跨地区的基础设施建设,构建西部地区的共同市场,为西部参加全国统一市场做出自己的贡献。①

---

① 参见朱昌问:《努力把成都建设成中央西部大开发的战略支撑点》,《成都经济发展》2000年第1期。

论反贫困战略[*]

推行反贫困战略的重大意义

江泽民总书记在 1999 年 6 月召开的中央脱贫开发工作会议上,全面论述了我们党和国家的反贫困战略,严肃地指出:全国反贫困的扶贫攻坚已经到了关键阶段,全党、全社会要进一步动员起来,贫困地区广大干部群众要更加积极地行动起来,统一思想,坚定信心,坚持不懈地苦干实干,夺取反贫困斗争的最后胜利。

江泽民在讲到我国脱贫开发工作的巨大成就和伟大意义时指出,新中国成立后,党和政府始终把解决贫困人口的温饱问题作为重要任务,带领全国各族人民不懈奋斗,取得了伟大的成就。特别是改革开放以来,我国脱贫开发进展之快,成效之大,为世界瞩目。这 20 年,是我国经济社会发展最快、贫困人口减少最多的历史时期。现在,我国农村绝大多数人口

---

[*] 本文完稿于 2000 年。本文以一种新视野考察和研究了我国反贫困的理论和实践,谈了很多新见解。

的温饱问题已经基本得到解决,12亿中国人民进入和建设小康社会具备了更为坚实的基础。这不仅是中国历史上的奇迹,也是世界历史上的奇迹。这不仅具有重大的经济和社会意义,而且具有重大的政治意义。

江泽民指出,在我们党和政府的领导下,广泛动员全社会的力量,按照统一部署,筹集巨额资金,有组织、有计划、大规模地长期开展扶贫开发,这在世界上也是独一无二的。我国绝大多数贫困地区解决了几千年没有解决的温饱问题,这个事实无可辩驳地说明,我国的社会主义制度具有巨大的优越性,是彻底消除贫困的根本制度保障。坚持走中国特色社会主义道路,是我国各族人民实现共同幸福和国家富强的必由之路。我国脱贫开发取得了伟大成就,更加坚定了全国各族人民在党的领导下建设有中国特色社会主义的信心,为推进跨世纪伟大事业增强了思想政治基础,凝聚了巨大的物质力量和精神力量。

江泽民说,我们进行的规模空前的脱贫开发,有力地促进了国民经济的协调发展和社会的安定团结。如果不能逐步消除贫困,一个国家就难以长期保持社会稳定;没有稳定,根本谈不上经济和社会发展。我国的贫困县,大多分布在我国的民族地区和边疆地区。民族地区、边疆地区的稳定发展,对加强民族团结、巩固边防、维护国家统一十分重要。经过多年的脱贫开发,民族地区、边疆地区的经济建设有了长足的发展,人民生活有了明显改善,社会面貌发生了重大变化,这是我们加强全国各民族大团结、维护边疆安定的重要基础。

江泽民在讲到确保实现"八七"扶贫攻坚的战略目标时说,到2000年基本解决农村贫困人口的温饱问题,这是我们党和政府向全国人民作出的庄严承诺。这个战略目标必须实现,也完全有条件实现。实现这个战略目标,标志着中国人民将在新的发展起点上进入新世纪。我们也应清醒地看到,目前尚未解决温饱问题的农村贫困人口还有4200万人。现有的贫困人口大多数分布在地域偏远、交通闭塞、资源匮乏、生态环境极其恶劣的地方。解决这部分贫困人口的温饱问题,是脱贫工作中最难啃的"骨头"。今后两年,每年要力争解决 1000 万人左右贫困人口的温饱问题,难度是很大的,脱贫开发已进入最艰难的攻坚阶段。不论今后两年的脱贫攻坚任务有多么艰巨,全党、全国都要同心协力啃下这块骨头。我们党的根本宗旨是全心全意为人民服务,各级领导干部必须始终想人民之所想,急人民之所急。当前,农村贫困人口最盼望、最着急的就是吃饱穿暖,进而过上比较富裕的日子。帮助贫困人口实现这个愿望,是党的为人民服务宗旨的最实际的体现。全党同志都要从坚持党的宗旨的高度来认识这个问题,都要把解决最后这部分贫困人口的温饱问题作为一项重大的政治任务,义不容辞地完成好。

江泽民强调,要牢固树立脱贫开发长期作战的思想。他说,基本解决农村贫困人口的温饱问题这项任务以后,扶贫开发仍然不能放松。21 世纪还要继续开展脱贫开发,要首先解决剩余贫困人口的温饱问题,巩固脱贫成果,使已经解决温饱的人口向小康迈进,同时在稳定解决温饱问题的基础上,全面推进贫困地区经济发展。这项工作,必须同我们对 21 世纪整个经济发展战略的考虑结合起来,同加快中西部地区建设,缩小东西部地区发展差距,实现共同富裕的目标结合起来。

江泽民指出,加快中西部地区的开发,对于合理地配置资源,促进全国经济持续协调发展,有着重大的战略意义。中央将继续加大对中西部地区特别是西部地区的扶持力度,优先安排水利、电力、交通、环境保护等资源开发项目。东部发达地区要继续帮扶西部贫困地区,以改变贫困地区基本生产生活条件为重点,按照优势互补、互惠互利、长期合作、共同发展的原则,开展多层次、多渠道、多形式的经济技术合作,把东西脱贫协作推向一个新的阶段。①

按照中央扶贫工作会议的精神,集中力量增加投入,贯彻反贫困战略,坚持开发式扶贫,努力完成"八七"扶贫攻坚计划的任务,对实施西部

---

① 参见《人民日报》1999 年 6 月 10 日。

大开发具有重要的现实意义和深远的历史意义。

第一,我国的贫困地区大部分集中在西部。据《国家"八七"扶贫攻坚计划》的资料显示,全国 592 个贫困县中,西部地区就有 307 个县,占贫困县总数的 52%。西部地区的贫困县脱贫了,"八七"扶贫攻坚计划就完成了一大半。要实施西部大开发,就必须坚定不移地脱贫攻坚,啃掉脱贫工作中的硬骨头,为西部地区的大开发、大发展创造坚实的基础。

第二,我国的贫困地区相当一部分是少数民族地区,这些地区由于资源匮乏,交通落后,各种自然条件比较差,经济发展缓慢,人民的温饱问题得不到解决。解决这些少数民族地区的贫困问题,有利于加快实现全国人民共同富裕的步伐,有利于民族团结与进步,有利于实现各民族共同富裕、共同发展的目标。

第三,我国的贫困地区有相当一部分在边疆地区,由于群众生活非常困难,潜伏着不稳定因素。有些地方由于贫困的冲击,村级集体经济组织根本不能维持,农民在生产和生活上发生严重困难,得不到支持和帮助,村级行政组织在群众中没有威信,缺乏凝聚力和号召力,于是一些非法的以宗教外衣为掩盖的反动组织便乘虚而入,同共产党争夺基层政权。如果这些贫困地区,特别是边疆地区的贫困问题长期得不到解决,势必影响边疆的巩固,影响党和政府的凝聚力和号召力,导致社会矛盾突出,加剧整个社会不稳定性因素。因此,加快推进反贫困战略,加快脱贫致富步伐,这不仅是个经济问题,而且是个关系到国家长治久安的政治问题,是治国安邦的大事。我们必须从战略的高度、全局的高度,充分认识打好脱贫攻坚战的重大政治意义、经济意义和社会意义。

建立反贫困战略机制的艰巨性

改革开放 20 多年来,特别是进入 20 世纪 90 年代以来,党中央开展了有组织、有计划、大规模的脱贫开发工作。自 1994 年起《国家"八七"扶贫攻坚计划》全面实施,到现在,我国农村贫困人口已由 8000 多万人减少到 4200 万人。贫困地区的生产、生活条件和基础设施有了较大改善,文化、教育、卫生等事业也有了新的发展,这是一个巨大的历史性成就,反贫困战略取得了显著成效,有力地促进了国民经济的发展和社会的稳定。

但是,我们也必须清醒地认识到,虽然我国的贫困人口越来越少,但解决贫困人口温饱的难度却越来越大,脱贫开发已进入了最艰难的攻坚阶段。

第一,在全国 592 个贫困县中,有 105 个县是革命老区,有近 200 个是少数民族聚居县。现在还没有解决温饱问题的贫困人口,主要分布在中西部地区的深山区、裸石山区、荒漠区、高寒山区、黄土高原区、边疆地区以及地方疾病多发区、缺水地区和水库移民区。这些地区地域偏僻、交通不便、文化教育落后、生态环境很差、基础设施不具备,有些地区甚至连基本的生产、生活条件也不具备。其中,东部地区有 105 个县,占贫困县总数的 17.5%;中部地区有 180 个县,占贫困县总数的 30.4%;西部地区有 307 个县,占贫困县总数的 51.9%。全国 31 个省、自治区、直辖市中,除江苏、北京、上海、天津 4 省市无贫困县外,其余 27 个省、自治区、直辖市均有数量不等的贫困县。其中,贫困县最多的几个省区是:云南省 73个、陕西省 50 个、贵州省 48 个、甘肃省 41 个、四川省 34 个,均集中在西部地区。而东部地区的河北省有 39 个,广西壮族自治区有 28 个,海南省有 5 个,这 3 个省区名副其实地属于经济不发达地区。中部地区的山西省有 35 个贫困县、内蒙古自治区有 31 个、河南省有 28 个、湖北省有 25个、江西省有 18 个、安徽省有 17 个,等等①。这些地方可以称为不发达地区中的不发达地区。

---

① 参见徐逢贤等:《跨世纪难题:中国区域经济发展差距》,社会科学文献出版社 1999 年版,第 146—147 页。

第二,在目前剩下的贫困人口中有相当一部分人均年收入还低于300元,人均口粮不足200公斤,离温饱线还有较大差距,是扶贫工作中最难啃的骨头。

第三,在全国还有3000万人刚刚解决温饱问题,收入低而不稳,经济状况非常脆弱,一遇自然灾害,随时都有可能复贫,巩固脱贫攻坚成果的任务也很艰巨。

第四,贫困地区的生存条件和基础设施条件如不从根本上加以改变,即使脱贫也是暂时的、不稳定的。如要从根本上改变这些条件,国家和地方的财力又有限,这是一个大难题。必须在国家的支持下,动员社会力量和贫困地区人民投入劳力,集中力量解决和改善生存条件、基础设施的建设。

以江泽民同志为核心的党中央代表了人民群众的根本利益,想人民所想,急人民所急,下定决心,在今后两年,每年要力争解决1000万左右贫困人口的温饱问题。不论今后两年的扶贫攻坚任务有多么艰巨,全党全国都要同心协办啃下这块骨头。

江泽民指出:全党同志都要从坚持党的宗旨的高度来认识这个问题,都要把解决最后这部分贫困人口的温饱问题作为一项重大的政治任务,义不容辞地完成好。[1]

表13　西部地区10省、自治区、直辖市的307个贫困县

省、自治区、直辖市	贫困县数	县(市、旗、区)名
重庆	10	酉阳、石柱、黔江、彭水、秀山、云阳、武隆、城口、忠县、巫溪
四川	33	仪陇、阆中、渠县、雷波、普格、木里、喜德、古蔺、盐源、叙永、黑水、苍溪、南部、广安、旺苍、通江、南江、兴文、得荣、壤塘、巴塘、乡城、越西、宣汉、白玉、布拖、金阳、昭觉、美姑、朝天区、天城区、五桥区、嘉陵区

[1]　参见《人民日报》1999年6月10日。

（续表）

省、自治区、直辖市	贫困县数	县（市、旗、区）名
贵州	48	从江、纳雍、沿河、织金、六枝、大方、务川、赫章、盘县、雷山、台江、丹寨、荔波、独山、息烽、天柱、习水、正安、普安、水城、兴仁、威宁、黄平、关岭、三都、印江、普定、德江、册亨、晴隆、贞丰、麻江、榕江、石阡、三穗、岑巩、罗甸、紫云、剑河、望漠、松桃、长顺、镇宁、施秉、平塘、凤冈、安龙、黎平
云南	73	镇雄、彝良、巧家、禄劝、红河、西盟、墨江、鲁甸、永善、会泽、寻甸、龙陵、云龙、剑川、镇沅、孟连、中旬、泸水、绿春、元阳、福贡、西畴、富宁、武定、贡山、双柏、云县、镇康、马关、永仁、盐津、金平、富源、腾冲、泸西、临沧、德钦、维西、宁蒗、江城、屏边、漾濞、南涧、大关、丘北、绥江、南华、砚山、大姚、弥渡、昭通、施甸、东川市辖区、广南、澜沧、双江、沧源、麻栗坡、巍山、祥云、永平、牟定、永德、风庆、姚安、石屏、威信、景东、宾川、洱源、文山、昌宁、兰坪
西藏	5	察雅、嘉黎、索县、南木林、定日
陕西	50	清涧、府谷、紫阳、吴堡、丹凤、镇安、蓝田、宁强、西乡、绥德、镇坪、延川、洛南、宜君、长武、合阳、略阳、延安、延长、神木、安塞、子长、白河、岚县、耀县、蒲城、旬邑、永寿、安康、铜川市郊区、宁陕、山阳、镇巴、榆林、商南、麟游、佳县、定边、汉阴、柞水、淳化、米脂、梦县、志丹、横山、商州、子洲、吴旗、靖边、宜川
甘肃	41	宕县、武都、舟曲、岷县、礼县、庆阳、陇西、渭源、西和、文县、甘谷、武山、清水、和政、静宁、平川区、东乡、积石山、张家川、卓尼、漳县、靖远、永登、临夏、临潭、康乐、天祝、广河、康县、景泰、榆中、定西、临洮、庄浪、秦安、通渭、永靖、会宁、华池、环县、古浪
宁夏	8	西吉、固原、海原、同心、隆德、泾源、盐池、彭阳
青海	14	化隆、循化、同仁、班玛、囊谦、民和、大通、达日、治多、平安、湟源、泽库、玉树、杂多
新疆	25	柯坪、疏附、皮山、墨玉、托里、木垒、策勒、于田、巴里坤、疏勒、岳普湖、阿克陶、洛浦、塔什库尔干、阿图什市、英吉沙、尼勒克、福海、阿谷奇、乌恰、民丰、和田县、和田市、叶城、乌什

资料来源：《国家"八七"扶贫攻坚计划》，中国财政经济出版社 1999 年版。

　　在 2000 年 1 月召开的国务院扶贫开发领导小组第四次会议上，时任国务院副总理、国务院扶贫开发领导小组组长温家宝指出，总结我国推行反贫困战略的经验，结合 21 世纪我国经济社会发展的总体规划，扶贫开发必须坚持以下几点：一要继续坚持开发式脱贫的方针，这是"八七"扶贫攻坚的一条重要经验，是摆脱贫困的根本出路。二是把扶贫开发同实施西部大开发战略结合起来,抓住机遇,大力加强贫困地区的基础设施建设和生态环境建设,改善贫困地区的生产生活条件,发展贫困地区的科技、文化、教育事业,提高贫困地区的劳动者素质,是改变贫困地区面貌的基础。三要把脱贫开发同农业结构的战略性调整、增加农民收入结合起来,通过调整和优化农业结构,全面提高农村经济的素质和效益,开辟农民增收的新途径和新领域,这是实现脱贫致富的最现实可靠的途径。四要把西部地区、少数民族地区、革命老区和自然条件恶劣的特困地区作为今后扶贫开发的重点,采取措施,加大扶持力度,改变贫困面貌。

温家宝要求各地要进一步落实扶贫开发的各项措施,要把扶贫到户的工作做得更深入、更扎实。继续实行干部包扶到村,项目覆盖到村,资金落实到户。坚决压缩一切与扶贫到户、解决温饱没有直接关系的项目,确保扶贫资金集中投向种植业、养殖业、小型农田水利项目。按照 2000 年中央对农业和农村经济结构进行战略性调整的要求,指导和帮助贫困地区、贫困农户搞好结构调整,选准脱贫开发项目,加快小额信贷的推广。扶贫贷款必须由金融部门直接向农户发放,并与农户签订贷款合同,同时要发挥扶贫中介服务组织的作用,帮助和指导农户管好用好扶贫资金。

温家宝指出,要努力提高扶贫资金的使用效益。要加强对扶贫资金的管理和监督,把健全制度、加强管理、切实解决扶贫资金使用中的问题作为 2000 年扶贫工作的一项重点任务来抓。对扶贫资金实行专户管理,特别是要加强项目实施过程中的管理,坚决杜绝挤占、挪用扶贫资金的现象。继续加强对扶贫资金的审计监督,发现问题,及时纠正。对挤占挪用扶贫资金的,要坚决纠正,迅速追回;对贪污挥霍的,要从严惩处,决不手软,确保各项扶贫资金及时足额到位。脱贫项目要由贫困地区和贫困农户从当地实际情况和市场情况出发,自主选择。

温家宝说,要继续动员社会各界帮助贫困地区解决温饱问题。在反贫困的攻坚关键阶段,这项工作只能加强,不能放松。要继续坚持中央国家机关对口帮扶贫困地区的定点工作和东部发达省、市对口帮扶西部省、区的协作工作。中央国家机关必须按照中央的要求,继续派人蹲点脱贫。沿海发达省市要进一步扩大帮扶规模,提高帮扶水平。①

实施反贫困战略的障碍

在过去的脱贫工作中,通过实事求是地分析,发现还存在一些不容忽视的问题。

一是地方政府重视不够,行动上不力,特别是地、县两级重视不够,或者说口头上重视,行动上落实不够。西部地区集体经济组织相当一部分解体后,贫困农民实质上已成了个体小农经济,遇到生产中的困难无人过问,无力帮助解决,也无力抗御自然灾害。特别是那些偏僻的深山区,地方干部很少涉足贫困地区和贫困农户,即使偶尔下去,也是走马观花、蜻蜓点水,做个样子就完事。而那些从事农业技术工作的人员也不下贫困地区去进行农业技术指导,西南部分山区至今还沿袭"刀耕火种"的原始生产方式,玉米亩产百余斤,农田杂草灌木遍地生。那里的农业生产自然条件很好,雨水充足,耕地也多,只要稍加努力,改进耕作技术,农业就能搞上去,温饱问题就能解决。关键是无人过问、无人涉足。

二是扶贫资金不到位,往往被挪做他用。有些贫困地区,县城到处是工地,城区扩大了,高楼也盖起来了,马路修宽了,楼堂馆所林立,但贫困状况依旧或改善进展甚微。在有限的财力、物力的使用上,应该以扶贫开发解决群众温饱为重点,任何项目都不能挤占扶贫资金,但某些地区财政虽然困难,照样购买小轿车,照样盖楼堂馆所。有些贫困县机构庞大,"吃人头饭"占财政收入的80%左右,因此,存在着挪用扶贫资金发工资的现象。

三是扶贫资金没有用于扶贫,直接受益的不是贫困人口。据调查,约

---

① 参见《人民日报》2000 年 1 月 17 日。

30%的扶贫资金虽然兴办了企业,但其受益者、享受工业利润的却不是贫困人口,而是非贫困人口。有些扶贫项目兴办的企业,招收的工人却不是来自贫困农村,而是城里人或外地人。扶贫项目不是为贫困地区发展集体经济而设立,而是为私营企业主开发,让私营企业主赚钱发家,贫困农民还是照样贫困。云南、贵州、甘肃、陕西等贫困地区,这种现象不少,导致扶贫项目的受益者不是贫困农民,不是壮大、充实集体经济实力,而是培育了一批私营企业主或某些以权谋私者,群众反应强烈。

四是扶贫资金没有落实到贫困村和贫困户。这种现象也较普遍,影响了贫困地区的脱贫进度,甚至"以粮代赈"、"以工资赈"资金也不能完全落实到贫困农民手中,中间截留现象严重,群众意见很大,影响农民的生产积极性,也影响了农田水利建设工程、乡村公路网建设工程、生态防护林体系工程、水土保持工程、小流域治理工程及农业综合开发工程等建设的进度。这些问题的严重存在,最终影响了西部贫困地区经济的发展和脱贫致富的进度,也影响了"八七"扶贫攻坚计划的实现。

五是某些开发性脱贫项目收效不理想。据贵州省提供的资料显示:1986—1997年共投入脱贫资金24亿元,开发了近5000个脱贫项目,但有成效的仅占1/4,有3/4的扶贫资金成了无效投入。造成这一情况的主要原因是:扶贫工作中的目标偏离、选项失误、管理不善、运作失控以及扶贫资金迟迟不到位;资金到位时,已错过了有利时机,不能产生预期的经营效果,反而影响了资金回收,形成恶性循环,极大地降低了脱贫资金的有效利用。

加快脱贫攻坚力度,尽管难度很大,但也具备了一些有利条件,通过建立科学的脱贫机制是完全可以实现的。

一是有党和国家对缩小地区差距的决心和信心。政府对实现"八七"扶贫攻坚计划的高度重视,采取了一系列政策措施排除各种干扰和破坏;贫困地区的干部和群众对摆脱贫困有强烈的愿望。把党和政府的政策措施同干部和群众的积极性结合起来,就能产生巨大的物质力量和精神力量,就能使脱贫攻坚战无往而不胜、无坚而不克。

二是随着国民经济的发展和国家综合国力的增强,可以更多地增加脱贫投入,帮助西部地区开发建设。中央的财政扶贫投入正在逐步增加,同时要求地方根据不同的经济和财政情况,要达到中央扶贫投入的30%—50%。由于贫困人口逐年减少,可以更集中地使用脱贫资金,加大对贫困地区的投入力度。有了较丰厚的财力,扶贫攻坚就有了物质基础。

三是经过十几年来的脱贫开发,贫困地区有了一定的自我发展能力,在脱贫开发实践中创造了许多成功的经验,找到了一些行之有效的路径。这就是开发与脱困相结合;摆脱贫困与开发智力相结合;扶持项目与扶持贫困乡、村、户相结合;输血脱贫与造血脱贫相结合,使科学的脱贫机制发挥更大的脱贫作用。

四是全社会扶贫济困的积极性越来越高,帮助贫困地区开发建设的规模越来越大。各级领导脚踏实地地抓脱贫攻坚工作,一村一村地抓,一户一户地解决。实践证明,加强领导,及时指导,不搞花架子,特别是把有限的脱贫资金和脱贫项目严格落实到农村经济发展上,抓好一个实体,脱贫就能解决一大批。能不能打好扶贫攻坚战,关键在于各级领导的决心,在于脚踏实地地工作,在于切实有效地落实。只要全党全国人民统一认识、统一意志、统一行动,下最大的决心,上下结合,各方协调,充分利用已有的成就和经验,调动全社会的积极性,采取更加得力的措施,依靠西部地区农村新的经济组织力量,经过贫困地区人民的努力,就一定能够夺取扶贫攻坚的最后胜利[①]。

反贫困思路要创新

反贫困斗争,是解决人与自然的关系,是发展生产力的问题。要根据

---

① 参见徐逢贤等:《跨世纪难题:中国区域经济发展差距》,社会科学文献出版社 1999 年版,第 153—156 页。

贫困地区的实际情况,把脱贫开发工作作为贫困地区经济工作的中心,把解决贫困人口的温饱问题作为第一位的任务,把改善贫困人口的生存条件和发展农业生产的基础设施,促进农业的发展作为脱贫的基础工作来抓。充分发挥自力更生、艰苦奋斗的精神,坚持以开发式脱贫为主、救济为辅;坚持实行开发脱贫与救济脱贫相结合,脱贫项目和扶持贫困乡、村、户相结合,脱贫与扶智相结合,政府扶贫与社会扶贫相结合的原则,突出重点,选准关键,集中力量解决农村贫困人口的温饱问题。

一是把解决贫困人口温饱问题作为首要任务。贫困地区经济、社会、文化落后及生态环境、生存环境恶劣是历史造成的,从根本上改变这种状况需要长期努力,这是个渐进发展的过程,当务之急是要解决贫困农民的温饱问题。这是贫困地区群众的迫切要求,也是贫困地区经济社会发展的前提。"国以民为本,民以食为天",任何事情没有比解决群众的温饱问题更重要、更迫切、更关键。因此,贫困地区特别是贫困县,在扶贫攻坚阶段,要正确处理发展地方经济与解决群众温饱、富县与富民的关系,始终把解决温饱问题摆在首位,集中力量,抓住重点,解决群众的温饱问题,并争取抓出大的成效来。

二是继续坚持开发式脱贫与救济式脱贫相结合,围绕解决群众的温饱问题进行开发建设。把贫困地区干部群众的自力更生和国家的脱贫结合起来,开发当地资源,发展商品经济,增强自我积累和自我发展的能力,是稳定地解决温饱问题、实现脱贫致富的根本出路。但要实现这一目标,首先必须解决群众的温饱问题。所以,要围绕解决温饱问题,发动群众治山、治水、改土;种树、种草、修路,加强基础设施建设,特别是要加强农田水利设施的建设,以改善贫困地区的生产条件和生态环境,实现农业的可持续发展。在此基础上,因地制宜地开展多种经营,并积极发展乡镇新经济,千方百计增加农民收入。

这就要求贫困地区的各级政府和群众把有助于直接解决群众温饱问题的种植业、畜牧业和以当地农副产品为原料的加工业作为扶贫开发的重点,并逐步实现产业化经营,以增加农民收入。发展这些产业不仅能够充分发挥西部地区的资源优势,而且有广阔的市场,投资少、扶贫效果快,成功率高,扶贫覆盖面广,家家户户都能干,并且都能受益,很受贫困地区的群众欢迎。扶贫攻坚必须把发展农业放在首位,作为重点,优先安排,国家的扶贫专项贷款要集中用于上述产业,其他扶贫资金也要向这些产业倾斜并与之配套使用。

三是坚持扶贫与扶智相结合。贫困地区经济、社会落后的一个重要原因是科技、教育滞后,劳动力素质低。为此,要把扶贫开发与提高劳动者素质结合起来,把扶贫开发转移到依靠科技进步、提高劳动者素质的轨道上来。不发达地区要加大科技脱贫力度,选择一批成熟可靠、容易掌握、增产增效增收显著的农业适用技术加以推广,改变落后的广种薄收,甚至"刀耕火种"的落后生产方式。

积极推进贫困地区的教育改革,重点放在普及初等教育、扫除文盲和对农民进行适用技术培训上来。不发达地区要推行免费义务教育,才能提高适龄儿童的入学率,普及初等教育。为了提高西部贫困地区的师资水平和科技水平,建议高等院校毕业生定向到贫困地区从事教育工作2至3年,这是贫困地区人民的迫切要求和愿望。

要坚持扶贫开发与计划生育相结合,控制人口过快增长,尽快改变贫困地区长期以来存在的"越穷越生、越生越穷"的怪圈。积极发展农村合作医疗,逐步建立贫困地区农村基本医疗保障制度,减少农民医药费负担,减少因病致贫、因贫致病、复归贫困现象的发生。

四是脱贫攻坚要落实到村、到户。实践证明,脱贫工作抓得是否实在,效果好不好,关键在于能否把脱贫工作做到村,扶到贫困户,改变过去扶贫到省、到县的做法。贫困省区和贫困县范围内的农民收入差距也是很大的,并不都是贫困户。从国家统计局公布的数据来看,全国各省、自治区、直辖市的农民人均纯收入都已超过了贫困线,没有贫困省区。从各省的统计资料来看,绝大部分县的农民纯收入也已超过贫困线,低于贫困线的县不足100个。从各县的统计数据来看,低于贫困线的乡不到贫困县乡镇总数的25%。因此,必须把贫困乡、村作为脱贫攻坚的主战场,把贫困户作为脱贫的对象,不能不分贫富,平均对待,更不能把扶贫资金挪用建楼堂馆所,这种"脱贫"方法,对真正贫困农民来讲越"脱"越贫。实践已经充分证明:凡是这样做的地区,脱贫效果都不理想,收效甚微。

脱贫资金一定要安排到乡、到村,扶贫项目一定要覆盖到贫困户,真正使贫困户受益,从而切实有效地加速脱贫进程。

五是扶贫工作要坚持因地制宜、分类指导的原则。贫困地区的自然、经济、社会发展情况千差万别,每个县、乡、村也都有不同的特点。所以,脱贫工作一定要从实际出发,扬长避短,选择各地区最有效的脱贫致富新思路和新机制。

在有耕地资源,但产量低下的贫困地区,要花大力气抓基本农田建设,发动群众兴修水利设施,改造中低产田,建设坡改梯、旱改水及水土保持工作,大力推广先进适用型农业技术和耕作技术,把农业搞上去,大力发展粮食生产,首先解决吃饭问题,这样的贫困县约占贫困县总数的70%。

在缺少耕地,但荒山坡等非耕地资源丰富的地区,在不破坏生态环境的前提下,要大力发展林果业和畜牧业。在矿产资源丰富的地区,要在合理规划和统一指导下,可实行多种经营形式,适度发展采矿业,相应发展矿产资源加工业,这样的县约占贫困县总数的20%。

在耕地和非耕地资源都不太丰富,人口资源又超过了资源承载能力的贫困地区,如南方裸石山区、深山区、荒漠区、水库库区等,除搞养殖业外,可组织劳动力输出,有组织地安排劳动力就业,以增加收入,开阔视野,并积极发展林业、牧草业。这样的贫困县约占贫困县总数的5%。

在一些缺少最基本生活条件和生存条件的喀斯特深山区,或荒漠边远地区,可根据农民自愿的原则,实行移民异地开发,改变其生存空间,改善其生产、生活条件。这样的县约占贫困县总数的2%。①

不同地区可以走不同的脱贫路子,切不可千篇一律,"一刀切"。但都要解决好两个问题:一是要有苦干实干精神,自力更生,战天斗地才能改变贫穷落后面貌;二是遵循可持续发展原则,不能只顾眼前利益,不能以破坏资源、牺牲生态环境为代价,而要实现资源的合理和永久利用。这样的脱贫致富之路才有可靠的稳定基础。

政策要向实施反贫困战略倾斜

一、增加扶贫资金投入,提高扶贫资金使用效率。近几年,国家对脱贫资金的投入在不断增加,中央还要求各地投入的资金比例要达到脱贫资金的30%—50%;国民经济各部门在安排产业布局和资金投入时,进一步向贫困地区倾斜,这是正确的决策。但目前的问题是,贫困地区所在的省区资金严重缺乏,扶贫投入严重不足。根据初步匡算:到2003年,每年投入的脱贫资金至少要有350亿—380亿元,才能使扶贫攻坚计划进入正常运转状态,资金缺口尚达150亿元左右。

为此,建议中央增辟税目:规定对各类企业按营业收入总额提取2%的"扶贫基金税"。这样,每年至少可增加扶贫专项基金约120亿元。

对各类企业(包括个体工商户、私营企业、私人合伙企业、股份制企业、"三资"企业)按营业收入提取2%的"扶贫基金税"是完全必要的、非常合理的,也是可能的。特别是非公有制企业,企业个数占全国企业总数的90%左右,从业人员占全部就业人员的一半左右,但其上交的税收仅占国家税收总额的12.4%,远远低于公有制企业(包括国有企业和城乡

---

① 参见徐逢贤等:《跨世纪难题:中国区域经济发展差距》,社会科学文献出版社1999年版,第157—160页。

集体企业)的 87.6%。也就是说,按同样的经营状况,非公有制企业的税负仅是公有制企业税负的 1/6。

为此,导致社会居民间收入严重不公,贫富差距悬殊,两极分化严重。从非公有制企业营业收入提取 2%,这项税收由国家专项征收,专项用作扶贫开发事业和扶贫救济事业,即使提取 2% 的扶贫基金税,那么各类非公有制企业的税收也仅占国家税收总额的 14.4%,其税负仍然大大低于公有制企业。

各项扶贫资金必须用到解决贫困人口温饱问题的种植业、养殖业和以当地农副产品为原料的、能赢利的加工业。实践证明:积极发展农、林、牧、副、渔业及其加工业是解决温饱问题的最现实、最可靠的路子,而且发展这些产业,投资少、见效快、家家户户都受益,脱贫速度快。在贫困地区农民连温饱问题都没有解决的情况下,脱贫资金不宜过多地上工业项目,更不能盲目地上贫困人口不能直接受益的工业项目。当然,在那些基本解决温饱问题的贫困地区,为加速脱贫致富的步子,要抓住机遇积极发展股份制、合伙制工业企业,建立新的"造血"机制,以增加农民的收入和加快农村富余劳动力的转移速度。

各项扶贫资金要做到协调配套,发挥整体效益。中央的财政发展资金,主要用于产生社会公共效益的项目;脱贫贷款主要用于有经营收益而又能还贷的项目;以工代赈、以粮代赈资金主要解决乡村公路、人畜饮水工程、基本农田建设、农田水利工程及坡改梯工程、水土保持工程等建设。为不影响生产,特别是不影响农业生产,各类扶贫资金在年初必须分配到位,贫困地区要尽快将资金落实到项目上,不要让项目等资金。

二、加强扶贫工作的领导、组织和指导工作。建议贫困地区党政领导机关,由党政主要负责人抓脱贫开发和解决贫困人口温饱问题的工作。贫困县的县委书记和县长要集中精力深入贫困区、贫困乡、贫困村及贫困农户,特别要深入山区调查研究、访贫问苦,同农民一起研究脱贫大计,订出每一贫困户的脱贫时间表、脱贫水平、脱贫措施,把脱贫致富工作做深、做细、做扎实。县级职能部门的干部每年要有 1/3 的时间扎根在贫困乡、村、户,指导当地发展农业生产,贯彻落实脱贫措施。

建议国务院和不发达地区的省、地、市机关干部抽调 1/4 的人员到贫困县去蹲点,2—3 个人一个县,专司脱贫工作,农牧业技术推广、指导和生产的组织工作。何时脱贫经国务院脱贫办和有关政府部门验收后再返回机关,脱贫攻坚成绩卓著者奖励,成绩不佳者调离机关,在贫困县继续从事脱贫致富工作。

农业科研院所的研究人员也应分期分批到贫困县搞科学研究,作为国家的重点科研项目。在实践中还要不断推广农业适用技术和适合贫困县实际情况的耕作技术措施。

三、巩固和发展农村新经济组织。农村集体经济组织解体、经济实力薄弱或形成空壳,是导致贫困的根本原因之一,也是西部地区产生贫困县、乡、村、户的根本原因和普遍现象。据调查:贫困地区几乎没有农村集体经济组织存在了,除了土地名义上由国家规定属集体所有外(集体经济组织已不存在,也就没有集体所有者这个主体,实质上只有农民个体经营了),基本上没有任何集体经济财产。对贫困户无力救助,社会公益事业也无钱、无人组织农民去办,脱贫开发工作也难以展开,这是贫困村、贫困户长期贫困落后的根本原因之一。① 实践证明:建立和健全农村经济组织(比如,股份合作制企业、农民合伙经营的企业、大户经济,等等),不断壮大新经济力量,是关系到贫困村、贫困户脱贫致富的大事,也是关系到巩固农村基层政权,增强农村党组织的凝聚力、号召力的大事。西部地区要把发展农村新经济组织作为脱贫工作的一项治本措施来抓紧、抓实、抓好。扶贫开发一定要与发展新经济组织结合起来,逐步增强新经济实力,才能从根本上解决村里有人办事、有钱办事的问题。在脱贫工作中一

---

① 在贫困地区的集体经济组织,成了某些基层干部的"小金库",被吃垮、拿垮、整垮,农民不相信再建什么"集体"经济组织。因此,要建立农村专业股份合作制、农民合伙经营、大户经济等新经济组织。

定要把农村新经济组织建立起来,稳定和健全以新经济组织为主体的、以土地承包经营为基础的农村双层经营体制,为贫困农户发展生产、脱贫致富提供社会化服务。

脱贫攻坚,既要讲经济,更要讲政治,抓好农村基层党支部建设是关键。"给钱,给物不如给个好支部。"重视抓好以村级党支部建设为核心的基层组织建设,是我们脱贫工作的基础。西部地区一些贫困乡、村长期解决不了群众的温饱问题,除生存条件困难等客观原因外,一个根本原因就是那里的村党支部、村新经济组织没有建立起来或处于瘫痪状态,不能带领农民群众艰苦创业,发展农业生产。因此,扶贫工作中应把建立农村党支部为核心的农村基层组织建设放在重要位置,按照德才兼备、注重政治、善于组织管理,选拔那些年富力强,认真贯彻执行党的方针、政策,公正廉洁,组织纪律性强的党员担任村党支部书记。在党支部的领导下,把村级农村新经济组织建设起来,带领群众积极发展经济,增强实力,为分散经营的农户提供社会化服务。只有这样,才能把反贫困工作落到实处,加快脱贫致富的步伐。

四、国家建设项目要向不发达地区倾斜。发展不平衡是我国的基本国情,现在尚未脱贫的人口主要集中在西部不发达地区。从根本上说,在一个地少人多的国家里,一个地区没有工业就很难富裕起来,没有大中型建设项目的带动,地区经济就很难发展起来。因此,今后国家安排的建设项目要进一步向西部地区倾斜,以支持西部贫困地区经济社会的发展,从而带动贫困地区脱贫致富,逐步缩小东西部地区经济社会发展的差距。

国家在"九五"期间已经在西部不发达地区安排了一些大中型资源开发项目和基础设施项目,建议各省区规划建设的大中型项目,也应依据这一原则,向贫困地区倾斜,支持贫困地区加快发展。而贫困地区的人民,应克服"等、靠、要"的思想,发挥自身的积极性、主动性和创造性,增强自我积累、自我发展的能力,把各方面的工作搞得更好,加快脱贫致富的进程。

五、加大东部地区对口帮扶西部贫困地区的力度。东西联动,互助合作是促进东西部优势互补、缩小差距,逐步实现共同富裕的重要途径之一。中央已经作出具体安排:北京帮助内蒙古,天津帮助甘肃,上海帮助云南,广东帮助广西,江苏帮助陕西,浙江帮助四川,山东帮助新疆,辽宁帮助青海,福建帮助宁夏,深圳、青岛、大连、宁波四个计划单列市帮助贵州。特别是福建帮助宁夏已创造了丰富的经验。这是一个重大的战略措施,重要的是要落到实处,每一结对扶持的省、市都应拿出具体的方案和措施,把协作项目落实到贫困县、乡、村,落实到企业,并加大扶持力度。①

在合作中还应展开干部、技术人才交流,动员富裕县帮助贫困县,利用人才、技术、市场、信息、资金、管理等优势,在互惠互利基础上与贫困县共同开发当地资源,对口支援的双方还要定期做好协调工作。

集聚社会力量推行反贫困战略

改革开放 20 多年来,随着我国社会经济的快速发展,党和政府有计划、有组织、大规模地开展扶贫开发工作,我国贫困人口大幅度减少,农村没有解决温饱问题的贫困人口由 1978 年 2.5 亿人减少到现在的 4200 万人,这是全党、全国人民共同努力奋斗的结果,其中也包括中国扶贫基金会所做的突出贡献。

中国扶贫基金会成立 10 年来,累计为贫困地区人口募集资金 5 亿多元人民币,实施扶贫项目近 200 项,包括脱贫开发项目,学校、卫生院项目,科技推广项目,道路、桥梁及水利项目,贫困农户自立工程项目等。特别是近几年,平均每年直接帮助的贫困人口有五六万人。

---

① 参见徐逢贤等:《跨世纪难题:中国区域经济发展差距》,社会科学文献出版社 1999 年版,第 161—165 页。

中国扶贫基金会成立之初是一个没有基金的基金会,但并不是说在扶贫事业上就无所作为。除了实施近 200 个扶贫项目之外,中国扶贫基金会遵循扶贫宗旨,通过多种方式,支持、促进社会力量参与扶贫事业,已经形成社会团体扶贫的中国特色。

一是东西部地区干部交流,是基金会成立之初所做的最有影响的一件事。1991 年,经中国扶贫基金会老同志牵线,江苏、陕西两省 146 名干部对口交流。这项工作开展的头一年,就为陕南引进开发项目 200 多项,引进资金 1000 多万元,引进各类人才 500 多名。而且由交流干部发展到提供信息和直接帮助。陕南向沿海及国际市场销售近百种产品,价值达 7000 多万元。干部交流这种扶贫方式被国家领导同志誉为"扶贫开发工作的一项创举",经中央组织部和国务院扶贫开发领导小组支持和推广,很快发展到 29 个省区。到 1995 年,已交流干部 1 万多名,是一个有效的脱贫传授形式。

二是劳模脱贫、企业家脱贫。全国劳模吴仁宝,根据他多年的脱贫经验提出扶贫要先扶志、先育智,建议由他出资帮助中西部地区的乡镇干部到华西村去学习发展市场经济和企业管理的经验。这个富有成效的扶贫方式又推广到其他劳模当中。从 1994 年起,中国扶贫基金会支持吴仁宝、仉振亮、史来贺、常宗锡做了许多实际扶贫工作,山东潍坊、牟平、龙口,福建厦门等地举办县、乡、镇干部培训班 40 多期,培训乡镇干部 4000 多人。

三是专家扶贫。中国扶贫基金会利用联络科技专家的优势,请专家到贫困地区举办实用技术培训班,把最好的种植、养殖技术传播给渴望脱贫致富的人们。特别是"龙氏养猪法"、"林氏菌草技术"、鲁西高腿羊饲养技术等,都是脱贫效果十分显著的实用技术。几年来,每年有 2000 多人接受培训,他们又作为"二传手",把致富技术教给了更多的人。

四是新闻扶贫。中国扶贫基金会与新华社半月谈杂志社,从 1994 年开始在全国组织"十大扶贫状元"评选,这项活动所起的作用绝不仅仅在每年向全国推出一批扶贫战线的先进人物,而是通过对先进人物的表彰,影响和带动更多的人参与扶贫。中国扶贫基金会与中国记者协会组织"中国百名记者志愿扶贫团",深入中西部12个省区采访,行程数万公里,采写了大量报道,加强了人们对贫困地区的了解,也鼓舞了贫困地区的人们自力更生、艰苦奋斗去开创新生活。还有广播扶贫、电视信息扶贫,为贫困地区免费做电视广告,帮助贫困地区宣传、销售土特产品,为贫困地区的经济发展提供实实在在的帮助。

根据我国贫困人口的分布特点,中国扶贫基金会从1999年开始组织实施"贫困农户自立工程",并已开展三个主要项目。

一是西南山区平整土地项目。主要是资助石山地区贫困农户,通过工程方式,炸石造地,将石头山改造成为基本农田,解决缺土和水土流失问题,改善生态环境,发展农业生产。资助资金主要用于购买炸药、钢钎等生产工具,贫困农户自己投入劳动。平均资助800元左右,即可建造1亩基本农田,解决两个人吃饭问题。近几年中国扶贫基金会每年资助贵州省搬石造地1万多亩。

二是西北干旱地区饮水项目。主要是资助干旱地区的贫困农户,建造适宜家庭用的小型贮水设施,收集、贮存雨水,解决生活饮水问题。资助资金主要用于购买水泥、胶管、压水泵等材料,贫困农户自己投入劳动,自己准备沙石。平均资助1500元左右,即可建造一个容量为400立方米左右的水窖,可蓄水300多立方米,基本解决一个五口之家的常年生活用水问题。近几年,中国扶贫基金会每年资助在甘肃、陕西、宁夏等建水窖1500多眼。

三是四川大凉山彝族贫困农户住房改造项目。彝族同胞为我国革命事业作出过巨大的贡献。当年红军长征时期著名的"彝海结盟"就发生在这个地区。高海拔的地理位置使得农业生产受到限制,许多彝族同胞的生活处于困难之中,居住条件极其恶劣。中国扶贫基金会组织社会力量资助彝族贫困农户改变人畜混居的状况,依照经济、实用、保暖、卫生的原则,改善住房条件,移风易俗,人畜分开居住,平均每户资助 2000 元人民币。近几年中国扶贫基金会每年资助四川大凉山彝族自治州改造住房 1500 多户。

社会力量扶贫效果显著,值得推广,但这种扶贫方式要立足自身实际,需要注意下面几个特点:

一是摆正自己的位置。中国扶贫基金会是没有"基金"的基金会,政府也没有拨款支持,在反贫困事业中,主要起辅助的作用,政府是反贫困主力军。因此,中国扶贫基金会的工作定位为"更广泛更深入动员全社会力量参与扶贫",支持、促进社会力量参与国家扶贫事业,以多种方式为脱贫办实事。一方面组织落实扶贫捐赠的项目,扶贫资金相对集中使用,形成一定的规模,项目之间相互配套,发挥扶贫资金的最大效益;另一方面,通过多种方式支持,促进社会力量参与扶贫行动。

二是扶贫要扶本。帮助贫困人口建设生产自立的条件和自身的能力,逐步走上自力更生的脱贫道路。尚未脱贫的贫困人群,并不都是因为他们懒惰、无能,主要困难是缺乏生产自立的基础条件,缺乏发展经济的生产资料,缺乏必要的管理能力,这是我国贫困人口的基本情况。因此,帮助贫困人群建设生产自立的基础条件和自身能力,是扶贫的根本。中国扶贫基金会据此设立"贫困农户自立工程"项目,扶贫到户,花钱不多,效果很好。

三是扶贫要引智。帮助贫困地区贫困人口获得先进实用技术,增强反贫困的信心,提高反贫困的能力。通过组织科技专家到贫困地区推广先进实用技术、举办实用技术培训班等方式,开通一条送技术到贫困农户的渠道。很多专家、科研单位都拥有很好的技术,但贫困地区的人们不知道,其间需要大量的、多种多样的输送渠道。中国扶贫基金会除了组织干部培训之外,还组织贫困地区的初中毕业生在当地的中等职业学校学习,使他们能够掌握一定的职业技术,组织大学教师到贫困地区举办师资培训班,组织退伍返乡的老兵学习种养技术,推广良种肉牛饲养技术和劳务输出培训等,深受贫困地区人们的欢迎,效果非常明显。

四是强化管理。提高项目管理水平,树立基金会管理有效、廉洁自律的形象,以吸引更多的社会资源加入扶贫。扶贫基金会在总结国际国内基金会经验的基础上,制定严格科学的管理制度,健全项目档案管理,引入计算机网络管理,吸引和培训优秀人才加盟,实行财务公开和独立审计制度,以建立公众对基金会的信任,吸引更多的社会资源加入社会扶贫,以促进我国扶贫工作的发展。[①]

---

① 参见王金海:《社会扶贫,大有作为——访中国扶贫基金会会长杨汝岱》,《人民日报》1999 年 12 月 14 日第 8 版。

论建立和发展特色经济

把调整产业结构作为切入点

朱镕基总理在视察甘肃、青海、宁夏三省区时指出,西部地区要根据不同的地理和气候条件,不同的资源和物种特点,以市场为导向,立足于发挥自身优势,调整和优化产业结构,建立具有发展前景的特色经济和优势产业,培养和形成新的经济增长点。国务院西部地区开发领导小组召开的西部地区开发会议指出,实施西部不发达地区开发战略,起点要高,不能搞重复建设。要抓住我国产业结构进行战略性调整的时机,根据国内外市场的变化,从各地资源特点和自身优势出发,依靠科技进步,发展有市场前景的特色经济和优势产业,培育和形成新的经济增长点。要加强农业基础建设,调整和优化农业结构,增加农民收入;合理开发和保护资源,促进资源优势转化为经济优势,加快工业调整,改组和改造步伐;大力发展旅游等第三产业。朱总理的指示和西部地区开发会议的精神,不仅表明了在经济发展战略中,调整产业结构对促进西部大开发的积极作用,而且也为西部地区如何调整产业结构,大力发展优势产业和特色经济指出了方向。

经过 50 年的建设，西部经济已经有了一定的基础，但在加快发展中也面临着新的机遇和挑战。在新的形势下，要加快西部地区的发展，除了从宏观上搞好发展战略的规划外，重要的是发展思路要有大的变革，不能像以往那样走大而全、小而全、低效运转、重复建设的路子，而要充分发挥西部地区市场潜力、劳动力成本低等方面的比较优势，突出发展以优势资源为依托的优势产业，发展特色经济，让资源优势尽快转化为商品优势。

改革开放以来，西部各省、自治区、直辖市在党中央、国务院的领导下，将经济建设的重点放到了开发优势资源上。实践证明，这一发展战略既符合西部不发达地区的实际，又符合国家产业政策和产业布局的要求。经过多年的艰苦奋斗，取得了可喜的成绩。西部大部分省区资源开发的范围由单纯的矿产资源开发，向高原生态资源、农业资源、珍奇动植物资源、冷凉气候资源等领域拓展，开发层次也逐渐由矿产品、初级加工产品，向加工增值、综合利用、规模开发方向转变。

然而，由于世界范围内的产业结构调整、高新技术产业发展以及新材料的推广运用，使得国内外对资源性产品的依赖性降低，有相当一些资源性产品出现供大于求和价格走向低迷的趋势。国内外市场供求格局的变化，势必影响西部不发达地区资源优势的发挥，进而使以资源为依托的产品在市场竞争中处于不利的地位。

怎样变不利因素为有利因素，如何突出产业优势，在国内外市场上打好"西部牌"，从理论和实践上解决这一课题，不仅是当前经济发展的迫切要求，也关系到西部不发达地区经济发展的未来。我们应当看到，西部不发达地区的大部分省区是全国的资源大省，在依托资源发展经济的过程中，产业结构问题已成为影响经济和社会发展的突出问题。纵观这些省区的产业布局，不难看出，农业受自然环境的制约，实现向农业现代化转变的困难较大；工业由于初级加工工业比重大、精深加工工业比重小，加上技术、人才等诸多因素的制约，对现有企业进行技术改造以及发展高新技术产业很难在短期内推进,这些省区的优势产业因为缺乏统一、合理的规划以及低层次的重复建设,在市场上的比较优势还未充分发挥出来。凡此种种,固然有许多主客观因素的影响和制约,但究其根本,还是个结构问题。

因此,当前和今后一个时期,西部不发达地区经济发展的中心任务和工作重点,应该加大对产业、产品结构调整的优化力度,提高经济增长的质量和效益。调整的方针就是要以市场需求为导向,以优势资源为依托,发展具有市场竞争力的产业和产品,逐步形成特色经济。在调整中,如果我们思路不清,就不可能真正认识优势所在,很难形成特色经济;如果调整措施不够有力,动作迟缓,就不可能在竞争中取得市场先机。要坚决压缩和淘汰那些没有市场的产品,坚决关闭技术落后、质量低劣、污染严重的夕阳产业。只有这样,才能优化资源配置,改善有效供给,不失时机地发展具有生机和活力的地方特色经济,并积极推进优势资源开发向规模化、集约化和精深化方向发展。

当然,调整产业结构不可能一蹴而就。加快西部地区的发展,西部各省、自治区、直辖市除了自身需要努力外,还需要国家的大力支持,需要强化宏观调控,需要强化区域发展规划,使各地的优势得以充分发挥。[①]

发展特色经济,要处理好自然资源优势与其他生产要素优势的关系。丰富的自然资源是自然界赋予西部人民的宝贵财富,西部产业结构布局,很大程度上也是基于这种自然资源优势。但是,长期以来,人们却过多地强调、甚至夸大了这一优势的作用,从而严重束缚了人们的思想和手脚,极大地阻碍着产业结构的调整。日本、新加坡、韩国等资源小国以及我国东部沿海地区经济成功起飞的实践雄辩地证明,自然资源在现代经济增长中的作用是十分有限的。因此,对资源优势必须有一个正确的认识和恰当的评估,从而保证在调整产业结构过程中把更多的精力放在筹措资

---

① 参见《调整结构创特色》,《青海日报》1999 年 11 月 22 日第 1 版。

本、创新技术、开发人才和提高竞争力上来。

要处理好传统产业与新兴产业的关系。调整产业结构必须兼顾当前利益与长远利益。从近期看,要更多地从现实出发,立足于用先进技术改造传统产业,不断挖掘传统产业的潜力和优势。西部不发达地区许多省区是老工业基地,传统产业比重很高,全部放弃既不可能,更无必要;从长期来看,为了不使西部各省区市在未来的竞争中落伍,从现在起就要在改造传统产业和发展为数不多的高新技术企业和产品的同时,大力培育和扶持高科技产品和新兴产业。

内涵:体系与发展

江泽民同志曾经指出:"应大力发展地方的特色经济。"这是一个科学的战略决策。从战略高度上审视,中国特色社会主义在经济上不仅表现为公有经济为主导的市场经济,同时还应该表现为区域布局上的特色经济。

一、特色经济的界定

从世界大势来看,凡现代化先行的国家和地区,其产业结构和经济体系无一不具有自己鲜明的特色。在当代,国际上正掀起一股强劲的产业调整浪潮。这种调整以知识经济为依托,围绕着微电子、空间、海洋开发、新材料、新能源以及生物工程展开了新一轮的大角逐。

对特色经济的认识和研究,从根本上来看乃是市场经济的产物。在一定意义上讲,市场经济就是特色经济。自给自足的农业社会是无所谓特色经济可言的,因为生产者的目的就是为了满足当事人及其家庭成员的实物需求。这种实物需求是多方面的,它表现在经营项目上必然是"一麦带十杂,五谷加苎麻"。这样,整个经济布局便表现为某种低水平面上的结构雷同。市场经济不同,它是"为卖而买"的竞争经济,商品能否脱手以及脱手后能否收回成本并带来资本增值,决定着企业的成败与兴衰。卡尔·马克思曾形象地指出,从商品到货币的转变是一次惊险的跳跃,它摔坏的不是商品,而必然是商品的所有者。无论一国或一地要在市场竞争中取胜,产业和产品必须具有特色,亦即有不可替代的"差别优势"。这样才能形成"自然垄断",并由此成为市场上不可替代的供应商。

市场是由千千万万特色产品构成的一个庞大的社会协作网。如果没有产品特色和差别,交换根本不可能发生,市场经济就无从谈起。这些特色产品得以出现,正是由各不相同的社会需求所决定和派生的,在一定意义上,市场经济本质上是一种"需求约束型经济",它与"资源约束型"的计划经济迥然有别。后者以财力、物力的允许限度来安排经济发展,直到碰上资源供给的硬约束才不得不暂时停止下来。至于其生产的产品是否有需求,能否适销对路,计划经济是不考虑或考虑甚少的。与此不同,市场经济调度注重资源的稀缺性,完全以需求为导向。需求不欢迎的项目,竞争性的市场将会无情地予以淘汰。我们众多的国有企业,在向市场经济的转轨之所以步履艰难,不能顺应市场需求及时地调整结构雷同的产业和产品是一个重要原因。总之,市场需求在种类上的千差万别和对品牌的"优质偏好",决定了新时期的地方经济必须是特色经济。特色是优势,特色是竞争力,"特色之树常青",这应成为经济建设的一个公理。

二、特色经济的体系

特色经济首先是特色产业和特色产品。在这里,特色产品是特色产业的基础,不论人们对所谓"特色经济"的内涵作怎样的描述,从市场的竞争力、占有率和赢利率来看,决策的出发点和落脚点都必须是特色产品。

特色产品集中表现在它特殊的优良品质、特殊的使用价值和供给的稀缺程度上。它的品质是优良的,而不是粗制滥造的,因而深得消费者的信赖而备受欢迎;它具有使用价值,能满足某种特殊的又有不可代替的社会需求,因而有着广阔的市场前景和长远的生命力;它在供给上也具有特殊性,那就是"人无我有","人有我新",表现出一定的稀缺性,占有特殊的市场地位,这样才能成为不可替代的供应商。特色产品上的上述质的规定,决定了特色经济应该是一个"特色系统"。

1. 特色产品必须依托特色产业的开发。在传统经济中,也有名、特、优产品,但它受到两大因素的制约,并不能形成很大的市场优势和快速、爆炸式的累积。其一,这种名优产品的生产大都是家庭作坊的产物,它附属于农业,因而不能形成专业化的生产;其二,它是手工工业而不是现代机器大工业的产物,因而不能形成批量生产。无论是驰名中外的"江南丝织"、"新疆地毯",还是脍炙人口的"王麻子剪刀"、"四川的回锅肉",都属这类传统的名、优产品,因而它们都未能形成云蒸霞蔚的经济业绩。在现代市场经济的战场上,特色产品要形成巨大的经济优势,必须依托大规模的产业开发。这就是以人、财、物的高度集中,对地区的产业结构进行专业化整合,形成独具优势的特色产业。不如此,不足以推动特色产品的批量生产和应有的市场占有率。

2. 特色产品还必须要有特色资源的支撑。因为,特色产品是特殊资源的物质形态的加工和转化,没有特殊的资源,这种产品的生产便是无源之水,无本之木。资源是稀缺的,这种稀缺性要求对资源进行最合理的开发和利用,用特殊的资源生产特殊的产品。中国地大物博,各地区在经济上具有很大的差异性、互补性,完全可以走上色彩纷呈的特色经济之路。各地既没有必要也不应该在产业和产品上搞结构同一的过度竞争。因此,从特色产品出发,应该全面地了解省情、市情和县情,抓住特色资源,大做特色文章。当然,在市场经济中,特色产业和产品的开发并不必然受本地资源丰匮度的制约,它可以在开放中从外界引进。但是,"资源加工型"和"资源转化型"的发展模式仍然是当前开发特色产品的主要渠道。

特色产品还依赖于特色技术的开发。商品的品质,主要取决于它的技术含量。特殊的工艺,特殊的发明,特殊的专利,常常可以支撑起一个宏伟的产业大厦。在当代知识经济迅猛发展的背景下,特色产品的优势在更大程度上取决于生产它的特色技术。同样的资源,同样的产品,技术级别不同,经济价值和市场竞争力会截然不同。发展中的国家和地区在国际贸易中的不利地位,关键在于它的技术水平低,因而奋起追赶的着力点在技术的跨越上缺乏力度。用先进的适用技术开发资源,用先进的工艺生产产品,这既是特色经济蔚为壮观的必经之路,也是特色经济的主攻方向。

总之,特色经济是以特色产品为核心,以特色产业为依托,以特色资源为基础,以特色技术为主导的一个系统工程。

三、特色经济的发展

发展特色经济,产业的专业化整合是关键。这种整合的核心是要打破行业、部门和地区乃至所有制的界限,冲破自成体系、门类齐全的地方经济格局,筛选出能够影响经济大局的支柱产业和当家产品,实行优势突出、高点集中的跨越式发展。

一个地区的支柱产业不可能很多。专业化整合要求淘汰、放弃浪费资源的低效产业,集中精力发展高效产业。然而,现实问题在于大量的就业和税收分摊在各行各业,这种"平分秋色"的产业结构成为"保财政、保吃饭"的物质基础。专业化整合不可能抛开这种客观现实,而只能适当地在资金和技术上向优势产业倾斜,待优势"成家立业"后,逐步地消化乃至淘汰落后产业。同时,发展高效的支柱产业,还必须处理好支柱产业、基础产业和新兴产业的关系,以支柱产业带动基础产业和新兴产业的发展。不论怎样,从一个小的地区范围来说,"撒胡椒面"式的产业结构是无法形成竞争优势和聚集效应的。为此,经济建设的指挥者必须要有壮士断腕的决心和气魄,有所为、有所不为,大力推行产业的集中化和专业化,在短期内迅速形成气候,打出特色品牌。

发展特色经济,必须把立足点放在特色产品的开发上。这就是创名牌、保名牌、壮大名牌,形成独具特色的"名牌经济"。我国的名牌产品并不少,但多数未得到应有保护和扶持,先后在市场上凋谢了。究其原因,一是经济要素向名牌的高点集中程度较差,资金、技术的配置相当分散;二是竭泽而渔,名牌产品企业负担过重,后劲不足;三是市场开拓不力,公关和广告意识淡薄,创新精神差,产品不能跟踪市场更新换代。发展特色经济,应该向名牌高点集中,尽可能减少名优企业的各种不应有的负担,放水养鱼,提高市场竞争意识、公关广告意识,形成产品开发——市场占有——产品升级——市场自然垄断的良性循环。四是企业开发能力差,一个名牌产品进入市场,过二三年就后劲乏力,逐步地在市场上消失了。

特色经济的发展还需要有相应的企业规模。一定的企业规模是技术创新和品牌创新的先决条件,小打小闹"凌汤圆"办不了大事,只有规模效益才能产生品牌效益。在当前情况下,应围绕支柱产业,开展资本营运和资本重组,发展"四跨"大型企业集团。这种企业集团应该立足知名品牌和优势企业,实行不是虚假的而是真正的资本联合,搞高度的行业集中,形成集资源占有——研究与开发——产品生产——市场营销为一体的"航空母舰"。特别是具有优势的产业和产品,应率先组建企业集团,形成规模优势,从而促成特色经济的快速发展。

特色经济要从理论规划变为实际行动,尤为重要的是政策导向。抓特色经济必须要有真抓实干的领导干部,必须要有一流的企业家和一流的推销队伍。因此,制订相应的政策,采取相应的机制,调动广大干部和群众的积极性,才能形成千军万马创造特色经济的气势。①

发展特色农业

实施大开发,发展西部不发达地区的特色经济,发挥优势产业的作用,其主要的着力点还必须放在农业上。就全国而言,西部贫困人口多,

① 参见刘宗发、龚益鸣:《论特色经济》,《光明日报》1999 年 12 月 24 日第 6 版。

农业生产条件落后,要实施西部大开发战略,解决西部人民脱贫致富、奔小康的问题,首要的举措是调整农村经济结构,调整农业产业结构,大力发展西部不发达地区的农牧业生产,推进新的农业科技革命。

2000年1月在北京召开的中央农村工作会议指出,当前农业和农村经济结构战略性调整要着重抓好以下几个方面:一是全面提高农产品质量。这是人民生活走向小康,市场需求向多样化、优质化发展的要求,也是解决当前农产品卖难、缺乏竞争力、农业增产不增收问题的重要途径。因此,必须加快引进、选育和推广优良品种,大力开发高附加值的特色产品。二是加快畜牧业发展。目前,我国粮食库存较多,加快发展畜牧业的时机比较成熟,必须采取切实的政策措施,加强畜禽良种繁育体系和疫病防治体系建设,发展饲料工业和畜产品深加工,尽快把畜牧业发展成为一个大产业。三是发展农产品加工。必须以市场为导向,立足现有加工能力的改造,加快农产品加工、保鲜、储运技术设备的引进、开发,使我国农产品加工业有一个大发展。四是优化农业区域布局。沿海经济发达地区和大城市郊区,要积极发展高效农业和创汇农业。在生态脆弱地区,要有计划、分步骤地退耕还林、还草、还湖,发展林业和畜牧水产业,改善生态环境。粮食主产区域通过结构调整发挥粮食生产的优势。五是调整农村劳动力就业结构。大力发展乡镇企业和小城镇,推动劳动力向第二、第三产业转移,扩大农民就业和增收的空间。

在社会主义建设的新阶段结构调整中,要重点做好四项工作:第一,加强农村市场体系建设。要重点加强产地批发市场建设,加快农产品质量标准体系建设,加强农产品市场信息网络建设,充分发挥市场对农业产业结构调整的带动作用。第二,推进农业科技进步。农业科技要重点开发和推广优质高产高效技术,加工保鲜储运技术和农业降耗增效技术,逐步建立具有世界水平的农业科技创新体系,高效率、高效益转化科研成果的技术推广体系和显著提高农民科技文化素质的农业教育培训体系,抓好农业技术推广。第三,扶持农业产业化经营。要搞好龙头企业,发展多种形式的农产品流通中介组织。农业产业化的龙头可以是加工企业,也可以是批发市场和流通中介组织。不论是哪种形式,只要能与农民形成稳定的购销关系,能带动农民发展生产,进入市场,都应当加以扶持。第四,加快小城镇建设。通过对小城镇建设的扶持,引导农村经济布局和产业结构的调整。要研究制定鼓励农民进入小城镇的政策和社会各方面的投资建设小城镇的政策,走出一条政府引导下主要依靠市场的经济机制建设小城镇的路子。小城镇建设必须合理布局,科学规划,规模适度,注重实效。要把农村市场建设,发展乡镇企业与小城镇建设结合起来①。

一、调整结构是发展特色农业的必然选择

所谓农业结构战略性调整,就是不能像以往那样只是简单地解决多种点什么、少种点什么,或是多养点什么、少养点什么的问题,而是要全面提高农产品质量,优化农村产业结构,优化农业区域布局,实现农业可持续发展,实现城乡经济的协调发展。

多年来,各地对农业和农村经济结构一直没有停止过调整,有些地方取得了很大成功。但这些调整基本上还都是局部性的,适应性的,有些是为了解决一时的难题而采取的临时性措施。结构调整不仅要解决当前农产品卖难和农民增收困难的问题,而且要立足于农业和农村经济的长远发展;不仅要考虑农业和农村自身的发展,而且要考虑国民经济的全局。

对农业和农村经济结构进行战略性调整,是农业和农村经济发展新阶段提出的客观要求。近年来,随着农业综合生产能力稳步提高,粮食生产连年丰收,我国长期存在的农产品短缺现象已经有了根本改变,过去农产品从供不应求的状况已被供求基本平衡、丰年有余的状况所代替。供求关系的变化,带来了农产品难卖、价格持续下跌、农民增收缓慢等新的矛盾。这一切表明,我国农业生产力水平已上了一个新台阶。要适应新的形势,必须对农业和农村经济结构进行战略性调整。只有这样,我国农

---

① 参见《人民日报》2000年1月6日第2版。

业和农村经济才能真正跨过新阶段这个门槛,进入一个新的发展层次,当前因进入新阶段而出现的新矛盾才能逐步得到解决,农业现代化才能迈开新的步伐。

由于我国农村地域广大,人口众多,生产力发展水平不平衡,自然条件千差万别,决定了对农业和农村经济结构进行战略性调整将是一项长期的、艰巨的任务。我们对此要有清醒的认识,要给予高度重视。尤其是西部地区的各级领导都应该亲自抓。农业和农村经济结构战略性调整,实际上是国民经济战略性调整的基础,农业和农村经济结构调整好了,一个县、一个市、一个省今后的发展才有可能顺利进入一个新的阶段,农村的新经济形式才能得到巩固和发展。

二、调整结构,促进特色经济发展

农业和农村经济结构必须进行战略性调整,具体措施可以这样考虑:

第一,要全面提高农产品质量。目前多数农产品总量过剩,但品质结构矛盾仍然十分突出,许多优质农产品供不应求。因此,应当借这次结构调整之机,加快引进、选育和推广优良品种,大力开发高附加值的特色产品,逐步实现农产品的优势化。

第二,要加快畜牧业发展。畜牧业在某种程度上代表着一个国家农业发展的水平。过去由于粮食供给不足,我们拿不出太多饲料来发展畜牧业。现在粮食库存较多,生产能力提高了,加快发展畜牧业的时机已经成熟。发展畜牧业可以带来联动效应,它可以促进种植业,带动加工业,促进农业内部结构合理化和产业间的良性循环。畜牧业还是一个劳动密集型产业,很有可能成为我国在国际农产品市场竞争中的一个优势产业。采取切实可行的政策措施,尽快把畜牧业发展成为一个大产业,应当成为这次结构调整的一个重大目标。

第三,要大力发展农产品加工业。与发达国家相比,我国农产品加工总体水平还比较低,发展潜力很大。发展农产品加工,不仅可以有效地提升初级农产品的附加值,延伸农业产业链,提高农业的整体效益,增加农民收入,而且有利于开拓市场,提高我国农业在国际上的竞争力。我们应当抓住当前有利时机,立足现有加工能力的改造,加快农产品加工、保鲜、储运技术和设备的引进、开发,促进我国农产品加工业的发展。

优化农业区域布局,是结构调整的一个重点。所谓优化布局,就是要因地制宜,发挥区域优势,发展特色农业。沿海经济发达地区和大城市郊区,可以适当减少粮食种植面积,发展高效农业和出口创汇农业。在西部不发达地区,生态脆弱,要有计划、分步骤地退耕还林、还草、还湖,发展林果业和畜牧产业。粮食主产区则要发挥粮食生产的优势,在稳定总量的前提下,注意由单一粮食生产向多种经营、优势、专用品种转变,努力提高经济效益。

第四,要调整农村劳动力的就业结构。这个调整主要靠发展乡镇企业和小城镇,推动农村富余劳动力向二、三产业转移。这个调整是实现农民增收、解决农村发展中一系列深层次矛盾的根本途径,对于劳动投资和消费需求的增长,拓宽城乡市场,优化国民经济整体结构有着重大的战略意义,必须狠下功夫,扎实工作,把调整落实到实处。①

在西部平原地区要以提高农产品质量和经济效益为方向推进农业结构调整。粮油方面,调减小麦、薯类播种面积并相应增加油料、豆类、杂粮,部分改种中高档优质水稻和专用优质玉米。多种经营方面,抓好优质果品、蔬菜、蚕桑、茶叶、烟草等骨干项目的发展,农业畜牧业方面,改良推广新良种猪,引进美国肥牛、澳洲肥羊,并努力使牛羊出栏数和禽肉、禽蛋有较大增长。水产方面,大力推广和应用新技术、新品种,使名特优水产品有新的增加。

西部不发达地区的农业结构调整要与农业产业化经营及科技兴农结合起来,各省、自治区、直辖市都应逐步形成以名优品牌为重点、以龙头企业为骨干的农业产业链。要建立若干农业产业化和现代农业示范区,发

---

① 参见《人民日报》2000年1月25日第2版《结构调整调什么?》。

展一批上规模、上档次、上水平的农业产业化龙头企业。要加大对农业科研的投入,争取建成一批农业科研中心、中试基地和重点实验室,并充分发挥农业高等院校、科研院所的技术、人才优势,促进科技下乡活动,推广普及实用先进农业技术,使科技在农业及农村经济的调整发展中起主导作用。[①]

要积极推进乡镇企业的改革和发展。乡镇企业围绕特色经济做文章,加大二次创业的力度,调整结构,转换机制,提高水平。积极培植个体私营经济、混合型经济及外向型经济。将农副产品加工、储藏、运销作为主攻方向。有条件的地方应大力发展为城市服务和为大工业配套的产业。

三、增强区县经济活力

对农业和农村经济结构进行战略性调整是个系统工程,涉及农业和农村的方方面面。要放手发动农民群众去实践、去创造。农业结构调整中也会遇到很多困难,这是造成一些主体(农民)不愿调、不敢调的一个重要原因,我们应充分了解这些困难,想农民之所想,急农民之所急,为他们排忧解难。

农民作为结构调整的实施主体,只要他们面临的外部条件没有改变,他们的行为不会有太大的变化。政府部门在这方面应该发挥的作用是通过政策引导、信息服务、技术示范等手段为农民创造良好外部环境,促使其进行结构调整。

引导农民按市场需求进行结构调整,必须加强农产品市场建设,充分发挥市场对结构调整的带动作用。产地批发市场对于促进农业生产的区域化、专业化,形成具有本地优势的主导产业和特色,具有直接的带动作用。各地应把它作为农业基础设施建设的重要内容,在合理规划的基础

---

① 参见包叙定:《在重庆市经济工作会议上的讲话》,《重庆日报》1999 年 12 月 10 日第 1 版。

上,增加投入,重点扶持。

农业产业化经营可以把市场信息、技术服务、销售渠道更直接、更有效地带给农民,是推动结构调整的重要措施。我们扶持农业产业化经营,关键要搞好龙头企业,发展多种形式的农产品流通中介组织。不论是哪种形式,只要能与农民形成稳定的经济关系,能带动农民发展生产,进入市场,都应当加以支持。尤其是对那些有基础、有优势、有特色、有前景的龙头中介行业,更应给予具体的帮助和扶持。[①]

西部地区地域广阔,各省区市所属的区县较多,经济发展很不平衡。要因地制宜,分类指导,充分发挥各自的比较优势,大力培植和发展区域特色经济。

充分利用优势资源,大力发展特色经济。山区和边远地区发展经济,最根本出路在于两条:一是加快交通建设,以大通道带动大发展;二是发挥资源优势,发展特色经济,变资源优势为经济优势。围绕这些优势资源,在发展特色经济上做文章,一定能加快发展,见到成效。要规划出一批各具特点的重点项目,上下齐心,集中人力、物力、财力和必要的科技力量,扶持发展,促其壮大,变资源优势为市场优势,带动区县经济更快更好地发展。

四、发挥林特资源优势

对农业和农村经济结构进行战略调整,并不意味着我国的农业已经过关,可以松口气了。粮食连年丰收,供求关系比较宽松的时候,往往容易出现盲目乐观、忽视农业的倾向,结果导致农业持续徘徊不前,甚至滑坡,因而影响国民经济发展的全局。

当前出现的粮食过剩,只是阶段性、结构性的地区性的过剩,是低消费水平下的过剩。事实上,我国的农业基础还很脆弱,抗御自然灾害的能力不强,许多地方还是靠天吃饭。而且工业化和城镇化的步伐在逐步加

---

① 参见《引导和服务紧紧跟上》,《人民日报》2000 年 1 月 26 日第 2 版。

快,人口在不断增加,耕地面积不断减少。与此同时,随着城乡人民生活水平的提高,粮食及其转化品的消费量将大大增加。对现有的粮食生产能力和巨大的潜在需求之间的差距,我们一定要保持非常清醒的头脑。

不能忽视农业,最重要的是不能忽视农业基础设施建设。只有不间断地加强农业基础设施建设,才能巩固和提高生产能力,农业结构调整才有更大的回旋余地。国家实行扩大内需的方针和积极的财政政策,实施西部大开发战略,为农业基础设施建设提供了难得的机遇。地方政府应下大力气,抓好以水利为重点的农业基础设施建设;抓好以植树种草为重点的生态环境建设;适应农业发展新阶段的要求,继续搞好农业综合开发;加强农村公共设施建设,改善农业生产条件和农民生活居住环境。

不能忽视农业,最关键的是不能忽视粮食生产。要切实保护和稳步提高我国粮食的综合生产能力。首先,要切实保护好基本农田,这是保护粮食生产能力的根本。粮食一时多了,基本农田可以根据市场需求改种其他作物,但不能转为非农用地。一旦市场有需求,可以随时调过来种粮食。其次,要切实保护好农民种粮的积极性。必须继续坚定不移地贯彻执行中央关于粮食流通体制改革的"三项政策、一项改革",尤其是要坚持做到按保护价敞开收购农民的余粮,尽量避免谷贱伤农。[①]

要大力开展丘陵地区的植树造林,逐步建立多林种、多功能、多效益的丘陵生态体系,实行"五林"并举,乔、灌、草结合,绿化荒山和"四旁",抓好小流域片区综合整治;继续实施农村能源、稻田生态及节水、旱作生态农业工程;建设高产优质林果基地,推进丘陵地区社会、生态的良性发展。

充分发挥山区林特资源优势,推进脱贫开发、资源利用与生态环境建设的有机结合。坚持以种养业为基础,以封山育林、水土流失治理和基础设施建设为先导,以草地、林牧、矿产水资源开发为重点,尽快形成区域性

---

① 参见《在调整中加强农业基础地位》,《人民日报》2000年1月27日第2版。

支柱产业;调整产业结构,多种高价值树木及经济作物,重点发展一批林果基地、中药材基地;搞好山地尤其是县城、骨干公路、铁路沿线地质灾害的防治。

五、减轻农民负担,增加农民收入

近几年,农民收入增长缓慢已成为国民经济发展中的突出问题。努力增加农民收入,是新阶段农村工作的一项长期任务。当前对农业和农村经济结构进行战略性调整,要注意把增加农民收入作为工作的出发点和落脚点。

农业和农村经济发展进入新阶段后,在农产品供求关系发生变化的条件下,只靠增加农产品产量、提高价格,靠外延型扩张来增加农民收入,路子会越走越窄。对农业和农村经济结构进行战略性调整,一定程度上说,就是开辟农民增收的新领域,开拓增加农民收入的新渠道。通过调整,将把农业和农村经济的增长方式转到以质量和效益为中心的轨道上来,提高农业和农村经济的综合效益。通过经济结构的调整,减少直接从事农业生产的劳动力,促进更多的农村劳动力向二、三产业转移,引导农村劳动力合理有序流动,土地科学流转,无疑将会有效地推动农民收入的增长。

增加农民收入,最重要的是调动农民的积极性,只有减负才能增收。如果农民辛苦所得由于不合理的负担流走,最终仍达不到增收的目的。因此,不折不扣地贯彻执行中央减轻农民负担的各项政策,加大监督检查力度,对违反中央政策,随意加重农民负担的行为严肃查处,是各级政府义不容辞的责任。减负还要同简政结合起来,机构臃肿、人员过多、支出膨胀,是造成农民负担过重、财政入不敷出的根本原因。要切实把乡镇政府职能转到加强行政管理和提高公共服务上来,唯有这样,才能从根本上精简机构和人员,减轻农民负担。

依法从分配上理顺国家、集体、农民三者利益关系,是减轻农民负担的治本之策。农村税费改革是继土改和家庭承包之后的又一重大改革,对减轻农民负担、保护农民积极性具有重大意义。税费改革的基本出发点,就是从根本上治理对农民的乱收费,可以考虑免收农业税,对农民种植业进行必要的补贴。切实减轻农民负担。各地要按中央的部署,统一思想,结合本地实际,积极稳妥地进行。①

发展特色旅游

江泽民同志指出:加快开发西部地区应该是全面的,要把水资源的开发和有效利用放在突出位置。生态环境建设,普及科学教育,推广实用技术,发展特色旅游、交通通讯设施建设等方面,都要统筹规划。②

要落实江泽民同志关于实施西部大开发战略,就必须要把旅游作为产业、作为重点来抓,抓好旅游资源开发,扩大旅游消费,把旅游发展成为支柱产业。

一、甘肃下大决心把旅游业培育成为经济的支柱产业

国家旅游局西北五省区旅游"十五"规划思路座谈会之后,甘肃省编制了全省旅游业"十五"规划的基本思路,提出了具体的奋斗目标和长远设想,即到 2005 年,全省年接待国际旅游者达到 26 万人次,旅游创汇达到 6000 万美元,国内旅游人数达到 1450 万人次,国内旅游收入达到 40 亿元人民币,这些奋斗目标基本上都比 1999 年翻一番。总的概念是 5 年大变样,10 年后成为支柱产业,也就是说到 2010 年全省旅游业总收入在全省国内生产总产值中的比重占到 8% 左右,达到全国平均水平。

1. 解决两个制约因素。甘肃旅游发展第一个制约因素是对旅游业的认识问题,即观念问题。长期以来,有人习惯于号召群众苦干、大干、拼

---

① 参见《增收仍是工作的出发点和落脚点》,《人民日报》2000 年 1 月 28 日第 2 版。
② 参见《抓住世纪之交历史机遇,加快西部地区开发步伐》,《人民日报》1999 年 6 月 19 日第 1 版。

命干,习惯与天奋斗,没水源却偏要种地,认为种粮食卖的钱才是钱,搞旅游赚的钱不是钱,对甘肃的旅游资源缺乏必要的认识,对旅游开发缺乏认真分析和详尽研究。比如,旅游项目中古代的多、现代的少,观赏性的多、参与性的少,静态的多、动态的少,没有把互补作用发挥好,没有把自己的优势产品成套向外推出。第二个制约因素是资金问题,这个问题不外乎通过三个渠道来解决,首先是向国家争取,2000年甘肃省旅游工作拟定了六大建设项目,有"丝路画廊"、"黄河览胜"、"金城丝路桥"、"兰州雁儿湾水上度假村"、"桑科草原旅游接待设施"、"天水大王山度假村"和"陇南旅游扶贫开发区",省里将积极为承办单位创造条件,全系统的旅游企业都可以争取,谁争取到钱谁承办,若自己不愿承办,可以按照有关引进外资的奖励政策兑现;其次是向国外引进资金,省旅游局准备在机构改革中专门设立一个招商引资办公室,组织专门力量抓好此项工作;再次是引导社会投资,现在是把社会资金引向旅游行业的最佳时机,因为其他产业投资风险大,回收期长,而旅游业则是21世纪的"朝阳产业",投资风险也相对较低,回收期也短,省政府初步有一个主攻方向,即引导乡镇企业和民营企业向旅游领域拓展,以使旅游系统的投资主体多元化。

2. 在全省主要景区开辟"第二战场"。甘肃在世界及国内的知名景点原本就不多,而这些景点区往往游客一天就能"结束战斗",对旅游收入和人数影响很大,如能在每一个景点开辟与之相配套的"第二战场",将是短期内能见效的有效方针。榆林窟2000年正式对外开放,在宣传促销和配套设施建设方面努力跟上,与莫高窟共同宣传,以构成名副其实的莫高姊妹窟;天水除麦积山立项建设山庄以外,将抓紧秦安大地湾的开发工作;甘南夏河除抓好桑科草原接待设施建设外,将加大则分岔的开发力度,打通由此通向九寨沟的旅游线路,逐步做到游客不走回头路;对于兰州的旅游开发,国家旅游局寄予厚望,要让它变成西北地区的旅游中心城市,这就要求旅游部门协调兰州市政府在观念和战略方针上进行调整,借2000年的"黄河大漠风情和敦煌百年旅游节"及西部大开发的东风打好兰州牌,要让游客在兰州享受到黄河文化的系列"套餐",形成独具特色的看雕塑、蹬水车、坐羊皮筏子、吃白兰瓜、喝黄河啤酒、听黄河谣、观太平鼓。

3. 开发旅游工艺品,在"购物"上有突破性的举措。不发展购物,旅游就会失去一半的效益,更不用说对景点失去口碑传销作用了。甘肃省领导历来对旅游工艺品相当重视,省经贸委就此列出了专项开发计划,省旅游局为此也成立了专门的机构。工艺品开发将在两年内有突破性的进展,并在"三性"(纪念性、艺术性、趣味性)和"三风"(中国风格、民族风格、地方风格)上下功夫。甘肃省初步考虑"十五"期间要在敦煌、嘉峪关、兰州、天水几个重点旅游城市建设旅游工艺品一条街,并将组织工艺品出国展销,以此了解和谋求国际市场。

二、旅游将成为四川新的经济增长点

四川素称"天府之国",是长江上游的绿色天然屏障,丰富的自然生态景观,悠久灿烂的古代文明遗存,多姿多彩的少数民族风俗文化,构成了独具西部特色的自然和文化旅游资源。据统计,全省拥有 66 个主要景区,其中两处世界自然遗产(九寨沟和黄龙),两处世界自然文化双重遗产(乐山/峨眉山和都江堰/青城山),9 处国家级风景区;7 座国家级和 24 座省级历史文化名城;40 处全国重点文物及 268 处省级文物保护单位;100 多种政府保护的珍稀动物;海拔 5000 米以上的 20 多个高山生态体系等等,景点数量在全国位居前列,是发展旅游业的良好条件。旅游业是一个综合性很强的产业,本身就涉及食、住、行、游、购、娱等多个经济部门,可以带来巨大的就业机会,并带动工业、农业、通信等行业的发展,是扩大内需,拉动消费最有效的途径之一。所以,旅游在西部大开发战略中占有举足轻重的地位,是正在壮大的新的经济增长点。

1997 年,四川省决定把旅游业作为加快培育增大的支柱性产业。随后,四川省政府委托世界旅游组织编制了《四川省旅游发展总体规划》,提出了四川旅游产业的发展蓝图。

在实施西部大开发的过程中,四川省要使旅游真正成为支柱产业,成为新的经济增长点,在旅游开发策略上还应充分注意以下几个方面:

第一,要加强政府主导的力度,树立四川旅游大品牌形象。旅游业是政府主导型极强的产业,而目前四川省境内各景区分归不同部门管理,各自为政,个别的还相互贬损以获取短期利益,这些将不可避免地伤害四川旅游这一大品牌在全国和世界的信誉。因此,应建立一个全省范围内总体调度的权威机构,把四川旅游作为一个完整品牌推出。同时还应加强对旅游企业、旅游从业者的监控管理力度,造就一批真正具有国际竞争实力的旅游集团企业,以及高素质的旅游从业人员队伍。

第二,对四川旅游的市场定位还应突出文化特色。据研究表明,自然生态度假旅游对短程客源市场具有较大的吸引力,而远程客源市场的兴趣更关注文化旅游。四川拥有独特的地域文化,如以三星堆、都江堰为代表的古巴蜀文明遗址,川西少数民族民俗风情等等,这些文化旅游资源能反映四川风韵,具有垄断性、唯一性和不可替代性,是四川旅游产业长久的优势,具有国际竞争力。因此,对四川旅游的市场定位除突出自然生态旅游特色外,还应突出地域文化特色,打两张牌,方能吸引更多的客源。

第三,在旅游资源的开发中,要突出重点,稳步发展,避免旅游资源的浪费。由于旅游业的急剧升温,许多地区把旅游业列为重点开发项目,这本无可厚非。但在旅游资源的开发中,要充分考虑到开发的市场条件、资金条件、技术条件,以及相关联的基础设施、配套建设等,切忌不顾条件,一哄而上,低水平的开发,造成旅游资源的巨大消费。因此,应对全省各地旅游资源开发项目,建立严格的评审和实行许可证制度,对那些不具备开发条件的项目,要坚决禁止,保证旅游资源的高水平开发。

第四,要转变经营观念,树立营销意识。从营销学的观点而言,顾客"满意"是经营的宗旨。游客"购买"的不是旅游景点本身,而是在旅游中得到享受和休闲。国外先进的旅游服务的核心内容是"客人的感受",而我们注重的却是"经济收益"。于是,旅游业成为投入少、见效快、收入多的"摇钱树",根本不考虑游客的感受和旅游景区的环境承载力,这样势必导致游客的反感和景区环境的恶化。因此,不能只顾眼前利益,要考虑到四川旅游的可持续发展,创造出游客最"满意"的产品。

第五,要加快开发提供有四川地域特色的旅游商品。旅游业对相关产业的带动作用主要体现在购物消费方面,游客需要的是旅游目的地有特色的商品。而目前四川旅游景点的商品千篇一律,难以刺激游客的购买欲望,形成有效需求,抑制了旅游业对其他产业的带动作用。因此,应尽快开发提供有四川地域特色的旅游商品,使之拉动有需求的旅游消费。

第六,供应国际旅游套餐。四川省委要求把乐山、峨眉山建成国际旅游城,但是,四川乐山的大佛寺和峨眉山景点,游客往往是在大佛寺一望即走,根本体会不到大佛寺文化的宏伟。一些专家主张让游客参加一些连贯性的活动,比如,夜游大佛寺、晨观万佛钟、三江汇船上大狂欢、睡佛夜景等旅游套餐,提高滞留乐山时间,提高景点经济效益。

总之,面对西部大开发战略实施的历史机遇,四川要充分开发利用自己丰富的旅游资源,使旅游业真正成为四川省的支柱产业,并以此促进全省经济的发展。[①]

三、陕西加快旅游资源特色化步伐

任何事物、任何事情都有自己的特色。一个城市、一个地区办旅游,如果没有特色就没有吸引力,也谈不上竞争力。陕西旅游的特色是什么?就是文物观光旅游。境外有这样一句话,到中国"五千年看陕西,一千年看北京,一百年看上海,十年看深圳,五年看浦东"。这是讲中国的发展,但从另外的意义上也反映了这些地方旅游的特点。陕西省人文和自然旅游资源都很丰富,旅游产品种类繁多,但最能反映陕西省特色的还是文物古迹。国内外游客到陕西省主要是来看以秦兵马俑、法门寺、黄帝陵为代表的文物古迹,而文物古迹这一资源具有垄断性。迪斯尼世界乐园、水浒

---

① 参见李柏槐:《旅游:新的经济增长点》,《四川日报》1999 年 2 月 7 日第 6 版。

城可以造几个,但秦兵马俑、法门寺却只有一个。从这一特点出发,陕西的旅游业应该是融文物古迹、历史文化为一体的文物观光型旅游。

陕西省已把加快旅游业发展纳入到经济社会发展的规划中,像抓农业、工业以及其他经济工作一样大力抓好旅游业,将把一个经济全面发展、旅游特别活跃的陕西带入新的 21 世纪。

陕西位于中国内陆腹地,在中华民族 5000 年的历史进程中,曾有周、秦、汉、隋、唐等 14 个王朝在此建都,73 个皇帝在此执政,前后历时 1100 余年。

省会西安(古称长安)是闻名世界的历史文化都城,与开罗、雅典、罗马并称为世界四大古都,至今已有 3100 年的历史。古长安是著名的丝绸之路的起点。也是当时中国政治经济中心和世界上最大、最繁华的国际大都市。

陕西旅游业接待人数及创汇表

年 份	1978	1979	1980	1981	1982	1983	1984	1985	1986	1987	1988
接待人数 (万人次)	1.4	2.7	4.0	5.7	9.1	12.4	15.1	21.2	25.8	30.2	32.4
外汇收入 (千万美元)	0.18	0.50	1.13	1.43	1.65	1.96	1.69	2.23	3.26	4.49	5.72
年 份	1990	1991	1992	1993	1994	1995	1996	1997	1998	1999	2000
接待人数 (万人次)	21.2	25.9	32.1	43.8	45.8	43.9	45.2	50.3	52.6	54.1	63
外汇收入 (千万美元)	3.77	4.10	5.48	7.54	8.90	11.3	13.9	19.8	22.5	24.7	27

资料来源:根据 1999 年 12 月《人民日报·海外版》第 6 版资料整理。

悠久的历史和璀璨的文化,为陕西留下了得天独厚的古代遗迹和文物珍宝,成为全人类共同享有的珍贵文化遗产。陕西境内地上、地下目前已探明的文物点为 3550 处,其中国家级重点保护单位 55 个,省级 355 个。在众多的文物古迹中,有古人类遗址和新旧石器时代遗址 60 多处;

有秦陵、阳陵、茂陵、乾陵等大型宫阙遗址 20 余处;西安古城墙及钟楼等建筑 2604 处;还有古寺庙及众多的佛教名窟 1200 余座。全省现有各类博物馆、纪念馆 74 座,馆藏文物 60 余万件(组),其中珍贵文物 5 万余件(组),一级文物 3526 件(组),国家级文物 123 件(组),其文物点密度之大,数量之多,等级之高,均居全国各省、自治区、直辖市前列。因此,陕西又有"天然历史博物馆"之称。

在陕西人文旅游资源中最著名的有:

中华民族的人文始祖、中国重点保护的第一号墓葬——轩辕黄帝陵;表现 6000 多年新石器人类生活的遗址——半坡遗址博物馆;"世界第八大奇迹"——秦始皇兵马俑;中国历史上第一个女皇帝武则天与夫君唐高宗李治的合葬墓——乾陵;供奉着释迦牟尼佛祖指骨舍利的佛教名刹——法门寺;中国最大的石质书库——西安碑林;中国现存最大、保存最完整的古代城垣——西安城墙;具有典型唐代风格的大型博物馆——陕西历史博物馆。

陕西不仅文物古迹荟萃,其自然景色亦壮观、奇美。境内有以险峻著称的西岳华山;有气势恢弘、令人振奋的黄河壶口瀑布;有绵延起伏、古朴浑厚的黄土高原和一望无际的八百里秦川;有景色秀丽、充满传奇色彩的骊山风景区和 6 月积雪的秦岭主峰——太白山;还有世界珍稀动物朱鹮、大熊猫、金丝猴自然保护区等生态景点。

陕西是中华民族 5000 年文明史的发源地之一,这里民风古朴,民俗独特,著名的户县农民画、西府民间工艺、薄城焰火、安塞腰鼓、陕西民歌、民间剪纸等,均已成为陕西人文旅游资源的重要组成部分。神秘的中国卫星测控中心,泾阳中国大地原点,中国杨凌国家农业高新技术开发区,有"中国西雅图"之称的阎良飞机城,每天发布"北京时间"的陕西天文台临潼授时中心,则成为反映陕西雄厚科技实力的现代景点。

丰富多彩的人文与自然旅游资源为发展陕西旅游业创造了极好的条件。改革开放 20 多年以来,陕西把加快旅游业发展作为振兴陕西经济的突破口和促进全省经济从传统型向外向型转化的重点,制定了一系列优先发展政策,下发了《加快陕西旅游业发展的决定》,组建了陕西旅游集团,并投入巨资开发全省的旅游资源,修建旅游配套设施,按照市场经济规律把丰富的旅游资源经过规划、开发、结合、包装变为独特的旅游产品推向市场。

目前全省已开发旅游资源100余处,形成了以古都西安为中心,向东西南北辐射的四条旅游热点线路。即:著名古都西安游,东线黄河精华游,西线丝绸之路游,南线古三国遗迹游,北线黄土风情游。

经过长期摸索和实践,陕西旅游在市场上逐步形成了"以古文化观赏为主线,人文与自然景观相辉映"的旅游特色,在全国旅游业中占有举足轻重的地位。

近年来,为了扩大旅游内涵,陕西又相继推出了"书法旅游"、"宗教旅游"、"青少年修学旅游"、"中医保健旅游"、"古都西安入城仪式"等多方位、高等级的旅游产品,比如"长安国际书法年会"、"西安古文化艺术节"、"清明节黄帝陵祭祖"、"中国华山国际攀岩锦标赛"、"西安城墙马拉松友谊赛"等主要节庆活动。2000年陕西还推出"丝绸之路国际狂欢节"、"丝绸之路壮行仪式"等新的旅游产品,观光者可进行多项选择,并借此进行商务洽谈和投资贸易。

经过多年的开发与建设,陕西旅游业目前已形成了相对独立的产业体系和经营规模;全省现有国际水准的饭店101家,年接待能力达200多万人次;有国际旅行社31家,国内旅行社136家,各类语种的翻译导游1600余人;旅游汽车公司15家,各种营运车辆1200多辆;全省直接或间接旅游从业人员48万人。

经过多年坚持不懈的努力,陕西旅游业得到了长足发展,旅游支柱产业地位进一步确立,发展大旅游的合力不断增强。1999年,秦始皇陵、汉景帝阳陵考古发掘又有重大发现,秦始皇陵出土的石质铠甲、彩绘俑、百戏俑和汉阳陵出土的男女裸俑及形态各异的动物俑群再令世人轰动。阳陵文物精品于 1999 年 10 月 1 日在汉阳陵陈列馆正式对外展出。很受游人青睐。1999 年在西安还发掘出了唐代天坛遗址,比北京天坛早 1000 多年。在国家实施西部大开发战略的背景下,到陕西投资开发旅游业的国内外旅游企业迅速增加,仅在 1999 年年初中国东西部贸易洽谈会上签订的旅游招商项目就有 41 项,投资额 44.97 亿元人民币,其中利用外资额 3.5 亿美元。① 牵动了整个陕西省经济的发展。

四、云南借"世博会"突出旅游特色

"中国 1999 昆明世博会"的成功举办,为云南省旅游业插上了腾飞的翅膀。1999 年以来,旅游业主要经济指标高速增长,当年 1 至 9 月,全省接待海内外游客超过 3100 万人次,旅游总收入达 174.4 亿元,比上年同期增长 62.45%;旅游业在全国的排名仅次于广东、北京、上海、江苏、福建居第 6 位。

云南省旅游资源极为丰富,但长期以来资源优势未能转化为经济优势。进入 20 世纪 90 年代以来,省委、省政府根据云南得天独厚的旅游资源和产业发展的良好态势,作出了把旅游业建设成为全省新兴支柱产业的重大决策,并成立了旅游支柱产业领导小组,采取一系列措施,有效地推动了旅游业的快速发展。到 1999 年,全省共开发投入接待经营的旅游景点(包括度假区)224 个,旅行社 390 家,旅游涉外饭店 670 多家,基本形成了比较完善的旅游产业体系,为建设旅游大省奠定了良好基础。"世博会"的举办,给云南旅游业带来了千载难逢的机遇,1999 年 1 至 9 月,全省接待海外游客 78.5 万人次,比上年同期增长 48.11%,旅游外汇收入 2.4 亿美元,比上年同期增长 31.85%。接待国内游客 3039.6 万人次,比上年同期增长 35.99%;国内旅游收入 154.6 亿元,比上年同期增长 67.43%;由旅游业带起来的第三产业增加值对国内生产总值的拉动大约

---

① 参见霍增龙:《把陕西特色的旅游做大》,《人民日报·海外版》1999 年 12 月 27 日第 6 版。

3.4 个百分点,旅游作为支柱产业的雏形已经基本形成。

随着旅游业的不断发展,对云南省经济的影响力逐年增大。云南省旅游外汇收入占全省出口创汇收入比重已从 1990 年的 3.8% 上升到 1998 年的 20.6%;旅游税收也从 1990 年的 1.01 亿元人民币上升到 1998 年的 12.5 亿元人民币,占当年全省税收总额的 7.5%;旅游从业人员已增至 20 万人;旅游业发达的地、州、市人均纯收入水平已明显高于不发达地区。[①]

五、西藏旅游业蓬勃发展

西藏的旅游事业从无到有,从小到大不断发展壮大。从 1980 年到 1998 年 19 年间,西藏有组织地接待海外旅游者 88 万人次,旅游业直接营业收入 15.8 亿元人民币,创汇 1.7 亿美元,上缴税金 1.3 亿美元,同时,也带动了相关产业发展取得了较好的经济效益和社会效益。

——丰富多彩的旅游资源。素有"世界屋脊"之称的西藏,位于祖国西南边陲,面积 120 多万平方公里,人口 252 万人,与不丹、印度、锡金、尼泊尔等国接壤。境内高山巍峨,山川纵横,湖泊星罗棋布,草原、农田、森林镶嵌其间;居民以藏、汉、门巴、珞巴等民族为主。千百年来,人们繁衍生息在这块土地上,在长期的历史发展进程中形成了独特的民风民俗,创造出了光辉灿烂的民族文化。以雄伟壮丽的布达拉宫为代表的古迹多如繁星,遍布西藏的山川大地;以藏民族发祥地——雅砻河谷为代表的人文自然景观十分丰富,尤以浩瀚的宗教文化艺术在人类宝库中呈现耀眼的"亮点"而享誉全球。

——基础设施初步完善,旅游产品日趋丰富。西藏旅游业 19 年来不断发展壮大取得了很大的进步。截至 1999 年,全区旅游企业已达 152 家,其中旅游饭店 47 家,星级饭店 14 家,旅行社 39 家。旅游汽车公司 3 家,拥有车辆 500 余部,座位 6500 多张,旅游商贸公司 5 家。此外,还有

[①] 参见《我省旅游业排名跃居全国第六》,《云南日报》1999 年 11 月 5 日第 1 版。

可供旅游者娱乐的场所 10 多所,西藏旅游从业人员近 5000 名,其中藏族及其他少数民族占 10%,并且拥有一支以藏族为主体、业务素质较高的导游队伍,这必将为海内外到西藏旅游者提供舒适、安全的服务。

通过 19 年的努力,西藏自然资源和人文资源得到初步开发利用,现对外开放旅游的有 44 座山峰,1 处国家风景名胜,2 座国家级历史文化名城,13 个国家级文物保护单位,100 多处旅游展览点,已形成以拉萨市为中心,日喀则、山南地区相结合,辐射那曲、阿里、林芝地区的旅游资源开发利用格局。同时还推出了具有地方特色和民族风格的旅游产品,如雪顿节、雅砻文化节、羌塘赛马节、藏族家访、饭店晚间民族服饰表演、音乐、舞蹈演出等,深受海内外旅游者的青睐,并且因地制宜,进一步发展了观光旅游、民俗旅游、森林生态科考游,增加了一些特色的旅游项目和线路,为西藏旅游的稳步发展奠定了良好的基础。①

突出发展优势产业

我国西部地区具有独特的地理位置和有利条件。一是有丰富的资源。从总体上来说,西部地区的各种资源的总体丰度,居全国其他地区的首位,资源的多样化程度与组合状况极为优越。农林资源丰富,动植物种类繁多,药用及经济价值较高,矿产资源种类齐全,储量丰富,能源资源丰富,开发潜力大,自然及人文旅游资源丰富。二是地理位置优越。西部地区有很长的海岸线和陆地边境线以及"黄金水道",有三大河流——长江、珠江和黄河流过,为实施大开发创造了天然的条件。三是劳动力资源丰富。西部地区人口约占全国 25%,特别在重庆、成都、西安、昆明、兰州等中心城市,分布着高度集中的智力资源,各种专业科技人才在数量和质

---

① 参见《西藏旅游业蓬勃发展》,《西藏日报》1999 年 10 月 1 日第 4 版。

量上都有较大的优势。四是经过 50 多年的建设尤其是"三线"建设,工业化取得明显成效,塑造了一个现代工业的基本框架,积累了可观的资产存量和相当雄厚的技术力量。五是市场容量大,西部地区众多的人口是一个巨大的潜在市场,社会需求量大,加上加入世贸组织后国际社会必然要求我国在更多的领域、更大的范围内实行对外开放,把经济纳入国际经济循环,参与国际分工,并尽快实现与国际经济接轨。这样,对西部地区来说,既是严峻的挑战,更是发展的良机。在各种有利的条件下,实施西部大开发,必须突出重点、特色和优势,实施优质开发。按照有所为、有所不为的原则和要求,避免一哄而上或面面俱到,要立足于自身产业和资源优势,选准选好项目,发展各具特色的经济,不搞重复建设;坚持有进有退,加快战略性结构调整,淘汰劣势和落后产业,积极发展优势产业。

一、重庆努力形成产业优势和区域特色经济

实施西部大开发,国家对区域生产力布局必将进行较大的调整。重庆利用这一大好时机,加快经济结构调整步伐,积极培育和增大带动力强的支柱产业,形成新的经济增长力量;加快农业和农村经济结构调整,发展高产优质农业,推进农业产业化经营;大力发展以金融、商贸、房地产、旅游为主的第三产业,增强聚散功能。在调整经济结构中,充分发挥重庆在西部地区的比较优势。比如,发挥资产存量较大的优势,加快资产重组,实现存量资产重新优化配置;发挥开发性移民及对口支援的优势,搞好库区企业的搬迁重组和上档升级;发挥现有两个国家级开发区的优势,促进结构调整;发挥境内资源丰富、市场广阔的优势,进一步搞好区域生产力的布局调整。同时,要努力争取国家在重庆布局若干大的基建项目和安排重点技改项目,进一步增强重庆的经济发展后劲。

重庆按照"抓住一头,放开一片"的原则,调整区域经济结构,发展独具特色的区域经济。即一方面要抓好城市的发展,壮大城市的综合经济实力,增强辐射、带动作用,体现直辖市的形象,提升重庆在西部大开发中的地位和作用;另一方面,放手让区县(自治县、市)加快经济发展。2000

年区县经济工作的重点放在三个方面：一是进一步放宽政策，简政放权，为加快区县经济的发展创造宽松的环境。市里主要对区县进行宏观调控、政策扶持和分类指导；市级部门要站在全局的高度，解放思想，开阔眼界，适应形势，真正做到放权于区县，服务于区县，增强区县发展的活力。二是放手发展各具特色的区域经济，全市各地应根据自身的区位、交通、资源条件和现有经济实力，按照发挥优势、扬长避短、突出特色的原则，选准各自的主导产业和支柱产业，走出一条发展特色经济的路子。主城区应突出都市产业特色，主要发展高科技产业和第三产业；近郊区县应重点发展城郊型经济，建设卫星城，三峡库区应大力发展沿江经济带，尽快构建库区新兴产业群；少数民族地区应狠抓山区综合开发、发展民族特色经济。三是各区县（自治县、市）应进一步解放思想，更新观念，按照"三个有利于"的标准，大胆实践，大胆创新，积极开拓进取。要大力发展股份合作企业、民营企业和各种混合所有制经济，加快第三产业的发展，不断提高区县经济的开放度和整体实力。①

二、陕西省将在调整中壮大产业优势

在西部大开发的竞争中，陕西省将重点依托五大优势产业和十大类优势产品，通过不断加快结构调整步伐，壮大这些优势，使陕西真正成为西北的"龙头"，带动西北五省区经济的发展。

这五大优势是机械、电子、医药、能源、食品；十大类优势产品是电力机械、工程机械、交通运输设备、精密数控机床和食品仪表、微电子及元器件、电脑及智能产品、军工产品、食品、优质环保能源、医药。

2000 年陕西省产业结构调整的主要工作有以下几方面：

（1）以改造带动调整。在淘汰落后生产能力的基础上，选择一批重点企业进行技术改造，使其上水平、上档次。

---

① 参见贺国强：《在全市经济工作会议上的讲话（摘要）》，《重庆日报》1999 年 12 月 9 日第 1 版。贺国强同志时任中共重庆市书记。

（2）以发展带动调整。一是发展高新技术产品，2000 年重点继续组织实施好金属纤维及其制品、氟里昂替代物 134A、旋叶式压缩机等 20 个重大科技产业化项目，力争年内大部分竣工投产，使高新技术企业技工贸总收入达 250 亿元左右。二是扩大工业基本建设投资规模，重点抓好陕西精密合金股份公司荫罩带钢生产线、黄工集团液压挖掘机、玉华高档卫生洁具、亨通光华泰乐菌素等一批重点基本建设项目的实施，同时做好神木 10 万吨电解铝、榆林 15 万吨醋酸、西电东送工程、支线飞机、陕汽总厂大客车底盘等一批重大项目的前期准备工作。

（3）以扶优促进调整。一是扶持陕南陕北优势矿产资源的开发，加快榆林能源重化工基地的建设和陕南金矿及石材等优势资源的开发利用。二是初步选择上述十大类产品作为扶持重点。

（4）以政策支持调整。政府将运用财政政策、税收政策、融资政策、外贸政策等宏观调控手段，引进引导。

2000 年优势产业结构调整的重点是：

机械产业。围绕电力机械、工程机械、汽车及零部件、机床工具、飞机制造五大类产品的改造与提高，重点抓好西民集团三个国债专项、西安高压开关厂六氟化硫、黄工集团液压挖掘机、数控机床等项目的建设。

电子产业。调整生产结构，发展短线产品。重点抓好彩虹总厂彩管生产基地、咸阳偏转集团显示器基地、西安软件园的计算机软件基地和陕西华经微电子公司厚膜电路、宝光真空电气公司陶瓷真空开关管、长岭集团稀土永磁无刷直流电机等项目的建设。

医药产业。发展红霉素系列产品、制剂产品、半合成抗菌素、泰乐菌系、透明质酸系列、新型滴眼液、唯奥欣、药用包装材料等产品。抓好西安制药厂扩建工程、西安亨通光华制药有限公司泰乐菌素项目、西安医药园、美辰制药厂、省医药总公司医用包装铝等重点项目的建设。食品产业。重点抓好渭南天斗公司蛋黄卵磷脂、陕西一高公司马铃薯深加工、西安苏格尔生物工程公司水苏糖固体干粉等项目的前期准备工作。①

三、四川省发挥四大优势,突出特点,优质开发

一是突出人口优势,人口优势也就是劳力优势。四川人的最大特点是吃苦耐劳。这些年"川军"外出,单每年汇回资金就达 200 多亿元。就拿比较贫困的安岳县来说,每年外出打工的农民,年底每年带回资金就达 15 亿元左右。他们是"空手而出,抱财而归"。如今,百万打工者已陆续回乡,他们带回资金,带回技术,带回新观念,不少人成了老板,成了县、乡、村的建设骨干。四川近 6000 万吃苦而又价廉的劳力是西部大开发的一笔宝贵财富。而且,人口优势也可转化为市场优势,8300 万日益富裕起来的四川人,是一个诱人的大市场。

二是突出资源优势。四川资源非常丰富,单水能资源就占全国 25%,开发水电,可以建设 10 个三峡工程。至于矿藏,不但储量大,而且集中,利于开发。

三是突出科技优势。四川是中国重要的科研和教育基地,高等学府多,科研人才多,单工程师就有 110 万人,仅绵阳市两院院士就有 15 人。而且四川军工企业多,这也是科技优势,长虹就是军工企业,现在已建成中国最大彩电基地。

由于二、三两个特点,四川省委和省政府提出重点开发成(都)、德(阳)、绵(阳)高新技术带和攀西资源带。②

四是突出地理优势。地理优势是大自然赋予的。蜀道难,交通解决了,蜀道也就不再难了。可蜀中多锦绣,世界自然遗产四川就占三项,在全国居第一;国家和省级风景名胜 75 处,历史文化名城 46 座,在全国也名列前茅。这些优势开发出来不得了。人人吃饱吃好,就要外出旅游。1999 年国庆 7 天休假,旅游业消费热了好多。2000 年五一节 7 天休假,

---

① 参见《在调整中壮大产业优势》,《陕西日报》1999 年 12 月 29 日第 8 版。
② 参见周永康:《在四川省政协会议上的讲话》,《四川日报》1999 年 12 月 18 日。

消费达 30 亿元。以后每年"三个大节",即三个 7 天休假,四川旅游肯定是个大市场,值得大力开发。

四川的优势还有一些,比如农业优势,基础工业优势等。其实,西部各省、自治区、直辖市也有各自的优势,只要我们认清优势,扬长避短,就能在大开发中各展所长,找到自己位置,就能合奏出中国西部大开发这首壮丽的交响曲。①

四、青海省调整结构创特色

中共青海省委书记白恩培指出,调整产业结构,发展特色经济,是青海加快发展的关键。经济结构不合理,产业、产品缺乏地方特色,已成为影响青海经济发展的重要制约因素。不下决心进行调整,就走不出困境,就没有出路。今后,我们一定要按照朱镕基总理的指示,坚决不搞一般性的加工工业项目,坚决不搞低水平的重复建设项目。坚持以优势资源为依托,以市场需求为导向,对经济结构进行战略性调整,发展具有市场竞争力的产业和产品,逐步形成具有青藏高原特点的特色经济。重点是:充分利用高原冷凉气候、天然草场和青藏高原可再生生物资源,加大种植业、加工业结构调整力度,抓好反季节蔬菜、杂交油菜和豆、薯等农产品的产业化生产,扩大青海地区特有的中、藏药材种植,优化畜群畜种结构,发展优质高效农牧业。继续加大盐湖、水电、石油天然气和有色、贵重金属资源的开发力度,发展钠、镁、钾、锂、锶、硼等系列产品,争取年前钾肥生产能力达到 100 万吨,建成年产原铜 500 万吨、天然气 50 亿立方米的生产能力,滚动建设黄河上游的梯级电站,逐步把青海建成国家的钾肥、金属锂、碳酸锶生产基地。同时,积极推进以盐湖资源的精深加工和以中藏药开发为主的高新技术产业,加快旅游资源开发,努力培育新的经济增长点,实现青海经济跨世纪持续快速健康发展。②

---

① 参见《西部大开发,四川怎么办?》,《经济日报》1999 年 11 月 29 日第 1 版。

② 参见白恩培:《迎接西部大开发,实现青海新发展》,《青海日报》1999 年 11 月 12 日第 2 版。

五、利用生物资源发展特色工业

陕西省安康地区地处秦巴山区,属亚热带为主向北温带过渡的季风气候区,药用生物资源丰富多样,素有"天然药库"之美称,是陕西乃至全国重要的中药材基地、区域内有中草药资源1299种,其中药用植物1215种,药用动物57种,药用矿物27种,已重点开发利用的药用植物绞股蓝、葛根、黄姜等在境内蕴藏极为丰富,已形成规模,杜仲产量居全国首位;黄连、黄柏、厚朴、麝香、蜈蚣等均居全省之冠;党参、当归、牛黄、天麻、金银花等产量在全省占有重要地位,部分药用生物资源在全国独一无二,且储量大、品位高,有明显的开发优势和利用价值。

根据本地的生物资源优势,安康地区紧紧抓住国家对西部大开发的政策及发展机遇,实施科教兴药的可持续发展战略,以市场为导向,以技术创新为先导,以产品开发为重点,坚持走区域特色经济发展之路,加快规模扩张,促进秦巴医药持续、快速、健康发展,推动医药工业化进程。在发挥本地特色、发展优势产业方面,安康地区遵循的基本原则是:

坚持区域特色的原则,突出绞股蓝、黄姜、葛根等系列为特色的医药商品的生产,加快疗效突出的天然药物的开发和引进、消化,利用医药生产高技术、新成果。坚持市场需求的原则,加快市场体系建设,走大集团、集约经营之路,以名牌产品、骨干企业、特色经济为重心,坚持开发与保护并重的原则,科学规划,合理开发,永续利用,保护和发展安康地区独具特色的药用生物资源。坚持可持续发展的原则,调整产品结构,加快科技创新,促进产品更新换代,保持医药工业持续快速发展。坚持规模经营的原则,通过建立社会主义现代企业制度,开展企业间联合,走企业联基地、基地联农户之路,形成规模经营的格局。根据地方资源,陕西省安康地区计划在"十五"期间,实施技改和新上项目12个,总投资38400万元,预计产值达15亿元、税收6.8亿元,使秦巴医药工业总量占安康地区工业的40%,初步形成以三大系列为主的医药工业发展格局。2006—2015年,在巩固提高的基础上计划投资1.1亿元,新上3个项目,使生产规模进一步扩大,医药工业总量将以年8%左右的速度递增,并逐步发展壮大安康制药集团公司。2016—2030年充分发挥已经形成的技术和规模优势,加大科技创新力度和资金投放,促进药用生物资源开发,并在医药保健和食品工业等多领域扩展。同时启动中药材CAP基地建设工程,走中药现代化之路,研制生产进入国际市场的单一成分药、单味制剂。形成药用生物资源宽领域、全方位、多用途的开发生产合格体系。[①]

科学技术推进农业经济特色化

实施西部大开发,发展特色经济和优势产业,对于西部地区各省、自治区、直辖市来说,积极推进农业科技革命,将有利于发展农业经济这个西部不发达地区最大的特色经济,有利于发挥农业这个西部地区最大的优势产业的作用。陕西省在制定不发达地区发展规划时,充分注意到了以下几点。

一、推进科技革命的大思路

陕西省推进新的农业科技革命,就是要增加农产品数量,改善农产品品质,降低农业生产成本,提高农业资源的利用效率和农业生产的经济效益,增加农产品市场竞争能力,在农业方面为西部大开发奠定坚实的基础。这就要求对农业科技教育体制、农业科学研究、农业技术推广和农民教育培训进行全方位革新和改造,因此这将是一个由局部到全局、由量变到质变的长期过程。

陕西省推进新的农业科技革命的大思路是:抓住国务院特批建立杨凌农业高新技术产业示范区和江泽民同志"再造一个山川秀美的西北地

---

① 参见《加快生物资源开发,发展安康特色工业》,《陕西日报》1999年12月15日第4版。

区"重要批示和国家加快西部大开发的历史机遇,围绕服务省内当前与今后一个时期农业生产建设需要和赶超世界农业科技先进水平两大目标,处理好当前与长远"补课"与"跨越",增加产品供给与农业可持续发展三大关系,坚持高新技术与常规技术,自主研究与技术引进,技术创新与技术推广,科技人才培养与提高农民素质四个结合,实现以生物技术为重点的技术推广,以提高农民基础技术素质为重点的教育培训,以农科教结合为重点的农业科技教育体制改革等五个方面的突破,分步实施,整体推进,逐步建立面向 21 世纪的陕西省农业技术体系,为下世纪中叶基本实现农业现代化奠定基础。

按照上述思路和构想,陕西省推进新的农业科技革命,采取分步实施,重点突破的战略:一是在 2000 年前,搞好调整,打好基础,以推进农科和教育结合为重点,基本建立符合市场经济要求,结构合理,机制灵活,相互衔接,协调发展的农业科技教育新体制,形成具有较强战斗力的科研攻关,技术引进推广和农民教育培训三支队伍,关键研究领域准备条件要有重大改善,力争在农业新品种、新技术引进和农民教育培训两个方面取得进展,使科技在农业增长中的贡献率达到 45%。二是 2010 年,整体推进,关键领域取得重要进展。通过引进,选育和推广国内外农林牧良种,实现品种更新 1—2 次,部分更新 2—3 次,围绕重大产品的大幅度增值;通过大力发展关键技术、工艺、设备,实现农副产品的大幅度增值;通过大力加强农林技术教育培训,使半数以上农村劳动者获得"绿色证书"或达到农民技术员水平,使在农业增长中的贡献率达 55%—60%。培育出 2—3 个能够大面积推广应用的超高产、高抗逆、优质农作物超级品种,研制出 10—20 个能够产业化的生物新制剂,在农业决策与农业技术、农业资源、农业生产、农产品市场的信息化管理上取得重大进展。三是到 2015 年有所突破,农业生产方式得到基本改变,实现品种更新 2—3 次,大多数农业劳动者获得"绿色证书",其中 1/3 达到中专水平,生物制剂形成产业群,信息技术在农业生产经营中得到一定程度的应用,全省科技在农业增长中的贡献率达到70%左右,高效可持续发展农业生产系统基本建成。

二、推进农业科技革命的重点

按照上述思路设想的目标要求,陕西省推进新的农业科技革命的工作重点包括科学研究关键领域,新技术引进推广重点和农民技术教育三大方面。

(1)研究关键领域。科学技术上的重大突破是推进新的农业科技革命的根本动力。陕西省认为,要使全省农业科技率先跃居世界先进水平,必须从省情出发,按照"有所为,有所不为"的方针,调整农业科研战略部署,采取高新技术与常规技术相结合的办法,重点加强八大关键领域的技术攻关研究和科技创新:一是现代生物技术在农业上的应用;二是信息技术在农业上的应用;三是农田水资源高效利用;四是土壤资源与肥料高效利用;五是大宗作物大病虫害控制技术;六是生态环境建设与可持续发展;七是畜禽、水产高效养殖技术;八是设施农业与适用农业机械研制开发。

(2)新技术引进与推广。引进、示范和推广农业新技术是推进新的农业科技革命的重要内容和条件,也是现阶段最现实、最有效的措施。为了确保2010年陕西省农业和农村经济战略目标的顺利实现,必须在抓好省内成果推广的同时,坚持"不求所有,但求所用"的原则,大力加强国内外先进技术成果的引进示范,重点抓好九大技术引进推广示范工程:一是农林牧良种更新示范工程;二是节水示范工程;三是山川秀美生态农业示范工程;四是设施农业示范工程;五是创汇农业示范工程;六是集约栽培示范工程;七是秸秆还田示范工程;八是植物生化新产品示范工程;九是农副产品加工示范工程。

(3)技术培训。提高农民科技文化素质,是推进新的农业科技革命的基础。80年代以来,陕西省结合技术推广,在农民实用技术培训方面做了大量工作,但由于农民基础素质低,能接受并能灵活应用的农民十分有限,收效不大。目前,全省农村劳动力中半数以上是小学程度甚至文盲,受过职业教育培训的农民不到2%,农村教育培训"补课"任务非常艰巨。为了迎接西部大开发,积极推进新的农业科技革命,必须大力推进农科教结合,把提高农业劳动者素质作为一场持久战和一个硬仗,切实抓好以下四个方面的工作:一是要大力加强农业技术教育培训体系建设,为提高劳动者素质提供组织保障;二是要围绕提高农民基础技术素质,大力开展"科技扫盲";三是要围绕区域主导产业开发,组织开展重点产业的系统技术培训;四是要发展农业广播电视教育事业,组织实施"电波入户"工程。

三、陕西经验

为了迎接西部大开发,积极完成新的农业科技革命所提出的工作重点和目标任务,陕西省将采取扎实有效的得力措施,确保全省新的农业科技革命顺利开展。

(1)要深化农业科技教育体制改革,充分发挥杨凌示范区榜样作用。

将充分发挥杨凌农业高新技术产业示范区的龙头作用,加大农业、科技、教育体制改革力度,以建立同市场经济相适应的农业科技教育体制为目标,以推进农业科技教育事业有机结合,协调发展为重点,以农科教有关单位调整、联合、共建为主要方法,逐步打破条块分割、自成体系、重复设置的农业科研、推广、教育体系,建立结构合理、机制灵活、精干高效的农业科技新体制。一是杨凌农科城,将以西北农林科技大学的组建、挂牌和运转为契机,加大杨凌农业高新技术产业示范区的建设力度,以充分发挥杨凌在新的农业科技革命中的龙头带动作用。二是地市级和县级农业科研部门,将以农业适用技术的示范推广为重点。三是以乡村为重点,加强农业技术推广体系建设,大力扶持农村专业协会、专业合作社等民办专业技术服务组织。

(2)增加农业科技投入,为推进新的农业科技革命提供资金保障。

充分而稳定的资金投入和先进的仪器装备,是新的农业科技革命的推动力量。目前,农业科研与事业发展经费占农业生产总值比重,发达国家为5%,发展中国家为0.5%,世界平均水平为1%,陕西省"八五"期间平均仅为0.25%。按照推进新的农业科技革命的目标要求,陕西省各级各部门将广辟资金来源,多渠道、多形式、全方位增加农业科技投入,力争使全省农业科技投入水平在下世纪前 10 年达到世界平均水平,下世纪中叶前达到发达国家水平。

(3)制定奖励政策,鼓励参与新农技革命的积极性。

鼓励农业科研院所、大专院校、技术推广单位和民办科技单位与产业化龙头企业,根据省内生产需要,积极引进国内外农林牧优良品种和植化、生化新产品为主的新型生产资料,在办理手续、筹措资金、安排区试等方面给予优惠照顾。保护引进者的合法权益,对于增产增收效果显著的引进农林牧良种和植化、生化新产品,允许引进者依法自主经营推广。

鼓励农业科研院所、大专院校、农技推广单位和民办科技单位以及农村合作组织、个体种养大户、产业化龙头企业和城市工商企业与外商独立领办或联合创办以新品种、新技术开发、引进、示范为主的农业高新技术开发园区。园区可以按照"谁投资、谁受益"的原则进行建设,采取国有国营、民有民营、国有民营以及股份制、股份合作制等新经济形式经营。全省各级政府在场地提供、登记注册以及社会化服务等方面将给予倾斜支持,逐步将园区建设成为推进新的农业科技革命的前沿阵地,扩大农业对外开放和建立农业科技教育体制改革的实验基地,推广农业产业化向高层次发展的示范样板。

全省各级政府将制定并落实激励广大农民学科学、用技术的鼓励政策,对参加各种学习培训、掌握一定技术知识和操作技能的农民,要在承包土地、安排贷款、供应农用物资、提供技术信息服务以及选拔村组干部等方面给予优先照顾,并大力宣传表彰学得好、用得好的先进典型,优先推荐他们参加各级人大代表、政协委员和农业劳模的评选,在广大农村迅速形成争相学科学、用技术的良好氛围。[1]

---

① 参见陕西省农业发展办公室科教处、陕西省农村科技协调办公室:《迎接西部大开发,积极推进新的农业科技革命》,《陕西日报》1999 年 12 月 22 日第 5 版。

西部地区要建立内外开放机制

转变思想观念

2000年1月,国务院西部地区开发领导小组在北京召开的西部地区开发会议上指出:要加大改革开放力度,实施西部大开发,不能沿用传统的发展模式,必须研究适应新形势的新思路、新方法、新机制,特别是要采取一些重大政策措施,加快西部地区改革开放的步伐。要转变观念,面向市场,大力改善投资环境,采取多种形式更多地吸引国内外资金、技术、管理经验。

党的十一届三中全会以来,在邓小平理论指引下,西部各省、自治区、直辖市在加快对外开放步伐的同时,对内开放的方位逐步扩大,层次逐步增多,领域逐步拓宽,开始呈现出省内外跨地区、跨行业、跨所有制之间资金、技术、人才、商品等的大置换、大联合,起到了促进本省、自治区、直辖市经济社会发展的重要作用,创造了许多新鲜经验。但有些省区对内开放的整体水平仍然相当低,有的地方还没有把对内开放提上重要的议事日程。造成这一现象的原因很多,但根本的原因是思想保守、观念陈旧、政策不明、服务落后。因此,必须下决心扫除思想障碍,进一步解放思想,努力转变观念。

一、破除开放只是对外的片面观念

当前,有些同志将开放片面地理解为只是对境外的开放,在工作中重视对外开放、轻视对内开放;不少地方和企业领导对如何搞好对内开放心中无数,未形成明确的对内开放工作思路和方案,相当一部分与省外联合协作的项目是靠偶然的机遇成交。要解决这些问题,就必须进一步提高对内开放重要性、紧迫性的认识。

1. 必须明确对内开放是邓小平理论的重要内容

在改革开放初期,邓小平同志就强调:"30 多年的经验教训告诉我们,关起门来搞建设是不行的,发展不起来的。关起门有两种,一种是对国外;还有一种是对国内,就是一个地区对另外一个地区,一个部门对另外一个部门。两种关门都不行。""开放是两个内容,一个对内开放,一个对外开放。""改革就是搞活,对内搞活也就是对内开放,实际上都叫开放政策"。① 江泽民同志在党的十四大报告中明确要求"加快对内开放的步伐"。党的十五大第一次把"开放包括对外对内的全面开放"这个观点郑重地写入《党章》。由此可见,在一个地区领导经济建设,必须全面领会和贯彻邓小平改革开放的理论,全面实施对内对外开放并举的战略。

2. 必须明确扩大对内开放是建立社会主义市场经济和国内外形势发展的客观要求

亚洲金融危机的爆发,迫使许多在加强金融管理、深化金融改革的同时,对经济结构进行重大调整。我们要加快发展,就要充分重视吸收境内和境外的资本,充分重视境内和境外两个市场。国内有 12 亿人口的大市场,随着我国社会主义市场经济体制的逐步建立,资金、技术、人才、商品出现了空前的大交流大置换。特别是最近江泽民、朱镕基等党和国家领导人多次、反复强调,实施西部大开发战略和下更大的功夫努力为加快民

① 《邓小平文选》第 3 卷,人民出版社 1993 年版,第 224 页。

族地区发展创造有利条件后,中央各部门正在着手制定具体落实措施和有关政策,东西经济合作大趋势正在加快形成,东部发达地区的资金、技术正逐步向中西部地区转移。这是国内政治、经济、文化建设的形势正在发生的一个重大变化。西部各省、自治区、直辖市一定要做到政治敏感、头脑清醒,紧紧抓住这个重大历史机遇,及时制定、修改、完善有关政策,最大限度地吸引资金和挤占国内市场份额。当前,国内各省、自治区、直辖市针对这一形势变化,纷纷实行了以经济、技术、人才、物资四位一体的互惠互利的横向经济联合与协作,各地创造出许多对内开放的新形式和新内容。云南、四川等省先后召开了对内开放大会,出台了新的对内开放政策,取得了显著的成果。特别是成都市,由市长带队到广州、大连、北京、上海等地召开招商引资座谈会,招来商家126家,引资十多亿元。西部各省、自治区、直辖市一定要有强烈的紧迫感和危机感,要认真学习借鉴先进省区对内开放的经验,继续不断克服和冲破"内陆意识"和"峡谷意识"的消极影响,放开手脚,以积极的姿态投入西部大开放战略的实施中去。

二、破除开放只是"引进来"的片面观念

在西部各省、自治区、直辖市的开放工作中,还普遍存在一种只注重资金、技术的引进,而轻视国内外市场开拓的倾向,这已成为制约当地经济发展和对内开放的重要因素。现在,不少地方产品普遍供大于求,库存商品多,不少产品销售不畅、库存增加、价格下降、企业效益下滑。除了全国性重复建设、结构同一外,出现这一情况的重要原因,就是由于这些地方多年处于卖方市场的环境下,不少企业"皇帝女儿不愁嫁"的影响根深蒂固,缺乏竞争意识、忧患意识和市场开拓意识。当卖方市场变为买方市场后,不少同志虽然也逐渐认识到了问题的严重性,但缺乏切肤之痛,表现为在研究对策时,往往找内部原因少,找外部原因多;找主观原因少,找客观原因多,缺少开拓进取、拼搏奋斗的精神。

开放有两个重要方面的含义:一是"引进来",二是"走出去",两者关系如同车之两轮,鸟之双翼。引进国内外的资金、技术、设备和先进的管理,目的是为了促进地方经济结构的优化和产业升级,生产出更多、更好的符合市场需要的产品。在一定程度上可以说,衡量一个省、自治区、直辖市对内对外开放程度和成绩的最终标准是产品在国内外市场上的份额增加了多少。

换句话说,"引进来"的目的是为了促进"走出去","走出去"的越多,占领的国际市场越大,赚的钱越多,开放程度就越高,开放成果就越明显。如果把外面的资金、设备引进来,却生产了一批卖不出去的产品,那就完全背离了对内对外开放的要求。因此,西部各省、自治区、直辖市都要把"走出去"开拓作为解放思想、转变观念的一项最迫切、最重要的任务来抓,从上到下,各级都要树立起既"引进来"、又"走出去"的双向开放观念。

要走出去,尤其是要使西部生产的产品走向国内外市场,要紧紧抓好以下三项工作:

一是要高度重视营销工作,加大市场开拓的力度,彻底改变重生产、轻营销的观念。各级政府部门应侧重于市场预测、搞好市场建设、制定产业政策、引导企业搞好市场营销、为企业搞好服务,并采取经济的、行政的有效手段,充分调动企业开拓市场、搞好营销的积极性。尤其要把大力发展农村民间工艺产品流通体系和壮大营销组织,作为扩大对内开放的重大举措去抓。

二是要围绕市场调整产业的产品结构,狠抓技术创新,实行名牌产品战略,发展特色经济。并利用各种手段,有组织、有计划地对省内外、国内外市场进行广泛、科学的调查,加大产品推销力度,争取市场订单。同时,建立生产一代、储备一代、研发一代、瞄准一代的产品研发创新机制,力求做到"人无我有,人有我优,人有我新,人优我转"。

三是要从政策上鼓励、支持企业在省外建立和完善销售网络。从开放的层次上来看,企业引进资本、技术、设备、人才等生产要素只是对内开放的初级层次;企业输出产品、资本、技术、人才等生产要素,挤占国内外市场份额,获取最大利润,需要更高层次上的开放。

三、破除开放只是政府协作的片面观念

重政府协作、轻民间合作是对内开放工作中存在的一大问题。据云南省的调查,省外到云南的非公有制经济投资,多半处于无人管理的状态,更谈不上主动地、有意识地为其排忧解难,这是改革开放中的一个疏忽和遗漏。

从云南省的情况看,有四个层次的国内投资和经济活动值得重视和发展:一是民间商会经济;二是政府协作经济;三是开发区、工业园的国内外来投资;四是县区的国内外来投资。据了解,外省到云南投资已有相当的规模,基本形成了以民间投资为大头、政府协作投资次之、开发区投资为重点、部分县区有突破的对内开放局面。外省到滇投资已成为部分县区新的经济增长点。

四、破除开放工作只是减税让利片面观念

在对内开放工作中,还存在着一种重减税让利、轻优质服务的片面观念。西部地区中省、自治区、直辖市作为边疆、民族、山区省份,对内开放的条件比沿海地区差,困难也比沿海地区多,开放政策要更优惠一些,力争让投资者比在沿海投资有更多的钱赚,这是毫无疑问的。但是,我们也要牢牢记住,仅有减税让利政策这一条,没有优质服务,是不可能形成对内开放的良好环境的。自1993年中央实行税制改革以来,一个地区要想从减税让利政策上有大的突破,回旋余地不大。那么,扩大对内开放的突破点在哪里? 在于下决心改进和强化服务,并下决心制止乱收费、乱摊派,形成让外来资本有长期、稳定赚钱的良好环境。服务也包括法律上的服务,只有提供优质的服务,省外投资项目才能进得来,留得住,上得多,上得快。如果没有高效、优质的服务,没有"人人都是投资形象,处处都是投资环境"的观念,即使有一定的优惠政策,也难以长久吸引投资者。[1]

---

[1] 参见令狐安:《在云南省对内开放工作会议上的讲话》,《云南日报》1999年9月10日第1版。

优化开放环境

在扩大开放的过程中,西部不发达地区部分省区还做得不够,有较大的差距,与西部不发达地区各族人民加快发展的强烈愿望还不相适应,与实施西部地区大开发战略的要求还不相适应。主要存在两个方面的问题:

一是在对内开放的认识上有"两个关系"处理得不够好。第一,"发财与发展"的关系。一些干部群众只看到外地、外省在自己的地方上投资办厂、做生意赚钱赢利的一面,而对由此带来的资金、技术、人才及对当地经济发展和观念更新的重要作用认识不足。别人赚了钱,自己的经济得到发展,何乐而不为?搞好对内开放不要叶公好龙,更不要害"红眼病"。第二,"大项目与小项目"的关系。不少地方和单位总是贪求大项目,看不起小项目。想引进大项目是好事,但一定要与本地区、本单位的实际相结合,认真考虑可能性和可行性。目前,在注重引进大项目的同时,更要重视多引进适应本省区地方经济社会发展状况的中、小项目。

二是对内开放工作中存在着"重国有、轻民营"的倾向。对个体、民营企业带有歧视眼光,还没有做到国有和非国有企业一视同仁。要看到,西部地区各省区所有制结构调整的任务还很重,大力发展个体、民营企业应该成为扩大对内开放的一项重要工作。另一方面,东部地区个体、民营资本比重已经很大,并且亟待在西部省区寻找投资市场。因此,在选择合作对象时要不拘泥于所有制形式,国有企业与个体、民营企业一视同仁;对省内外国有和私营、私营和私营的合作项目,要在贷款、土地使用、税费收取以及管理与服务等方面,与国有企业的合作项目一样同等对待。否则,西部将失去大量的合作机会。

随着西部大开发战略的实施,我国对内开放已进入一个新的发展阶段。根据新形势的客观要求,西部地区各省区对内开放的指导思想,应该是遵循社会主义市场经济规律,按照区域经济合理布局和可持续发展的要求,紧紧围绕实施西部大开发的战略目标,对国内和对国外两个开放并举,引进来和走出去相结合,大力开拓市场、搞活流通,坚持优势互补、互惠互利,大力改善投资环境,搞好产业导向,不断拓宽合作领域,努力形成全方位、多层次、宽领域的对内开放新格局。

在加大开放力度过程中,要实行三个连环。一是实行对外开放与对内开放有机结合,相互连环。坚持一手抓对境外的开放,一手抓对兄弟省区,尤其是东部沿海发达地区的开放,充分利用国内外两个市场、两种资源,内贸外贸一起做,内资外资一起引;二是实行引进来与走出去连环,形成双向性开放,促进西部地区产品、资金、技术、人才等与全国市场的一体化;三是实行政府协作与民间合作连环,形成全方位的对内开放格局。

一、抓好四个层次对内开放

第一个层次是抓好政府牵头组织的各种联合协作项目。从实际情况看,政府牵头协作引进资金虽然不占大头,但多半涉及一些比较大的支柱产业和优势产业的国有骨干企业和控股企业,能起到重要的示范和带领作用。因此,各级政府必须切实承担起对内开放的引导、协调、服务等任务,紧紧围绕本省经济社会发展的战略目标,以大型交易会、展览会、订货会和民族传统节日等为契机,进一步扩大省区市之间的经济合作。

第二个层次是抓好民间合作。东部沿海地区的民营经济起步早,发展快,积累了大量的资本,这些资本正逐步向中西部地区输入。西部各省区一定要继续创造条件,承接东部发达省、市的产业转移,鼓励省外的民营企业以参股、控股、联营、兼并、收购、租赁、托管、承包、独立兴办等方式来投资,同时也鼓励本省的民营企业以各种方式闯出去,投资办企业和开拓市场。

第三个层次是抓好开发区的对内开放工作。开发区是改革开放20年来的伟大创举。东部地区利用开发区广泛吸引全国各地资金、技术、人才的成功经验值得学习借鉴。要重点抓好开发区的规划、体制和内部机制改革等问题。各类开发区和各地个体、民营经济实验区要做到相互分工、突出重点、统筹协调、有序竞争、共同发展,使之各具特色、功能互补。要建立健全开发区的社会保障、科技创新、法律服务、资金、技术和人才等支撑体系。其目的就是要把本省的各个开发区办成对内对外开放的窗口,办成对内对外开放的示范区,从而带动和辐射本省各地。

第四个层次是抓好地县的对内开放工作。西部地区绝大多数县市经济实力脆弱,主要靠省财政补贴维持正常工作运转,根本谈不上有县级财政搞建设。这已经成为制约西部经济发展的重要因素之一。要解决这个问题,要多渠道吸引建设资金,根本的出路在于深化改革、扩大开放,特别要把对内对外开放作为增强县域经济实力的突破点来抓。

二、优化软环境,做好服务工作

一是进一步建立完善对内开放的法律法规体系。在市场经济条件下,法律法规是否健全,执法是否严肃公正,是判断一个国家和地区投资环境好坏的重要标志。要进一步完善保护省外投资者合法权益的地方法规,提高依法、守法、执法的自觉性,确保对内开放工作的顺利进行。

二是进一步建立完善对内开放的政策体系。改革开放以来,西部各省区先后制定和出台了一批优惠政策,对加快联合协作和招商引资步伐,促进对内开放,起到了积极的作用,但也存在着不少问题。首先是政策配套性较差,特别缺乏相应的实施细则。上海市政府 1998 年颁发《关于进一步服务全国,扩大对内开放的若干政策意见》后,市级 32 个相关部门紧接着就分别制定了 28 个与之配套的实施细则及规定,使各项政策得到了落实。其次是政策落实差。有些省区已出台的不少政策并没有用足、用够、用活,尤其是对外地投资者的税收、贷款和对引资者给予奖励等政策,并没有得到完全落实。因此,我们不仅要重视政策的制定和完善,而且要重视政策的落实。

三是进一步建立完善对内开放的服务体系。服务质量的好坏和办事效率的高低,不仅直接影响着投资环境,而且关系到各省区对外开放的形象。工商、税务、公安、金融、土地、环保、城建、供水、供气、供电、消防、通信等问题,要切实保护外省投资者和经营者的合法权益,为他们的合法经营提供优质服务,在办证、落户、子女上学等方面给予当地居民待遇,主动为他们排忧解难。找出在改善服务态度、简化办事程序、提高办事效率等方面存在的差距和问题,牢固树立起全过程和全方位的服务意识,切实做到既搞好引进来的服务,又搞好走出去的服务;既搞好政府间联合协作项目的服务,又搞好对外省非公有制经济的服务;既要解决好外省投资企业产前、产中、产后的困难,又要解决好外省投资者在生活中碰到的实际问题,真正做到政府为企业服务,企业为客户服务,只有以一流的服务去进行感情交流,赢得信誉,才会赢得更大的人流、物流、信息流和更多的资本。

四是进一步建立健全对内开放的监督保障体系。清正廉洁、克己奉公,是对内开放投资环境的重要保障。从一定意义上讲,坚持反腐倡廉,就是营造最好的投资环境。有些省区一些部门的极少数工作人员,不仅服务态度差,而且对外省投资企业吃、卡、拿、要;一些部门间职责不清、相互扯皮,使外省投资企业反映的困难和问题,迟迟得不到有效解决;一些地方和部门对外省投资企业乱收费、乱集资、乱摊派、乱罚款的现象屡禁不止。因此,必须建立完善有效的监督保障机制。做到任务明确,措施有力,有布置,有落实,有检查。凡涉及外省投资企业工作的部门,要加强对干部的教育,对那些不认真执行政策,给外省投资者造成损失的干部,对那些借助手中职权,不给好处不办事,甚至进行敲诈勒索的人,纪检监察部门要及时、严肃进行查处。除追究当事人的责任外,还要追究部门领导人的责任,并公开曝光。

三、优化硬环境,加快基础设施建设

西部地区长期以来经济社会发展水平较低,尽管多年来西部地区为改善开放的硬环境做了大量工作,"瓶颈"制约有了明显缓解,但与东部地区相比,仍然存在着很大差距。因此,要抓住中央实施西部大开发战略,加大对中西部地区基础设施投资力度的机遇,改善交通条件,尽快完善便捷的立体交通网络;建设和完善城乡电话网,加快信息高速公路的建设。要在加大对农业基础设施投入的同时,加快城镇基础设施的建设,搞好城镇供水、供电、供气、排水、治污、垃圾处理、绿化、公共交通和环境卫生等方面的工作,这既是解决城市发育不完善、不配套,功能不健全的需要。又是推动地方经济发展和实施西部大开发的根本举措①。

抓住扩大对内开放的历史机遇

一、面临新的历史机遇

实施西部大开发战略,对西部地区各省、自治区、直辖市来说,既为扩大对内开放提供了新的机遇,同时也使对内开放面临着新的挑战。各省、自治区、直辖市要抓住机遇,迎接挑战,战胜困难,开拓进取,以对内开放的大发展,带动西部地区经济社会大发展。

党的十五届四中全会进一步明确了国有企业改革和发展的思路、指导方针,提出一系列重大政策措施,为西部地区各省、自治区、直辖市经济结构调整和国有企业改革发展,为西部地区各省、自治区、直辖市在全国范围内参与新一轮的资产重组和资源、人才、技术等生产要素的重新配置,创造了新的机会。要把国有企业的改组、改制和实现传统产业的提升,同对内开放工作结合起来,充分利用东部省区劳动密集型、资源密集型产业亟须向中西部转移的趋势,发挥西部地区各省、自治区、直辖市在资源、旅游、人才培养和引进等方面的优势,用好中央鼓励经济结构调整的优惠政策,推动西部地区各省、自治区、直辖市国有企业的改革和发展。

---

① 参见《云南日报》1999 年 11 月 11 日第 1 版。

党的十五大以后,为促进全国经济协调发展,最终实现共同富裕,党中央、国务院作出了加快中西部地区发展的部署,江泽民总书记明确提出:必须不失时机地加快中西部地区的发展,特别是抓紧研究实施西部地区大开发。强调实施西部地区开发,是全国发展的一个大战略、大思路,要求从现在起,要作为党和国家一项重大的战略任务,摆到更加突出的位置。为推动西部发展,国家将优先在西部安排资源开发和基础设施建设项目,并在跨地区能源、交通、通信等重大基础设施项目上给予更大的支持。投资政策上,国家允许西部省区根据有关政策开辟新的资金来源,用于重点建设项目,加大力度吸引法人参股和向社会发行股票来筹措资金;对重大的资源开发基础设施项目,可建立项目基金解决资金来源;对发电、供水、公路等项目还可采用 BOT 方式引资。引资政策方面,允许外资企业产品内销比例可进一步扩大;东部地区外商投资企业的优惠政策;国家还将优先安排西部地区外资项目的配套人民币资金贷款,允许外商控股开发某些资源和基础设施项目,支持对周边国家的开放等。此外,国家在财政转移支付、东部地区与西部地区的联合与合作、扶贫攻坚等方面,也制定和实施了一系列优惠政策。这些措施必将推动西部地区基础设施建设,增强优势资源开发的能力,增强进一步扩大开放的吸引力。各省区市要抓住这个机遇,加快对内开放的步伐。

二、四川构建对内开放的新格局

一是继续巩固和发展西南六省、自治区、直辖市七方的区域合作。从20 世纪 80 年代中期开展起来的西南六省、自治区、直辖市七方(四川省、重庆市、云南省、贵州省、西藏自治区、广西壮族自治区和成都市)经济合作是我国中西部地区联合协作,携手共进的合作范例,被人们称为穷帮穷的"南南合作"。多年来,六省、自治区、直辖市七方紧密合作,取得了很大成功。西南各省、自治区、直辖市是四川省的"近邻",有着长期的友好关系,经济互补性很强,搞好六省、自治区、直辖市七方的合作,对四川省扩大对内开放有着重大现实意义。

二是以川沪、川粤合作为重点,全面加强与沿海发达地区的合作。加强与东部省区的合作,可以有效弥补四川在资金、技术、人才和管理等方面的不足,加快调整和优化经济结构。这种合作被人们称为是国内的"东西合作"。四川与上海、广东的合作已有基础,并且取得了明显成效,要进一步巩固和发展川沪、川粤合作,在扩大合作范围、提高合作层次、增强合作数量和提高合作效益等方面下功夫。同时,要把这种合作扩大到整个沿海发达地区,充分借助东部发达省区市的力量来推动四川的发展。

三是大力推进省院、省校和省部合作。当今世界,综合实力的竞争越来越集中在知识和人才的竞争上。能否在激烈的竞争中保持优势,抢得发展的先机,关键就在于是否拥有一批高素质的人才和训练有素的劳动者,能否最快地将人类文明的科技成果转化为生产力。为克服广大劳动者素质不高的困难,四川省从 1998 年开始全面实施了省院、省校合作,借助国内高水平科研院所和高等学校力量加快四川技术开发、成果转化、人才培养等,是四川加快经济、科技、社会发展的一项战略措施。省院、省校虽然有的不是直接的经济合作,但与经济合作同等重要,甚至比一般的经济合作有着更深远的意义。要进一步巩固和发展这种合作关系,有效地借用"外脑"、"外智",推动四川省提高经济综合实力和水平。同时,要在更多领域加强省部合作,争取中央部委给予四川更多的帮助和支持。

四是以中心城市为主的省内欠发达地区与相对发达地区的合作。长期以来,四川省内各地区间的合作抓得不好,这与认识不到位有直接的关系。其实,四川省内很多领域的合作不必舍近求远,在省内就可以得到解决。要转变观念,加强各地区间的交流和了解,特别是要发挥绵阳、自贡、泸州、乐山、攀枝花等中心城市的作用,在共建交通、共办旅游、共同开发资源、加快国有经济战略性调整等方面加大合作力度。在合作方式上,除结对帮扶、共同发展的"官方"合作外,还要大力提倡各地区民间、企业间、行业间的合作与交流,调动社会各界积极性,不断促进省内地区间的协调。

四川省对内开放的基本格局是根据本省的实际和开放的历史条件构

成的,对西部地区其他省区来说,应该具有借鉴意义。各省区在加快对内开放步伐的过程中,应该实事求是,量力而行,围绕本省区社会经济的发展,围绕西部地区大开发战略的实施,制定自己的发展规划。

三、云南省对内开放目标明确,成效显著

云南省在对内开放中,校正发展目标。到2000年,投资环境明显改善,对内开放的服务保障体系基本建立,全方位、多层次、宽领域的对内开放格局基本形成。合作效益不断提高,省外在滇企业创造的增加值和实现的地方税收增长高于当年全省国内生产总值和地方税收增长的速度;合作规模有所扩大,合作项目数量、引进省外到位金额、合资合作企业和省外在滇独资企业实现产值等指标以年均不低于10%的速度增长,建成几个年产值超亿元的省外在滇投资企业;云南产品在省外的市场占有率、劳务输出人数有所增长。合作范围有所扩大,科技合作、教育合作、卫生合作等得到较大发展。

到2005年,投资环境有较大改善,对内开放的服务保障体系更加完善,全方位、多层次领域的对内开放格局全面形成。省外在滇企业创造的增加值和实现的地方税收分别占当年全省国内生产总值和地方税收的8%左右,合作项目实际总投资、引进省外到位资金、产值等力争在2000年的基础上增长50%,建成一批年产值超亿元的合资合作企业和省外在滇独资企业;云南产品的市场占有率和劳务输出人数有较大增长。社会合作全面发展,对内开放对云南经济社会发展的促进作用将进一步显现出来。[①]

实施跨越式开放政策

国内外经济形势的发展变化和实施西部大开发战略,对西部地区各

---

① 参见《认清形势,抓住机遇,全面推进云南对内开放》,《云南日报》1999年11月12日第1版。

省、自治区、直辖市加快对内开放提出了更高更紧迫的要求。我们要进一步提高认识,把对内开放与对外开放放在同等重要的位置,采取强有力的措施,实现跨越式开放。

一、采用超常规的办法引进资金、技术和人才

大力引进省外资金、技术和人才,是西部不发达地区对内开放的一个重点。建设资金紧张,技术水平落后、自主开发能力不强,人口素质低、特别是中高层次人才严重不足,是制约西部不发达地区经济社会发展的三大突出因素。要通过进一步扩大对内开放,大力吸引省外资金参与西部不发达地区建设,积极发展以资本、技术、市场等为纽带的多种形式的合作,鼓励省外企业以参股、控股、联营、兼并、收购、租赁、托管或承包等方式到西部地区投资。重点要在实施生物资源开发创新工程、培育旅游支柱产业、加强基础设施建设、加强生态环境保护与建设、发展高新技术产业和环保产业等方面加大引资力度。要充分发挥西部各省区市的资源优势,与发达地区的技术优势实行互补,通过引进、消化、吸收先进实用技术,提高创新能力,建立健全科技成果产业化机制,推动优势产品开发,提高产品技术含量。鼓励省外企业、科研机构和个人,以资金、技术入股,领办和创办高新技术企业,共建重点实验室、工程技术中心和企业技术开发中心等,从事科技研究、成果孵化和开展技术贸易。要主动引进省外先进技术和管理经验,加快改造传统产业步伐,不断提高企业的素质和市场竞争能力。要通过扩大对内开放,借用"外脑"、"外智"加快西部不发达地区的发展。既要大胆引进急需、紧缺的技术人才,特别是高层次科技人才,引进有市场开拓能力和丰富管理经验的企业经营管理人才,为他们提供施展才华的舞台,也要鼓励省外力量兴办教育、卫生等社会事业。继续加强与国内知名教学、科研机构的合作,采取联合办学、定向培养、委托代培、短期培训和学术讲座等方式,加快西部人才的培养,提高各民族的素质,以适应经济社会发展的需要。

引进资金、技术和人才,需要我们创造环境,提供高效、优质、规范的

服务。云南省加快引进步伐,省政府准备出台关于引进高层次人才和改善户籍管理两个规范性文件。初步考虑对引进的有突出贡献的专家、博士、博士后,给予优厚、超常规的待遇,经省人事厅审查认定后,由同级财政分别给予一次性 7 万、5 万、3 万元的工作经费资助,并可向科委申报科研启动经费资助。同时提高他们的生活待遇,有突出贡献的还将给予 5万—100 万元的奖励。对引进的人才在增人指标、迁移落户、家属子女随迁、工作安排、职称评聘等方面也都作了相应的优惠规定。

二、全力开拓国内市场

对内开放是一个双向互动的过程,包括了引进来和走出去两个方面,既要大胆引进来,也要勇敢走出去。引进来主要是引进资金、技术、人才和管理;走出去就是要开拓市场,谋求发展。当然,西部不发达地区各省、自治区、直辖市的企业和经营者要有立足本省、面向全国市场的发展思路。特别是在本省许多商品的国内市场占有率不断下降的形势下,更要积极走出省门,大力开拓国内市场,像重视引进资金、技术那样,重视开拓市场和搞活流通工作,并把它真正作为对内开放的重要组成部分抓紧抓好。

一是要鼓励企业走出去求发展。西部不发达地区虽然整体经济实力不强,但也有一些企业的产品、技术在国内市场占据一定的优势地位,有着向外拓展的潜力,要动员和组织这些企业利用目前国内调整经济结构的良好时机,积极走出省门,开拓市场,壮大实力,提高市场竞争能力。

二是要把产品打出去开拓市场。经济发展的水平最终要靠产品的市场战胜能力和水平来体现。要建立和完善本省各类市场体系,特别是要加快生产要素的建设,充分发挥国有流通企业和其他各类流通企业的作用,努力扩大西部产品在国内市场的占有率。

三是要鼓励人走出去致富。西部人要克服不愿意离开家乡的陈旧观念,树立志在四方谋发展的思想,特别是要组织贫困地区群众积极开展劳务输出,走出家门、县门、州门、省门,到外面去闯荡,实现勤劳致富。这不仅能起到输出一人,脱贫一户,带动一片,有效地推动贫困地区人民脱贫的作用,还能够促使走出去的人长见识,见世面,接受现代思想意识,提高素质和能力。他们回乡后,将对当地经济发展起到重要作用。要加强组织领导,扩大向省外特别是东部发达地区输出劳务,带动西部经济发展。

三、认真落实对省外投资企业的各项优惠政策

加快对内开放是近几年来全国的一大趋势。西部各省区要十分注重对内开放,在政策上不断推出新举措。云南制定了若干优惠的政策。一是省外在企业投资额占项目资本金比例51%以上的,可享受云南省权限内的外商投资企业优惠;二是可以按"五分法"的原则,对省外县以上政府组织来滇投资的企业实行按股分红、分税、分劳和分值,贷款可以不分;三是科技人员以专利、技术等无形资产入股在滇的开发,可以不受国家无形资产占股份比例的规定限制,无形资产占股份比例由合作双方协商确定;四是投资于云南省支柱产业和其他重点产业,以及到民族特困地区、裸石山区和高寒山区进行扶贫开发的,给予更加优惠的政策;五是围绕引进人才采取的一系列优惠政策,包括住房、子女入学、职称评聘等;六是强调云南的企业、个人和商品走出去,对走出去发展的给予更加优惠待遇。

在土地政策方面。云南省对省外企业在滇投资的市场前景较好、经济社会效益显著的项目,所需土地可用成本价出让;对投资基础设施建设的项目,可将征地费折股投资"两高一优"农业开发的项目,可采用"保权出租"的方式提供用地;对需占用大宗土地、一次难以付清出让金的项目,可实行分期付款。省外在滇投资企业依法获得的土地使用权,在租用期间可以转让、入股和作为信贷抵押。应该说,这些政策为省外投资企业解决用地很难的问题已经开了绿灯,给予优惠,只要真正能贯彻落实,对省外企业一定会有吸引力。

在税收政策方面。云南省对省外在滇投资企业投资符合云南产业政策的项目,从开始获利年度起,企业上缴的所得税5年内实行先征后返,头2年由同级财政全额返还;后3年减半返还;对在云南省投资能源、交

通、环保、市政公用设施等基础设施项目,且实际投资额不少于5000万元的,自企业开始经营后上缴增值税中地方分享的25%,头3年由同级财政返还;对利用非耕地资源兴办农业开发项目的,从有收入年度起头3年免征农业税和农业特产税,后2年同级财政实行先征后返;对到云南兼并亏损企业的,自签约之日起,3年内企业所得税由同级财政先征后返。税收优惠实际上是经济利益的出让。云南省特别是一些地县财政也相当困难,但为了鼓励省外资金来这些地方发展,他们已经在有限的税收权限内作了最大限度的优惠。

利用外资促进开发

改革开放以来,我国利用外资发展经济取得了重大成就。大量外资的引进和利用,不但弥补了国内建设资金的不足,而且带动了产业技术进步和经营管理水平的整体提高,促进了经济体制改革的深化和人们思想观念的更新。据中国外商投资企业协会会长谢树声介绍,改革开放20年后的今天,我国的外商投资企业已达34万家,累计投资总额已达3000亿美元。外商投资企业进出口总额已占我国进出口总额的一半左右,在外商投资企业的就业人数约占我国非农业劳动人口的10%。外商投资企业已成为我国国民经济中充满活力的经济成分之一。[1]

但是,由于种种原因,我国地区之间利用外资的差距比较大,发展很不平衡。以"八五"期间为例,全国共批准外商直接投资项目229739个,实际使用外资金额为1141.77亿美元。其中,东部、中部、西部地区实际使用外资金额分别约为987.91亿、90.09亿和39.63亿美元,东部地区约占全国的90%,分别是中西部地区的11倍、西部地区的24倍。一直到

---

① 参见《外商投资20年给我国带来巨大变化》,《经济日报》2000年2月13日第1版。

1997 年底,中西部地区利用外资仍只占全国的 10%,东部尤其是东南沿海地区依然是绝大多数外商投资的重点区域。① 1999 年 1 月至 11 月,西部地区吸收外商投资项目共 778 个,合同外资金额 19. 30 亿美元,实际使用外资 9. 14 亿美元,分别占全国总数的 5. 09% 、5. 42% 和 2. 47%。截至 1999 年 11 月,在全国累计批准的合同外资金额和实际使用外资金额中,西部地区所占比重分别为 3. 88% 和 3. 17%。②

世纪之交,党中央、国务院作出了加快中西部地区经济发展步伐,逐步缩小地区发展差距的重大决策。在对外开放方面,国家有关部门在制定新的政策的同时,加大了对中西部地区开放开发的支持力度,采取有力措施积极引导和鼓励外资投向中西部地区。这就预示着在新的世纪到来之际,我国中西部地区正面临着扩大对外开放、利用外资的新机遇。

一、调整区域经济发展战略

改革开放之初,我国采取渐进式发展模式,首先鼓励和支持条件比较好的东南沿海地区先行,再带动中西部的发展,这一战略在实践中获得成功。华南沿海地区快速发展起来,长江三角洲乃至整个东部地区随之也加快了速度,而中西部地区尤其是西部由于历史原因和其他制约因素,与东部地区的发展差距呈扩大趋势。针对这种情况,1995 年 9 月,党的十四届五中全会通过《中共中央关于制定国民经济和社会发展“九五”计划和 2010 年远景目标的建议》,明确提出从“九五”开始,国家要采取切实措施,加快中西部地区的发展,以缓解区域间经济差距拉大的情况。1997 年 9 月,党的十五大明确提出,在世纪之交,要随着社会主义市场经济体制的建立,逐步调整区域经济发展战略,加快中西部地区的发展,积极引导和鼓励外商到中西部投资,以增强中西部地区自身发展能力,缓解和缩小东、西部经济发展的差距。

---

① 参见《世纪之交,中西部利用外资有新机遇》,《经济日报》1999 年 11 月 8 日第 5 版。
② 参见《外资西进,政策先行》,《经济日报》2000 年 1 月 31 日第 1 版。

世纪之交,国家有关部门决定,今后我国利用外资不但要注意投资的结构、投资的领域、引资的方式、环境的改善等问题,要努力完善外商投资的地区局面,采取切实的措施引导外商投向中西部地区。这些措施的主要内容有:第一,中西部有关省、自治区、直辖市可选择确有优势的项目,国家批准后,享受修改后的《外商投资产业指导目录》中鼓励类项目政策待遇;对限制类和限定外商股权比例项目的设立条件和市场开放程度,可比东部适当放宽。第二,国家优先安排一批农业、水利、交通、能源、原材料和环保项目在中西部地区吸引外资,并加大对项目配套资金及相关措施的支持;鼓励"三线"军转民企业和国有大型企业利用外资进行技术改造。第三,鼓励东部地区的外商投资企业到中西部地区再投资,外商投资比例超过25%的项目,视同外商投资企业,享受相应待遇。第四,国家允许开展试点的开放领域和试点项目,原则上应在中西部地区同时进行;经国家批准,中西部省会城市可以进行国内商业、旅游方面的开放试点。党和国家的这些重要措施的提出和实施,将有力地促进中西部地区宏观投资环境的改善,加快扩大对外开放、利用外资的步伐。

二、优化外商投资的产业结构

改革开放20年来,我国通过吸引外商投资、国外贷款、对外证券融资等多种形式,已累计利用外资超过3000亿美元,但是,认真总结改革开放以来我国利用外资的实践,就会发现还存在一些不容忽视的问题,除了引进外资地区布局不尽合理,有些地方重数量、轻质量、重争办、轻管理及重复投资等问题外,投资结构也不尽合理。

目前,国家有关部门已经决定进一步优化外商投资的产业结构,重点鼓励外资投向农业、高新技术产业、基础工业、基础设施、环保产业和出口创汇型产业,提高这些领域利用外资的比重;积极引导外资投向传统产业和老工业基地的技术改造,走内涵式发展的路子;充分发挥比较优势,继续发展符合产业政策的劳动密集型项目。具体来说,从1997年11月开始,国务院调整了进口设备验收政策,同时修订了1995年颁布的《外商投资产业指导目录》,随后,外经贸部决定,对国家政策鼓励和支持的外商投资项目进口的设备及技术,免征关税和进口环节增值税。同时,对其他引进的先进和适用技术,也免征关税和进口环节增值税。国家鼓励外商投资出口创汇型企业,同时按照国际惯例鼓励外商企业采购国产原材料、零配件扩大出口的原则,抓紧完善出口退税制度。这样一来,就为中西部各省区大量利用外资,发展能源、交通、通信等基础设施,对传统产业和老工业基地进行技术改造以及发展劳动密集产业等,开拓了极为有利的发展前景。

三、确立依法开放的方略

国际国内利用外资的经验证明,外商对投资环境诸要素的选择中,最为看重的是法律环境;改革开放以来,我国涉外法律建设取得了显著的成就:目前已形成了以《中外合资经营企业法》、《中外合作经营企业法》、《中外合作经营所得税法》等法律为基础,以各个涉外法律实施细则和条件为具体化的多层次、多门类的对外开放法律法规体系。这些法律法规为保证我国的对外开放和利用外资的顺利进行起到了重要的作用。但是,随着对外开放、利用外资的进一步加快,有些法律法规条文过于原则,内容过于陈旧,而且相互冲突的问题也日渐显露。党的十五大提出的依法治国方略,不但是我国政治体制改革的指导思想,也是我国政治体制改革的方向所在。也就是说,在世纪之交,从党的十四大到十五大,有两项根本性的发展方针已经被明确肯定,并且写进了我国的根本大法《宪法》。一是经济体制改革必须沿着社会主义市场经济方向进行;二是政治体制改革必须沿着加强法制、依法治国,建设社会主义法治国家的方向发展。因此,随着依法治国进程的推进,我国将加快建立科学、完备的法律体系,不断提高各级行政部门的执法水平,这必将为进一步扩大对外开放和利用外资提供良好的发展环境。

最新资料表明,党的十五大以后,国家有关部门已加快了完善涉外立法的工作,要把利用外资工作进一步纳入法制化和规范化轨道,根据建立社会主义市场经济体制的要求,参照国际通行的规则和有关协定,抓紧修订现行的涉外法规,力争用 3 年左右时间健全利用外资的法律法规体系,加快制定《反垄断法》、完善《反不正当竞争法》,并加大执法力度,切实保障外商的合法权益。所以说,我国依法开放方略的确立,有利于中西部地区宏观投资法律环境的改善。①

四、加大西部地区对外开放力度

1999 年 12 月召开的全国外经贸工作会议指出,进一步加快中西部地区对外开放力度,大力发展对外经济贸易,以开放促发展,是西部大开发,加快中西部发展的重要途径。

会议提出,外经贸战线要把支持西部大开发当做己任,要抓紧落实国家已出台的鼓励中西部地区发展的各项政策,进一步提出有利于中西部对外开放的优惠政策。在对外招商中,要把中西部地区放到突出的地位,吸引更多的外资投向中西部地区;要鼓励和支持沿海地区的外商投资企业到中西部地区开展再投资,实现产业梯度转移。要按照国家的政策导向,因势利导,吸引更多的外商投资国家鼓励的交通、能源等基础设施建设项目和生态农业、水资源综合利用等环境保护项目以及高新技术项目,允许中外合资合作开发中西部地区的旅游资源。大胆鼓励外资参与中西部地区国有工业企业的改组改造。要打通中西部地区通江达海、连接周边国家的运输通道;认真落实边境贸易的各项优惠政策,鼓励中西部地区大力发展边境贸易。②

国务院决定自 2000 年 1 月 1 日起,对设立中西部地区的国家鼓励类外商投资企业,实行新的优惠政策,即在现行税收优惠政策执行期满后 3 年内,可以减按 15% 的税率征收企业所得税。

可执行这项税收优惠政策的中西部地区是指:山西、内蒙古、吉林、黑

① 参见《世纪之交,中西部利用外资有新机遇》,《经济日报》1999 年 11 月 8 日第 5 版。
② 参见《经济日报》1999 年 12 月 24 日第 3 版。

龙江、安徽、江西、河南、湖北、湖南、重庆、四川、贵州、云南、西藏、陕西、甘肃、青海、宁夏和新疆共 19 个省、自治区、直辖市的全部行政区域。

可执行这项税收优惠政策的国家鼓励类外商投资企业是指：从事经国务院批准，由国家计委、国家经贸和外经贸部联合发布的《外商投资产业指导目录》中鼓励类和限制乙类项目以及经国务院批准的优势产业和优势项目的外商投资企业。

在现行税收优惠政策执行期满后的 3 年内本项税收优惠政策的优惠期满。在现行税收执行期满后的 3 年是指享受《中华人民共和国外商投资企业和外国企业所得税法》规定的减免期满后的 3 年。在本项税收优惠期间，企业同时被确认为产品出口企业且当年出口产值达到总产值的70% 以上的，可再依照税法实施细则规定，减半征收企业所得税，但减半后的税率不得低于 10%①。

五、陕西省利用外资的五大突破

为抢抓这千载难逢的历史机遇，实现利用外资的大跨越，陕西省2000 年乃至今后几年，将在利用外资方面实现五大突破。

1. 实现外商投资领域的新突破

陕西省将利用西部大开发的良好机遇，力争使石油、天然气、黄金开采和加工等属于陕西开发优势的产业，列入国家制定的《中西部地区利用外资优势产业和优势项目目录》中，或报经有关部委批准享受国家利用外资鼓励类的优惠政策；对参与陕西优势矿产开发和骨干矿山建设的外商，可无偿获得省属的普查和部分详查矿权；对已探明的矿产资源可以成片向境外投资者进行招标、拍卖，所得资金专项用于矿产资源的勘探。

2. 实现外方以技术入股比例的突破

鼓励外方以技术、科研成果、营销和管理等要素入股，合资、合作兴办高新技术企业。对外商投资的技术入股比例放宽到 35%。鼓励外商以

---

① 参见《经济日报》2000 年 1 月 25 日第 1 版。

其资金和技术优势创办工程技术研究中心、成果转化与技术基地以及加工推广中心,形成研究、开发、推广三位一体的体系。

3. 实现利用外资方式的新突破

凡外商承包、租赁本省企业,实行与境内人员承包、租赁企业相同政策。对外商购买本省企业,凡出资额达到该企业注册资本的25%以上并办理法定手续的,该企业实行与外商投资企业相同的政策。同时,积极探索以 BOT、TOT 方式以及在境外发行 B 股、H 股、N 股等形式筹集外资,积极探索利用国外各种基金如养老基金、社会福利基金等利用外资渠道,着手筹划组建陕西中外合资、合作基金机构。

4. 实现与世界500强跨国公司联系与合作的新突破

目前,世界500强跨国公司中,只有11家在陕西省有合资合作项目。陕西省将主动做好为大跨国公司来陕投资的服务工作,鼓励大跨国公司在陕设立地区总部或代表处。重点推动大跨国公司参与国有企业的嫁接改造,将选择有实力、效益好、潜力大的国有企业与大跨国公司合资合作,引进资金、先进技术和管理经验,或发展成为跨国公司的子公司。对在沿海地区投资的500强公司来陕进行再投资,凡投资额达到25%以上的,可享受外商投资企业待遇,争取3年之内,500强公司在陕投资超过30家。

5. 实现开发区利用外资的新突破

陕西省将尽快建立省开放办、省外经贸主管部门和各类经济技术开发之间统计业务的计算机联网制度,建立和完善经济技术开发区有关的外商投资环境综合评价体系,以良好的管理,灵活的机制,一流的服务,使开发区成为陕西省利用外资最具吸引力的地区,促使开发区利用外资上规模、上档次,从而带动陕西利用外资总量的突破。要使开发区突出产业优势与区位优势,办出各自特色。西安高新区重点发展电子信息,生物和新医药、机电一体化、新材料,新能源及高效能产业;宝鸡高新区结合自身工业基础比较雄厚的优势,利用外资重点发展机械、电力、基础设施及加工工业,促进装备技术水平和产品升级换代;以杨凌示范区引导外资投向灌溉、土壤改良及农副产品深加工,发展"三高"农业和出口创汇型农业等。同时,积极抓紧西安经济技术开发区升格为国家级开发区的申报工作。最近,国家决定设立高新技术产业出口工业园,并给予更加优惠的政策,陕西在此方面有很大优势,将积极申报在西安高技术产业开发区内设立高新技术产业出口工业园,以进一步实施科技兴贸战略。[1]

西部不发达地区的大开发,从本质上讲就是大开放。西部不发达地区经济增长的过程,就是一个开放的过程。在当代中国无论是中部地区或西部地区,也无论哪个市、县,都不能孤立和封闭式发展。中国东部发展的实践,世界各国发展的历史经验证明,开放者兴,封闭者衰,这是现代经济增长的规律,我们遵循这一规律,建立起西部不发达地区的开放机制,西部的繁荣是指日可待的。

---

① 参见刘军锋:《利用外资将有五大突破》,《陕西日报》1999 年 12 月 29 日第 5 版。

促进不发达地区发展的国际经验

美国对西部不发达地区的开发

美国所在的北美洲,是 15 世纪哥伦布发现的新大陆,当时在北美洲的印第安人有 100 万人左右。从 1907 年英国移民到达北美洲起,欧洲移民陆续来到新大陆,在这里移植和发展资本主义经济,到 1918 年印第安人只剩下 32 万人。美国资产者靠掠夺印第安人的土地,靠罪恶的黑人贸易和奴隶制庄园,靠对广大无产阶级和劳动人民的残酷剥削发展强大的资本主义经济。

美国在 1776 年宣布独立的时候,它的领土只限于大西洋东北部沿岸的 13 州。1778 年美国独立战争取得胜利后,英国宣布放弃密西西比河以东的其他领土,使其并入美国的版图。后来,随着资本主义经济的发展,美国统治阶级采用战争和外交手段不断地进行领土扩张,夺取了西班牙、法国和英国在北美洲的殖民地,兼并了墨西哥大量土地,向西一直扩展到太平洋沿岸,在不到一个世纪的时间里,领土面积扩大了 10 倍。随着美国的本土不断地向西扩张,美国经济建设的重点不断地由东向西、由北向南转移。美国实现工业化和现代化的时候,首先使大西洋沿岸东北部的农业、工业、交通运输业迅速地发展起来,19 世纪 60 年代以后,经济建设的重点逐步转移到中部平原特别是西部山地,充分开发那里的自然资源,并加强老的工业基地建设,到 19 世纪末 20 世纪初实现了电气化,成为头号的资本主义强国。20 世纪 40 年代以后,又把经济建设的重点由北方转移到北纬 37 度以南的所谓"阳光地带";充分开发那里的自然资源,并与原有工业基地互相补充,进一步实现了原子能—电子时代的现代化,继续保持头号资本主义强国的实力地位。

美国经济可分为三个大区:即"工业的北部"、"奴隶制的南部"、"垦殖的西部"。"工业的北部",包括美国本土 48 个州中的东北 23 个州,是美国资本主义工农业生产的发源地,至今仍是美国经济最发达的地区。美国建国初期的版图,只有大西洋沿岸东北部的 13 州,这里有良好的海港和五大湖的水运,有肥沃的土地和茂密的森林,有丰富的煤、铁矿产资源,有 260 多万欧洲移民和众多的印第安人,使那里的食品、纺织、造船、冶金、木材加工业,以及资本主义的农、牧业迅速地发展起来。在 1860 年大西洋北部各州,拥有全国制造企业数的 1/2,工人数的 3/4,投资额和工业总产值的 2/3。在 19 世纪末期,美国北部的工业总产值占全国的 80%以上,在 20 世纪 50 年代工业总产值占全国的 75%左右。到 1980 年这个地区的面积占全国的 25.8%,人口占 47.7%,制造业增加值占 55.3%,采矿业产值占 15.2%,农产品销售额 50.3%,同时还生产了全国 75%的钢铁和机器,80%的汽车和仪表,90%的金属加工机床,但传统的工业仍居优势地位。到 19 世纪 50 年代,美国领土向西扩展到太平洋沿岸,向南扩展到佛罗里达半岛和墨西哥湾。直到 1860 年,从中部的密苏里州到加利福尼亚州之间广大地域的绝大部分都有待开发。这里有肥沃辽阔的土地,丰富的农业、矿产、水力和森林资源。

"垦殖的西部"在 1880 年面积占全国的 49.4%,人口占 19.1%,铸造业增加值占 16.2%,采矿业产值占 28.3%,农产品销售额占 21.1%,宜于放牧的天然牧场占全国 58%,煤田储量占全国 1/2 以上,铀的储量占全国 98%,煤田储量和天然气储量占全国的 90%,还有丰富的铜、锌、银、铅等有色金属,水力资源的潜在容量太平洋沿岸各州占 34.5%,山地各州占 22.1%,二者合计占 56.7%。由于美国西部有广阔的肥沃土地,1849年在加利福尼亚等地发现金矿,以及到 20 世纪初又发现丰富石油矿藏,使西迁的人群大量涌入大平原和西部山区。

美国在开发南部和西部时,首先从立法上来保证对西部的开发,如就制定过《密西西比河流域开发法案》;其次又从经济政策上放宽移民,对移民到西部开发的公民给予补助,并免税。到西部、南部开发畜牧业的,每人可自划 10 公顷土地,10 年后再给国家缴纳少量的出让金,至于对那些淘金者则基本上实行谁开发、谁所有,谁开垦、谁受益的原则,政府实行不干涉政策。

在 1900 年前 30 年在西部拓展的土地,比 1607—1860 年整个历史时期开拓的土地面积还要大。1870 年美国有 4000 万人,其中仅有 14% 居住在密西西比河以西的地区;到 1900 年,全国人口增长到 7600 万人,其中已有将近 25% 居住在西部地区。从 1869—1893 年,美国先后建成了五条横贯大陆的铁路干线和许多支线,把北部、中部和南部的各个大平原和大山脉联系起来,促进了西部地区的开发和建设,同时更有力地吸引大量的欧洲移民。从 1861—1880 年,入美移民 500 多万人;1881—1890 年又有 800 多万人移美,1890—1914 年间新移民达 1350 万人以上。1861—1914 年间涌入美国的移民达 2710 万人以上,相当于 1860 年美国人口总数 3181 万人的 86%,这些众多的人力资源同美国西部丰富的自然资源相结合,使美国的经济得到飞跃的发展。正是欧洲移民,使北美能够进行大规模的农业生产,这种农业生产的竞争震撼着欧洲大小土地所有制的根基。此外,这种移民还使美国能够以巨大的力量和规模开发其丰富的工业资源,以至于很快就摧毁了西欧特别是英国迄今为止的垄断地位。

向西部的大量移民,使美国农业的小麦、玉米、畜牧业的生产中心逐步西移。1870年密西西比河以西地区农业产值约占全国农业产值一半以上,包括各种各样的农作物和畜产品。加利福尼亚在1909年生产了约占全国3/4的橘、2/3的无花果,以及大量的牲畜;在俄勒冈州和华盛顿州盛产谷物、畜产品和水果。西部农民生产的剩余食物,供应了不断增加的工厂工人和城市居民的消费。同时,还以丰富的原料供应了东部各制造厂。南部农民生产了大量的商品作物,对于美国对外贸易极端重要。而且,技术上的进步使农业生产扩大,效率提高,从农业中解放了成千上万的劳动者,转到制造业、商业和其他经济部门就业,这有助于提高每个人的生活水平。美国人能用其总劳动力中不断减少的一部分来生产他们所需要的食品和纺织品,是国民经济惊人发展的主要因素,中国农业代表团在题为《现代化的美国农业》考察报告中指出:"美国整个国民经济的发展,可以说是以农业起家的。他们从20世纪60年代开始大规模移民开发西部起,就集中人力、物力发展农业。在农业有了发展的基础上,现代工业才逐步发展起来。美国现在的农业为全国提供了充足的粮食、原料和广阔的市场,每年有二百几十亿美元的出口弥补对外贸易上的逆差,还为整个社会提供了大量的就业机会。"20世纪30年代以来,美国全国的播种面积减少了2000万公顷,而西部由于兴建了许多大规模水利工程,耕地面积反而增加了几百万公顷,农业生产有较大幅度的增长。仅加利福尼亚州的灌溉面积5400多万亩,占主要作物耕地面积的90%,这个州的农业总产值占全国的10%,商品总产值占全国的1/3以上。这些情况充分说明开发西部的农业自然资源,对于美国实现工业化、现代化具有多么重要的作用。

向西部的大量移民,"淘金热"使美国的黄金和白银的生产迅速增长,带动了其他工业、交通运输业和城市建设的迅速发展。从1860—1900年这40年内,美国采矿业总共生产了价值17亿美元的黄金和12亿美元的白银。美国的黄金产量在1885年为47.8吨,1890年为49.5吨,

1895 年为 70.1 吨,1900 年为 119.1 吨,1907 年为 136.1 吨,1911 年为 145.8 吨。这就为美国资本主义经济的发展积聚了巨额资本,使联邦政府能够维持金本位制,发展到后来的"金元帝国"。美国国库的黄金储备约为 2 亿多美元,比财政部专家认为通常绰绰有余的储备额 1 亿美元多 1 倍以上。到 1914 年美国的黄金储备为 1526 亿美元,其中本国的黄金产量价值 9340 万美元,黄金净出口价值 1.65 亿美元,这样大大地加强了美国同其他帝国主义国家进行竞争的经济实力。随着西部地区金矿的被开发,金银产地周围兴起了许多贸易点和城市,丹佛、盐湖城、赫勒纳等城市都是靠着为采矿者供应物资和劳务而繁荣起来的,为了使西部城镇建立密切的经济联系,铁路、公路、水运都发展起来了,在矿区周围也发展了为当地居民供应粮食、肉类和蔬菜的农牧业。美国经济学家认为:占据西部地区,对于 19 世纪末期美国经济的发展产生了许多重大影响。除了扩大资源基地而外,也增加了东部工业品的销售市场,刺激了交通运输业的改进,吸收了巨额外资投入采矿业、牧牛业、铁路和其他企业。此外,美国很大部分出口商品,即谷物、肉类产品,也来自西部地区。

西部地区的开发,使美国加工工业部门构成和地区分布发生了很大的变化。过去几乎没有什么工业的"垦殖的西部"某些部门的比重,已经接近甚至超过了"工业的北部"(详情见表1)。

这说明原来不发达地区丰富自然资源一经开发之后,它的许多具有优势的工业部门的发展规模可以接近、赶上甚至跨越原来经济发达地区,这正是美国能够实现经济起飞的原因。在一个幅员辽阔的大国,各地区的经济发展由不平衡状态转变为相对平衡状态,就会使这个国家的经济、社会、技术的发展大大地提高一步。

表1　美国加工工业的部门构成和地区分布

（1947 年增加价值）　　　　　　　　　（单位:%）

工业部门	区域			
	"工业的北部"	"过去奴隶制的南部"	"垦殖的西部"	美国合计
冶金工业	8.4	5.5	6.8	7.7
金属加工工业	7.4	3.5	5.6	6.6
机械制造业	12.7	3.2	5.6	10.5
电气制造工业	6.6	1.1	1.8	5.2
运输工具的生产	8.5	4.1	10.2	7.9
石料的加工、玻璃陶瓷工业	3.0	3.6	3.3	3.1
化学工业	6.5	11.4	5.5	7.2
石油和煤的加工	1.9	5.3	4.2	2.7
橡胶工业	1.9	——	——	1.7
木材加工工业	1.1	7.2	15.2	3.4
家具工业	1.7	2.4	2.0	1.8
制造工业	3.7	4.6	4.0	3.9
印刷工业	6.1	4.0	6.1	5.7
纺织工业	5.2	18.9	0.8	7.2
缝纫工业	6.7	4.4	3.4	6.0
制革工业	2.5	1.0	0.5	2.1
食品工业	10.5	14.0	21.2	12.1
其他部门	5.6	……	……	5.2
合计	100.0	100.0	100.0	100.2

资料来源:《世界资本主义各国经济地理统计手册》(修订第四版),世界知识出版社 1964 年版,第428 页。

特别值得注意的是,20 世纪 40 年代以来,西部地区已成为美国发展原子能时代新兴产业和科学技术的重要基地。除了石油、化工、造船、汽车制造、有色金属开采等传统工业有了很大的发展外,原子能工业、航空和空间工业(包括飞机、导弹、人造卫星)都达到了很大规模。80 年代初西部各空间技术和产业所拥有的工人数占全美的 40% 以上,成为西部最重要的产业。美国航空工业部门,为军事工业配套的光学仪器和电子工业也占有很重要的地位。美国航空工业在世界居领先地位,太平洋沿岸地区的产量占一半以上,主要集中在西雅图和洛杉矶。西雅图是美国的原子能工业中心之一,洛杉矶是美国最大的电子计算机制造工业中心之一,旧金山附近的"硅谷"是美国最大的电子工业生产和科学研究基地之一。美国的新兴工业和科学技术与军事生产有密切的联系,美国的国防部一向被称为"名副其实的全国科学基金会",它所提供的研究和开发基金每年达 100 亿美元左右,有一半落入南部(包括西部地区的南方和南部的 11 个州)。美国联邦政府 1975 年在各地花费的按人口平均计算的"防务开支",西部为 623 美元,老南部 11 个州为 412 美元,东北部为 309 美元,中西部为 207 美元。加利福尼亚州的军事订货总值在全美的比重,第二次世界大战期间占 9.1%,居第 3 位;侵朝战争期间占 13.6%,居第 2 位;侵越战争(1967 年)占 17.9%,居第 1 位。从这里也可以看出,西部地区的开发和建设对于美国的国民经济和军事力量的发展具有多么重要的意义。

"过去奴隶制的南部",位于落基山以东、俄亥俄河和波托马克河一线以南,包括过去法律上曾经允许蓄奴的 16 个州。其中,除特拉华州和马里兰州以外的 14 个州,都是美国最落后的地区。1980 年,南部在全美的比重:面积占 24.8%,人口占 33.2%,黑人占 53%、制造业增加值占 28.5%,采矿业产值占 56.5%、农产品销售额占 28.6%。

同北部地区相比较,南部地区拥有更丰富的自然资源,更优越的气候条件和更广阔的平原,但是,由于这里长期存在着奴隶制度,长期处于落后状态。在英国殖民时期,把这些肥沃的土地分封给英国贵族并享有种种优惠。这种贵族把土地作为奴隶制种植园,利用从非洲掠夺来的黑人奴隶,种植棉花、蔗糖、稻米等欧洲市场急需的农副产品。正如马克思在《资本论》第一卷第二十四章《所谓原始积累》中指出:"欧洲隐蔽的雇佣工人奴隶制,需要以新大陆的赤裸裸的奴隶制作为基础。"他还说:"同机器、信用一样,直接奴隶制是资产阶级工业的基础,没有奴隶制就没有棉花，没有棉花现代工业就不可设想。奴隶制使殖民地具有价值，殖民地产生了世界贸易，世界贸易是大工业的必备条件。没有奴隶制，北美这个进步最快的国家就会变成宗法式的国家。"在当时，美国的经济中心是向欧洲大陆输出棉花等奴隶劳动产品的南方，北方只不过是南部的粮食供应地而已。南方的奴隶制庄园主获得的资金，主要是购买奴隶、土地和奢侈品，使这里的资本主义工业和商业的发展极为缓慢。19世纪60年代的南北战争后，北部的工业、农业和商业迅速发展，北部的工业品和粮食成为主要的出口商品，南部的棉花出口退居次要地位，从而使南方逐步成为北方的农业矿产原料的供应基地。虽然在19世纪后期，在南方曾经发展了一部分纺织工业，但整个经济技术的落后状态并未改变。在第二次世界大战的前夕，南方居民平均每人的年收入只有北方居民平均年收入的一半，广大的黑人仍处于半奴隶状态，长期不合理的单一种植业，使土地肥力遭到严重破坏，许多贫苦人民和黑人纷纷北迁谋生，这样南方又成为北方的廉价劳动力供应地。

在第二次世界大战期间，南部地区曾经发展过一部分军事工业，后来石油工业迅速发展，石油工业大幅度增长，南方的经济实力有所增强。同时，随着美国农业机械化的实现，南部的农业生产技术水平大量提高，摘棉作业机械化，使棉植业不再依赖黑人的廉价劳动力；农业生产迅速集中，棉产区也逐步向西部虫害少、单产高的灌溉区转移，过去的种棉地带大量地种草还林，或种大豆等保土作物，发展大规模的畜牧业。

第二次世界大战以后，"工业的北部"在经济发展方面遇到许多新的困难，设备、厂房日益陈旧，有些工业资源日趋枯竭（如富铁矿大量减少，须多开采含铁量22%—35%的贫矿），水资源不足，地力下降，交通拥塞，生活费的高昂等，经济发展和人口增长速度均低于西部和南部地区。而北纬37°以南的所谓"阳光地带"，包括原来实行奴隶制的南部各州，也包括新墨西哥州、亚利桑那州，以及加利福尼亚州、内华达州南部在内的南部经济迅速发展的地方。这里的资源丰富、气候优良、地价便宜，工人阶级的组织程度差,劳动力价格低廉。南部地区贫困线以下的人口比重高出全国平均数的1.5倍,平均工资只有全国平均工资的80%。在20世纪30年代大危机时期,罗斯福政府在这里投资建设电力水利工程(T、V、A),包括灌溉、航运和装机容量共500万千瓦的水电站,接着建设了一批火电站,建立了炼铝和化学工业,后来,还在这里建立了原子能工业等,奠定了南方的工业基础。特别在20世纪50年代以后,美国能源结构和军事工业结构发生了重大变化,把能源生产的战略重点转为石油和天然气,把军事工业的战略转为建立战略空军、导弹、核武器等方面,由于南部有丰富的石油、天然气和其他矿产资源,有辽阔的平原和廉价的劳动力,于是这里的经济迅速发展起来了。过去美国航空工业的中心在东北部,从20世纪30年代以后就逐渐转移到蕴藏丰富铝矿的南部,由于南部有丰富的铀矿和田纳西流域充足的电力,原子能工业中心也在南部,石油工业也由最早的诞生地的北部转移到南部,南部的纺织、食品、服装三个行业也在20世纪60年代取代了北部成为全国该行业的中心。南部的宇航工业所生产的航空和宇宙航行设备占全国产量的70%,职工占全国该行业雇佣人数的55%,这里还生产了全美2/3以上的石油、3/5的煤、7/10的天然气,需要着重提出的是整个所谓"阳光地带"的西部南方的新墨西哥州、亚利桑那州,以及内华达和加利福尼亚州的南部,从下表就可以清楚地看出这个问题。

表2 1950年到70年代中期美国南部的经济增长速度

项目＼地区	南部老联盟的11个州	其他地区
人口	+50%	+38%
就业(非农业人口)	+127%	+58%
工厂就业	+82%	+9%
银行资产	+688%	+366%
制造业新增价值	+618%	+310%

资料来源:《美国新闻与世界报道》,转引自《经济问题探索》1992年第1期,第69页。

从表中可以看出,南部老联盟 11 个州的人口发展速度比南部其他地区高 12%,工厂就业人数比南部其他地区高 8.1 倍,非农业人口就业人数比南部其他地区高 1.18 倍,而每人平均收入、银行资产、制造业新增价值,均比南部其他地区高 1 倍左右。这个地区在美国国民经济中将起着日益重要的作用。

当然,美国开发和建设"垦殖的西部"和"阳光地带",都是在资本主义私有制的基础上,在资本主义基本经济规律的支配下进行的。它必然会导致一小撮垄断资本家发财致富、导致广大劳动人民、特别是黑人和印第安人遭到残酷的剥削、压榨甚至血腥的屠杀。马克思在《资本论》第一卷第二十四章《所谓原始积累》中说过"美洲金银产地的发现,土著居民的被埋葬于矿井,对东印度开始进行的征服和掠夺,非洲变成商业性地猎获黑人的场所,这一切标志着资本主义生产时代的曙光"。列宁在 1918年《给美国工人的信》中也指出:"美国在发展人类联合劳动的生产力方面,在应用机器和一切最新技术奇迹方面,都在自由和文明的国家中占第一位。同时,美国也成为贫富间鸿沟最深的国家之一,在那里一方面是一小撮卑鄙龌龊的沉溺于奢侈生活的亿万富翁,另一方面是千百万永远在饥饿线上挣扎的劳苦大众。"美国有的经济学家也承认在开发西部时,"掠夺式利用资源已经大大地超过了农业领域……加利福尼亚州的各矿业公司挖掉半边山,把淤泥和碎石填到河里,伐木公司把森林剥光了,如此等等……使大自然失去生态平衡。""对于美国印第安人来说,边疆开发的过程是他们的一场灾难。因为他们被驱逐和填压……经过战争和掠夺,剩下的印第安人大约五万人,只占原来在西部地区的印第安人人数的三分之一。"

对于美国在开发和建设西部地区和南方"阳光地带"过程中,由于资本主义基本经济规律,而具有的掠夺和剥削的本质,我们要有清醒的认识,同时对于美国在开发和建设西部地区和南方"阳光地带"过程中,由于社会化的大生产、发展人类联合的劳动生产力,使生产力在全国比较均衡地分布的历史经验,我们应该根据我国这个发展中社会主义国家的实际情况加以借鉴。

俄罗斯对东部不发达地区的开发机制

俄罗斯之前的苏联是世界上第一个社会主义国家,是一个幅员辽阔、资源丰富、经济发展很不平衡的大国。① 自从十月社会主义革命以来,苏联在社会主义建设过程中,在沿海内地、西部同东部的经济关系,合理布局生产力方面取得巨大的成就和丰富的经验。苏联在第二次世界大战前集中力量开发东部以及在战后进一步开发东部和逐步开发北部的经验,对于我国的社会主义现代化建设有直接的借鉴作用。

一、第二次世界大战前开发建设乌拉尔—库兹涅茨工业基地的历史经验

苏联跨欧亚两洲,领土包括欧洲东部、亚洲北部以及中部的一部分,面积2227万平方公里,占世界陆地面积的1/6,其领土呈长形,就其大陆部分而言,东、西经跨度170°,最长距离1万多公里;南、北纬的跨度42°,最宽约5000公里。1990年苏联人口28934万人,仅次于中国、印度,居世界第3位。人口密度仅为每平方公里13人,为全世界平均人口密度39人的1/3,是一个地广人稀的大国,十月革命前的沙皇俄国,不仅生产力很落后,而且分布极为不平衡。在苏维埃政权建立的时候,苏联的国土被开发的还不到一半,近代工业的3/4集中在四个地区,即莫斯科区、彼得堡区、伊凡诺沃区和乌克兰南部,铁产量的74%、钢产量的64%集中在南方,煤产量的87%集中在顿巴斯,石油产量的83%集中在巴库油田,电器工业的75%、造船业的47.5%、金属加工业的36%集中在彼得堡区,纺织

___

① 这里讲的俄罗斯,是指苏联的概念,因苏联现已不存在,故用俄罗斯这一国名。

品的 85% 以上集中在中央和西北两个地区。乌拉尔地区和东部地带工业产量还不到 9% 。十月革命后,列宁多次提出,为了彻底改变苏维埃俄国在社会经济方面的落后状态,不仅要用最先进的科学技术来武装工业和国民经济的各个部门"必须使工业更现代化,也就是说要向电气化过渡。"同时还要使先进的生产力在全国范围内比较合理地分布。列宁在1918 年 4 月所写的《科学技术工业计划草稿》和在 1920 年主持制定的《全俄电气化计划》,为改变苏联不合理的生产力布局提出了明确的指导思想和具体的蓝图。这个全俄电气计划规定的基本指标,工业总产值和石油总产量于 1929—1930 年完成,区域发电能力和发电量于 1931 年完成,煤产量于 1932 年完成,钢产量于 1933 年完成,煤炭、铁矿石、生铁产量于 1934 年完成,使苏联的工业水平和地区分布有初步的改变。在苏联实现工业化、现代化的过程中,始终注意逐步把新的建设项目大规模地转向拥有丰富能源和矿产资源的乌拉尔区和东部地带,在全国比较均衡地分布生产力,充分合理地利用全部自然资源和人力;对原材料不便运输的部门使生产企业接近原料产地,对提供成品的部门使生产企业接近消费地区;在综合发展各个经济区的各项经济事业的基础上,有计划地组织地区之间分工,加速发展各民族共和国的经济,在合理分布生产力的基础上巩固国防。在第二次世界大战的"三五"计划期间,苏联在改造和加强老的工业基地的同时,集中力量建设第二个煤炭冶金工业基地,即乌拉尔—库兹涅茨联合企业;在伏尔加河与乌拉尔河之间着手开发"第二巴库"新的石油工业基地,以及发展高加索的石油工业,西伯利亚和远东的森林工业,采金业,中亚和南高加索的植棉和纺织工业等,从而使这里的工业生产有了较快的发展(详情见表 3)。

表3　苏联各经济区的工业生产发展情况

地区	1913 年	1932 年	1937 年	1937 年对 1932 年的百分比（%）
西北部	1	4.1	8.6	209.8
中部 1	3.3	7.9	239.4	
乌拉尔 1	362	9.0	281.3	
西西伯利亚 1	7.7	20.0	259.7	
东西伯利亚 1	3.6	11.0	305.6	
远东 1	2.9	8.9	306.9	

资料来源：苏联科学院经济研究所编：《苏联社会主义经济史》（第 4 卷），中国财政经济出版社 1989 年版，第 332 页。

　　从表中可以看出，苏联的乌拉尔和西西伯利亚地区、东西伯利亚和远东地区的工业发展速度，均大大地超过了原来工业较发达的西北部。

　　苏联对于新的工业区的开发和建设，是在社会主义国家统一的国民经济计划的指导下，集中全国人力、物力和财力进行的，再加上这里的地区辽阔，资源丰富，并处于资本主义世界的包围之中，因而只能主要依靠国内资源和国内市场，建立独立的完整的工业体系和国民经济体系，在这种战略布局的指导下，建立各有特色的区域性生产综合体或称国民经济综合体。它一般是以能源、原材料工业为基础，以铁路运输为纽带，带动机器制造业和其他工业，以及农业、轻工业的发展，以西部地带（欧洲部分）为基点逐步向东部地带推进，以及向南方地区扩展。例如，1930 年联共（布）第十六次全国代表大会关于建立乌拉尔—库兹涅茨联合体企业的决议提出，要求这项巨大的工程，把广大地区的采矿、煤炭、冶金机器制造等都包括在统一的经济联合体内。在技术方面，乌拉尔—库兹涅茨联合体系便于建立的基础是：库兹涅茨矿区（安热罗苏真斯克、克麦洛沃、普罗科皮耶夫斯克、列宁斯克、诺沃塔吉尔、巴卡尔等）冶炼过程不可或缺的要素，而库兹巴斯的两个冶金工厂又利用乌拉尔运来的矿石进行冶炼。在组织上加入经济联合体的还有一些铁路，它们按照"钟摆式"往两方向行驶,在同一列火车上把矿石从乌拉尔运到库兹巴斯,又把煤炭从库兹巴斯运到乌拉尔,在此基础上有组织地联合了乌拉尔、西伯利亚和中亚细亚等地区的重型机器制造业、有色冶金工业、基本化学工业和电站等建立了一个比较完整的重工业体系。这个区域性生产综合体的建设过程中,在一定程度上打破了地域界限和行业界限,由冶金部和地区一起参加建设,按照综合规划的要求,对所要求的动力、运输、基建,以及城市建设和居民的社会生活福利和文化设施,由各方面协同作战,开采不同地区的资源并相互进行交换,在不到 10 年的时间内,成功地建立了这个全苏第二煤炭冶金基地,合理地利用了这个地区和邻近地区的能源、矿产资源,而且也大大地推动了这里的国民经济和社会发展。

苏联在 20 世纪 30 年代开发乌拉尔—库兹涅茨地区具有使社会主义国民经济综合发展的性质。梁士琴科在《苏联国民经济史》中总结这些经验时指出:当时开发新的地区、改变生产力布局的重要特点是"主要经济地区的综合发展",并进一步具体地阐述说:"所谓主要经济地区经济的综合发展,就是说要在其中组织燃料的采掘、建筑材料、轻工业和食品工业产品、化学肥料、各种农产品以及首要的必需品等生产,以保证该地区的需要。生产力的综合分布可以使这些地区之间的经济联系更为简捷,这样可以减少原料、燃料、成品、建筑材料等的运输,这就可以加快商品的周转,减少运输费用,降低产品成本,并为工业固定资产的扩大增加后备力量。"

由于乌拉尔—库兹涅茨工业基地处于苏联的欧洲部分和亚洲部分接壤地区,地域辽阔,资源丰富,是苏联的经济建设由比较发达的欧洲部分(西部地带)向不发达的亚洲部分(东部地带)推进的强有力的杠杆,是进一步开发东西伯利亚和远东的强大的根据地。正如尼·尼·巴朗斯基在1995 年出版的《苏联经济地理》中所说:"如果说战前乌拉尔帮助过库兹巴斯的建设,现在由库兹巴斯帮助东西伯利亚的建设。"1932—1936 年苏联中部地区工业增长 1.2 倍,乌拉尔—库兹涅茨、东西伯利亚和远东地区工业增长 1.6 倍。东部地区的工业产量在全苏工业生产中的比重从 1932 年的 9.17%增长到 1936 年的 11.37%。苏联各经济区的钢产量,苏联南部(乌克兰与北高加索)由 1913 年的 63.4%下降到 1932 年的 59.9%,到 1937 年进一步下降到52.4%;而乌拉尔、西西伯利亚地区的钢产量由 1913 年的 20.8%上升到 1937 年的 30.5%。在 1937 年的苏联金属平衡表中,中部地区调进钢材279.8 万吨,而乌拉尔地区调出钢材90.5 万吨;东部地区调出钢材41.6 万吨。各主要产煤区的煤炭产量的比重,顿巴斯由 1913 年的 86.9%下降到 1932 年的 69.5%,1937 年进一步下降为 52.4%,库兹涅茨煤田由 1931 年的 2.7%上升到 1932 年的 11.3%,1937 年上升为 13.9%,东部地区的煤炭比重由 1927 年的 19%增加到 1932 年的 25.7%;各经济区金属切削机床在全苏产量中的比重,西北部、中部和伏尔加河流域,由 1931 年的 79.2%下降到 1932 年的 50.1%,乌拉尔和西西伯利亚地区由 1931 年的 1.7%上升到 1932 年的 17.2%,在 1937 年乌拉尔和乌克兰两个地区提供了全苏重型机械的一半,乌拉尔动力系列的发电量在全苏的比重,由 1932 年的 7.3%上升到 1937 年的 11.9%。

这样,就使苏联生产力布局有了明显的改变。

特别值得强调的是,乌拉尔—库兹涅茨地区处于苏联的腹心地带,对于防御来自西方的和东方的帝国主义侵略都是处于战略后方的地位。它的开发和建设对于苏联卫国战争的胜利起着非常重要的作用。在苏联卫国战争前夕的 1940 年这一年,苏联东部地区提供了煤产量的 35.9%,冶金设备的 31.9%,钢产量的 32.2%,铸铁产量的 28.9%,拖拉机的 27.1%,电力的 22.1%,铸铁产量的 28.9%。在 1941 年夏天有 1/5 的军事工业在东部地带。东部地区的煤、铁、钢产量,大大超过了十月革命前全俄产量的 10 倍,仅仅乌拉尔地区的金属加工工业就比沙皇俄国时多1.5 倍。正是由于在战前抓紧时机建设起来这些煤炭和冶金基地,因而能够经受住德国法西斯的突然袭击,支持了长期的残酷的反法西斯战争并取得了伟大的胜利。1942 年 6 月东部地区的东部为前线提供了 3/4 的武器。1942—1943 年乌拉尔地区在苏联工业生产中的比重为 25%,军用产品的比重占 40%,机械工业的比重为 33.3%。在战争结束时的 1945 年乌拉尔工业产量在全苏工业中的比重,铁为 53%,成品钢铁为 51.6%,发电量为 28.4%,金属切削机床为 24.5%。在 1942—1943 年,库兹巴斯提供了全苏炼焦煤的 3/4,东部地区生产了全苏石油的 20% 左右。到战争结束时的 1945 年苏联东部地区主要工业品的产量在全国的比重,生铁为 75.9%,钢为 74.2%,成品钢材为 76.4%,石油为 29.5%。从这些材料可以充分看出苏联在战前抓紧时间开发建设乌拉尔—库兹涅茨煤炭冶金基地,是在反侵略战争中立于不败之地的一个重要因素。到 20 世纪 80 年代初期,乌拉尔区仍然生产了全苏的 1/3 的生铁、钢、钢材和原铜,1/2 的镁,1/3 的冶金设备,2/5 的机车车辆,1/5 的其他机械产品,1/4 的化肥,2/5 的纯碱,8% 的谷物,5% 以上的肉类和植物油,乌拉尔区生产的外运物资有 3/4 调往西部,主要是钢铁、机械、木材,有一半以上的钢材要外调,有 3/4 的运进货物来自东部地区,主要是煤、铁矿石、粮食等,而乌拉尔生产的各种机械设备有 40% 以上供应乌拉尔以东地区。库兹巴斯煤田的煤产量占全苏的 1/5,煤矿储量为顿巴斯的 8 倍,成本为顿巴斯的 1/2。从这些材料可以充分看出苏联开发和建设乌拉尔—库兹涅茨基地在支持苏联欧洲部分的工业生产,以及推进东西伯利亚和远东地区的开发和建设有着多么重要的意义。

二、苏联在第二次世界大战后对东部地区的进一步开发和对北部地区的开发

在第二次世界大战期间,苏联国民经济遭到了严重的破坏。苏联人民有 2000 多万人惨死于战祸,苏维埃国家遭到的物质损失达 6790 亿卢布(按 1941 年不变的价格计算),相当于苏联全部社会财富的 1/3,工农业生产大幅度下降,1945 年苏联消费资料工业生产产值仅为战前的 59%,农业总产值为战前的 60%,社会零售商品总额为战前的 45%。经

过苏联全党和全国人民的努力,到 1948 年苏联工业生产已超过战前水平,农业到 1980 年基本上恢复到战前的水平。

第二次世界大战以后,由于苏联西部地带的能源、矿产资源日益枯竭和对于能源材料需要量不断增加,加速了开发东部地区的进程,认为东部地区的开发能否取得成功,是关系着"今后苏联经济前途的生死攸关的问题"。20 世纪 60 年代在秋明等地发现了极其丰富的石油、天然气和其他矿产资源后,苏联决定进一步开发东部地带的自然资源,把它看做是国民经济中配置了生产力和改善地区比例关系最重要的任务。

从表 4 中可以清楚地看出,苏联能源、矿产、水资源的绝大部分在东部地区,而工农业总产值及其主要产品的比重都非常低。因此,苏联经济建设的潜力和后劲,从地域方面来说,主要来自东部地区的进一步开发和建设。

在 20 世纪 50 年代,苏联着手开发东西伯利亚的安加拉—叶尼塞区域的生产综合体系。这个生产综合体系包括坎斯克—阿钦斯克地区的采煤和火力发电,利用叶尼塞河上游丰富水力资源建设苏联最大的萨彦舒申斯克水电站,利用廉价的动力建立耗电量大的炼铝厂、化学工业、稀有金属冶炼业、机车车辆工厂、电机生产联合体等,以及在诺里尔斯克等地建立有色金属枢纽等,从事铜、镍矿的开采和冶炼。到 20 世纪 70 年代末,这里已提供了苏联水力发电的 40%,电解铝的 50%—60%。

表 4　苏联东西经济地带自然资源和工农业生产现状对比
(全苏为 100)

自然资源 (蕴藏时量)	西部 地带	东部 地带	主要生 产指标	西部 地带	东部 地带
石油	38.0	62.0	工业总产值	83.0	17.0
天然气	12.1	87.9	电力(装机容量)	72.2	27.8
煤	17.8	82.2	钢(产量)	85—87	13—15
水能(折合标准燃)	17.8	82.2	木材采伐量	64.3	35.7

（续表）

自然资源 （蕴藏时量）	西部 地带	东部 地带	主要生 产指标	西部 地带	东部 地带
森林	24.9	75.1	纺织工业（产量）	92.7	7.3
铜矿	25.4	74.7	食品工业（产量）	82.7	17.3
铁矿	75.4	24.6	机械制造（产量）	75.0	35.7
水资源年径总量	24.9	75.1	农业总产值	76.0	24.0
农业用地	69.7	30.3	谷物（产量）	19.3	

资料来源：东北师范大学地理系主编：《世界经济地理》上册，东北师范大学出版社 1990 年版，第 257 页。

20 世纪 60 年代开始，苏联在西伯利亚地区实施第三个区域开发计划，组建以秋明为中心的西西伯利亚油气生产综合体，地跨秋明和鄂木斯克两州，包括 5 个生产综合体，包括建设电站、石油和天然气联合企业、铁路、公路、建筑基地等。

从 1964 年以来苏联已投资 600 多亿卢布（估计实际投资 700 亿—900 亿卢布），比乌拉尔—库兹涅茨生产综合体的投资高几倍，比东西伯利亚电力有色冶金生产综合体的投资高 1 倍多。在苏联第十个五年计划期间（1976—1980 年）再投资 250 亿卢布。秋明油田于 1964 后开始开发，当年产油 20.8 万吨，1970 年产油 3140 万吨，相当于苏联 1940 年的产量，1974 年产油 1.6 亿吨，居苏联各油田首位，1980 年产油 3 亿吨，居全苏石油产量的一半，1983 年累计产油 20 亿吨，到 1990 年占到 60% 左右，从而使苏联从 1974 年起成为世界最大的石油生产国，1979 年苏联石油出口赚取的硬通货达 221 亿美元，大大地加强了苏联的经济实力。西伯利亚地区的天然气也有很大的增长，1975 年产气 340 亿立方米，1978 年上升到 850 亿立方米，1980 年为 1630 亿立方米，占全苏产量的 37%，预计到 2000 年产气 10000 亿立方米。在大力开发东西伯利亚地区的石油和天然气的基础上，迅速发展炼油工业以及综合利用天然气和石油的各种生产部门，建设用天然气和石油气伴生气发电的电站，发展冶金工业和机器制造工业等。能源、原材料是发展现代工业的物质基础,也是发展现代国民经济体系的物质基础。由于秋明油田的石油天然气的开发,以及西伯利亚地区蕴藏着丰富的铁矿资源、有色金属资源、水力资源和森林资源,就为这个地区的工业和整个国民经济的发展奠定了良好的基础。据有关材料显示,在苏联建设一个年产钢 1000 万—1500 万吨的黑色冶金企业,需要 60 亿—90 亿度电力,2000 万—3000 万立方米的水(不循环的水),燃料消耗为 1200 万—1700 万吨标准燃料,工业占地面积为 1000—1500 公顷。这些在苏联西部地带是极其缺乏的,在西伯利亚地区却有充足的条件。建设同样规模的冶金企业,在西伯利亚每年生产 1000 万吨轧材可节约生产费用 320 万卢布,如果考虑到与冶金工业发展密切联系的化学工业和机器制造业的发展情况,可节省各项费用 1290 万卢布,如果再把整个区域性生产综合体的情况考虑进去,可节省 1.12 亿—1.69 亿卢布。从有色金属冶炼业来讲,炼 1 吨铝需耗电 1.6 万—1.7 万度,炼 1 吨镁需耗电 2.1 万—2.6 万度电,炼 1 吨钛需耗电 6 万度电。由于西伯利亚地区有丰富的廉价的能源,即使将外地的原材料运到这里来冶炼或加工,再将成品运到外地去,也能节约大量的生产费用。据有关资料表明,将外地原材料拿到西伯利亚地区加工,每 1 吨可熔镍节约 154 卢布,每 1 吨铝可节约 29.5 卢布,1 吨合成橡胶可节约 80.5 卢布,1 吨人造纤维可节约 78.0 卢布,1 吨合成树脂和塑料可节约 26 卢布。因而在利用西伯利亚丰富的、廉价的石油、天然气、煤、电力以及各种矿产资源和森林资源的基础上,使这里各项重工业有了很大的发展,有力支援了苏联西部地区的生产建设。苏联东部提供了全苏煤炭的 53.8%、石油的 55%、天然气的 63.8%、黄金的 75%、钢材的 8.6%、铜的 10.7%。特别是西西伯利亚机器制造业占东部机械工业产值的 60%,其中动力机械占 80%,电机产品占 50% 以上,在全苏也有较大的比重,西伯利亚生产全苏 25% 的铸造设备,13% 的森林工业和木材加工设备,12% 的动力机械,10% 的锻压设备,98% 的冶金、矿山设备、59% 的机床工具产品与起重设备。

交通运输是开发和建设新经济区的先行部门和基础设施。对于西伯利亚和远东地区来讲,由于缺乏海港与通往外区大的内河,铁路运输和航空运输就有着特别重要的意义。有关材料表明,在苏联西西伯利亚每生产1000万吨石油和100亿立方米的天然气,就需要其他地区向这里运送100万吨以上的器材、设备和其他物质。沙皇俄国时期从1891年到1916年建设全长7416公里的西伯利亚大铁路,对于西伯利亚地区的初步开发起到很重要作用。在第二次世界大战后,苏联把这条铁路全部改建为复线,有的地区是三线,6100公里的地段运用电气机车,但仍然不能适应开发东部地带的需要。于是,苏联决定修建第二条西伯利亚大铁路,即贝加尔—阿穆尔铁路(简称阿贝干线),从西伯利亚大铁路上的泰谢特到太平洋沿岸的苏维埃港,全长4275公里,其中东段从苏维埃港到共青城的454公里、西段泰谢特到乌斯基库特的680公里,已于1955年前通车,接着修建从共青城到乌斯季库特线全长3145公里,也包括"小阿贝干线"(巴姆—蒂思达—别尔卡基特)长397公里。

苏联从20世纪70年代开始,实施开发东部地带的第四外区域性生产综合体的组建计划,建设阿贝干线和综合利用铁路线的自然资源,在此基础上发展对各种自然资源的加工工业,逐步形成东部地区相对独立的经济体系。据有关方面初步计算,建设阿贝干线要移动35000万立方米以上的土方,建造3136个人工结构物,其中包括142座铁路桥梁、开凿总长度为25公里的许多条隧道,兴建200多个火车站和其他设施。全线建设成复线并实现电气化,桥梁、路基、路堤等人工结构都按复线的要求进行设计和构筑,而这里的自然地理条件异常恶劣,建设的费用大,进度慢。据有关材料,在苏联欧洲地区建设1公里铁路或公路的造价为4万—5万卢布,在秋明油田平均造价为50万卢布,在阿贝干线则要151万卢布。全苏有30多个部门的1000多个单位参加了这条铁路的建设。全线竣工需用的投资,苏联1973年公布为50亿卢布,1975年不少于60亿卢布,英国《金融时报》1978年3月28日说,它要耗资约100亿卢布,苏联宣布阿贝干线计划在 1992 年全部完工,1993 年正式通车,然而到 1980 年全面开工已经 6 年多,只完成铺轨任务的 1/3,有 2/3 要在地势更为险恶、条件更为复杂的条件下进行。

苏联计划通过阿贝干线及各支线的建设,使铁路沿线的钢、铁、镍、锌、铅、金矿、各种稀有金属,以及石棉、云母等非金属矿,还有丰富的石油、天然气资源,得到更好地开发和利用。在此基础上,在铁路的沿线附近,建立北贝加尔区域性生产综合体、乌尔加尔工业枢纽、西阿穆尔区域性生产综合体、德雅—斯沃博德内区域性生产综合体,乌尔加尔工业枢纽、共青城区域性生产综合体等。在扩大原有开采部门的同时,逐步建立一系列的加工工业部门,不仅成为苏联的一个重要的新兴工业基地,同时也是进一步对广大北部地区进行开发的基地。

苏联北纬 60 度以北的广阔地带,地域辽阔占全苏土地的 40% 以上,气候严寒、人烟稀少,居民只有 600 万人,占全苏人口的 2.6%,但这里拥有极为丰富的能源、矿产、森林资源,石油天然气井的涌出量大,有色金属矿石的品位高,即使现在进行开发,其经济效益也不低于老的工业区。只有充分发挥北部地区的能源和工业原料资源的潜力,才能在未来的大规模经济建设中有充足的能源资源和原材料,为进一步发展工业和整个国民经济奠定可靠的物质基础。

苏联开发东部地带的成功经验,值得我们认真地借鉴,同时,苏联开发东部地带的一些教训也值得我们注意。首先,苏联开发新区的规划和设计的规模往往超越国家的实际能力,阿贝铁路的建设在这方面最为突出。其次,过分突出重工业的发展,对轻工业、农业的发展重视不够,社会基础设施的建设远远落后于生产建设规模的发展,新开发地区人民的物质文化生活得不到应有的改善,移民问题一直没有很好地得到解决。例如,西伯利亚区食品工业在工业总产值的比值,1960 年为 22.8%,1965 年为 22.22%,1970 年为 16.7%,1975 年为 4.1%。在农产品方面,除粮食及马铃薯外,许多农副产品的自给率很低,植物油为 25%,糖为 15%,

蔬菜为70%,肉类为80%,蛋为91%,奶与奶制品为95%。而在远东区肉制品、动物油、砂糖、植物油等只能满足本地需要的1/3,肉为45%,奶为50%,蛋为80%—82%。在东部地区的生活费用普遍比苏联其他地区高9%—20%,远东购买食品的全部生活费用比欧洲中部高29%。此外,住房条件社会生活福利设施也较差。东部地区不但人口增长极为缓慢,而且劳动力流动性大。据1966年统计,西西伯利亚则高50%,有的地方出现人口绝对数下降状况,由于劳动力短缺,有的企业和建筑业的开发率平均只有60%—70%。此外,由于苏联主要按部门(条条)原则管理经济体制的影响,参加新社区开发的各有关部门及地方步调不协调,工程脱节,相互扯皮。综合体的组建计划,通常是由中央和地方的计划机关、全苏和加盟共和国各部、各主管部门和地方机构共同实施,往往计划是一回事,许多问题长期得不到解决,如西伯利亚区域生产综合体的建设过程中,由于对石油伴生气进行加工的天然气加工厂没有按时投产,使西伯利亚油田的几十亿立方米的石油伴生气被糟蹋,木材加工企业建设速度缓慢,使大量采伐的木材未被利用,而运到废料场白白烧掉。由于交通运输,输电线、管道的铺设拖延工期,使许多产品的生产计划受到破坏,原材料受损失,浪费了大量资金、物质和劳力。水电站已经开始兴建,而动力与电气化部还没有提出清理水电站水库的方案;有的地方由于电力部门与冶金部门未能谈妥有关保护矿场的方法,使水电站建设长期悬而未决。苏共克拉斯诺亚尔斯克边疆区区委书记西佐夫在一篇文章中说:"我们叫做'综合体',但是各部门却另搞一套。部门间的联系断绝,导致比例失调和导致片面性,甚至具有直接生产性部门也是这样。"他抱怨说对这些问题边疆工计委是无能为力的。因为它的"权限还未达到足以协调苏联各部工作那么大。"这些问题都是同苏联高度集中的计划经济体制的严重弊端分不开的,这些应是我们在生产力布局中应当引以为戒的。

几 点 启 示

（一）西部大开发要立法。像美国开发密西西比河流域那样，由于国会通过法案，规定每年用多少钱作为开发资金，在 10 年内开发哪些项目，每年各个项目的负责人向国家开发部门报送结算资料，由国家开发部门向总统报告，总统在向国会作国情咨文报告时，必须有详细的说明，并提出第二年的项目报告和预算。我国首先就要借鉴这一点，先搞一部基本的西部开发法，由全国人民代表大会通过后，赋予政府权力，各级政府就可以依法对西部的资源、河流、矿山进行开发。

（二）西部开发要有整体考虑，国家计委要拿出一个整体的开发计划，要实行计划指导下的市场导向。特别是关联到西部和整个国家的大项目。要有先、有后，有重点、有一般，有所为、有所不为，要防止一哄而起和社会资源的浪费。苏联开发远东地区，就是计划不周，一哄而起，造成有些重大项目不能如期完成，一拖就是 10 多年。

（三）要始终注重农业的开发。苏联对远东地区的开发，忽视了农业生产力的发展，制约了对苏远东地区的深入开发，甚至半途而废。我们在西部大开发中，基于目前粮食的相对过剩，西部各省区都在较大规模地实行退耕还林还草，这是非常明智的决策。但是，退耕还林、还草要有一定的限制。这个制约线就是粮食生产人均达到 200 公斤。因此，就一个地区来讲，退耕还林还草退多少耕地要做好科学的测算，决不可失误，到时弄得没有饭吃，不但退耕还林还草因人的生存而失败，就连西部开发也不得不停下来，后果是不堪设想的。

（四）美国在西部、南部的开发中，实行对内、对外开放。外来的欧洲移民受到政府的欢迎，规定他们 1 人可以占有 10 公顷的土地，而且 10 年以后交纳土地出让金。对内鼓励公民到西部去淘金、采矿、修公路，除国家少量的投资外,鼓励民间资本开发,因而加速了美国西部地区的发展。我国西部由于整体上比较落后,外资进来比较少,要强调对内开放。对内开放有两层含意:一是对国内东部开放,既对东南沿海的国有企业开放,更要对民营企业开放,实现东西合作;二是西部各省、自治区、直辖市互相开放,既要向西部国营企业开放,更要向西部民营企业开放。我们可以推断,在国家把西部基础设施大体上解决之后,决胜西部市场的可能是民营企业。

(五)美国根据西海岸特点,大力发展造船和汽车工业,形成了自己的特色产业。苏联根据乌拉尔地区的资源特点,建设钢铁基地、煤炭基地,也形成了自己的特色经济。我们实施西部大开发战略,也要从自己资源的特点出发,构建各省、自治区、直辖市的特色经济,这样才可能避免低水平的重复建设,使人力、物力等各种资源在高点上集中,增强在市场上的竞争力。

(六)美国在西部、南部的开发中,从一开始就依靠市场。美国一直都是以市场导向来安排开发项目。比如,西海岸发展造船业,目标就是把船卖出去后,再从海上运到各国;西海岸生产汽车,容易解决海上运输问题。因为海运价格较低,可以降低生产成本。这点启示我们,在西部大开发中,要考虑到投资项目的市场问题、运输问题、产品成本问题,从而强化沿江、沿线(铁路、公路线)、沿海、沿边建立比较大的项目,从经济角度考虑,运输半径比较短,生产力布局上就更加科学。

当然,世界各国在开发不发达和欠发达地区的经验和教训还很多,笔者只是就美国和俄罗斯作为范例来研究的。因此,对所有国家对落后地区的开发的经验和教训都应该总结,择其善者而从之。

区域经济模式选择与企业集群发展[*]

区域经济发展要选择适合自己发展的模式

区域经济发展可以有三种模式选择：

一种是资源型发展模式。就一个市（县）区域内依靠自己特殊资源，发展自己权属的区域经济。这是一种拥有特殊资源形成的特色经济形态。比如，峨眉山的特殊旅游资源带动了峨眉山区域经济的发展；蜀南竹海特殊的兰竹资源和宝山寨旅游资源带动了长宁县域经济的发展；巩县、筠连、兴文等县丰富的煤炭资源，吸引了大批投资者，这几个县都是依靠自己丰富的煤炭资源，拉动县域经济发展的。

另一种是依托大企业发展模式。这种模式的特点是市（县）引进一两家大型或超大型企业，由一家大企业、大集团拉动区域经济发展，这类案例是很多的。比如，泸州就依托"三长"（长江起重机厂、长江液压件

　　* 本文是笔者在"中国石化配套产业集群（彭州）高端论坛"上的演讲。该文与提供给论坛上的论文不同，故此另行发表。

厂、长江挖掘机厂）、"两化"（泸天化、泸州化）、"一瓶酒"（泸州老窖）就把泸州经济支撑起来了。宜宾的五粮液酒厂是该市财政收入占 50% 的大企业，是宜宾的半边天。五粮液的文化底蕴、经济实力带动了宜宾区域经济的发展。有了五粮液酒，就要有装酒的瓶和包装盒，就要有防伪瓶盖，这样五粮液酒厂领军玻璃厂、包装厂、瓶盖厂等企业集群的发展。加上宜宾（川南）筠连、巩县、兴文的煤炭公司，已经使宜宾成为川南经济发展的中心，这个市的实力已辐射到了云南的昭通、贵州的毕节等地方。彭州的中国石油化工厂，也是走的大企业、大集团带动彭州区域经济发展的路径。成都大面镇（现改为大面街道办事处）依托汽摩城等几个大企业、大集团这样的总部经济，使每年税收达到 8.4 亿元，2009 年有可能突破 10 亿大关。

第三种是依靠自己的积累，发展小企业集群模式。这种模式发展较慢，不大容易发挥规模效应。搞的工业园，也无非是一些小企业集中在一起而已，没有什么特色。有的甚至把食品企业与污染严重的化工企业集中在一起，使食品受到严重的污染，影响人民群众生命安全。尽量做到同产业企业集群发展，采用鸡群成长战略，先用母鸡带小鸡，小鸡长大了，又带小鸡，滚动发展。

发展区域经济就要搞好企业集群建设

区域经济的发展，不管采用什么模式，都要选择企业集群这种新工业化的组织形式。现在，要回答的是怎样才能搞好产业集群建设问题。笔者认为有以下几点值得注意：

1. 政府要发挥主导作用。地方政府在工业产业集群的发展中具有不可代替的推动作用，它是区域创新环境的塑造者和产业集群建设的规划者。政府的作用主要体现在三个方面：一是加快企业制度创新，促进企业产权的多样化;二是在企业集群建设中,要促进多种所有制企业的入驻,国有的、集体的、股份制的、外资的、合资的、私人独资的都可成为企业集群当中的主体;三是特别要大力发展民营经济,推动所有制结构的改革。

2. 构筑新的投融资体系,加大创新资金的投入。政府应在财政、税收、融资、信贷、土地使用等方面对创新项目给予支持,比如加大财政科技投入,优化科技投入结构,组织投资担保基金,制定有利于产业技术创新的政府采购政策,等等。

3. 加强中介机构建设,完善创新服务体系,强化技术支撑、人才培训、信息咨询、融资担保、市场开拓等技术创新服务体系的建设,促进功能单一的中介服务向多元化、全程化方向发展。加强中介服务的规范化和标准化建设,实现服务机构和从业人员资格准入制,有效提升公共服务的整体层次。

4. 强化人才激励机制,加强人才培训。我们现在真正成功的企业家远远不能满足新型工业化发展的需要,高素质的职业经理人和具有创新精神的企业家还是比较少,政府应当借鉴发达国家的经验,通过市场机制的优化配置,建立企业家资格认定制度,推动经营者职业化。

5. 发挥宏观指导作用,引导区域经济整合。从市场经济的本性来讲,在微观经济管理层面上政府应该退出,主要运用设计、政策、法律为企业发展导向。但是,目前我国正处在向市场经济的过渡时期,政府还不能放弃产业整合与资产重组的组织和管理职能。因此,运用改革导向,经济利益的调节、强力行政措施、法律法规制约,营造资产重组就显得非常必要。

产业集群要提高自主创新能力

1. 要搞工业化建设,走产业集群发展的道路。除政府指导外,产业集群自身要与时俱进,不断创新。这里有几个问题值得注意:一是企业集群的产业选择,应该植根于地方产业基础、资源禀赋和文化传承;二是把传统的劳动密集型产业经过技术改造,转变为知识密集型产业,提高产业集群的技术、知识的含量;三是致力于提高产业集群的层次,促进产品升级、设备更新、技术更新、管理人才更新;四是管理机构应出台一些鼓励企业研发的优惠政策,制定研发奖励政策,在评定职称、升职升级的时候,向研发功臣倾斜。

2. 高新技术产业也要创新。在经济全球化的今天,技术创新成了区域经济发展的根本动力,也是区域经济发展的集中表现。提高自身的竞争力,发展和提高技术含量、高附加值和高竞争力产业,不断完善和发展企业集群的创新体系是主导整个企业集群发展的航标,是非常重要的举措。目前,相当一部分企业集群还处于不同行业、不同产业、为数众多的企业集结形成的企业"堆积"阶段,与发达国家的产业集群仍有很大差距,就竞争力来讲具有很大的脆弱性。因此,我们要在下面几点上下功夫:一是突出区域重点,加快生产要素的集聚。对已形成的高技术产业集群要提高资源整合能力和自我创新能力,走内涵式发展路径,提升经济要素的凝聚力和竞争力。二是利用独有资源,发展特色产业。以中国石化彭州项目为例,生产聚乙烯58万吨,聚丙烯41万吨,乙二醇30万吨,顺丁橡胶13万吨。利用这些独特的资源,就可以带动相关的塑料产业、生物保鲜产业、合成橡胶产业、模具产业的发展。彭州利用独特资源,逐步就可以建成四川的重大化工基地。三是拉长产业链,加强产业整合,这就要求政府在重大项目的安排上有意识与产业链实行有机结合。在招商引资时,要统一协调,对本区域内的引资项目根据生产力布局准确定位,以免造成重复建设;还要注意引进龙头企业的上、下游产业,充分利用现有产业的价值链吸引外资。四是整合周边资源,形成集聚效应。四川彭州化工项目以石油和天然气为原料,现在用的是达州市普光气田的天然气,如果改用广元发现的大气田的天然气,那么成本就可以降低20%,资源的整合利用,就可以爆发资源集聚的大效应。

3. 提高企业集群的核心竞争力。在市场经济的条件下,竞争是不可避免的。从某种意义上讲,竞争是经济、技术进步的推动力量。要提高企业集群的竞争力,应该注意以下几点:一是选择垂直型企业集群模式。就是大企业、大集团为核心、为龙头,带动若干小企业发展,不能老是搞水平型产业集群,要结合自己的实际,以大企业、大集团为核心,众多中小企业为其配套的外包式的垂直型产业集群模式。这种模式可以把产业集群优势与自己的比较优势结合起来,通过纵向分工,提高专业化水平,不仅有利于减少大企业的经营成本,推动组织和制度的优化,也有利于降低中、小企业的经营风险;二是大企业、大集团可以通过分析、剥离,集团化形成垂直型产业集群,特别是生产工序容易分解的大企业、大集团,可利用外包制增强企业协作层;三是对现有的水平型产业集群,要着重培育强势企业,扩大其生产规模,加强研发工作,创造名牌,营销网络等核心能力,逐步成为垂直型产业集群的领军企业;四是对于依托大企业、大集团的配套企业集群,要强化与核心企业联合,实施与核心企业错位经营,不要与大企业、大集团直接竞争,减少产业集群内部无谓的损失。

(2009 年 7 月 4 日)

后　记

　　这本书出版过程中，得到了四川社会科学院领导同志的关心，特别是院老领导、著名经济学家林凌教授，不顾身患恶疾，还对我的研究工作进行指导。他那种精益求精的精神值得我学习。刘茂才老院长（教授）经常与我交换文章的修改和整理，从他渊博的学识中，我也得到了很多启示。四川省经济技术发展研究中心的张发祖、杨泽南等同志对本书稿进行了认真的校正，特别是张发祖同志，对文稿进行了多次整校，袁军、薛仁富等同志还抽出很多时间为本书出版事宜做了工作，这里一并表示感谢。

　　本书中有些文章在当时发表后就有争议，现在出版时未做修改，保持了其原貌和风格。因为，那些观点是当时历史条件和改革、发展中出现问题的概括和试图解决那些问题的尝试或建议。按照历史唯物主义观点，当时条件就是当时情况，没有必要去改变它。何况有些看法在当时看来有些激进，回过头来审视，却感到论述不足。作为引玉之砖，毕竟不是玉，粗糙一些是可能的，但对建设社会主义的高楼大厦还是有用的。

李少宇

2009 年 9 月 25 日

于成都百花村